当代俄罗斯语言学理论译库
北京市科技创新平台项目
俄罗斯叶利钦基金会资助项目
总主编 刘利民　主编 杜桂枝

ИНТЕГРАЛЬНОЕ ОПИСАНИЕ ЯЗЫКА
И СИСТЕМНАЯ ЛЕКСИКОГРАФИЯ

语言整合性描写与体系性词典学(下)

〔俄〕Ю.Д.阿普列相 著
杜桂枝 译

著作权合同登记 图字：01-2011-1997
图书在版编目(CIP)数据

语言整合性描写与体系性词典学(下)/(俄)Ю. Д. 阿普列相著；杜桂枝译.
—北京：北京大学出版社，2011.4
（当代俄罗斯语言学理论译库）
ISBN 978-7-301-16820-2

Ⅰ.①语… Ⅱ.①阿…②杜… Ⅲ.①俄语－语言学②俄语－词典学 Ⅳ.①H35

中国版本图书馆 CIP 数据核字(2011)第 055934 号

Ю. Д. АПРЕСЯН
ИНТЕГРАЛЬНОЕ ОПИСАНИЕ ЯЗЫКА И СИСТЕМНАЯ ЛЕКСИКОГРАФИЯ
© Ю. Д. Апресян, 1995
© А. Д. Кошелев. Серия «Язык. Семиотика. Культура», 1995
© В. П. Коршунов. Оформление серии, 1995

书　　　　名：	语言整合性描写与体系性词典学(下)
著作责任者：	〔俄〕Ю. Д. 阿普列相　著　杜桂枝　译
组稿编辑：	张　冰
责任编辑：	李　哲
标准书号：	ISBN 978-7-301-16820-2/H · 2789
出版发行：	北京大学出版社
地　　　　址：	北京市海淀区成府路 205 号　100871
网　　　　址：	http://www.pup.cn　电子信箱：zbing@pup.pku.edu.cn
电　　　　话：	邮购部 62752015　发行部 62750672　编辑部 62759634　出版部 62754962
印　刷　者：	河北滦县鑫华书刊印刷厂
经　销　者：	新华书店
	730 毫米×980 毫米　16 开本　20.5 印张　343 千字
	2011 年 4 月第 1 版　2011 年 4 月第 1 次印刷
定　　　价：	48.00 元

未经许可，不得以任何方式复制或抄袭本书之部分或全部内容。
版权所有，侵权必究
举报电话：(010)62752024　电子信箱：fd@pup.pku.edu.cn

总　　序

　　俄语语言学理论研究在世界语言学中一直都占有重要的位置。从18世纪的罗蒙诺索夫到20世纪的维诺格拉多夫,从历史悠久的喀山学派到著名的莫斯科语义学派,俄罗斯产生和培养了一批批颇有影响的语言学家。他们一代代传承着语言学研究的优良传统,以敏锐和细腻的语言感悟,用完全不同于西方的研究方法,在斯拉夫语言的沃土上开垦和耕耘,建立起许多独特的语言学理论,收获着令世人瞩目的成就。

　　将俄罗斯语言学的发展变化置于世界语言学的大视野中做个粗略比照,便不难发现,在世界语言学发展的每一个历史转折时期,每当有新的思潮和范式涌现,俄罗斯语言学界都会同期出现伟大的语言学家和语言学理论,譬如,与索绪尔站在同一时代语言学制高点上的博杜恩·库尔特内;可与乔姆斯基"转换生成模式"并肩的梅里丘克的"意义⇔文本"语言学模式;20世纪80至90年代,当西方语言学界在为乔治·莱考夫的以解释学为中心的认知语言学新范式欢呼雀跃时,解释学方法早在1974年出版的俄罗斯语言学家阿普列相的《词汇语义学》中便得到了详细的论述和应用,这一方法在俄国的许多语言学家,譬如博古斯拉夫斯基、什梅廖夫、沙图诺夫斯基等的语义学研究中都已广泛应用与发展;进入21世纪,帕杜切娃进行的"词汇语义动态模式"研究震撼和颠覆了传统语义学理念,她进而提出的"动态语义学"理论更是让人耳目一新。由此,可以不夸张地说,俄语语言学理论研究一直是与世界语言学的发展律动保持着同一节拍的,在个别时期或个别领域有时候甚至是领先一步。当代许多著名的俄罗斯语言学家的思想都具有国际领先水平和前沿性,俄语语言学理论是当今人文社会科学中极具价值且尚待努力开掘的一方富矿。

　　然而,由于种种原因,我国语言学界对俄罗斯语言学研究的发展历史和目前的理论水准缺少应有的关注,对俄罗斯语言学取得的成就了解得较少,致使俄罗斯语言学领域中的许多重要理论和先进思想没有得到应有的传播。中国语言学界并没有真正地全面了解和学习到俄罗斯语言学理论研究的精华,未能在实质上分享到俄语语言学先进理论的成果。

中国当代俄语语言学理论研究真正兴起于20世纪80年代，发展在改革开放和中苏关系正常化之后。虽然目前呈现出蓬勃发展的良好势头，但与我国的西方语言学研究相比，俄语语言学理论研究尚缺乏系统性、本源性和宏观整体性，许多语言学理论的引介或者通过第三种语言翻译过来，或通过二次评介传入，致使俄罗斯语言学理论研究显得支离破碎，或者说只见树木不见森林。究其根源，就是在我国的俄语语言学理论研究中缺乏系统、宏观的本源性、整合性研究，而理论研究的缺失与偏误必然会影响和阻滞整个学科的进步和可持续性发展。

如此局面的形成，作为俄语工作者的我们深切感受到的不仅仅是愧疚，同时还有一份不可推卸的责任。要全面了解俄罗斯语言学理论的发展和现状，把握其精髓，必须对俄罗斯语言学理论宝藏做本源性的开掘，必须对语言学理论的精品做系统的直接译介和潜心研究，让人类文化的这一块宝贵财富不仅能够哺育圣·西里尔的后人，也为中国的语言学者所共享，也为丰富中华语言和文化发挥作用。

基于这样的理念和目标，杜桂枝教授主持申报了北京市科技创新平台项目，精选了九位当代俄罗斯语言学著名学者的理论代表作，邀集了国内俄语界相关领域理论研究造诣较深的学者，担纲翻译及研究工作。毋庸置疑，这是一项颇具挑战性的巨大工程。

我们说，这项工程是一个创新性的大胆尝试，因为这是一项史无前例的工作：自中国开办俄语教育300余年以来，虽然有过个别的俄语语言学理论著作的翻译引介，但如此大规模地、系统地、有组织地进行翻译和研究，在我国的俄语教育史上尚属首次。

我们说，这项工程是一种可贵的无私奉献，因为在当今的学术氛围下，在当今的评价体系中，每个人都清楚，学术著作的翻译几乎不具学术"价值"，甚至是一些人回避不及的"辛苦"。然而，我们邀请到的每一位学者都欣然地接受了这份几近无酬又"不增分"的"低性价比"的"纠结和折磨"：缘于一份浓郁的俄语情结，期待的是自身理论的升华和自我价值的超越，为的是先进的前沿性俄语语言学理论的传播。

我们说，这项工程是一份默默耕耘的艰辛劳作，因为这九位俄罗斯语言学家都是各自研究领域的顶级学者，这些代表作中的每一部几乎都是作者倾其一生的研究成果之集成。没有对该学者的深入了解,没有对其多年研究脉络和方法的把握,没有对其理论、概念和相关术语的理解和领悟,要想完成这一翻译任务是根本无望的,译者在其间的艰辛可想而知,其中的付出不言而喻。

我们说,这项工程是一个庞大而艰巨的综合项目,因为这一工程涉及语言学的各个领域:句法学、语义学、语用学、词汇学、语言哲学、语言的逻辑分析、逻辑语义、功能语言学、社会语言学、心理语言学等等。面对语言学理论林林总总的学科,站在语言学前沿理论的高端上,体验着俄罗斯语言学家的思维脉动,感受着学者们思想的敏锐和理论的深邃,这无疑是对语言学大千世界的一次鸟瞰,此时此刻无人敢言内行。因此,在制定翻译计划和领受翻译任务时,我们有约在先:每一位翻译者应对所翻译著作全文负责,力争使自己成为各自领域中的专家、内行。

简言之,这是一项有责任、有分量、有难度的大工程。有人说,翻译是一门艺术。其实,学术著作的翻译更是一门特殊的艺术。在走进艺术殿堂的行程中,要经历崎岖与荆棘,需要努力跋涉,要不断地克服困难,不停顿地向着目标艰难攀登,才有可能摘取艺术的皇冠。也曾有人形象地比喻:翻译是"带着镣铐起舞"。如果说一般语言翻译的镣铐尚是"舞者"可以承受之重的话,那么,学术理论著作翻译的镣铐对译者的考验、束缚更让"舞者"举步维艰,即便使出浑身解数,也未必能展示出优美的舞姿。所幸,中国的俄语界有这样一批知难而进的学者,他们不畏惧这副沉重的镣铐,心甘情愿地披挂在身,欣然前行。当我们亲历了艰难起舞的全过程,当一本本沉甸甸的译稿摆上案头,我们会释然地说,无论舞姿是否优美,我们尽心,也尽力了。

当我们即将把这样一套理论译著奉献给读者时,心中仍存一份忐忑:毕竟这是俄罗斯著名语言学家的理论代表作,毕竟民族间语言与文化差异的存在、某些术语的无法完全等译,会给译文留下些许的遗憾,难免会有不够精准的理解、表述和疏漏之处。在此,真诚地欢迎语言界同仁和广大读者提出意见,同时也真诚地希望给"带着镣铐的舞者"们多些宽容和鼓励。

再谈一些技术性问题。

1. 我们所选的九位俄罗斯语言学家代表着语言学不同的方向和领域,各自都有独特的研究视角,独特的研究方法和独特的语言表述风格。因此,我们不力求每部作品在形式、风格乃至术语上都一致,而是给予译者相对的独立性,以此保证每一部译著的完整性、统一性和独特性。我们希望读者在不同的译著中,除了能读出原作者的风范外,还能品读到译者的风格。

2. 对于国外学者译名的处理问题，我们采用了如下原则：① 对在我国语言学界早已耳熟能详的世界著名学者，沿用现有的译名，如索绪尔、乔姆斯基等；② 对西方的语言学家、哲学家等，采用国内学界已有的译名，尽量接轨；③ 对俄罗斯及斯拉夫语系的学者，我们按照国内通行的译名手册的标准翻译，同时兼顾已有的习惯译法。

3. 关于术语在上下文、前后章节中的使用问题，我们的基本原则是：在准确把握原文意图的前提下尽量一致，前后统一，减少歧义；同时又要考虑作者在不同时期、不同语境下的使用情况做灵活处理，术语的译文以保证意义准确为宗旨，以准确诠释学术理论思想为前提，随文本意义变化而变，因语境不同而异。

4. 为保持原著的面貌和风格，在形式上遵循和沿用原著各自的行文体例，没有强求形式上的统一，因此，即便是在同一本译作中，也会有前后不一致的情况。

5. 鉴于篇幅问题，个别著作的中译版分为上、下卷出版。

最后，由衷地感谢北京市教委，为我们搭建了这样一个坚实的大平台，使诸多俄语学者实现了为俄语学界、为我国语言学界做一点贡献的愿望。

本书的翻译出版得到了俄罗斯叶利钦基金会的支持和帮助，在此表示衷心感谢。

我们还要感谢北京大学出版社对本套译库出版给予的大力支持。

唯愿我们的努力能为我国的俄语教学与研究，为我国语言学的整体发展产生助推和添薪作用。

总主编　刘利民

2010 年 12 月

序　　言

　　呈现给读者的《语言整合性描写与体系性词典学》涵盖了我近二十五年的研究，主题分布在五大框架之内：(1) 语言的整合性描写；(2) 同义现象问题与同义词词典；(3) 体系性词典学；(4) 通过句法描写语义；(5) 语言的形式模式。

　　本书是《词汇语义学》课题的直接继续和发展。从这一角度看，同义词的语言学描写的整合性和体系性词典学的题目是本书最主要的议题。这两个题目构成了本书前三部分，本书中绝大多数发表的文章都是围绕这些问题展开的。

　　除此之外，在过去的这些年中，我还对另外两个题目进行了许多研究：通过句法描写语义及语言的形式化模式。由于各种原因这些问题在本书中只展现出来很少一部分。

　　通过句法描写语义的想法是建立在一个设想的基础上的：按照所观察到的词汇性能，即按照它们固有的句法结构的组合，可以用已知的方式重构词汇更深层隐藏的语义性能（简化原则）。这一思想一方面是受 B. B. 维诺格拉多夫院士关于词汇意义的结构制约性思想的启发；另一方面是由探寻像美国分布主义和转换生成主义那样的研究高层级单位的客观方法所引发的。

　　最终，我们提出了一整套直接的纯语义学方法，不仅用于描写词汇单位，而且用于描写其他任何意义单位，而简化原则退出了舞台。看来，直接方法提供的知识，就其丰富程度和细致程度而言大大超过了句法学方法的结果，而在可证实性方面没有任何损失。

　　由于所述原因，对通过句法描写语义——这里只提供了一份研究结果，作为一个说明所研究方法的可能性和范围的样板，这就足够了。

　　关于语言的形式化模式的题目也只是从数十份研究结果中挑选了两份。形式化研究的开发要求有一定程度的语义学准备和对技术细节深入探究的兴趣，这也许对本书潜在读者而言是不现实的。

　　然而，我认为语言的形式化描写方法是迄今为止普通语言学唯一行之有效的方法，这一方法的最重大成果在语言学描写的整合性原则和体系性词典学思想中都得以完全保持。

由于非常偶然的缘由,我还在不同的时间里把注意力转向了其他一些彼此间毫无联系,但却让我着迷的一些课题。由于这些研究的结果产生的一些研究论文,也被选入了不大的一个杂集中,构成了本书的最后一部分,即第六部分。

关于发表在本书中的文章的文本本身,我需要做一些说明。

B. 纳博科夫在给《斩首之邀》的英文翻译本作序时曾写道:"如果我什么时候能编一部详解词典,注释中只有标注词是不够的,我早已心仪的词典词条将是这样的:在翻译时缩减、展开,或者用另外的方法改变或迫使改变自己的作品,为的是迟到的完善"。我赞同这段表述所包含的内涵:原文文本应该全部保留,无论评论界怎样认为他已变成了聪明的作家。

遵循"纳博科夫原则",本卷中收录的文章都是第一次发表时的状态(由于纯技术原因引起的不多的例外,都做专门的说明)。

这不仅涉及到问题的实质,而且涉及到结果的体现形式。

就问题的实质而言,这意味着,在这些文章中保留了所含有的某些内容上的错误。譬如,在文章"意义的句法制约性"中,像 Он залил бак горючим — Он залил горючее в бак 这样成对的句子被注释成"情景性同义"。这显然是不正确的:这一对的左半部永远有所谓的"整体注释",对右半部来说就不是必须的。这种和其他类似的错误的一个共同根源就在于过高评价形式结构转换(在其定义中没有包括转换项语义不变的条件)是确定语义等同和语义差别的手段。在稍后的文章中这样的不正确的结论已经被重新研究过。

所发表文本的第二个内容上的特点是:文章中可以遇到各种类型的重复。

在某些文章中反复重复一些导论性或作者改变过的一些理论概念的定义,如"体系性词典学"、"语言的整合性描写"、"词典学类型"、"词典学肖像"、"时间的朴素(语言)图景"等许多其他定义。有时与注释一起重复的还有关键性例子,要借助于这样的例子解释定义。

任何一个对语言学理论从事非常细致研究的人都看得出来,这样的重复是不可避免的,虽然它看起来不美观。任何一篇文章都应该一方面保持独立性,另一方面融入该理论的更宽泛的总体语境中。

至于描述形式,当然,这里本可以在不冒险违背真理的条件下,做一次严肃的修改(譬如,对参考引文的格式化和统一化处理)。但是,如此系统的一个修改,如同其他任何类似的修正一样,要求对所有文本进行仔细的检查,进行这项工作,粗算起来,作者也得需要明显超过一年的时间。在目前的书籍出版条件下,好不容易从本不富裕的社会基金中挖来的资金必须在一年内使用,因此,试图进行纯技术性改变的尝试很可能将整个出版置于危险境地。

作者寄希望于读者的宽容,希望只是对问题的实质,而不是对文章的技术形式持批评态度。技术形式上的不连贯性,与其说是因为作者没有逻辑性,不如说是因为国家书籍出版标准的历史摇摆,和各个出版社编辑们对形式要求的不一致。

最后作者只剩下一件有待履行的愉快义务——对 Г. И. 库斯托娃为本书编写的各类索引表示感谢。

Ю. Д. 阿普列相

目　　录

第一部分　语言的整合性描写

"意义⇔文本"模式表层意义成分的信息类型 …………………………… (1)
- 1. 模式及其表层语义成分任务的概述 …………………………………… (1)
  - 1.1 模式化的对象 ………………………………………………………… (2)
  - 1.2 "意义⇔文本"模式的构建 …………………………………………… (2)
  - 1.3 深层句法结构(ГСС) ………………………………………………… (5)
  - 1.4 表层语义结构(ПСемС) ……………………………………………… (9)
  - 1.5 表层语义成分的任务 ………………………………………………… (19)
- 2. 语义特征 …………………………………………………………………… (23)
  - 2.1 非常规语义特征的概念 ……………………………………………… (23)
  - 2.2 词位意义与法位意义的匹配规则 …………………………………… (29)
  - 2.3 词位间意义匹配的规则 ……………………………………………… (35)
- 3. 语言意义单位的注释 ……………………………………………………… (42)
  - 3.1 注释的结构 …………………………………………………………… (43)
  - 3.2 对词汇单位的注释 …………………………………………………… (48)
  - 3.3 对语法单位的注释 …………………………………………………… (52)
  - 3.4 意义实现的条件 ……………………………………………………… (60)
- 4. 意义相互作用规则 ………………………………………………………… (64)
  - 4.1 普遍性规则和个别性规则 …………………………………………… (65)
  - 4.2 作用范围规则 ………………………………………………………… (71)
  - 4.3 语义变异规则 ………………………………………………………… (78)
- 5. 结论 ………………………………………………………………………… (85)
- 略语表 ………………………………………………………………………… (87)
- 参考文献 ……………………………………………………………………… (88)

详解词典中过剩体学聚合体的解释 ……………………………… (93)
  1. 关于变体概念和同义词概念 ……………………………… (93)
  2. 过剩的体学聚合体 ………………………………………… (93)
    2.1 第一种基本体学类型 ……………………………… (94)
    2.2 第二种基本体学类型 ……………………………… (97)

详解词典所需的句法信息 ……………………………………… (105)
  1. 材料 ………………………………………………………… (105)
    1.1 二价结构 …………………………………………… (105)
    1.2 三价结构 …………………………………………… (107)
    1.3 二价结构向三价结构的转换 ……………………… (111)
    1.4 无配价结构 ………………………………………… (112)
    1.5 对材料的结论性评语 ……………………………… (114)
  2. 规则 ………………………………………………………… (115)
    2.1 构建规则——组合体 ……………………………… (116)
    2.2 检验规则——过滤器 ……………………………… (118)
  3. 词典 ………………………………………………………… (119)
    3.1 主旨(分类)信息 …………………………………… (120)
    3.2 操作信息 …………………………………………… (123)
  4. 结论 ………………………………………………………… (123)
  参考文献 ……………………………………………………… (124)

适用于详解词典的语用信息 …………………………………… (126)
  1. 导论 ………………………………………………………… (126)
  2. 语言语用学定义 …………………………………………… (127)
    2.1 讲话人对现实的态度 ……………………………… (127)
    2.2 讲话人对所述内容的态度 ………………………… (128)
    2.3 讲话人对受话人的态度 …………………………… (130)
  3. 语用信息的特性 …………………………………………… (131)
    3.1 表达手段的边缘性 ………………………………… (131)
    3.2 不同语言手段之间的分布性 ……………………… (133)
    3.3 与语义信息的紧密关联性 ………………………… (134)
  4. 对词典学重要的语用信息类型 …………………………… (135)
    4.1 语用修辞标注 ……………………………………… (135)

   4.2 词位的语用特征 ……………………………………… (137)
   4.3 词位的非常规性言效功能 ……………………………… (139)
   4.4 讲话人的地位和受话人的地位 ………………………… (142)
  参考文献 ………………………………………………………… (143)

附加意义是词汇语用的一部分 …………………………………… (146)
  1. 引语 …………………………………………………………… (146)
  2. 附加意义概念 ………………………………………………… (147)
  3. 附加意义的语言表现形式 …………………………………… (153)
   3.1 转义 ……………………………………………………… (153)
   3.2 隐喻与比较 ……………………………………………… (154)
   3.3 派生词 …………………………………………………… (154)
   3.4 成语、熟语、谚语 ……………………………………… (155)
   3.5 句法结构 ………………………………………………… (155)
   3.6 语义作用域 ……………………………………………… (157)
  4. 附加意义的性能 ……………………………………………… (159)
  5. 附加意义概念与语言学理论 ………………………………… (164)
  参考文献 ………………………………………………………… (165)

词位能指部分的词典学信息类型 ………………………………… (168)
  1. 引语 …………………………………………………………… (168)
  2. 音律特征的语言学和词典学地位 …………………………… (168)
   2.1 音律特征的语言属性及其语言学地位 ………………… (169)
   2.2 音律特征的词典学地位 ………………………………… (173)
  3. 聚合性音律信息 ……………………………………………… (177)
   3.1 重音突出与词位句法性能的对应 ……………………… (178)
   3.2 重音突出与词位语义特性的对应 ……………………… (179)
  4. 组合性音律信息 ……………………………………………… (183)
  参考文献 ………………………………………………………… (186)

语法和词典中的言语行为动词 …………………………………… (188)
  1. 言语行为理论概念与言语行为动词的基本组别 …………… (188)
  2. 施为性的语言表现形式 ……………………………………… (192)
   2.1 词法表现形式和构词表现形式 ………………………… (192)
   2.2 句法表现形式 …………………………………………… (193)

  2.3 语义表现形式 ……………………………………………（194）
  2.4 语用表现形式 ……………………………………………（198）
 3. 言语行为动词的语义分析 ……………………………………（199）
  3.1 言语行为动词的词汇意义中是否存在共性意义？ ……（199）
  3.2 言语行为句的体-时意义 ………………………………（204）
 参考文献 ……………………………………………………………（207）
俄语中的瞬间行为动词与言语行为动词 ………………………（209）
 1. 对瞬间性特点的现有表述及瞬间行为动词的基本类别 ……（209）
 2. 瞬间性的语言表现形式 ………………………………………（216）
 3. 瞬间行为动词的语义分析 ……………………………………（224）
 4. 言语行为动词的体-时意义 ……………………………………（228）

第二部分　同义词与同义词词典问题

英语同义词和同义词词典 ………………………………………（232）
 1. 词典的构思 ……………………………………………………（232）
  1.1 积极性 ……………………………………………………（233）
  1.2 双语性 ……………………………………………………（237）
  1.3 现代性 ……………………………………………………（241）
 2. 词条的结构和组成 ……………………………………………（244）
  2.1 词目 ………………………………………………………（245）
  2.2 注释 ………………………………………………………（248）
  2.3 翻译 ………………………………………………………（257）
  2.4 意义 ………………………………………………………（258）
  2.5 附注 ………………………………………………………（282）
  2.6 结构 ………………………………………………………（283）
  2.7 搭配性 ……………………………………………………（288）
  2.8 例证 ………………………………………………………（291）
 3. 结语 ……………………………………………………………（292）
同义词词典的信息类型 …………………………………………（293）
 1. 词典词条的词目 ………………………………………………（293）
  1.1 主导词 ……………………………………………………（294）

1.2　修辞标注和语法解释 …………………………………………（295）
   1.3　词列内部的语义群及其注释 ………………………………（298）
2. 意义区域 …………………………………………………………（300）
   2.1　概要 …………………………………………………………（300）
   2.2　同义词之间内容的相似和差异 ……………………………（301）
   2.3　同义词的音律与交际性能 …………………………………（306）
   2.4　语用条件和语言外条件 ……………………………………（308）
   2.5　中和化 ………………………………………………………（309）
   2.6　注解 …………………………………………………………（310）
3. 形式区域 …………………………………………………………（313）
   3.1　语法形式的组合差异 ………………………………………（313）
   3.2　同一个形式的不同语法意义的组合差异 …………………（314）
   3.3　形式的语义特殊性、结构特殊性、句法特殊性、修辞特殊性
        和其他特殊性 ………………………………………………（314）
   3.4　自己的固有形式和非固有形式 ……………………………（317）
4. 结构区域 …………………………………………………………（318）
   4.1　支配上的差异 ………………………………………………（318）
   4.2　句子句法类型上的差异 ……………………………………（319）
   4.3　词序 …………………………………………………………（321）
   4.4　结构的语义特殊性、结构特殊性、句法特殊性、修辞特殊性
        和其他特殊性 ………………………………………………（322）
5. 搭配区域 …………………………………………………………（323）
   5.1　词汇—语义搭配 ……………………………………………（323）
   5.2　词法搭配 ……………………………………………………（325）
   5.3　音律搭配和交际搭配 ………………………………………（326）
   5.4　搭配类型的语义特殊性 ……………………………………（327）
6. 例证区域 …………………………………………………………（328）
7. 参考查询区域 ……………………………………………………（329）
   7.1　成语性同义词 ………………………………………………（330）
   7.2　近义词 ………………………………………………………（330）
   7.3　精确的和非精确的互换式 …………………………………（332）

7.4　近义的互换式 ··· (333)
　　7.5　精确和非精确反义词 ··· (333)
　　7.6　派生词 ··· (334)
　　7.7　索引 ·· (335)
　参考文献 ·· (336)

人名索引 ·· (337)

语言材料显示的人的形象：系统描写的尝试 ······················· (339)
　1. 引论 ·· (339)
　2. 世界的朴素图景 ··· (340)
　3. 人的朴素图景 ··· (342)
　　3.1　意志力与良心——行为的引动与制动 ····················· (343)
　　3.2　人的基本系统 ··· (345)
　4. 情感系统 ·· (357)
　5. 描述人的普遍性模式 ··· (364)
　参考文献 ·· (379)

心智性述谓词的同义现象：义群"СЧИТАТЬ" ····················· (383)
　1. 序言 ·· (383)
　2. 同义词列 ·· (385)
　参考文献 ·· (398)

事实性问题：Знать 及其同义词 ···································· (400)
　1. 序言 ·· (400)
　　1.1　关于动词 знать ··· (400)
　　1.2　体系性词典学与词典学类型 ······························· (401)
　2. 同义词 знать 1 和 ведать 3 的词典学描写 ····················· (404)
　　2.1　Знать 和 ведать 在其他心智性述谓词列中的位置 ······ (404)
　　2.2　Знать 1 和 ведать 3 的语义 ······························· (409)
　　2.3　Знать 和 ведать 词义中与 знать 1 和 ведать 3 相近的意义 ··· (415)
　　2.4　语法形式 ·· (417)
　　2.5　句法结构 ·· (418)
　　2.6　词汇—语义搭配 ·· (423)
　　2.7　聚合性语义联系 ·· (426)

参考文献 ………………………………………………………… (427)
动词 XOTETЬ 及其同义词：有关词汇的评述 ……………… (431)
  1. 关于体系性词典学概念 …………………………………… (431)
  2. 动词 XOTETЬ 及其同义词的词典学描写 ……………… (434)
    2.1 词典词条的词目 ……………………………………… (434)
    2.2 "愿望"(хотеть)词列的语义特征 …………………… (435)
    2.3 同义词之间的语义相似与差异 …………………… (435)
    2.4 对语义区的说明 ……………………………………… (443)
    2.5 语法形式及其注释 …………………………………… (445)
    2.6 句法结构及其语义特色 ……………………………… (445)
    2.7 词汇—语义搭配 ……………………………………… (447)
    2.8 举例说明 ……………………………………………… (448)
    2.9 辅助区域 ……………………………………………… (449)

第三部分 体系性词典学

情态语义概念中的隐喻 ……………………………………… (451)
  1. 情态词描写的两种方法 …………………………………… (451)
    1.1 释义的方法 …………………………………………… (452)
    1.2 隐喻的方法 …………………………………………… (453)
  2. 对情态的注释 ……………………………………………… (455)
    2.1 情态产生和发展的场景 ……………………………… (455)
    2.2 症候性表述：心灵状态的身体隐喻 ………………… (456)
    2.3 注释的结构 …………………………………………… (459)
    2.4 某些情态的注释实验 ………………………………… (461)
  参考文献 ……………………………………………………… (462)
注释语言与语义原型 ………………………………………… (464)
  1. 莫斯科语义学派对注释语言的研究方法 ……………… (464)
    1.1 语义元语言的成分与结构 …………………………… (464)
    1.2 注释理论：对注释及其功能的要求 ………………… (466)
  2. 波兰语义学派对注释语言的研究方法 ………………… (473)

3. 语义原型问题 ……………………………………………… (474)
参考文献 ……………………………………………………… (479)

动词 ВЫЙТИ 的词典学肖像 ………………………………… (481)
 1. 词典学肖像的概念 ………………………………………… (481)
 2. 词典词条模式及词典学信息类型 ……………………… (483)
 3. 动词 ВЫЙТИ 的词典学肖像 …………………………… (486)
  3.1 适用于 ВЫЙТИ 的词典学类型 ……………………… (486)
  3.2 动词 ВЫЙТИ 的词典词条 …………………………… (489)
 参考文献 ……………………………………………………… (499)

词典学肖像(以动词 быть 为例) ………………………… (500)
 1. 词典学肖像与词典学类型概念 ………………………… (500)
  1.1 词典学肖像 ……………………………………………… (500)
  1.2 词典学类型 ……………………………………………… (504)
 2. 动词 быть 词典词条的前期信息 ……………………… (507)
  2.1 选择的依据 ……………………………………………… (507)
  2.2 词典词条的总体模式 …………………………………… (509)
  2.3 词位的信息类型 ………………………………………… (510)
 3. 动词 быть 的词典词条 ………………………………… (514)
 参考文献 ……………………………………………………… (530)

第四部分 通过句法描写语义

意义的句法制约性 ……………………………………………… (534)

第五部分 语言的形式模式

鸟瞰 ЭТАП-2(阶段-2) ………………………………………… (550)
 1. 关于 ЭТАП-2 系统的基本信息 ………………………… (550)
 2. 翻译范例、速度与质量 …………………………………… (554)
 3. ЭТАП-2 系统的理念与构建 …………………………… (560)
 4. 结论 ………………………………………………………… (571)

参考文献 (575)

俄语的时间长度结构：其形式描写的界限 (579)
1. 关于俄语句法形式模式的总体信息 (579)
2. 关于时间长度结构的基本观点 (582)
3. 时间长度结构句法分析的规则 (584)
   - 3.1 时间长度成分的语义类型及其条件 (584)
   - 3.2 可以带时间长度成分的动词的语义和语法性能及其条件 (586)
   - 3.3 近似于时间长度的结构 (587)
4. 关于时间长度结构模式化范围的结论 (590)

参考文献 (591)

第六部分 杂 集

语言悖异与逻辑矛盾 (593)
1. 引论 (593)
2. 观察结果 (597)
3. 预先说明 (602)
4. 解决方案 (603)
5. 对"意义⇔文本"模式的某些总结 (615)

重复性悖异和逻辑矛盾性悖异 (617)
参考文献 (623)

词汇和语法中的指示性标记与世界朴素模式 (624)
1. 关于世界朴素模式的引论 (624)
2. 指示性标记的基本概念及其对立 (625)
3. 讲话人的时空 (630)
4. 观察者的位置 (633)
5. 讲话人的个人域 (638)
6. 结论 (642)

参考文献 (643)

人名索引 (645)

语言材料显示的人的形象：
系统描写的尝试*①

1. 引　论

在几百年的历史进程中，物理学、心理学、哲学和语言学一直都在关注对人的研究，更不用说社会学了。仅是在最近二三十年中，有关人的思想、愿望、感觉和言语活动的问题就有几十本书出版和几百篇文章发表。在本文中不可能既不考虑这些文献，也不能只提及文献的名字。所以，我们仅限于引用那些含有大量的书目索引的著作[1：93-111，2：101-199，3-5]和概述[6]。

我们从前期的研究中只挑选距离我们最近的一些研究，首先是莫斯科语义学派[7—12]的早期文献，还有曾经提到过的 A. 维日彼茨卡的论著和 H. Д. 阿鲁玖诺娃的论著。特别是，这里关于"人的气质"的概念的论述与文献[2]中关于感知、思维、情感和意志等方面的"情态性"、它们的变体及其相互渗透等方面的论述有很多共同之处。但是，在一篇杂志文章的框架内，不可能记录下无论是在整体思想还是在对语言事实的具体评价上的所有的这些相似且众多的区别。有必要解释一下，为什么在已经有大量文献讨论这个问题的情况下，还要进行这项研究？它与其他的研究有什么不同？在此可以指出以下四点区别。

1. "人的形象"仅仅是以语言资料为基础进行重构的。我们尽最大限度争取做到使这个形象只是人的"语言"图景（而不是别的图景，例如，不是人的文学图景，不是人的普通符号图景或普通文化图景，不是人的哲学图景）。

---

* 文章首次发表在《Вопросы языкознания》，1995，No 1.

① 本研究由于作者被授予洪堡特基金奖和被 П. Хельвиг 教授邀请到海德堡大学教研室工作才得以完成。作者感谢来自基金会的同事们和 П. Хельвиг 教授提供的非常好的工作条件。作者还要感谢 В. Ю. Апресян，М. Я. Гловинская，Л. Л. Иомдин，Л. Н. Иорданская 和 И. А. Мельчук，感谢他们审阅了本文的手稿并提出了宝贵的批评意见。

2. 只有在下列情况下,图景中每一个片段的重构才被看做是有理据的：被重构片段不是由零散的资料确定（例如在[13：101 及后续页]中所做的那样），而是由大量的、可以构建出这一客体不矛盾的完整形象的事实总和确定的。

3. 用来记载人的图景的语言,在某种程度上是注释语言；这种语言是现代语义学中最清晰和最形式化的语言（关于这种语言的最新说法,见[14]）。

4. 进行这项研究只有一个目的：为体系性词典学,更具体地说,为《新编俄语同义词解释词典》找出理论根据（关于该词典见[15-16]；以及[17]）,这部词典是在作者领导下由俄罗斯科学院俄语所编著的。体系性词典学的主要概念是词典学类型概念——即便只是具有一个共同性能（语义的、语用的、交际的、句法的、搭配的、形态的和音律的等）的词位群,也对这些共同性能要求用同样的语言学描写规则（广义的"语法"规则）描写,因此,在词典中也要有统一的描写形式。目前我们还不可能提供整个俄语的词典学类型清单,所以,我们决定从语言中最重要的部分,当然,也就是从描写人的词汇开始本项研究。

鉴于所述情况,本文首先研究世界的"朴素"图景或世界的语言图景的总体思想（第 2 节）,然后提供世界图景中最重要的片段——人的形象的重构（第 3 节）,并对人的八大系统中的一个——情感系统做出较为详细的分析（第 4 节）。在最后的第 5 节,本文将勾画出人的特性的整体草图作为体系性词典学的基础。我们试图用这一材料全面展现语言学理论观点与详解词典和同义词词典中各种词典学类型的描写原则之间的关系。

2. 世界的朴素图景

我们不对这个问题的历史（B. 洪堡特和新洪堡特学说、美国民族语言学、萨丕尔-沃尔夫语言相对论假设、语义场理论等）做过多的回顾,只是简要地描述一下这个问题的现状。

这里对世界的朴素图景的研究在两个主要方向上展开。

第一,研究某一语言特有的一些独立的概念、某种特殊的语言文化同语线及同语线束（如,见[18-25]）。这首先是语言意识的概念化和更宽泛的文化意识的概念化。例如,非常俄罗斯的概念：душа, тоска, судьба[22], задушевность, удаль, воля (вольная), поле (чистое), даль, авось [23：117 及后续页]。从另一方面讲,这是非独特概念的特殊附加意义；例如,曾被多次描写过的不同文化中颜色意义的象征性①。

第二,探寻并重构语言本身固有的完整的世界观,尽管这样的认识是朴素的,尚未达到科学概念(科学概念之前)。将语言学地理这个隐喻做一个延展,似乎可以说,这里研究的不是一些独立的同语线或同语线束,而是整个方言体系。虽然这里尽可能全面地考虑到民族独特性,但重点还是放在完整的世界语言图景上。下面我们概括地总结一下这种方法的主要论点,因为只有这种方法是我们在下文中感兴趣的。

1. 每一种自然语言都反映一种感知和建构世界(概念化)的独特方式。语言中表达的意义集结为某种统一的观念体系、一种特殊的集体哲学,这种哲学以一种必须的形式强加给该语言的所有持有者。曾经有一个时期,语法意义作为必须表达的意义范畴与词汇意义相对立,不管它们对于具体报道的实质是否重要。近几十年来发现,词汇意义的许多元素也在必须表达之列。

2. 语言特有的对现实概念化(看世界)的方法,有一部分是通用的,有一部分是具有民族独特性的,因此,持不同语言的人透过自己语言的多棱镜看到的世界是有所不同的。

3. 另一方面,说语言"朴素"是因为在许多重要的细节中它不同于世界的科学图景。然而,朴素的概念绝不是原始概念。在很多情况下,这样的概念并不比科学概念简单并且与科学概念同样重要。譬如,有关人的内心世界的朴素概念就是如此。这些概念反映了数十代人在数千年进程中内省的经验,是进入这个世界的可靠指南。

4. 在世界的朴素图景中,可以划分出朴素几何学、朴素时空物理学(例如,讲话人在形成科学概念之前对时空的理解和观察者的概念完全是相对的——见[27])、朴素伦理学、朴素心理学等。譬如,类似 хвалить 和 льстить,хвалить 和

---

① 在文献[26;17]中提供了关于对同一种颜色在文化联想和反应中的区别的有趣资料,这些资料是在使用彩屏计算机时通过实验获得的。红色:在美国象征危险,在法国象征贵族,在埃及象征死亡,在印度象征生命与创造性,在日本象征愤怒和危险,在中国象征幸福;蔚蓝色:在美国象征勇敢,在法国象征自由与和平,在埃及象征信念、美德和真理,在日本象征卑鄙,在中国象征青春和生命;绿色:在美国象征安全,在法国象征犯罪,在埃及象征果实和力量,在印度象征果实和繁荣,在日本象征未来、青春和能量,在中国象征青春和生命;黄色:在美国象征怯懦,在法国象征暂时性,在埃及象征幸福与繁荣,在印度象征成就,在日本象征优美和高尚,在中国象征出生、财富与权力;白色:在美国象征纯洁,在法国象征中立,在埃及象征高兴,在印度象征死亡和纯洁,在日本象征死亡,在中国象征死亡和纯洁。在对颜色的反映中表现出的这些文化差别如此重要,以至于在设计提供给东西方不同社会使用者的电脑屏幕时不得不考虑这些差别。

хвалиться, обещать 和 сулить, смотреть 和 подсматривать, слушать 和 подслушать, смеяться（над кем-л.）和 глумиться, свдетель 和 соглядатай, любознательность 和 любопытство, распоряжаться 和 помыкать, предупредительный 和 подобострастный, гордиться 和 кичиться, критиковать 和 чернить, добиваться 和 домогаться, показывать（свою храбрость）和 рисоваться（своей храбростью）, жаловаться 和 ябедничать 等成对词汇，从对这些词的分析中可以得出关于俄罗斯朴素—语言伦理学的基本戒律的概念。这就是："追求狭隘自私的目标是不好的"（домогаться, льстить, сулить）；"干涉别人的私人生活是不好的"（подсматровать, подслушивать, соглядатай, любопытство）；"贬低别人的优点是不好的"（помыкать, глумиться）；"忘记自己的人格和尊严是不好的"（пресмыкаться, подобострастный）；"夸大自己的优点和别人的缺点是不好的"（хвастаться, рисоваться, кичиться, чернить）；"向第三个人讲我们亲近的人的坏话是不好的"（ябедничать, фискалить）等。当然，所有这些戒律绝不是尽人皆知的真理，但有趣的是，它们却被固定在词的意义中。朴素伦理学的一些正面的戒律也同样反映在语言中。

体系性词典学的首要任务就是反映该语言中体现出来的世界的朴素图景——朴素几何学、朴素物理学、朴素伦理学、朴素心理学等。其中每一个领域中的朴素概念都不是混乱无序的，而是构成特定的体系，因此，这些概念应该在词典中得到统一形式的描写。一般说来，为达到这一目的，应该是首先根据词汇和语法意义的资料重构世界朴素图景的相应片段。但是在实践中，在这种以及其他类似的情况下，重构和（词典学）描写是同步进行的，而且经常是相互修正。

3. 人的朴素图景

下文设定的重构的基础是一个对人的"构成"的共性模式。在世界的俄语语言图景中，人首先被理解为是有活动能力的动态生物（我们只研究世界的俄语语言图景，尽管在这个图景中有很多普遍性特征）。他完成三种不同类型的行为——体力行为、心智行为和言语行为；从另一方面讲，人天生固有某些状态——感知、愿望、知晓、见解和情感等。最后，人会以某种方式对外部作用或内部作用做出反应。

每一种活动、每一类状态及每一种反应都由自己的系统来管理。这一系统定位于某种器官,这个器官能完成特定的行为,达到某种状态,形成所需的反应。有时候同一个器官不止为一个系统服务,而有时候几个器官为一个系统服务。例如,令人好奇的是,在心灵中不仅限于情感,还有一些愿望。

在大多数情况下,每一个系统的功能都是由一个语义原型来描写,或者,如果系统下可以划分出若干子系统,就有多个语义原型来描写。

除了这些系统,在人身上还有不依赖于这些系统而存在的某些力量或能力在起作用。一般来讲,在人体身上,与在其他有生命的机体上一样,可能有若干个这种力,但是作为必须方式至少应该体现为两种:一种是使某个系统开始活动的力;另一种是停止这个系统活动的力。

在 3.1 节中来分析这些力量(能力),在 3.2 节将分析人的系统以及这些系统的结构和工作特性。

3.1 意志力与良心——行为的引动与制动

促使人积极工作的动力是某些愿望。人借助于被称作意志(воля①)的力来实现这些愿望;意志力本身就是使自己的愿望付诸实现的一种能力。在俄语语言图景中意志力与硬度、压力、坚强,甚至还有可能与攻击性产生联想。试比较,сила воли, сильная 〈железная〉 воля, непреклонная 〈несгибаемая, непоколебимая〉 воля, всесокрушающая воля, воля к победе 〈к жизни, к подвигу〉, волевой напор, волевой человек, сильная личность(意志力强大到足以能转变事件进程的人)。

愿望可以是理性的和有道德的,也可以是非理性和不道德的;意志力本身置身于道德之外,它可以是善良的,也可以是邪恶的。因此,在人的身上,意志力的行为与另一种力量的行为相抗衡,这种力量被称作良心。如果说,愿望和意志是人的活动的促进剂,那么,在俄语语言图景中,良心被理解为是阻止非道德愿望

---

① 认为意志是力量(而不是器官),这是我们从古代一本关于"意志词汇"的非常有趣的书[9:56-60]中借用的。但是在一些重要的细节中我们的意志图景与 Ю. К. Щеглов 提出的意志图景是不同的。在 Щеглов 的理论中有"意志机构"的概念,它由理智、感觉、意志本身和执行某种行为程序的其他器官构成。我们认为,更准确地说具有相反的对应关系:意志属于"理智机构"(当然,如果使用这个隐喻的话)中的一部分。除此之外,在 Щеглов 描绘的图景中没有提到良心,因为良心作为道德调节器也参与到形成人的行为的过程中。

和动机实现的道德制动器；试比较 совесть не позволяет 〈совестно〉 (делать что-л.), Если у него есть хоть капля совести, он этого не сделает. Совесть восстаёт (против чеог-л.).

一般来讲,与意志力不同,良心不仅仅被理解是一种力,即使是一种潜在的力(即能力)的形式。良心同时是人的某种内部存在。它是严厉的内心法官(譬如：отвечать за что-л. перед своей совестью, быть чистым перед собственной совестью),这一法官永远是向善的,对公正拥有天生准确无误的感觉,并给人以指令(譬如：голос совести, веление совести),这种指令直接依赖于对即时情景中真正善良的判断。

如同所有的法官一样,良心可以做出惩罚或宽恕。如果人听得到良心的声音,倾听良心的暗示,按照良心的旨意行事(слышит голоса совести, прислушиваться к нему, поступать по совести 〈как подсказывает совесть〉),那么给他的奖赏就是一颗平静(纯洁)的良心(спокойная 〈чистая〉 совесть)。如果他听不到良心的声音(не слышит голоса совест),为了满足自己的愿望而泯灭自己的良心,违背良心做事(заглушать его в себе, поступать против совести),那么,他就会受到良心的惩罚：良心会折磨他(〈не дает покоя, терзает, гложет〉,使他不得安宁,撕裂他,噬咬他),错误行为如同沉重的包袱压在他的心头,他时常受良心的谴责(折磨)等等。良心是一种无法消除的禀赋,即使一个人得以在自己身上淹没掉良心的声音(заглушить в себе её голос),但是,过一段时间良心会在他的身上重新苏醒(被唤醒)过来(проснуться〈пробудиться〉)并再次发出声音(заговорить)。

完全的公正无私是这个内心法官的一个特别好的禀性：在同一情景下良心对所有人会做出完全一致的唯一公正的决定。这个内心声音以奇特的方式成为人们的共同财富。正因为如此,我们可以把某个以自己的道德上无畏而著称的人看做是我们的良心(наша совесть)。由于同样的原因我们可以呼唤另一个人的良心(вызывать к совести)：我们这样做是因为相信,最终他会遵守那些我们所遵守的道德真理。因此,良心使人的世界观超越自身利益的界限,并迫使人在最公正的天平上来称量自己的行为和别人的行为①。

从上述内容可以得出，良心是一种联合性的和利他的禀赋，而意志（воля）首先是一种独立的、利己的和多变的禀赋；试比较，своеволие, волею судеб（～"随情景的要求"），以及 воля 2（～"以个人意志为基础的自由"）；从另一方面讲，良心是主动性比意志要少的一种禀赋。它没有意志所具有的那份坚持。因此，可以淹没良心的声音（заглушить её голос），可以与良心做交易（пойти на сделку с ней）。

这样看，意志的主要功能是积极的、创造性的，而良心的主要功能是抑制性的、阻挡性的。当然，如果按照意识的指令行事，人也可以把意志用作制动或阻拦装置，借助于它的帮助人可以抑制自己不理智的愿望；另一方面，良心也可以作为道德上的助推器，推动人去积极地捍卫公正性，无论他是在哪儿发现有损害公正性的情形——无论在自己的思想和行为中，还是在其他人的思想和行为中。但这只是意志和良心的第二位的功能。

这两个禀赋的不对等是很重要的：按照俄语语言图景，人身上的善良总体上比邪恶多，因为在中立意志这一面不存在与 совесть 相对抗的邪恶禀赋。

3.2 人的基本系统

下文我们将指出构成人的一些基本系统；控制这些系统、发生某些状态、能完成一定行为的某些器官；以及与这些系统、器官、状态或行为相对应的语义原型。需要指出，我们这里提到的几乎所有语义原型在 A. 维日彼茨卡（见［4：10］）所列的目录中都有直接的对应，关于语义原型在本文中应该如何理解请见

---

① 我们提出的对良心的整体形象的重构完全是建立在语言资料的基础上。这个朴素-语言形象出乎意料地与俄罗斯宗教哲学中延展出来的良心概念相近。试比较："除了人自己想要的和能够做到的一切，除了源于人的经验性本能及其组成部分的所有追求，对人起作用的还有一种崇高的'义务'力量，良心的声音是一种召唤，人感觉到这种召唤是来自最高的层级，一个超出他的经验性本能并改造这种本能的层级；人只有遵循这样的召唤，超越自己的经验性本能的界限，才能真正实现自己的使命，实现真正的内心世界"［28：331-332］。例如，文献［1：95-97］根据语言和文学篇章资料给出了对"良心"概念完全不同的重构："良心被理解为如同是一个与人的愿望和感觉处于敌对状态的狮牙利爪的动物"、良心的形象被视同为"令人讨厌的谈话人"、"良心的形象是人的敌人、迫害者和折磨者"，"把良心视同某种表面，一种空白状态"，我们把文献［1：95-97］中对良心的概念与下列结论做一个比较："显然，词汇'良心'的搭配性不是根据完整的概念进行模式化的，其搭配是通过联合和融合那些从宇宙自然规律的角度看不能兼容的形象而获得的"。我们关注的是良心概念的民族独特性。在德语中有相似的概念（Gewissen），但是，例如，在英语或法语中没有：conscience 表示的是位于"良心"和"觉悟"之间的某种中间东西。

文献[14]。

(1) 身体感知（视觉、听觉、嗅觉、味觉、触觉）。这种感知受控于感觉器官（眼睛、耳朵、鼻子、舌头 1、皮肤）。语义原型是"接受到"。

(2) 生理状态（饥饿、渴、需求 ＝"性欲"、大小便、疼痛等）。这种状态受控于身体的各个部位。语义原型是"感觉到"。

(3) 对各种不同的外部作用和内部作用的生理反应（脸色苍白，发冷，起鸡皮疙瘩，脸红，发热，出汗，心跳，脸色难看，恶心等）。做出反应的是身体的各个部分（脸，心脏，嗓子）或者是整个身体。没有语义原型。特别是"反应"这一意义不能充当这个角色，因为这个意义无条件地要通过下列更简单的意义才能体现出来："A реагировать на B(A 对 B 做出反应)"～"因素 B 在时刻 t1 作用于身体 A[前提]；A 接受到了这种作用并在比时刻 t1 晚的时刻 t2 通过某种方式改变了自己的性能或行为；'接受到作用'这一事实是改变 A 的性能或行为的唯一原因"。

(4) 体力行为和活动（工作，休息，行走，站立，躺卧，抛扔，画，推搡，砍，割，劈，砸等）。这些行为由身体的末端部分和整个身体来完成。语义原型是"做"。

(5) 愿望（希望，追求，冲动，忍耐不住，克制，迫使，尝试，引诱，更偏好于……等）。这些活动或者受控于身体，或者受控于心灵。受控于身体的是与满足身体要求有关的初级的、最简单的愿望；譬如，хотеть есть〈пить, спать〉(想吃东西、喝水、睡觉等)。显然，这些活动是人和动物共有的。受心灵控制的是受过文化熏陶后出现的与满足精神需要有关的愿望；试比较，В душе ей хотелось какой-то необыкновенной любови; От всей души желаю, чтобы они [праздники] скорее кончились (М. Булгаков, Мастер и Маргарита). 满足精神需要的愿望占愿望中的绝大部分，这些愿望借助于"意志"实现，而意志活动由"良心"来修正。语义原型是"想"。

(6) 思维过程，心智活动（想象，体验；认为，假定；理解，意识到；直觉，醒悟；达到，深入；知晓，得知；相信；猜测，怀疑；记住，记起来，回忆起来，忘记；等）。心智活动受控于意识（大脑，头脑）并由它们来完成。语义原型是"知道"、"认为"，可能还有其他一些。"理解"和"相信"不是语义原型；这些动词的注释见文献[14]①。

---

① 对 понимать 更详细的注释见文章"事实性问题：знать 及其同义词"。

(7) 情感反应(害怕,高兴,生气,喜欢,仇恨,指望,失望等)。这些情感也可以区分出人和动物共有的初级情感(恐惧,激情)和汲取了文化内涵的情感(期望,失望,惊奇,愤怒等)。人的所有这些情感都受控于心灵、心房或胸膛。语义原型是"感觉"。

(8) 言语行为(通告,承诺,请求,要求,命令,禁止,警告,建议,宣布,骂人,炫耀,赞扬,抱怨等),这些行为由言语器官为之服务。语义原型是"说(对谁,说什么)"。对"说"这一动词的上述意义进行注释的尝试好像是在转圈圈①。

上述所列系统的结构和功能具有以下特性:每个系统都有一定的内部组织(3.2.1);这些系统构成等级(3.2.2);这些系统的器官也构成等级(3.2.3);系统之间相互作用(3.2.4);这些系统可划分为子系统(3.2.5);反之,根据仿效原则,这些系统可以联合成更大的类别及子类别。

3.2.1 系统的内部组织

由于篇幅有限,我们只能以"感知"这一系统为例来分析这个问题。我们的选择是由下列因素决定的:第一,这个系统相对简单;第二,这个系统组织得非常好,这为全面展示对现实概念化的某种方式与词典学类型(ЛТ)之间的内部关系提供了可能性。

感知的初级情景包含两个基本的参与者。第一个是感知的人,第二个是被感知的事物。因此可以预言至少存在两套动词(或其他述谓词),以分别称呼感知情景中第一题元和第二题元的状态。构成第一套的是这样一些动词,其第一个语义配价由感知主体的名称来充填,而第二个语义配价由被感知客体的名称

---

① 例如,下列注释:X говорит 1 Y-у Z ="某人 X 说出了他创造的含有意义 Z 的话语,是为了使另一个人 Y 明白意义 Z"[29:71]。如果话语一词在这个注释中是元语言词汇,那么它的意义中就应该包括对语言指示:话语首先是用某种语言表示的连续性符号。而语言本身应该定义为一种手段,借助这种手段人们才能够相互交谈(говорить 2)。最后,话轮交替(相互交谈)的双向过程,自然是通过向交谈对方传递自己的思想这种比较简单的单向过程,也就是通过 говорить 1 来确定的。这样就形成了一个圆圈;另一方面,可以假设 текст 在这个注释中是一个俄语词位,表示"被写出来的东西"。即便如此,经过一两步注释就会发现"говорить 1"的意义了:被写出来的东西——就是能够被说出来("говорить 1")的东西的另一种从文化角度讲更复杂的形式。

来充填；试比较，Из траншеи мы видели узкую полоску берега①. 另一套动词是由第一套动词的转换动词或动词性表达方式构成，其第一个语义配价由被感知客体的名称来充填，而第二个语义配价由感知主体的名称充填；试比较，Из траншеи нам была видна узкая полоска берега.

感知主体不仅可以被动地感知某种客体，而且可以积极地利用相应的感知器官，以获得所需要的关于世界的信息。所以，原则上还可以有一套动词——诸如"看"这类动词。最终获得了三个一组的对立意义："感知"—"被感知"—"运用感知能力"。原则上可以允许表示客体对感觉器官的积极作用的第四套动词存在；试比较，对于视觉而言的吸引眼球（бросаться в глаза），对于听觉而言的传入耳中（доноситься），对于嗅觉而言的……扑鼻（шибать в нос），但是，这套动词在所有方面都没有前三套动词规律性强，所以我们没有将其纳入研究范围。

既然感知有五个子系统（视觉，听觉，嗅觉，味觉，触觉），而且其中每一个子系统理想中都应该有三个动词（当然，不考虑它们的同义词）为其服务，则整体上可以由 3×5＝15 个动词的统计表（语义聚合体）来体现感知。这个表格还能提供感知词汇范围内的主要词典学类型。

在俄语中，这一词典学类型由以下五个"三个词一组"来体现：

"感知"	—"被感知"	—"运用感知能力"
видеть	— быть видным（кому-л.）	— смотреть，
слышать	— быть слышным（кому-л.）	— слушать，
обонять（чуять）	— пахнуть	— нюхать，
ощущать вкус	— быть на вкус（譬如，На вкус ничего, но пахнет неважно）	— пробовать，
осязать	— быть на ощупь	— ощупывать.

试比较，Когда же мальчик ощупывал его лицо, то ощущал своими чуткими

---

① 状态主体（如，Охотник видит лису, Он боится этого человека）、事件主体（如，Он поскользнулся и упал）、过程主体（如，Он долго болел, Он выздоровел）等有时被称为客体。因为，按照 O. 叶斯帕森的观点，在 Он боится этого человека. 这个例子中，"语法第一格表示遭受行为作用的客体，而第四格则是产生影响的施事者"[30；179]。试比较[31-33]及其他现代研究中的类似思想。严格地讲，在这些情景的任何一个中都没有客体，因为没有某种力量对人发生作用。实际上，为了在所分析的情景中描写题元的语义角色，应该有四个不同的概念：施事（积极活动者）、主体（消极体验者）、客体（感受到实际作用的东西）和对象（那种位于主体或施事关注焦点的东西；如，видеть картину, уважать старших, смотреть на картину, Пальто стоит 500 рублей）。但是，在本书中我们无法对语义角色作如此深刻的考证，因此，还将使用相对传统的表述。

пальцами его глубокие морщины (В. Короленко, Дети подземелья).

这一词典学类型的特点之一就在于,这个表的格子远非总是能按一致的形式来填充。原则上15个格子应该都是动词。但是,在俄语中,只有嗅觉符合这个要求(见上文),而且,只是"用鼻子感知到"这一概念没有中性词：一个(обонять)过于学术化,而另一个(чуять)过于通俗化。"被感知"这一系列的动词情况最差——只有一个动词(пахнуть)。

在俄语中,语义聚合体中所有无法用一个词表达的格子,都是用自由词组或半自由词组来填充的。为了理解这一独特性,最好把它与英语中相应的聚合体做一比较。在英语中,如果词汇材料不足以填充表格的所有格子,那么这个空缺与其说由词组来填补,不如说是由多义性来填补。比如,对于视觉而言的 to see — to be visible — to look,对于听觉而言的 to hear — to sound — to listen,对于嗅觉而言的 to smell — to smell — to smell (比如, I can smell apples — Apples smell good — He bent over to smell a flower),对于味觉而言的 to taste — to taste — to taste (试比较, I can taste something very spicy in the food — The meat taste delicious — He raised the glass to his mouth to taste the wine),对于触觉而言的 to feel — to feel — to feel (试比较, I could feel the rough surface of the table — The water feels warm — Feel the bump on my head).

这里没有可能完整地描述这个复杂的词典学类型,但是可以指出主要系列动词(видеть, слышать, обонять, осязать)的某些特性。(1)它们属于状态词类别并且具有所有状态词特有的形态、句法和语义表现(见文献[14]),这些表现自然应该以某种形式体现在词典中;(2)它们具有半叙实性的特性,能够带主要句子重音,并能够支配由下列关联词引导的句子：кто, что, где, куда, откуда, когда, сколько, как 等,试比较, Я видел, кто открыл дверь ⟨что он принёс, куда он пошёл, где приземлился самолёт, сколько вина он выпил⟩; Я слышал, кто его звал ⟨что он говорил, откуда донёсся звук, как он на меня кричал⟩. 有趣的是,先由 видеть 转换成 слышать, 再由 слышать 转换成 обонять, осязать 时,引导从句的方式的多样性依次减缩;(3)它们有能力支配由连接词 что 和 как 引导的句子,这些从句表示的事件(事实)和行为的对立是这两个连接词特有的。对 Н. Д. 阿鲁玖诺娃(见[2：115-117])关于这个问题的研究,需要补充一点,即使从句的动词是未完成体形式,连接词 что 描写的也是事件;试比较, Я видел, что он переходил на ту сторону улицы (关注的只是穿越这个事实)。即使从句动词是完成体形式,连接词 как 描写的也是过程;试比较,Я видел, как он перешёл на ту сторону улицы(甚至在使用完成体形式时,记载的也是穿过街道过程的某些阶段)。

应该对感知动词的所有上述特点及许多其他特点都给予关注,以便在词典中对该词典学类型有一个统一的描写。

3.2.2 系统的等级

根据复杂程度的不同,上述八个系统划分出等级(也就是按复杂性程度由易到难的顺序排列)。最简单的是感知:它可以把人与所有的其他生物联合在一起。而且,甚至是植物也能感知到像"光"和"热"这样一些因素,因为植物能对它们做出反应。最复杂的系统是言语:它把人与所有的其他生物区分开来。

一个系统在语言学上的相对复杂性由几个因素决定。

首先,第一个因素是为该系统服务的词位和语法单位的数量。这个数量越大,系统越复杂。关于这一点我们不拥有准确的资料,但是,上文提出的系统顺序大致符合先验的语言学评价。唯一的例外是体力行为系统,其词汇的丰富程度超过了所有其他系统。但是在为它们服务的语法单位的数量上,四个"精神"系统(愿望、智力活动、情感和言语)远远超过了体力行为系统。试比较,指示性形态范畴(相对于言语时刻而言的动词的时间),以及一些句法结构,如命令式和希求式(愿望)、条件句和非现实句(心智)、大量有表现力的短句结构(愿望和情感)、插入结构(在插入结构的意义中总是包含有对说话人,进而对话语的认识)。

第二,相对于系统 C_j,系统 C_i 的复杂性取决于归属于 C_i 系统的词位的数量,在这些词位的注释中包含 C_j 系统的单位。这种单位的数量越多,C_i 相对于 C_j 就越复杂。在这方面,"情感状态"和"言语行为"比"感知"甚至比"愿望"要复杂得多,因为在大多数情感状态和言语行为的注释中都引用感知和愿望,而反过来是不正确的。

第三,一个系统的复杂性取决于其系统概念在组织表述时的角色。在这一方面言语行为是没有竞争对手的。只要指出讲话人作为组织句子所指空间的核心角色,就足以说明这一点了[①]。

[①] 正如在专著[3.33]中被描写的那样,言语行为的语义结构本身证明了言语的异常复杂性。其中正是这一资料为区分出像理据(除前提和推断之外)这样重要的新意义成分提供了依据。可以把理据定义为是对"为什么采取该言语行为"的一种解释。"理据"把作为结果的推断与作为言语行为原因的若干前提中的一个联系起来。看来,不一定只是在表示言语行为的词位中,而是应该在所有表示有目的的复杂行为的词位注释中都包含理据意义。

3.2.3 器官的等级

这些系统的器官也可以划分出等级,不过是按另一个特征,即按它们在组织人的行为时所起的作用划分的。等级的最高点是意识(智慧)。在世界的朴素图景中,恰恰赋予给它人的体力、情感和言语行为调节器的关键角色。即使当人的其他系统以最过度或极度紧张的状态工作时,正是它借助于意志力和良心的帮助,可以使人的行为保持在正常的范围内。意识是一种跟踪机制,能够从侧面观察人的行为(试比较,видеть себя со стороны, Попытайся посмотреть на себя со стороны)。例如,如果意识发现在行为中有不理智的征兆,它就会给意志施加压力,意志使行为恢复正常(当然是在意志还能够产生有效作用的条件下)。试比较,Он понял, что боится, и усилием воли попытался подавить свой страх.

上述内容也可以用下列成对的词汇单位确认:исступление 和 возбуждение, экстаз 和 восторг, паника 和 страх, потерять голову 和 растеряться, взорвать(ся)和 возмутить(ся)等。在现行的详解词典中,经常把它们之间的区别归结为强烈程度上的差别:исступление ="激愤的极端程度", экстаз ="疯狂兴奋的状态",потерять голову ="完全不知所措"等。实际上,所有这些成对词汇中的第一个词与第二个词的区别,不仅仅在于指出了过程或状态的更大强度。还有重要的一点,就是人的内部状态在其发展过程中达到了相当强烈的程度,以至于主体的行为完全脱离了他的意识的控制,并不再接受意志对它的支配。试比较,与此不同的另一对词 ярость — гнев (Он с трудом сдерживал свою ярость 〈свой гнев〉),这里,第一个情感与第二个确实在极限强度程度上不同,但是没有失去对行为的控制。

这样看来,在 исступление, экстаз, паника, терять голову, взорвать(ся), оказываться 等词汇单位的意义中重复出现的上述语义成分是相当常规性的(成体系的)。因此,把失去对行为的控制理解为是某些内心状态发展中的自然界限,确实是人的心理朴素图景特有的。

能够证明这一点的还有一种情况:这就是在所谓的征兆性词汇,即能描写人的情感状态外部表现的惯用语中发现了相似的语义对立。试比较这样两列词汇:一方面是 оцепенеть(от страха), остолбенеть (от удивления), окаменеть(от ужаса) 等;另一方面是 замереть (от сладкого ожидания), замереть (в восхищении перед картиной)。后一个动词表示"变成完全不能动",但并没有通报,主体是否失去了对自己行为的控制。"反应"在某种程度可能是自发的,但不能与情感名称搭配,而且是完全可以控制的;试比较,Увидев оленя, охотник замер. 至于前三个动词,就像一些词典中认为的那样,它们表示的不仅仅是"在某种强烈情感的影响下僵住不动"。例如,оцепенеть 是指由于意志麻痹而变得不动,麻痹是由于意志脱离了意识的控制,而这本身又可解释为由于主体受到了极其强烈的惊吓造成的。譬如,Что с ним[артистом П. Селивановым, который в присутствии Сталина от испуга не смог исполнить свою арию] творилось — конечно, и вообразить невозможно, удивительно, как он не умер тут же на сцене. За кулисами и в зале все оцепенели (Г. Вишневская, Галина). 值得提及的还有 застыть 一词,它处于 замереть 和 оцепенеть 之间的位置;例如,Он в восхищении застыл перед картиной.

在很多其他词汇和惯用语的意义中,也含有指出由于休克、极度体力活动等而丧失对行为控制的意思;比如,потеря самообладания, неистовство, конвульсии, прострация, транс, ступор, 俗语 отключка 等。

3.2.4 系统之间的相互作用

人的各种系统和子系统在某种程度上是独立的,而在某种程度上又相互作用。一个系统越简单,它就越独立。一个系统越复杂,它的独立性就越小,即它激活其他系统或运用其他系统资料的数量就越多。

最独立的是感知。纯粹的感知活动不依赖其他系统的活动而自主进行。实际上,可以处在完全不动的状态,什么都不期望、不想、不感受,也不说话,就可以看见或听到什么,有一些情况是例外的:当我们想感知某事物并通过意志活动将相应器官引入这种状态的时候,在器官的帮助下感知成为可能;试比较, смотреть, слушать, нюхать, пробовать, щупать 等词。

独立性较少的是体力活动和愿望。当然,可以沉默地、毫无任何情感地站在某处,去某地,或想某事。但是,有一些更复杂的体力活动,尤其是有目的的体力活动(строить мост, ждать кого-л., решать задачу 等),不可能没有愿望的参与,因为愿望正是目标和理由的基础。至于愿望本身,即使是最简单的愿望,也只能是以在某些感觉器官上显现为依据;例如, хотеть есть, 这是(身体)感受到的对食物的需求。

独立性更少一些的是意识。如果没有对某些事实的感知作为思维过程的出发点,就不可能有意识活动。除此之外,某些心智过程和状态还要求意志活动。在这方面最有趣的是"见解"。初始见解要求意志先行活动,通过意志活动将这些初始见解引入意识并形成见解,试比较,Следователь счёл, что собранных улик достаточно(意志活动将某一想法变成了某一种观点,人准备将其作为真理加以捍卫)和 Следователь подумал, что собранных улик достаточно(在没有意志活动参与的情况下人的意识中出现了某种想法)。关于 считать 和 думать 的详细内容见文献[11:867,34-36]。

最不独立的是情感和言语行为;它们与人的其他系统相互作用程度最高。

在大多数情况下,情感出现在对某种事态的感知或理智审视,以及对事态做出诸如对主体是好或坏、是可能还是不可能这类的理性评价之后。关于这一点我们回想一下 Б. Б. 斯宾诺莎对 надежда, страх, уверенность 和 отчаяние 的描写:"如果我们知道未来的事物,知道它是好的并定将发生,那么因此心灵接受了我们称之为希望的形式……另一方面,如果我们认为,一个将要出现的强有力的事物是坏的,那么会出现我们称之为恐惧的心灵形式。而如果我们认为事情是好的并且必然会出现,那么在心灵中会出现一种我们称之为信心的安宁……而当我们认为,事物是坏的并且一定出现,那么在我们的心灵中会产生失望"[37:128-129]。生理反应(如,побагроветь от грева 〈от ярости〉)、体力行为(如,прыгать от радости)和言语行为(如,громко восторгаться)有时可能会参与到情感表现中。

基本的言语行为在必须的程序上要求至少有其他三个系统的平行行为——智力、愿望和体力活动。事实上,大多数言语活动之前,说话人对听话人的信息状况都有某种评价。除此之外,所有的言语行为都要求理据——解释为什么讲话人想通过一定方式改变听话人的认知。最后,所有的言语行为都是体力活动的一个变体,依据那个老生常谈的原因:口头话语中不可取代的成分是发音器官的工作。除此之外,很多的言语行为受各种不同情感(比如,有抱怨意义的 умолять, клеймить, бахвалиться, скулить)或希望引起受话人某些情感的愿望(стытить, умолять, упрекать 等)的支配。关于言语行为的所述问题详见文献[3.33]。

3.2.5 系统及其子系统

每个系统都可划分为一系列子系统。譬如,视觉,听觉,嗅觉等都是"感知"的组成成分;知晓,信仰,信任,明白,见解,想象,记忆等都是"心智"的组成成分;各种不同的言语行为是"言语"的组成成分。

这些子系统能够由自己的器官为其服务,例如,子系统"记忆"(如,

зрительная〈слуховая〉память, образная память, цепкая〈фотографическая〉память, короткая〈девичья〉память, Память сдаёт 等）由同样称之为记忆的器官为其服务（如,врезаться в память, хранить в памяти, восстановить в памяти, извлечь из памяти 等,详见[11：559 及后续页,38]）。

　　一个系统内的子系统有时也能形成等级。我们以感知系统为例展现这一点："感知"的子系统按照重要性特征排列顺序,重要性是根据通过感知各子系统进入人的意识的信息规模大小确定。所有的研究者都从这个角度认定视觉是主要的子系统。紧随其后是听觉,然后是嗅觉,味觉,触觉,虽然后三个子系统的相对顺序没有前两个那么明显和清晰。

　　可以列举两个论据来证明,这个排序原则不是外部强加给语言的,也不是满足某种不相干的逻辑学理解,而是直接源自语料和语言中发生的过程。

　　首先,依照所述的原则,某个子系统在等级中的位置直接依赖于为该子系统服务的词位数量。显然,服务于视觉感知的词汇是最丰富和多样的。紧随其后的听觉词汇在词汇规模上要少很多。嗅觉,味觉,触觉在为其服务的词位数量上比听觉还少,但是它们之间的差别不那么明显。因此,为了给它们排序必须引入第二个纯语言学论据——在语言中发生的隐喻化过程。

　　早在 50 年代初,С. 乌里曼[39]就阐述了下列统计学的规律：在感觉间发生的隐喻转义中,有大约百分之八十是严格按照从感知等级的低层次向其高层次的方向进行的,只有百分之二十的转义是逆向进行的。这就是说,诸如 тёплые〈холодный〉краски, мягкие тона, колючий взгляд, тёплый〈холодный〉голос, жёсткие звуки, кричаще одета, глухие тона, сладкие речи, острые звуки, сладкий〈солёный, кислый〉запах, острые запахи, острые приправы〈блюда〉, мягкий вкус 这类隐喻比诸如 тусклый звук, носатый голос（З. Шаховская, Отражения）, яркие〈тусклые〉запахи, красные звуки, глухие запахи, сладкая на ощупь ткань 这类隐喻的概率更大（更合乎规律）。从上述内容可以得出,只有视觉和稍低一个等级的听觉感知需要越来越新的有表现力的手段。正是这些系统词汇服务于最大量的交际情景,简直就是被过度使用。

　　上述内容直接与语言的人文中心论有关：与其他任何生物相比,人能区分更多数量的视觉和听觉形象（后者显然是由于语言的口头性）。相反,人的嗅觉远没有狗那么发达,众所周知,狗能分辨出的味道达到三十万种。嗅觉词位类别相对贫乏是与相对应的嗅觉较弱的灵敏性有关。如果假设有狗的语言的话,那么在这种语言的等级中占首要位置的可能就是嗅觉了。

3.2.6 系统的类别及次类别

在 3.2 节按照不同特征区分出来的系统很相近,有时甚至可以联合成更大的类别。有两个大类:一个是主要与人的身体(тело)活动有关的一些系统(前四个);一个是主要与人的精神(дух)活动有关的一些系统(后四个)。

从另一方面讲,某些身体系统与某些精神系统相近①,因此每个身体系统都在与其成对的精神系统中被反映、被复制和仿效,反之亦然。心智状态和活动与感知相对应,愿望与生理状态(需求)相对应,情感和生理反应相对应,言语行为与身体行为相对应。

身体和精神系统成对的原则直接源于早已提出的"身体"—"精神"的两分法(试比较,该两分法的变体:"身体"—"心灵"),该两分法对世界的朴素图景很有代表性(但不是它特有的)。

在语言学上,这些相近虽然其基础在不同情况下各不相同,但还是很重要,因为这些相近关系使我们意识到表面不同类型的词汇单位的深层相似,进而为其语义描写的系统化和统一化奠定了辅助性基础。我们用上述四对类别的材料来证明这一点。

(1) 感知与心智。人在世界的朴素图景中和在科学图景中一样,都是通过感知系统获取全部信息,这些信息要传入意识进行处理,在此基础上人对现实反复思考,获得知识,形成自己的观点,规划自己的行为等。很久以前就曾发现,感知与思维如此相似,如此共生,以至于主要感知动词"看见"衍生出许多基本的心智活动意义(例如,见[2:110 及后续页]和[40])。我们将列举这个动词衍生出的、并在俄语中得到发展的所有心智活动意义,并描写第二个主要感知动词"听见"的相似意义或用法。

我们可以在动词"看见"的意义中区分出以下四个心智活动意义:(1) "想象"(Я вижу, точно это было вчера, как мы бежим по косогору);(2) "认为"(Не вижу в этом ничего дурного; Многие воздерживались от художественного и философского творчества, так как считали это делом безнравственным с точки зрения интересов народа, видели в этом измену народному благу[Н. Бердяев,

---

① 试比较 Н. Д. Арутюнова 的如下评论:"因为人的内心世界是按照外部的物质世界的范本模式化的,心理词汇的主要来源是身体'词汇',这些词汇被用于二次隐喻的意义中"[1:95]。

Философская истина и интеллигентская правда]);这种转义在具有意义"看"(смотреть)的词族中被很好地体现出来。例如,рассматривать этот демарш как проявление слабости, усматривать в чем-л. состав преступления 等;(3)"明白"(Вы видите〈试比较 понимаете〉свою ошибку?);(4)"知道"(не видеть путей выхода из кризиса)。

在"听见"一词中也可以发现类似的心智活动意义或用法,尽管在这个动词中这些意义或用法脱离自己身体躯壳和联想的自由度较低:(1)"想象"(试比较 Глядящий на эту картину ["Футболист"] уже слышал свист кожаного снаряда, уже видел отчаянный бросок вратаря[В. Набоков, Дар]);(2)"认为"(В ваших словах я слышу скрытую угрозу ="听了您的话后,我认为,在这些话中隐藏着威胁");(3)"明白"(Да не собирается он вас увольнять, слышите?);(4)"知道"(Я слышал от кого-то, что матч отложен)。

再如,动词 чуять 的心智活动意义"怀疑"(Чую, что он затевает что-то недоброе)和动词 ощущать 的心智活动意义"明白"(Я ощущаю некоторую неловкость этой ситуации)等。

(2) 生理状态与愿望。上文已经讲过,有两类愿望——与满足身体的生理需求有关的最简单愿望(如,голод"饥饿"="希望吃东西的感觉",жажда"渴"="希望喝水的感觉"),和与满足精神需求有关的更复杂愿望(试比较 хотеть попасть на выставку〈учиться в Сорбонне〉, мечтать о подвиге)。在第一种情况下,人感觉到,保障其身体舒服的某种重要东西不足;第二种情况下,人感觉到,保证他的精神舒畅的某种重要东西不足。因此,按照从具体到抽象发展的隐喻性转义的一般规律,在表示身体需求的词语中有规律地衍生出智力活动或其他精神需求的意义。试比较 духовный голод, жажда знаний〈работы〉, мудрая жажда красоты, жаждать подвига。

(3) 生理反应与情感。诸如脸色苍白,心跳,出汗等生理状态是身体对外部或内部刺激的反应。情感也是反应,是心灵对外部和内部作用的反应。在这个基础上情感和身体状态之间产生了深层相似(见[41])。例如,人在恐惧状态下心里感受到类似于冷的时候身体感受的某种东西,而他的身体对恐惧的反应和对冷的反应一样[41:34];试比较,дрожать от страха〈от холода〉, Мурашки бегут по спине от страха〈от холода〉, оцепенеть от страха〈от холода〉, Страх〈холод〉сковал его тело 等。

它们的相似性还有另外一个更具基础性的方面：如饥饿,渴,发困等这些生理状态总是有原因的——在某段时间内没吃东西,没喝水,没睡觉。同样,情感的产生也有原因。因此,在以必须的程序对生理状态或情感进行系统描写时,应该指出引起相应的生理状态或情感的原因。

(4) 体力行为与言语行为。它们之间的相似性主要是基于一点：无论是体力行为还是言语行为都是有目的性活动的不同变体,而所有有目的的活动都有理据,我们"乘车进城"是因为想到城里做点什么;我们"骑自行车"是因为我们想从骑车本身获得快乐;我们"求邻居某事"因为我们想让他做什么;我们"给自己的朋友某种建议"是因为我们希望他好(最后一个例子摘自[33:184])。在对体力行为和言语行为进行语义描写时指出理据,如同在描写生理反应和情感时指出原因一样,也是必须的条件。

成对(仿效、复制)原则在某种程度上不仅在系统的层次上起作用,而且在更深的子系统层次上也起作用。例如,在感知系统中较"低层次"的味觉子系统通过隐喻映射在等级较高的嗅觉子系统中。实质上,嗅觉子系统没有自己独立的名称表,都是使用通过隐喻重新理解的基本味道名称来表示基本气味的;试比较,сладкий〈горький, кислый, солёный〉запах. 比较复杂的气味,特别是刺激性的,或者借助相应的味道术语表示(比如, терпкий〈пряный〉запах, приторный запах),或者借用带有某种典型味道的物体来表示(比如, грибной запах, запах горького миндаля, хвойный запах 等)。只有像 вонючий, ароматный, душистый 这类的评价性形容词是纯嗅觉形容词,不是借用来的。试比较在其他的理论研究[2]和[23:44-45]中的类似观点。

4. 情感系统

这是人的最复杂系统之一(比情感复杂的大概只有言语),因为在情感发生、发展和表现的过程中,人的所有其他系统——感知、生理反应、心智活动、身体系统(特别是不同的运动机能,包括表情),甚至言语实际上都参与进来。从语言学、心理学和生理学角度对情感进行了非常深入的研究,而且,用不同方法得出的结果表现出很大程度的一致性;见[1:93 及后续页, 2:129 及后续页, 4-6, 11, 15, 17, 22, 42:39 及后续页, 43:67-70, 44:142-157, 45-63] 及许多其他研究。

我们只限于对一些俄语事实做纯语言学分析，但是强调一下，在各种欧洲语言中，情感词汇具有很多相似的特点，而对这些词汇的描写要求统一的词典学解决方案。在下文的描写中，将利用早前发表的专著[15]中的材料和思想，但是无论是材料和思想都会有实质性扩展和加确。

属于这种类型的基础词汇是动词同义词列：беспокоиться，бояться，сердиться，стыдиться，гордиться，удивляться，восхищаться，любить，надеяться，радоваться，грустить 等；以及对应的名词、形容词和副词（беспокоиство，радость，рад，тревожно，с тревогой，в тревоге，боязно，со страхом，в страхе）等词列。

除了这些基础词汇外，必须关注这样一些词汇，它们在本义中并不表示情感，但是在词义中含有一种指示，表明主体在完成某种行为或处于某种状态时的不同情感状态。我们给出这样的一个词列：любоваться，заглядеться，засмотреться。

最后，必须还要提及一组词，它们在本义中不指称情感，但是与情感的表达有非常直接的关系。我们指的是表示对感觉的某种身体征兆的隐喻。这种隐喻首次在文献[47]中得到研究；也见[41]。在下文中我们将只关心光和颜色的隐喻，诸如 Глаза горят ⟨сверкают, блестят⟩ от восторга ⟨от гнева⟩, Её щеки порозовели от удовольствия, Он побагровел от стыда 等。在这一组词中发现，转义的同义现象非常丰富；譬如，以下词列：блестеть，сверкать；загореться，зажечься；сиять，светиться；засиять，засветиться，озариться；потемнеть，погаснуть，потухнуть；покраснеть，побагроветь，зарумяниться，зардеться 及许多其他词列。

对于我们来说，所有这些词列是尝试按照在俄语中被表现和被概念化的方式重构情感世界的朴素图景的出发点。鉴于篇幅的限制，我们只能指出人的情感世界的朴素图景或模式的几个典型细节。然而，即使这些为数不多的细节对于我们也是非常有益的，因为只有运用这些细节，才能保证在词典中对具体的同义词列进行系统的描写。

1. 在情感发展（场景）的过程中，如同它们在语言中体现的那样，可以划分出以下五个阶段。

（1）情感产生的首要缘由，通常是对某事态的身体上的感受或心智上的直觉。可以"激怒"我们的是我们曾直接感受到的或正在感受的东西；而让我们愤怒的可能还有我们间接得知的一些事实（例如，极端主义者在海地的横行霸道）。

再来比较动词 любоваться, заглядеться, засмотреться 与其非精确转换词 нравиться，前者更强调在感受时刻对客体的直接视觉感受，而 нравиться 却不强调这一点。

（2）情感产生的直接缘由，通常是对某种事态做出诸如"是可能的还是出乎意料的，是主体期望的还是不期望的"这样的理性评价。这个因素在情感产生中的作用由 Б. 斯宾诺莎首次提出，并且从那时起就被所有的研究者关注（见上文提到的专著）。产生正面情感（радость, счастье, любовь, восхищаться, надежда 等）的原因是我们把某些事件理性地评价为是所期望的，而产生消极情感（тоска, горя, ненависти, возмущение, отчаяние 等）的原因是把某些事件评价为非期望的。在每一个类别内部，都对原因进行更细致的区分。例如，对自身活动或主体积极性的评价在一系列情感产生过程中起着重要作用。其中，торжествовать（欢庆）与 радоваться（高兴）差异在于，前者表示为主体的成功行为、他的正确性等而感到高兴。而 радоваться 还可以为与主体没有任何关系的事件而高兴。在词列 грустить（忧愁），печалиться（忧伤），сокрушаться（难过）中也有类似的区别。忧愁可以有任何理由，而难过主要是由于自己不太成功的行为而引起的。

（3）纯情感或心灵状态，是由人感知和直观感受的事态以及他对事态的理性评价所引起的。A. 维日彼茨卡通过语义成分"to feel good"（感觉某些好的东西）和"to feel bad"（感觉某些坏的东西）描写纯情感。在文献[46]中，在对情感的注释中，这些语义成分被表示为"正面的情感状态"和"负面的情感状态"。

В. Ю. 阿普列相在自己尚未出版的专著中注意到，在不同的情感情况下，正面状态和负面状态本身内部彼此之间可能就有很大的差别。在仇恨（ненависть）的状态下，人体验到的是不愉快或负面的感受，在恐惧状态下是另外一种感受，而在忧伤状态下又是第三种感受。因此，在文献[41]中提出，借助于与纯情感发生联想的身体状态的隐喻来区分纯情感。正如上文所述，在恐惧状态下，在人的心灵上产生的不愉快感受类似于在寒冷的情况下身体上的不愉快感受（试比较 дрожать от страха, похолодеть от страха, оцепенеть от страха, Страх леденит душу, Страх сковывает человека 等）。讨厌时的不愉快感受类似于当不好的味道或气味作用于人时人的不愉快的身体感受（见[41:34]）。

这些类似作为注释情感时更加准确地定义纯情感成分的手段，得到上文所述的成对原则的证明。

(4) 关于延长或终止引起情感的原因存在的愿望是由某种理性评价或纯情感决定的。例如,人在恐惧状态下试图停止不期望的因素对自己的作用,并为此准备隐藏或缩成一团。相反,在高兴状态下他希望正面因素能够对他影响更长时间,并且他整个人似乎都在长高。试比较, Его распирает от радости, Он разбувается от гордости. 而不能说 * Его распирает от тоски 〈от страха〉, * Он раздувается от стыда 等。

(5) 情感的外在表现。有两种基本形式：① 身体对引起情感的原因或情感本身的不可控制的生理反应；比如,在惊奇的状态下提眉（睁大眼睛）,在凶恶或生气的情况下眼睛变小,在恐惧情况下脸色发白,在羞愧情况下脸红等；② 主体对引起情感的因素或对他的理性评价做出的可控的动作反应或言语反应；比如在恐惧情况下后退,在生气情况下前进,在兴高采烈时高喊,在狂喜时跳起来等等。

我们把表示同一类感情的词汇 ненависть, отвращение 和 страх 作为概括性例子来分析一下。仇恨是在感知或哪怕是思维直观感觉到客体或情景时出现的不愉快的感觉,我们认为这些客体或情景是令人极不愉快并与自己为敌的,我们过去或现在都特别想消除它们,以至于准备采取最极端的毁灭性行为,直至消灭客体的身体。仇恨像其他攻击性感觉（气愤、愤怒等）一样,在外表上可能表现为人的眼睛发光。厌恶是类似于感受到非常不好的味道或气味时不愉快的感觉；当我们正在感受或感受过某种我们认为极其不好的客体时,就会产生这种感觉,尽管这种客体可能不一定是敌对的,但是我们还是想或已想过要停止与它的联系。这种感觉在外部表现为：感受到厌恶的人的脸上可能出现不由自主的怪相。恐惧类似于寒冷时的不愉快感觉；当人（或其他生物）在感知到他认为或觉得对自己危险的客体并不想和它发生联系时,就会出现这种情感。人处在恐惧状态下脸色发白,心跳加快,声音哽咽并产生退缩、隐藏和逃离危险的愿望[①]。

在分析相应的同义词列时,必须关注情感发展的上述场景。在（词汇材料提供中追求系统性的）同义词词典中,一般描写模式对于所有的词列及词列的所有成员都应该是一致的。其中,对于每一种情感都应该指出：被感知和直觉到就

---

① 试比较在词典[62, c. 30-31, 175-177 等]以及在文献[5, 45, 49, 61, 63]中对"恐惧"和对整个情感的类似描写。很容易发现早在1979年（见[17]）提出的这种描写与菲尔默后来称为"框架语义学"的研究之间的相似,见[64-66]。

会引起该情感的那个因素；主体对这个情感因素的理性评价；他所体验的直接感受的类型；伴随情感的愿望；情感的外在表现，包括身体的生理反应、动作、手势、表情和言语。

2. 在各种情感中，直接感觉(感受)和理性评价的分量可能是不同的。在有些情感中直接感受占多数，而在另一些情感中评价占多数。根据这一点，情感通过语言概念化为初始的基础情感(生理上决定的)和有文化内涵的二次情感；这种划分得到一系列生理学研究资料的认同证实(见概述[6])。例如，像恐惧，仇恨，满足，高兴这些初始情感，与其说是理性评价某种事态对于主体而言是好是坏，不如说是直接感受这种事态是什么样的。所以，初始情感不仅人能有，一些高级动物也能有。例如，当狗看见主人向它扔东西，它就会扑过来，摇尾巴、舔主人的脸，表示它高兴，或卷起尾巴，逃跑，表示它害怕。试比较，Тюнька [собака] радовалась бы. Она любит видеть сразу вместе всех своих (Е. Короткова, День рождения Катька); Единственно, чего боялся храбрый пес, это грозы (М. Булгаков, Мастер и Маргарита). 诸如期望，愤怒，气愤，失望等有文化内涵的二次情感，是基于对情景进行理性评价(是否是主体期望的)而产生的，因此，正常情况下只有人能产生这种情感。由生理决定的情感与有文化内涵的情感之间这种差异是相当有规律性的，应该在相应的同义词列中给予关注。

类似的对立是把情感划分为自发性多的(感觉成分占多数)和自发性少的(理性评价成分占多数)情感的基础。有趣的是，多自发性情感，例如，恐惧，惊恐，不安，忧伤，恐怖，嫉妒，酷意等被概念化为从外部征服人的敌对力量。例如，Страх овладевает человеком, охватывает его, заползает ему в душу, Человек находится целиком во власти страха; Зависть пожирает〈снедает〉человека, Ревность его грызет, Тоска его берёт〈наваливается на него〉. 评价成分越少，纯感觉成分就越多，该情感名称与这类动词搭配的功率越大。相应的搭配是否有可能的理据正是基于这一点，而完全不像乍看上去那样，是由情感的强烈程度决定的。"愤怒"是绝对强烈的情感，但是它不能纠缠人，因为它太理性。相反，"不安"和"忧伤"不论它们多么的不强烈，都能够纠缠，因为它们的理性铺垫不多。它们可以成为下意识的情感并非毫无根据，对于"愤怒"完全不可能有下意识的情感。

3. 情感在感受的强烈程度和深度等特征上相互区别。"狂欢"比"高兴"强烈，"迷恋"比"喜欢"强烈，"兴高采烈"比"欣喜"强烈；从另一方面讲，"高兴"比

"狂欢"深刻,"喜欢"比"迷恋"深刻,"欣喜"比"兴高采烈"深刻。

在这两个特征中,需要对强烈程度做一些补充说明,因为它比深度更多样化和更重要。

在根据强烈程度对情感分类时,必须注意情感强烈程度等级表的不对称:在这个等级表上,标准的强烈程度(удивление, неприязнь, восхищение, страх, грусть, радость, злость 及其他原型类情感)和较高的强烈程度(изумление, ненависть, восторг, ужас, горе, ликование, ярость)都很好地得以体现。但是在俄语语言图景中没有与较高的强烈程度情感相对称的强烈程度较弱的情感(如果除了一些分散的和明显边缘的词位以外)。

实际上,如果等级表上区分出一些较弱的情感,那么对应的词位就不可能与表示强烈程度大的形容词搭配。而任何一个情感名称,包括 грусть, досада, неприязнь 等都可以和 сильный,甚至 сильнейший 类型的形容词搭配。与此不同,像 ярость, ненависть, изумление, восторг 这类的强烈情感与 слабый 这类表示强烈程度低的形容词是不相容的,它们之间确实是不搭配的。

显然,应该把较高强烈程度解释为一种语义常量,纳入对所有强烈情感的描写中。但是,现有的词典学实践在这方面是不合乎逻辑的。当语言中有由强烈情感名称与其原型名称组成的最小词对时(изумление — удивление, ярость — злость, ужас — страх, восторг — восхищение 等),多数强烈情感被定义为"强化的 X"或"强烈的 X",式中,X 是原型的名称。但是,如果语言中没有最小词对,在相应情感的注释中"强烈"这一成分就没有了。例如,"失望"一词就是这样,它没有中性的原型词。

其结果,破坏了对这样一个事实原则性解释的基础——所有强烈情感的名称(包括 отчаяние)的组合能力在相当大的程度上都是一样的。事实上,所有强烈情感都可以借助于表示特征完整程度或极限程度的形容词来确定等级;比如,слепая ярость, полнейшее 〈крайнее〉 изумление, невыразимый ужас, полный восторг 等。对于词位 отчаяние 而言,类似的搭配也是可以的,如 в полном отчаянии;另一方面,正如我们曾经讲过,任何强烈情感都不与表示特征程度低的形容词搭配。这一禁忌当然也适用于 отчаяние 一词。

只有在所有这些词位(不论它们是否构成最小词对)的注释中都含有"强烈的"极限成分时,才可以对这些语言事实进行系统描写。

4. 如上所述,情感可以在外部表现出来,并借助于这些外部表现截然区别开来。例如 ликование，обожание，изумление，восторг 和 бешенство 相应的比 радость，любовь，удивление，восхищение 和 злость 要求使用言语、行动、行为、手势或面部表情等手段的程度要大得多。一般讲，可以在外部不传达出自己感觉的同时，体验出 радость，любовь，удивление，восхищение 和 злость 来。

在情感的朴素图景中，情感可能获得外在表现的意义被这样的状况突显出来：语言经常同时显示出两个系列的手段，以分别表达情感本身和情感外在表现的事实。属于这些手段的有多义性、各种词缀和词汇-句法结构。例如，副词 грустно，весело 及其他一些词都具有两种不同的意义——"处于某种情感状态中"和"表达某种情感"。它们带着不同的意义进入就材料组成而言完全不同的同义词列；譬如，其述谓性用法 Ему было грустно，与句子 Он грустил 是同义的，副词性用法 Он грустно посмотрел на меня，与句子 Он печально〈с грустью〉посмотрел на меня 是同义的。当 стыда 表示"羞愧"时，同样的区别借助于带有不同词缀的词来表达：стыдно 有"感到羞愧"的意思，而 стыдливо 有"表现出羞愧"的意思。再比较，六格词组 в ярости，в гневе，в восторге，в тоске 及其他类似（只表示状态的意义）词组与五格词组 с восторгом，с грустью，с тревогой，с радостью，с тоской（有"显露出状态"的意义）的差别。

5. 情感概念化的一个重要角度——它们与"阳光"这一概念的关系。整体来讲，诸如 любовь，радость，счастье，восторг 等正面情感都被概念化为阳光的情感，而诸如 ненависть，тоска，отчаяние，гнев，бешенство，ярость，страх，ярость，страх，ужас 等负面情感被概念化为阴暗的情感。奇怪的是，语言是按照怎样的逻辑关系提出这两种概念的。我们说 свет любови，глаза светятся〈сиять〉от радости〈от любови〉，Глаза светятся любовью，Её лицо озарилось от радости，Радость осветила её лицо；而 Глаза потемнели от гнева，Он почернел от горя，чёрный от горя 等，但是不能 * потемнеть от радости 或 * озариться от гнева.

在颜色隐喻中，即使颜色中有很少的暗淡成分也会妨碍对正面情感的评价。Зарумяниться〈зардеться〉от радости，побагроветь от гнева〈от злобы〉是可以的，但是不能说 * побагроветь от радости 和 ?? зарумяниться〈зардеться〉от гнева. 同义词"羞愧"和"不好意思"在这一方面的表现很有趣。"羞愧"表示由于意识到罪过引起的不愉快感受。在这个词中没有任何光明的彩色。所以，可以说 побагроветь от стыда，但是不能说 ?? зардеться от стыда。"不好意思"也表示一种不愉快的感受，但是这种感受不是由于意识到实际罪过使然，而是由于担心没有达到应有水平、不能立足于社会和其他类似的想象使然。这些词通常与其说是证明主体实际的缺点,不如说在证明他们的谦虚。这样,смущение 一词就具有了双重色彩。所以,既可以说 побагроветь от смущения,也可以 зардеться от смущения,—— 取决于说话人对情感主体内部状态的评价角度。

另一方面,在俄语中有很多动词可以把"阳光"的概念与闪烁的意思组合起来:гореть, сверкать, бестеть, вспыхивать 等。在对于"阳光"情感与"阴暗"情感的对立上,这些动词完全是中立的:Её глаза вспыхнули от радости 〈от гнева〉, Его глаза горели любовью 〈ненавистью〉。

令人好奇的是,在所分析的所有情形中,都有纯粹的概念化发生,其背后不存在身体可以感受的任何现实。试比较,与此对立的"征兆性的"表达,反映的是外表在情感影响下的完全客观的变化:Его глаза расширились от удивления 〈сузились от гнева〉。

即便这些不多的材料也能表明,在研究表示情感的同义词列时,必须努力发掘每一词列的特色,揭示世界的那个假设统一的朴素模式,这个模式是所有词列的基础,为在描写某一具体情景时选择同义词提供理据。

显然,在同义词词典中反映出来的所有这些事实,将提高提供材料的系统性,并成为完成词典学最高任务的重要环节。

5. 描述人的普遍性模式

在 2—4 节所述概念的基础上,可以提出一个评价人的各种不同状态、评价在人的心灵或意识中发生的各种过程和他的心智行为或言语行为(鉴于材料规模太大,这里几乎没提及纯体力行为)的总体模式。这个模式不是别的,就是对于评价这些状态、过程或行为非常重要的特征的等级划分清单;试比较该清单的前期原型[17:519-528]。

下文中列举的等级体系中的终极特征都是共性的,也就是适合于描写一些或很多词位和很多组词位的特征。但是,这并不证明,在该模式的当前形式中已经考虑到所有这类特征了,即等级体系已经最终建成了。在模式中提供的所有题元概念群和非题元概念群都需要继续细化和对称化。从这个意义上讲,该模式更具说明性特点。

等级体系的终极特征用作者分析的新编俄语同义词解释词典中的词条资料来简要说明。与词列 жаловаться, сетовать, роптать 等, обещать, обязываться, улить 等，ругать，поносить，пилить 等有关的例子都是源自于作者与 **М. Я.** 格洛温斯卡娅共同描写的词典条目中；与 бояться 这一词列相关的例子是从文献[61]中借用来的。

1. 状态、过程和行为的主体
1.1 物理特性
1.1.1 数的特性

在使用 расстаться（分开）和 разойтись（散去）时，分开的可能是若干方面的人；比如，Команда расставалась до встречи в Мадриде；К тому времени члены кружка окончательно разошлись во взглядах. 在使用 разлучиться（分离）时，不论各方面参与人数有多少，只有两方面的人；比如，Мать не хотела разлучаться с детьми. Рассердиться（生气）只能用于单独的个体，而разъяриться（愤怒）表示的也可以是一群人，但是作为一个统一整体来理解的；试比较，От этих слов толпа окончательно разъярилась. 在使用 роптать 的情形时，主体可以是集体，在使用 сетовать 的情况下，表述只属于单独的个体；试比较，Армия ропщёт，但是不能说 * Армия сетует①。

1.1.2 人——动物

只有人能够 ликовать（狂欢）和 торжествовать（庆祝），而能 радоваться（高兴）还有高级动物。只有人能 опасаются（担心）（文献[61]的观察），而所有的高级动物都能 бояться（害怕）。在世界的朴素图景中，用 хотеть（想）一词表达的愿望不仅仅能够被人体验到，而用 мечитать（梦想）(поехать в Париж)，和用 жаждать（渴望）和（отомстить）表达的愿望是人所特有的。只有人可以 возмутиться（气愤）和 рассердиться（生气），而可以 разозлиться（发怒）和 разъяриться（狂怒）的还有动物。

1.1.3 整个人——人的一个部分

一个人自己 мечтает（梦想）某事，而能够 жаждать（渴望）的某事的可能是他

---

① 集体主体概念对于俄语的重要性是由于在俄语中有表达这个概念的语法化手段——在动词 разбежаться — сбежаться，разлететься — слететься 类型中的环缀 раз-ся, с-ся, 在 перебывать, переболеть 这类动词中的前缀 пере-（Все мои дети перебывали в Париже〈переболели корью〉)等。而且，在俄语中集体客体概念的表达也很有规律性；试比较，在 разогнать — согнать，разобрать（книги）— собрать 这类使役动词中的前缀 раз-, с-，还有在 Она перечитала все французские романы в библиотеке отца, Мой сын переболел всеми детскими болезнями 这类句子中的前缀 пере- 及在动词 обшивать〈обстирывать〉всю бригаду 等类型中的前缀 об- 等。

的心灵或心房。同样的差异表现在 торжествовать — радоваться 这对词中；譬如，Сердце〈душа〉 радуется，但是不能说 ??Сердце〈душа〉 торжествует。

1.2 非物理特性

1.2.1 意图

Лгут(说谎)永远有欺骗的意图，而 ввести в заблуждение(引入歧途)可能是无意的。Притворяться（больным），прикидываться（больным），симулировать（болезнь）(装病)与 казаться（больным）(样子像病了)以类似的方式相互区别。通过意志努力能够 воображать 和 представлять（себе）что-л.（想象某事）：Вообразите, что за каждый добродетельный поступок человек получал бы вознаграждение в виде какого-либо мирского блага; И этого секретарь представить себе не мог, хотя и хорошо знал прокуратора (М. Булгаков, Мастер и Маргарита). 它的同义动词 видеть 则要求形象在意识中自发出现：Вижу, как на картине, его небольшую, тонкую, аккуратную фигуру (В. Набоков, другие берега).

1.2.2 目的

1.2.2.1 是否有目的性

Приноровиться(适应)，приладиться(习惯于)和 примениться(顺应)指的是根据某种外部环境有目的地安排自己的活动、行为或生活方式；Сжиться(习惯)，адаптироваться(适应)，аккулиматизироваться(适应)描写自然的生理过程，最后一个词甚至描写主体不断适应新的生存条件的生理过程。

1.2.2.2 目的的特点

同义动词 посещать(参观访问)，навещать(拜访)，проведать(看望)和 наведаться(访问)由于到访的目的不同而相互区别。如果目的是了解文化财富、完成某一公职、利用某一工程项目，则首选应该是 посещать；如果目的是保持人际关系，则首选是 навещать；如果目的是获得关于访问客体状态的信息，那么首选应该是 проведать；如果到访是要处理或商谈事情或者是做客，则应该首选 наведываться. 人们在创作艺术作品时是 пишут(картину 等)(作画)，而 рисовать(画画)可以是为了自身享乐。Критикуют(批评)和 выговаривают(责备)的目的都是要克服缺点；而 обличают(揭发)的目的是向所有人揭露，批评的对象具有根深蒂固的且无法改掉的缺点；порочить(中伤)有不体面的目的——没有根据地毁坏别人的名誉。

1.2.3 理据(动因)

希望和某人交流不愉快的信息,以得到理解,并不期望有具体的结果是 сетовать(抱怨)的理据。人们 Скулят(发牢骚)和 хныкать(诉苦)是因为他们想要改变不理想的事态。当人们想在交谈对方的看法中显得更好,那么人们就 хвастаются(炫耀自己);由于人没有能力继续保持那份自得感,就得 бахвалятся(吹牛)。当人的兴趣在完成某一行为本身时,人就会 пытается(试图)去做某事。当一个人希望查明,某种行为原则上能否完成,结果能否令人满意,他可能会 пробовать(试着去)做某事;试比较,Он пытался написать стихотворение 和 Он пробовал писать стихи。一个人 обещает(许诺)和 даёт слово(承诺)做什么,是希望让别人信任他。一个人 сулит(答应)做某事,是想让受话人相信他,并做对他有利的事。

1.2.4 性格、个性和社会角色的性质

任何一个人都可以 радоваться(高兴),而倾向于幸灾乐祸的人们会 торжествуют(为自己的正确性)。任何人都可以 восхищаться(赞美),而有狂热倾向的人们经常 восторгаться(兴高采烈)。有专业修养的人是 пишут(картины)(绘画),而随便什么人都可以 рисовать(画画)。任何一个人都可以 стыдиться(羞愧);而经常 смущаются(难为情)和 конфузятся(发窘)的是胆怯的、拘谨的、腼腆的人。

2. 状态、过程和行为的客体

2.1 是否有客体存在

对于 зарисовывать(画下来)来说,在行为实施那一刻必须有一个客体(实物)存在,并且在形象(行为的结果)和被复制的客体之间有很大程度的相似性。对于 рисовать(画画)来说,这两点都不是必要的。对于 копировать(复制)而言,需要样品或原物,而 воспроизводить(再现)则可以根据记忆进行。

2.2 物理特性

2.2.1 客体的属性

在 рисовать(画画)时,关注的是轮廓和形式,在 писать(绘画)和 малевать(涂画)的情况下关注的是颜色。被 пилить 和 грызть(责骂)的只可以是人;而可以被 поносить(诽谤),крыть(痛骂),критиковать(批评)的可以是人们和社会制度;而被 ругать(骂)和 бранить(责骂)的可以是人们、社会制度,甚至自然现象(例如,天气)。动词 употребляют(使用)表示用相对简单的物体作为工具或手

段,而 применяют(采用)指的是相当复杂的物体,包括用于科学研究的仪器。与 пользуются(利用)搭配的或者是自由操纵的客体,或者是固定的客体;试比较,Разведчики умело пользовалисть складками местности, чтобы незаметно подойди к сторожевым постам противника. 但 упортеблять 和 применять(采用)不能是固定的客体(如,те же складки местности——那些当地的仓库)。

2.2.2 客体或客体的一部分(性能等)

Упрекать(指责)和 выговаривать(责备)与 ругать(骂)和 бранить(责骂)的区别在于,前两个词的注意力集中在主体不喜欢的具体行为上,而不是人本身。дорожат(珍惜)指整个客体,而 ценить(重视)可以是就客体的某些个别特性:Я ценю ваше упорство, Он ценит в людях упорство, Мы ценим его за его знания 等。试比较不能说,* Я дорожу вашим упорством, * Он дорожит в людях упорство, * Мы дорожим им за упорство。

2.3 非物理特性

2.3.1 客体性质

动词 надеются(寄予希望)表示对普通人或普通情况的希望,而 уповают(指望)表示对强有力的人或高高在上的力量的期望。Восхищаться(赞美)可以是深层的,未进入视线的客体的属性,而 восторгаться(陶醉)的通常是那些浮在表面的、以独特性引人注意的、令人难以想象的东西。

2.3.2 客体的使命或功能

动词 видеть 和 слышать 用在像 Я видел "Зеркало"⟨"Гернику", его последнюю книгу⟩, Я слышал Вишневскую в "Катерине Измайловой"⟨его выступление на вчерашнем собрании⟩这类的句子中,表示的意义(观看、听)与纯感知意义不同。可以这样阐释这个意义:"某人 A 通过视觉⟨通过听觉⟩用意识感知能带给人们愉悦或向人们传播信息的客体或情景 B"。换句话说,根据客体的功能,动词 видеть 和 слышать 表示的是利用信息客体。诸如 Я видел эту картину(或 "通过视觉感知",就像感知其他物理客体一样,或者"通过意识感知它的信息内容"),Я слышал разговор за дверью(或者"听到门后某些谈话的声音",或者"用意识感知到门后发生的谈话的信息内容")这类句子的同音异义现象也可以证明"信息"意义的独立性。在 смотреть 和 слушать 这对积极动词中,也体现出"仅仅感知"与"感知到从客体中抽取出的信息(传播这些信息是客体的使命)"之间的对立。试比较,Мы смотрели этот фильм, Мы слушали эту оперу. 试比较能证明这种对立的纯物理意义和信息意义的同形异义现象：Я посмотрел на часы ——或者只是简单地看一眼表（可能是古董表、礼品表等），或者是想知道时间而看，即满足自己的信息需求。消极动词 видеть 和 слышать 的一个值得注意的特性是：它们自己的"信息"意义主要是在未完成体过去时形式表示的一般事实意义中实现。而积极动词 смотреть 和 слушать 没有任何类似的限制，也就是拥有完整形式的和完整语义的体-时聚合体（关于这一点见[67；68]）。

3. 受话人

3.1 是否有具体受话人在场

动词 жаловаться（抱怨）有受话人在场，而 роптать（发牢骚）通常没有受话人。Велеть（吩咐）总是有具体的受话人，而 распорядиться（布置）几乎从来都没有受话人；比如，Он распорядился, чтобы все документы были уничтожены.

3.2 受话人的特点

Жаловаться（抱怨）和 плакаться（哭诉）的对象通常是状况比自己好的人，而сетовать（悲伤）可以是就不幸的事情对同事诉说。Советовать（建议）可以给所有的人，而 консультировать（咨询）经常是专家对非专家。这个区别也体现在советоваться（商讨）和 консультироваться（请教）这对词中，不同的是，这对词的受话人配价是第一个配价；советовать 和 рекомендовать 之间的区别也与此相近：建议的主体通常是具有某种专业信息或知识的人。

3.3 受话人和听众

Обещают（许诺）的指向是具体的受话人；受话人用名词第三格的形式表示。Присягать（宣誓）面向的是广大听众，其名称用前置词-名词性组合 перед кем-л. 表示。这种区别也体现在 хвастаться（炫耀），хвалиться（吹嘘）（通常对具体的受话人）和 позировать（故作姿态），рисоваться（炫示），щеголять（显摆）（通常在听众面前）的对立中。

4. 主体、客体及受话人之间的关系

4.1 亲近关系

Обижаются（抱怨）是对亲近的人，而 оскорбить кого-л.（侮辱）可以是任何一个人。Разлучаются（分离）是指和亲人，通常是和被爱的人；和朋友、同事等是расходятся（分道），распрощаться（抛弃）可以是下属。

4.2 地位

Отчитывают(训斥)是由上到下，поносить(诽谤)和 крыть(痛骂)不带有关主体和客体地位的信息。видят(看见)表示随便是什么人或什么事都可以，而лицезрят(目睹)的通常是重要人物(在非讽刺性用法中)。сердят(使生气，惹恼)被惹生气的通常是年龄较长或社会地位较高的人(Внук сердит бабушку"孙子惹奶奶生气"，而不能是 * Бабушка сердит внука"奶奶惹孙子生气")，而 злить(激怒)可以是任何人。

4.3 相互评价

Кичиться 与 гордиться 相比，主体相对于潜在的听众更有优越感。相反，угодничать, заискивать, лебезить 要求主体通过自己行为的所有方式向受话人展现自己较之次要的位置，希望以此获得受话人的关照或达到自己的目的。

4.4 主体与客体之间的相互作用

动词 адаптироваться(适应)和 акклиматизироваться(适应)表示的是主体单向地适应惯性的不会改变的环境；动词 притереться(习惯于)表示的是某一活动的参与双方在其积极作用下做出的回应性改变。

4.5 客体与受话人吻合

在 пилить 和 грызть("责骂"意义)中被指责的客体永远同时又是受话人。然而，也可以在背后 ругать(骂)和 бранить(责骂)，这时客体本身不在场，因此被指责的客体与言语活动的受话人不是一个人；试比较，Он ругал мне своего начальника. 类似的差别也体现在 льстить 和 хвалить 这组词之间：льстить(奉承)通常是当着面，即被夸奖的客体与言语的受话人是同一个人，而 хвалить(夸奖)可以是当面，也可以是背后。

5. 工具和材料

要 писать(绘画)，必须有工具(毛笔)和材料(颜料)，而要 рисовать(画画)，只有工具就够了；比如，рисовать палочкой на песке(用小棍在沙子上划)。прибивают(钉)需要借助于工具(例如，锤子)和材料(钉子)；приклейвать(贴上)和 прилеплять(粘上)，只有材料就够了(例如，粘的东西)；最后，对于 стрельба(射击)既需要工具(炮、火枪和箭)，也需要材料(炮弹、子弹和箭头)；对于бомбардировка(轰炸)和 бомбёжка(轰击)而言，有材料就够了。рубить(劈)没有专门的工具无法进行，而 колоть(劈开)(орехи, сахар) 等可以。

6. 地点

Показаться(来到)和 появиться(出现)这两个词在"移动后进入人的视野内"的意义上有地点配价;试比较,показаться〈появиться〉в дверях〈на дороге, на опушке〉. 对于 мелькнуть(闪现),промелькнуть(闪过)而言,这个配价可有可无;而具有类似意义的 вывернуться(闪出)(试比较,Из толпы вывернулся какой-то мальчишка и бросился наутек)根本没有这个配价。Дожидаться(等到)和 поджидать(等候)强调主体处在一定地点(дожидаться в прихожей, поджидать в подворотне),而 ожидать(等待,期待)强调主体处于某种思想和情感状态中(нетерпеливо ожидать открытия бара).

7. 引起状态、过程和行为的原因

7.1 是否有原因的存在

动词 проистекать(产生于……)总是要求非常具体的原因(试比较,Пожар проистек из-за неосторожного обращения с огнём),而 происходить, случаться, получаться 和 выходить 在表示"发生"意义时只关注发生某事件的事实本身。

7.2 原因的特点

使我们 злит(愤怒)的是我们直接感知或已感知到的东西,而使人 возмущать(气愤)的可以是我们自己没感知到,而对此的相关认识是间接获得的东西。试比较,Меня злит, что она меня игнорирует 和 Меня возмущает, когда террористов выпускают безнаказанными на свободу. 我们 полагаемся(信赖)某人,是因为我们从前与这个人有过交往,并就此产生了对他的信任。我们 уповаем(指靠)某个人或神,并不是依赖以前的经验,主要是因为他们有能量。有亲戚关系的人们由于他们无法控制局面的行为而 разлучаются(分离),人们由于相互不适应而 расходятся(分道),由于其中一方对另一方不满而提出彼此 распрощаться(分手)。

7.3 状态原因与状态本身在时间上的相对关系

使用 стесняться(害羞),смущаться(难为情)和 конфузиться(发窘)时,情感与引起它的原因差不多同时发生,而 стыдиться(羞愧)一词可以在他做了不好的行为之后很长时间,当回想这件事时使用。

8. 后果

在违背 обещание(承诺)时失去了信任,在违约 обязательство(义务)时会招致惩罚,违背 клятва(誓言)一般会受到上帝的严惩(见[33:176-178])。如果有

人被 обвиняют(指责)(不真诚,不知恩),那么等待他的是某种惩罚,例如社会的谴责。如果有人因为某事受 винят(责备),这对他来说可能没有什么后果;最好(或最坏)的情况,就是他可能意识到自己要对由于他的罪过造成的不好事态负责任。

9. 实现行为的方式

Поносят(辱骂)和 кроют(痛骂)指粗鲁的行为,口不择言;使用 журят(数落)时,形式要温和些。Присягают(宣誓)时,一定是以口头形式,要使用礼仪性用品。Обязываются(保证)有时是书面的,подлизываться(阿谀奉承)通常借助某些话语、动作、行为;подольщаются(讨好)时通常借助谄媚的话语。Созывают(召集)某人,是通知他当前的活动;сгоняют(驱赶)时必须以强制的方法。

10. 状态、过程和行为的数量参数

10.1 相对于正常情况而言做某事的频率

当使用 повадиться 时,到访某地的频率高于正常情况;试比较,与此不同的中性的(正常的)动词 посещать(参观访问)和 навещать(拜访)。Посылать(派遣)某人去某地可以符合正常情况,而 гонять(打发)通常要求超出正常状态的频率;试比较,непрерывно〈весь день, то и дело〉гонять кого-л. на почту。

10.2 强度

Мечтать(梦想)(表示希望意义时)比 хотеть(希望)强烈,жаждать(渴望)比мечтать(梦想)强烈,ликовать(欢腾)比 радоваться(高兴)强烈,страсть(迷恋)比любовь(喜爱)强烈,восторг(狂喜)比 восхищение(欣喜)强烈,在使用 пристраститься(上瘾)时,做某事的愿望比使用 приохотиться(爱好)时强烈。

10.3 深度

Радоваться(高兴)比 ликовать(欢腾)和 торжествовать(欢庆)深刻,любовь(喜爱)比 страсть(迷恋)深刻,восхищение(欣喜)比 восторг(狂喜)深刻。使用 ошибка(错误)涉及的事可能不太重要,是小的、表面的事;使用 заблуждение 涉及更加重要的事,表明与真理有更深层的背离。

10.4 涵盖度、规模、充分性

对于 радость(高兴)而言,只要发生一件使主体愉快或期望的事件就足够了。而要感到 счастье(幸福)需要实现主体所有的或主要的愿望。Обдумывать(周密思考)表明最充分地思考相关现象,продумывать(仔细思考)表明分析的更大深度。

10.5 状态、过程及行为的时间特征

10.5.1 存在的时间，观察期的数量

Мечтать(梦想)形式中的愿望通常比在 жаждать(渴望)中的愿望存在的时间更长。试比较，Я мечтал увидеть вас(可能是一生)和 Я жаждал увидеть вас(可能，我们一小时前刚见过面)。Ждать(等待)可能发生在很多观察期内，极端的情况是等待一生，而 поджидать，подождать(等候)经常在一个观察期内；试比较，Целых десять лет〈всю жизнь〉она ждала возвращения мужа из лагеря 和 У дверей проходной женщины поджидали своих мужей, Подожди меня у проходной。Приноровиться(能适应)可以表示在一个观察期内发生的对某事物的适应(Постепенно он приноровился к моему шагу)，адаптироваться(适应)表示更长的适应过程，这个过程持续几个或更多这样的阶段。试比较，Т. В. 布雷金娜提供的非常清楚的例证(术语的表达略有不同)——нравиться(喜欢)(可以要求一个观察期，比如 Вам нравится это вино?)——любить(喜欢)(经常是几个或很多这种观察期，比如，Вы любите это вино?)；有关 есть — питаться(见[68：29，55])。

10.5.2 进行速度

Понимать(理解)的过程是按照正常的速度进行，схватывать(抓住)——其过程是快速的，而 доходить 和 допирать(领会，弄懂)的过程是慢速的(— Ну как, дошло, наконец?；Допер?)；говорить(说)与 тараторить(不停地说)，писать письмо(写一封信)与 строчить письмо(疾书一封信)之间也是这样的关系。

10.5.3 回溯性与前瞻性

动词 ручаться(担保)和 гарантировать(保证)可以是回溯性的：Ручаюсь〈гарантирую〉, что он уже пришёл. Обещать(承诺)和 обязаться(保证)只能是前瞻性的；试比较 обещаю〈обязуюсь〉закончить работу в срок，但是，这两个词不能用在过去时语境中。Надеяться(期望)可以是回溯性的(Надеюсь, что пальто тебе понравилось〈что рассказ пришёлся тебе по вкусу〉)，而 уповать(指望)只能是前瞻性的。

11. 该状态、过程、行为与其他状态、过程、行为的联系

11.1 与感知的联系

11.1.1 感知的具体子系统

Чудиться(仿佛听到)表示主要与听觉感观相关的主体印象，虽然视觉，及其他一些感觉也可以留下印象。Мерещиться(仿佛看到)表示主要与视觉感知

有关的主体印象,尽管听觉也可以做到。Выглядеть(看上去)表示主要对客体的视觉特征的感受,而казаться(显得)表示对客体不太清晰、更加多样化和更深层的特征的感受;试比较 Мальчик выглядел умным(根据他的眼睛、额头的高度等判断)和 Мальчик показался мне умным(根据他的谈话方式、理解速度等判断)。

11.1.2 感知的现实性

Мерещится(仿佛看到)表示的是实际上没有的东西、人身体不能感知到的东西,而чудиться(仿佛听到)可以是在现实中存在的东西;试比较 И дважды опять-таки почудилось финдиректору, что потянуло по полу гнилой малярийной сыростью (М. Булгаков)[确实是吸引了]。Доноситься(传来)指的总是实际存在的声音,而(по)слышаться(被听到)有可能是实际上不存在的声音。

11.2 与运动机能的联系

11.2.1 移动

Ликование(欢乐)经常伴有积极的动作——人可能蹦跳、手舞足蹈等。Радость(高兴)可以静静地感受,没有任何外部表现。试比较在паника(惊恐)—страх(恐惧),ярость(激怒)— гнев(愤怒),бешенство(狂暴)— возмущение(气愤)各对词中也有类似的对立关系(左边的词伴有积极动作的概率比右边的更大)。

11.2.2 面部表情

动词обижаться(感到委屈)可以没有任何外部表现,而дуться(生气)在多数情况下是嘴撅着。当人сердиться(生气)时,他可能会皱眉;当人досадовать(感到懊恼)时,他可能会撇嘴。

11.2.3 手势,声音

当我们предупреждая(警告)和предостерегая(提醒)时,我们通常仅限于用说话的方式,用中性语调。Угроза(威胁)可以伴随着相应的手势——举起手指或攥拳等习惯性动作。Просить(请求)可以没有手势,用普通的语调;我们умолять(央求)时,把掌心合并,把手伸向受话人,用独特的祈求声音说话,或在请求时伴有其他表示无助和对受话人实力的信任的手势。

11.3 与身体不自主反应的联系

当人бояться(害怕),пугаться(受惊吓),трусить(胆怯)时,他可能会感到冷,可能脸色发白,可能开始发抖。当人стыдиться(羞愧),смущаться(不好意思)和 конфузиться(发窘)时,他可能会感到发热,动作变得笨拙,脸可能变红,可能出汗。

11.4 与愿望的联系
11.4.1 是否有愿望的存在

动词 втянуться(有兴趣),приохотиться(爱好),пристраститься(入迷)和 повадиться(上瘾)都要求有期望做某事的愿望,而在 привыкнуть(习惯)和 приучиться(养成习惯)中不表达有愿望的意思。动词 расстаться(分开)可以是按照一方或双方参与者的愿望,而 разлука(分离)经常是情况所迫。Злить(惹怒)可能是有意的(试比较 Перестань злить собаку!),也可能是无意的,而 возмущать(愤怒)在正常情况下是无意的。

11.4.2 具体愿望

Ненависть(仇恨)会产生消灭客体的愿望,отвращение(厌恶)会产生离开客体的愿望。Страх(恐惧)会产生逃跑的愿望,стыд(羞愧)会产生躲藏的愿望。

11.5 与心智的联系
11.5.1 是否有某种心智状态的存在

在动词 рассчитывать 和 полагаться (на кого-что-л.)(指靠)中,心智活动(逻辑推理或依靠先前的经验)是主导成分,完全没有情感的参与。而在 надеяться(期望)中,尤其是在 уповать (на кого-что-л.)(指靠)中,情感的成分很大。在 стыдиться(羞愧)中大多是对自己的行为或品性偏离正常轨道的理性评价;在 смущаться(难为情)和 конфузиться(发窘)中对情景的直接情感反应起很大作用。Восхищаться(赞赏)(大多是对客体的理性评价)— восторгаться(兴高采烈)(对客体直接的情感反应起主要作用)和 опасаться(担心)— бояться(害怕)(后一组是 В. Ю. 阿普列相提出的)这两对词也是按照相似的方式构建的。

11.5.2 具体的心智状态或行为(想象,回忆,见解,理解,认识)

Воображать(想象)依靠幻想,представить(想象)依靠思维,видеть(在类似的心智意义中)经常依靠记忆。试比较:Учёные, не видя, находят звёзды и микробы; тот, кто вообразил полет человека, был предтечей авиации (М. Слоним, О Марине Цветаевой). Представив всю сложность задачи, он несколько приуныл; Я представил себе... нет, не представил, а вообразил вид Урала с высоты нескольких километров(В. Катаев, Трава забвения);Не "как сейчас вижу" — так сейчас уже не вижу! — как тогда вижу её коротковолосую, никогда не склоненную, даже в письме и в игре отброшенную голову на высоком стержне шеи(М. Цветаева, Мать и музыка).

11.5.3　知晓或理解的源头

试比较，一方面是纯理性的 знать(了解)和 понимать(理解)；另一方面是(通过非理性的、超感觉的形象去理解)осеять(突然出现)和(通过最高力量劝导去理解)озарение(恍然大悟)。对人的 вера(相信)是无法解释的，对人的 доверие(信赖)通常以先前交往的经验为基础。

11.6　与情感的联系

11.6.1　是否有情感的存在

Жаждать(渴望)与 хотеть(希望)的不同在于，жаждать 一定表示强烈的情感。对于 хотеть 而言，情感是完全不必要的。如上文所讲，在 смущаться(不好意思)和 конфузиться(发窘)中，对情景的直接情感反应起很大作用；在стесняться(难为情)中，包含"有被抑制的愿望或不情愿但又必须做某事"的意思。

11.6.2　具体的情感

Радость(高兴)可以伴随着淡淡的忧伤，而 ликование(狂欢)把所有其他情感从心里排除出。如果亲人们被迫 разлучиться(分离)，那么他们可能因此感受到悲伤；如果他们 распрощаться(分别)，它们可能感到残酷。如果一个人被某人 обманулся(欺骗)了，他可能感到失望，如果某人 просчитался(失算)，他可能感到懊恼。在 сетовать(难过)中有对现实感到的遗憾，而在 роптать(抱怨)中有对现实感到的气愤，而 плакаться(哭泣)中有对自己的怜惜。

11.7　与言语的联系

在使用 ругать(骂)，бранить(责骂)，упрекать(指责)，укорять(责怪)，выговаривать(谴责)，отчитывать(斥责)，критиковать(批评)，бичевать(抨击)时，评论的行为总是在言语中表达出来，而使用 осуждать(指责)和 порицать(责备)可以是暗自的。Обвинять(定……有罪)(总是言语活动)和 винить(认为……有罪)(不一定是言语活动)之间的区别也是这样。Восторг(狂欢)要求在言语中表达出来的程度比 восхищение(赞赏)要大。在使用 взорвать(表示"愤怒"的意义)的情况下，言语活动一定会发生，而在使用 возмутить(愤怒)时，可以有话语，但不是一定的。

12. 讲话人的评价

12.1 一般评价

在使用 плагаться（哭），ныть（哀号），хныкать（哭泣）和 скулить（哀怨）时，诉苦被认为是没有理由或过分的，而主体本身表现出不值得或过分的怜惜自己。在使用 пилить（唠叨）和 грызть（有责骂之意）时，说话人不喜欢纠缠不休的无理行为，不喜欢经常重复同样的一件事情。

12.2 美学评价

Малевать（涂鸦）与中性的 писать（картину）（绘画）相比和 мазила（蹩脚画家）与中性的 художник（画家）和 живописец（彩色画画家）相比，前者都表示对创作产品否定的美学评价；шедевр（杰作）与中性的 произведение（作品）相比表达了肯定的美学评价。在 Песчаная дорога извивалась〈змеилась, петляла〉между кустами 这类的表述中，不包含对道路的任何评价。在 Тропинка вилась по склону горы 类型的句子中，表达了对小路的积极的美学评价——它是那样的美丽如画等。

12.3 道德评价

Чернить（抹黑）（"表达谴责"之意）表示有不良企图，企图把客体呈现为没有某种优点的东西，而 лакировать（美化）也有很大的不良企图，企图把客体呈现为没有某些缺点的东西。不论是第一个还是第二个都表达讲话人的否定性道德评价。在评价某种言语活动为 инсинуация（诽谤）时，讲话人指明主体想借助不公开的谎言诽谤人，达到不好的目的，自然，这在道德上被评价为不体面的行为。这样的评价也包含在 замазывать（недостатки）（掩饰）的意义中，在 замалчивать（недостатки）（隐瞒）中也有一些；试比较中性的 скрывать（隐藏）。

12.4 实用性评价

当说 Дорога постоянно виляла 时表达了对客体实用性否定的评价。试比较 Райского в природе он там [В. Набоков в Америке] не находит, несмотря на всю её красоту и даже на то, что может быть в ней похоже на русскую природу. То тропинка "подловато виляет", то в Новой Англии "кислая весна"（З. Шаховская, В поисках Набокова）. 试比较上文 Тропинка вилась... ——对客体正面的美学评价。

12.5 真伪评价

确信的 считать（认为）比不太确信的 полагать（认为）和推测的 думать（认为）

在更大程度上接近真实。Казаться(显得)比 представлять(印象是)和 сдаваться(觉得)允许印象的不真实的程度更大。当评定受话人的印象时,处于述位位置的 казаться(显得)总是把这个印象评定为虚假的;试比较 Тебе это только ↓ кажется(在以现在时形式表述自己时,动词即使在述位的位置上,虚假性的指示消除;试比较 Мне так кажется)。Представляться(印象是)和 сдаваться(觉得)在这一位置上不出现,因此不表达印象真实或虚假的观点。这两个动词都只是表明了推测性;试比较 Мне сдается〈представляется〉, что я где-то его видел.

13. 观察者

13.1 是否有观察者存在

Силиться(努力)(подняться〈открыть глаза〉, сказать что-то)要求有观察者的存在(某人看见了有人在做着徒劳的努力),而 пытаться(尝试)和 пробовать(试一试)没有观察者(Несколько раз он пытался〈пробовал〉писать стихи)。Показаться(出现)(на дороге)也需要有观察者,而 выйти(出来)(на дорогу)没有观察者。类似的有推断词 находить(认为),它在一系列用法中都要求对评价对象直接观察或直接感知。例如,当一个女人照镜子时,说 Я нахожу себя привлекательной 是完全可以的。但用在其他方面更为通用的同义词 считать,在这个情景下是不能替换 находить 的。Считать 描写的观点是在对信息进行严肃分析并权衡对各种情况的"同意"和"反对"之后形成的,而不是在对客体直接的视觉观察过程中得出的。试比较 Мне столько говорили о моей красоте, что я стала считать себя привлекательной,在这里动词 считать 反倒不能替换为 находить.

13.2 观察者所处的位置

在 Перед деревом стоял мотоцикл 这类句子中,前置词 перед 把摩托车放在了观察者与树之间,并且与树的距离比与观察者的距离更近。在 За деревом стоял мотоцикл 这类句子中,前置词 за 把树放在了摩托车与观察者之间,并且摩托车与树的距离感觉上要比树与观察者的距离小得多。动词 вилять(绕着走路)(在 Дорога непрерывно виляла 这类句子中)把观察者直接置于空间客体上,观察者沿着这个客体移动(经常通过交通手段);在动词 виться(蜿蜒)(Тропа живописно вилась по склону горы)表示的情景中,观察者从侧面或者似乎是从侧面在观察空间客体。

参 考 文 献

1. *Арутюнова Н. Д.* Предложение и его смысл. М., 1976.
2. *Арутюнова Н. Д.* Типы языковых значений. Оценка, событие, факт. М., 1988.
3. *Wierzbicka A.* English speech act verbs. A semantic dictionary. Sydney, 1987.
4. *Wierzbicka A.* Semantics, culture, and cognition. Universal human concepts in culture-specific configurations. N. Y., Oxford, 1992.
5. *Зализняк Анна А.* Исследования по семантике предикатов внутреннего состояния. Munchen, 1992.
6. *Апресян В. Ю.* Недавние американские исследования в области эмоций и эмоциональной лексики // Семиотика и информатика. 1995. Вып. 34.
7. *Жолковский А. К.* Лексика целесообразной деятельности // Машинный перевод и прикладная лингвистика. 1964. Вып. 8.
8. *Мартемъянов Ю. С.* Заметки о строении ситуации и форме ее описания // Машинный перевод и прикладная лингвистика. 1964. Вып. 8.
9. *Щеглов Ю. К.* Две группы слов русского языка // Машинный перевод и прикладная лингвистика. 1964. Вып. 8.
10. *Мельчук И. А.* Опыт теории лингвистических моделей "Смысл(Текст". М., 1974.
11. *Мельчук И. А., Жолковский А. К.* Толково-комбинаторный словарь современного русского языка. опыты семантико-синтаксического описания русской лексики. Вена, 1984.
12. *Апресян Ю. Д.* Лексическая семантика. Синонимические средства языка. М., 1974.
13. *Перцова Н. Н.* К понятию "вещной коннотации" // Вопросы кибернетики. Язык логики и логика языка. М., 1990.
14. *Апресян Ю. Д.* О языке толкований и семантических примитивах // Изв. РАН. Сер. лит. и яз. 1994. N 4.
15. *Апресян Ю. Д.* О новом словаре синонимов русского языка // Изв. РАН. Сер. лит. и яз. 1992. N 1.
16. *Апресян Ю. Д., Богуславская О. Ю., Левонтина И. Б., Урысон Е. В.* Образцы словарных статей нового словаря синонимов. // Изв. РАН. Сер. лит. и яз. 1992. N 2.
17. *Апресян Ю. Д.* Английские синонимы и синонимический словарь // Апресян Ю. Д., Ботякова В. В. и др. Англо-русский синонимический словарь. М., 1979.
18. *Виноградов В. В.* Из истории слова "личность" в русском языке до середины XIX века // Доклады и сообщения филологического факультета МГУ. 1946. Вып. I.

19. *Bartminsky*, J. Zalozenia teoretyczne slownika// slownik ludowych stereotypow jezykowych. Zeszyt probny. Wroclaw, 1980.

20. *Bartminsky*, J. Definicija leksykograficzna a opis jezyka. // Slownictwo w opisie jezyka. Prace naukowe Uniwersytetu slaskiego. Katowice, 1984.

21. *Толстой Н. И.* Иван-аист. // Славянское и балканское языкознание. Язык в этнокультурном аспекте. М., 1984.

22. *Wierzbicka A. Dusa* ('soul'), *toska* ('yearning'), *sud'ba* ('fate'): three key concepts in Russian language and Russian culture // Zygmunt Saloni (ed.), Metody formalne w opisie jezykow slowianskich. Bialystok, 1990.

23. *Сукаленко Н. И.* Отражение обыденного сознания в образной языковой картине мира. Киев, 1992.

24. *Лихачев Д. С.* Концептосфера русского языка // Изв. РАН. Сер. лит. и яз. 1993. N 1.

25. *Яковлева Е. С.* О некоторых моделях пространства в русской языковой картине мира // Вопр. языкознания. 1993. N 4.

26. *Greenwood T. G.* International cultural differences in software // Digital technical journal. 1993. Vol. 5. N. 3.

27. *Апресян Ю. Д.* Дейксис в лексике и грамматике и наивная модель мира // Семиотика и информатика. 1986. Вып. 28.

28. *Франк С. Л.* Духовные основы общества. Введение в социальную философию // Русское зарубежье. Л., 1991.

29. *Зализняк Анна А.* Словарная статья глагола *говорить* // Семиотика и информатика. 1991. Вып. 32.

30. *Есперсен О.* Философия грамматики. М., 1958.

31. *Fillmore Ch.* Lexical entries for verbs // Foundations of language. International journal of language and philosophy. 1968. Vol. 4. N. 4.

32. *Lyons J.* An introduction to theoretical linguistics. Cambridge, 1968.

33. *Гловинская М. Я.* Семантика глаголов речи с точки зрения теории речевых актов // Русский язык и его функционирование. Коммуникативно-прагматический аспект. М., 1993.

34. *Дмитровская М. А.* Знание и мнение: образ мира, образ человека // Логический анализ языка. Знание и мнение. М., 1988.

35. *Зализняк Анна А. Считать и думать*: два вида мнения // Логический анализ языка. Культурные концепты. М., 1991.

36. *Апресян Ю. Д.* Синонимия ментальных предикатов: группа *считать* // Логический анализ языка. Ментальные действия. М., 1993.

37. *Спиноза Б.* Избранные произведения. М., 1957. Т. I.

38. *Урысон Е. В.* Наивная анатомия. Фундаментальные способности человека // Изв. РАН. Сер. лит. и яз. 1995.

39. *Ullmann S.* The principles of semantics. Glasgow, 1951.

40. *Арутюнова Н. Д.* "Полагать" и "видеть" (к проблеме смешанных пропозициональных установок) // Логический анализ языка. Проблемы интенсиональных и прагматических контекстов. М., 1989.

41. *Апресян В. Ю., Апресян Ю. Д.* Метафора в семантическом представлении эмоций // Вопр. языкознания. 1993. N 3.

42. *Wierzbicka A.* Dociekania semantyczne. Wroclaw, Warszawa, Krakow, 1969.

43. *Wierzbicka A.* Semantic primitives. Frankfurt, 1972.

44. *Wierzbicka A.* Lingua Mentalis. The Semantics of natural language. Sydney, N. Y. etc., 1980.

45. *Wierzbicka A.* The semantics of emotions: fear and its relatives in English. // Australian Journal of Linguistics. 1990. Vol. 10. N. 2.

46. *Иорданская Л. Н.* Попытка лексикографического толкования группы русских слов со значением чувства // МППЛ. 1970. Вып. 13.

47. *Иорданская Л. Н.* Лексикографическое описание русских выражений, обозначающих физические симптомы чувств // МППЛ. 1972. Вып. 16.

48. *Иорданская Л. Н.* Словарные статьи *бояться, восторг, восхищать, гнев, страх* и др. // Мельчук И. А., Жолковский А. К. Толково-комбинаторный словарь современного русского языка. Опыты семантико-синтаксического описания русской лексики. Вена, 1984.

49. *Iordanskaja L. and Melcuk I.* Semantics of two emotion verbs in Russian: bojat′sja 'to be afriad' and nadejat′sja 'to hope'// Australian Journal of Linguistics. 1990. Vol. 10. N. 2.

50. *Успенский В. А.* О вещных коннотациях абстрактных существительных // Семиотика и информатика. 1979. Вып. 11.

51. *Lakoff G., Johnson M.* Metaphors we live by. Chicago; London, 1980.

52. *Ekman P.* Expression and the nature of emotion // Approaches to emotion. N. Y., 1984.

53. *Shaver P. et al.* Emotion knowledge: Further exploration of a prototype approach. // Journal of personality and social psychology. 1987. Vol. 52. N. 6.

54. *Ortony A., Clore G. L., Collins A.* The cognitive structure of emotions. Cambridge, 1988.

55. *Kövecses Z.* Emotion concepts. Frankfurt / Main, 1990.

56. *Pajdzinska A*. Jak mówimy o uczuciach? Poprzez analize frazeologizmów do jezykowego obrazu swiata // Jezykowy obraz swiata. Lublin, 1990.

57. *Apresjan Ju. D*. Systemic lexicography. // Euralex '92. Proceedings I-II. Studia translatologica. Tampere, 1992. Ser. A. Vol. 2, pt. 2.

58. *Fries N*. Emocje. Aspekty eksperimentalne i lingwisticzne. // Wartosciowanie w jezyku i tekscie. Warszawa, 1992.

59. *Oatley K*. Best laid schemes: the psychology of emotions. Cambridge, 1992.

60. *Swanepoel P*. Getting a grip on emotions: defining lexical items that denote emotions. // Euralex '92 Proceedings I-II. Studia translatologica. Tampere, 1992. S. A. Vol. 2, pt. 2.

61. *Апресян В. Ю*. Синонимический ряд слова *бояться* 1 // Апресян Ю. Д., Богуславская О. Ю., Левонтина И. Б., Урысон Е. В. Новый объяснительный словарь синонимов русского языка. М., Проспект. 1995.

62. *Апресян Ю. Д., Ботякова В. В., Латышева Т. Э., Мосягина М. А., Полик И. В., Ракитина В. И., Розенман А. И., Сретенская Е. Е*. Англо-русский синонимический словарь. М., 1979.

63. *Урысон Е. В*. Синонимический ряд слова *страх* // Апресян Ю. Д., Богуславская О. Ю., Левонтина И. Б., Урысон Е. В. Новый объяснительный словарь синонимов русского языка. М., 1995.

64. *Fillmore Ch*. Frame semantics // Linguistics in the morning calm. Seoul, 1982.

65. *Fillmore Ch*. Frames and the semantics of understanding. // Quaderni di semantica. 1985. Vol. 6. N. 2.

66. *Fillmore Ch. and Atkins B. T*. Towards a frame-based lexicon: the case of RISK // Lehrer A. and Kittay E. (eds.). Frames and fields. Erlbaum Publishers, 1992.

67. *Апресян Ю. Д*. Типы информации для поверхностно-семантического компонента модели "Смысл(Текст" // Wiener Slawistischer Almanach, Sonderband 1. Wien, 1980.

68. *Булыгина Т. В*. К построению типологии предикатов в русском языке // Семантические типы предикатов. М., 1982.

心智性述谓词的同义现象：义群"СЧИТАТЬ"[*]

1. 序　言

　　事实上，本文是《新编俄语同义词详解词典》中的一个词条，这部词典是由本人领导的在俄罗斯科学院俄语所的一个不大的词典组编写的（Ю. Д. 阿普列相、О. Ю. 博古斯拉夫斯卡娅、И. Б. 列沃金娜、Е. В. 乌雷松）。这是由我写的评定动词的一个同义词列：думать 2.1（认为），считать 2（认为），полагать（认为），находить 4（断定），рассматривать 4（认为……是），смотреть 2（持……看法），усматривать 2（认定为），видеть 3.2（认为）。

　　词典的构想在文献[3]中阐述过了，建议读者先了解一下。这里作为对主要题目的开场白，作者以发表的作品为基础，提纲式地阐述有关体系性词典的几个想法，这些想法准备在同义词典中付诸实施。

　　（1）每一种语言的词汇，至少是其核心词汇，都可以划分成不同的词典学类型。词典学类型是指具有一系列相同性能的词位群，相同性能包括同一种语法规则和其他有足够共性的语言学规则：语义、语用、交际、音律和搭配等规则。这样一来，词典学类型概念与（词汇-）语义类别概念或语义场概念有本质的不同。一方面，词典学类型概念不一定与词汇语义性能的共性有关系；另一方面，词典学类型概念是通过语法规则和其他规则确定的，因此，它只有在语言整合性描写的框架下才能获得意义[2]。

　　（2）体系性词典学的主要原则在于把每一个词位都作为词典学类型的元素加以描写，也就是找出词汇的共性特征，并将这些特征统一体现在词典中。

　　（3）一种语言的词典学类型的构成，首先取决于对语言中体现出来的、被称作世界的"朴素"图景的概念化材料的那种独特剪裁。主题属于这一图景中同一部分的词汇（譬如，作为线性参数意义的词汇之基础的"朴素几何学"[4]，情态词汇之基础的"朴素心理学"[3]），通常具有许多共同点，应该在词典中持续予以考

---

　　[*]　本文首次发表于文集《Логический анализ языка. Ментальные действия》. М., 1993.

虑。需要强调指出,在世界"朴素"图景中,大多数特点都具有通用性,即是人类语言共有的,只有少数特点是具有民族独特性的。

(4)从另一方面讲,一种语言的词典学类型的构成取决于对其形式剪裁的独特性,譬如其构词模式[2]的特性。由语言的形式独特性决定的词典学类型,相反在大多数情况下是具有民族独特性的,虽然它们可以找到重要的共性特点。这一点的例子是主要运动动词的多义现象,在多义结构中很容易发现系词特有的三种意义——分类意义(纯系词意义)、定位意义和存在意义的典型组合[2]。

(5)体系性词典的一个重要原则是,在注释词汇意义时要把复杂意义逐步简化到较简单、直至到被称作语义原型的基础意义。这种典型的莫斯科语义学派注释策略[9],可以明显体现出单个词位之间与较大词位群之间的所有语义联系。

关于语义原型概念,需要注意的是,语义原型不一定具有语义上绝对不可再分的特性。例如,动词 хотеть 毫无疑问是语义原型,尽管理论上它是可以区分出适用于 хотеть, хотеться 和 желать 这三个动词的更简单的共性部分。Хотеть 一词的原型性是由于这一共性部分无法用俄语中的任何其他词来表示。问题在于,这三个动词中的每一个都有区别于另外两个词的特性。хотеться 表示的愿望比 хотеть 的不确定,这种愿望与其说是人感受到的他的意志状态,不如说是他的身体状态。有趣的是,хотеться 与 хотеть 不同,它任何时候都不表示意愿(关于 хотеть 的意愿意义见[7:87])。желать 与 хотеть 一样,描写的都是人的意志。但是,如果说使用 хотеть 时,意志的实现首先是与主体自己的行为有关,则在使用 желать 时,意志的实现在很大程度上是与其他人可能的行为相关。

还应关注的一点是,在其他语言中,描写语言外现实中大致相同片断的词汇,可能是根据完全不同的一些特征彼此相互区别的——这主要源于那些对它们来说是典型的世界概念化特性。譬如,在英语中,意志状态由动词 want,wish 和 desire 表示。后两个词与俄语中的 желать 相近,但与"非常俄语"的动词 хотеться 却没有相似之处,而与俄语的 хотеть 对应的主要动词 want,与 хотеть 的区别在于,它补充说明的不是主体的意愿,而是主体的需求。

从上文中可以得知,语义原型是有民族独特性的;而且,既然只有"第一层"词汇,即在任何语言中以及整个民族文化中仔细处理过的词汇,才能有权充当原型的角色,则纯意义上的原型(在所有人类语言中都能用一个词表示的最简单的语义元素)根本就不可能有;因此,建立通用语义学的任务被推至无限期的将来。

(6)体系性词典学——这是积极型词典的一个构想。积极型词典应该含有一个词位的全部信息:这些信息不仅必须能确保任何语境下正确理解该词位,而且能确保讲话人在自己的话语中正确使用词位。这样的词典在词汇量上远不如传统的消极型词典,但在词位的信息量和处理的细节上应该大大地超过它们。所以,词典学类型的概念仅仅是体系性词典学的一个重要支撑。另一个这样的支撑是词典学肖像概念[2,4]——在语言整合性描写框架中对该词位的所有重要的语言学性能进行全面的必须的描述。只有积极型词典才可能同等地解决词典学家面临的两个主要任务——统一化任务(词典学类型)和个性化任务(词典学肖像)。

在做了这些预先说明之后,可以介绍俄语主要判断性动词的同义词列。在大量文献中,只有文献[1,5,6,8-10]在不同程度上涉及了该问题。但是,为了完成这一任务,要求重新研究、思考和描写大量的材料。有些描写细节是在我们小组讨论该词列的工作会议上,依据 О. Ю. 博古斯拉夫斯卡娅、М. Я. 格洛温斯卡娅、И. Б. 列沃金娜、Е. В. 乌雷松等的批评建议确定下来的。我还非常感激 Н. Д. 阿鲁玖诺娃组织的研讨会,我在会上报告了对这一词列的研究,感谢会议的参加者。

出于对篇幅的考虑,同义词列以简略的形式表述,其中整个去掉了说明部分和索引部分,并在 К 区和 С 区将例子减缩到最小量。词条的结构和提供材料的技术手段不做解释,相关信息读者可以在文献[3]中找到。

2. 同义词列

СЧИТАТЬ 2(完成体 счесть, посчитать),ДУМАТЬ 2.1(完成体 подумать),书面语体的 ПОЛАГАТЬ(没有完成体),书面语体的 НАХОДИТЬ 4(完成体 найти),РАССМАТРИВАТЬ 4(没有完成体),СМОТРЕТЬ 2(完成体 посмотреть),书面语体的 УСМАТРИВАТЬ 2(完成体 усмотреть),ВИДЕТЬ 3.2(完成体 увидеть),词列的主导词是语义原型。

З 区(意义区)

同义词根据下列语义特征彼此之间相互区别:(1)从思维主体的角度对所述客体的鉴定(评价、解释、分类):(думать 引入的是一般的断定,而

рассматривать 引入的一种鉴定性的判断);(2) 意志参与思想的形成(считать,特别是完成体 счесть 要求意志参与观点的形成,而 думать 没有这样的要求);(3) 确信和假设在意义成分中的分量,与主体对意义真实性程度的感受相关(使用 считать 时最大);(4) 有没有对作为思考对象的情景的直接感受(думать,считать 和 полагать 可以间接地感受,而 находить 必须有对客体的直接感受或直接知觉);(5) 必须有或不必有外部观察者(对 находить 来说,在很多情况下都必须有外部观察者,而对 полагать 来说不是必须的);(6) 形成思想过程中进行理性工作的工作量和细致程度(使用 считать 时大于使用 находить);(7) 是否可能把心智工作的结果看做是获得结果的过程(在 рассматривать 和 смотреть 中,过程元素体现的比 усматривать 中的多,特别是比 видеть 中的多);(8) 思考与人的整个观点体系的关系(使用 смотреть 时,具体的判断要依赖整个观点体系,而使用 усматривать 时,判断是对当前情景分析的结果);(9) 作为思考对象的情景的特点(已经发生了的事件,即事实,还是正要发生的事件:усматривать 引入的是对事实的判断,而 видеть 可以用于表示将来情景的句子)。

根据对客体的思考内容中某种鉴定成分的多少(试比较:一般判断 Я считал, что он уже приехал 与准确的评价或解释性判断的区别 Я считаю это недоразумением),可以把该词列划分成两个大组:一个组是:**считать, думать, полагать, находить**;另一个组是:**рассматривать, смотреть, усматривать, видеть**。

第一组同义词可以表示对某种事态的一般判断,也可表示鉴定性的判断。一般判断:Каждый третий житель Москвы считает, что в существующих условиях Россия не должна поддерживать политику Фиделя Кастро, а около 40% полагают, что ее можно поддерживать только в той степени, в какой это не вредит России (МН, 8.12.91). Софа пила наравне со всеми и, когда думала, что я не вижу, украдкой косила на меня большими светлыми глазами (Ю. Домбровский). Я не научился любить свою родину с закрытыми глазами, с преклоненной головой, с запертыми устами. Я нахожу, что человек может быть полезен своей стране только в том случае, если ясно видит ее (П. Я. Чаадаев). 鉴定性判断:Вы чересчур плохо о ней думаете, она не согласится на эту сделку. Пусть сочтут признание (М. Зощенко) недостаточным, неважно, меры приняты, можно доложить (Д. Гранин). Президент полагал необходимым провести реформу исполнительной власти. Вдвойне удивительным кажется все это, если учесть, что военная прокуратура проводила расследование в отношении С. Матевосяна и не нашла его поведение в период плена предосудительным (К. Смирнов).

与这种同义现象不同，第二组同义词 **рассматривать，смотреть，усматривать，видеть** 经常表达的只是鉴定性的判断：用某种方式评价、解释或鉴定某一客体。下面的情况再一次证实了这一点：第二组中的任何一个同义词都不能用在带连接词 что 的结构中，而这种结构对一般判断来说是很典型的：Я рассматриваю интеллектуальную свободу как необходимое условие научного творчества. Владельцы дома — старик и старуха — изголодались и смотрели на квартирантов как на единственный источник пропитания (А. Попов). Никто не усматривает в этом злого умысла. Мы видели в нем настоящего друга.

在第一组同义词内部，动词 **думать** 对思维客体的鉴定成分最少，主要用于类似 думать, что Р 的结构。只有在 хорошо〈плохо〉думать о ком-л. 的结构中才有可能表示鉴定。当评价客体通常是人的情况下，这一结构表示纯评价性判断，譬如：Ты чересчур плохо думаешь о своих коллегах. 但不能说 * Ты чересчур плохо думаешь об этих книгах. 动词 **находить** 正相反，在大多数使用中表示鉴定性的判断，因此经常用于像 находить кого-что-л. каким-л. 这种判断结构中。动词 **считать** 位于这两极之间。至于动词 **полагать**，在现代俄语中它在这方面的表现与 **думать** 最接近，尽管到目前为止，在媒体语言中，在像 полагать кого- что-л. каким-л. 这样的结构中，过于书面语体或古旧语体的鉴定性用法仍然还是很典型的。

Думать 与 **считать** 首先在"假定性—确定性"特征上相互对立。句子 Я думаю, что завтра все выяснится. Друзья больного думали, что кризис позади. 表示假设。通常主体本人能意识到是假设。而句子 Я считаю, что завтра все выяснится. Врачи считали, что кризис позади. 表示确信"事情就是这样的"。该动词适用于当在主体的视野范围内没有任何现象与其矛盾的情景。"不确定"或"不完全了解"可以构成思考的内容，但不能构成评价的内容，譬如对于 Вы не знаете, на какой путь приходит поезд из Варшавы? 的问题，我可以回答：Думаю, что на первый. 但不能回答：Считаю, что на первый.

这样的差别是在于，想法（思考的结果）可以在短暂地一次性地感受到某种客体时，在没有意志参与的情况下出现在我们的意识中。譬如，可以试一下浴缸中的水温,说：Думаю, что градусов тридцать пять будет. 动词 считать 在这一上下文中就不太合适,因为要提出一个观点(我们认为的)需要更严格的条件。一种见解通常是对能观察到的事实进行相当长时间的、仔细的、反复思考(试比较 считать 意义中的初始意义"计算"),在权衡对其各种可能的诠释的基础上,最后选择一种最符合主体积累的个人经验且主体准备作为真理捍卫的诠释的结果。譬如：Для США, Англии и Франции вряд ли будет достаточно идущих из Триполи обещаний, чтобы считать, что Ливия отвергает терроризм (Известия, 29.11.91)——因为在他们的掌控之中,有多年仔细调查的结果,这些结果毫不怀疑地证明,利比亚应对一些恐怖主义行为负有责任。

总体来讲,某种事态越复杂,对它的各种不同诠释越多,越难找出真实情况,使用 считать 的依据越多。相反,事态越简单,越清晰,越符合常规,使用 думать 的依据越多。试比较：Как вы знаете, Шаламов считает лагерный опыт — полностью негативным. Я немного знал Варлама Тихоновича. — Это был поразительный человек. И все-таки я не согласен (С. Довлатов). 动词 думать 在这里就不太合适。可以说：Я считаю, что он подобрел. Я считаю его кумиром молодежи. Я считаю, что он любит свою жену. 因为对于这一结论可能会有不同的看法。但下列句子就差很多 ??Я считаю, что он покраснел. ??Я считаю его своим кумиром. ??Я считаю, что я люблю свою жену. "他脸红了"是直接观察到的事实,而"他是我的粉丝"或"我爱我妻子"是我对我自己了解的成分要素。要得出这样的结论并不需要任何理性的计算——排除任何选择性判断。上述句子只有在下列特殊的意义中才是正确的："我认为用词汇 покраснеть, кумир 和 любить 描写那些我在现实中看到的和我自己拥有的东西是允许的"。

鉴于所述原因,人可以 считает (评价)的东西可能是他的世界观、观点体系的一部分。譬如：Платон считал, что душа бессмертна (阐述柏拉图的哲学观) — Платон думал, что душа бессмертна (阐述柏拉图的一种假设,讲话人多半认为是错误的)。当说：Он никогда не считал, что споры можно разрешать силой 时,这句话多半讲的是他的判定：在当前情形下,从他的观点看,用武力没有也不可能解决争执。当说 Он никогда не думал, что споры можно разрешать силой 时,更多的表示的是他的期待和他的一个惊喜：在当前情形下,争执就用这样的方法解决了。再如：Твой Ницше хоть страдал, хоть с ума сходил и сошел все-таки. А те вот не страдали, с ума не сходили, а сидели у себя в фатерланде в кабинете да на машинках отстукивали. И никто никогда не думал, что они понадобятся для мокрого дела(Ю Домбровский).

还有一个特征使 **думать** 与 **считать** 对立——能否同时考量思维结果和思维过程。实现意义中这一成分的最明确的句法语境有：（1）стоять（и），сидеть（и），лежать(и)之类的词构成的假并列结构：Лежу и думаю, что мне надо искать новую работу. Стоим и думаем, что колбасы на нашу долю не хватит. (2) 不带主语的 думать 人称形式作插入语：Ну, думаю, сейчас я тебя удивлю. （3）主语后置的 думать 人称形式作插入语：Нет, думал я, мир, в котором создана такая песня（песня Сольвейг）, — имеет право на счастье и будет счастлив(Ф. Искандер). 在有主语前置的插入语结构中 думать 再现纯状态意思，也就是假设的意思：Вы, я думаю, забыли меня, Вера? — спросил он（Райский）(И. Гончаров).

在 думать 的上述三种使用情景中,好像都是直接报道在主体意识中正发生的事情。这一报道的对象只能是在思考最终形成过程中的纯粹思考，而不能是假设，因为假设是瞬间事件。在这些情景中,动词 считать 或者不能使用，或者一如既往地表示心智状态：* Лежу и считаю, что мне надо искать новую работу. * Ну, считаю, сейчас я тебя удивлю. Мир, в котором создана такая песня, считал я, имеет право на счастье(状态).

在"假设性"—"确定性"这一特征上, **полагать** 与 **думать** 接近，而 **находить** 与 **считать** 接近。第一组两个同义词可以表示,判断的猜想程度是如此之大，以至于其真实性经常在表述过程就直接遭到怀疑。譬如：Он думает, будто все им восхищаются. Эти люди полагают, будто они могут чего-то добиться, действуя порознь. 在这种情况下, **считать** 在可允许使用的边界上，而 находить 根本不能在这些情景中使用：?Он считает, будто все им восхищаются. * Он находит, будто все им восхищаются.

另一方面, **полагать** 又与 **считать** 相接近，因为它要求在提炼出见解之前要进行一定的理性研究：И ты, Анна Савишна, полагаешь, что у тебя был сам Дубровский（А. С. Пушкин). 而它与 **считать** 的不同主要在于,主体对可能的谈话对方的语用立场，并突出表现在使用第一人称的句子中。在使用 **считать** 的情况下，主体更强硬，很少让步，很少会认为谈话对方是正确的。在使用

полагать 的情况下，主体要谦和得多，可能会更礼貌地说明自己的观点，在更大程度上准备接受对方观点可能更接近真理的情况事实，而不是坚持自己的观点。很容易想象句子 Я считаю, что вы лжете. 听起来很自然的情景。在同样的情景下，句子 ?Я полагаю, что вы лжете. 听起来就很不自然，因为句中出现了"确信度"与其"体现方式不坚决"之间的不相符。

在直接感受客体或情景的"必须性—非必须性"特征上，**считать**, **думать** 和 **полагать** 三个同义词与 **находить** 相对立。**думать**, **считать** 和 **полагать** 可以是间接的——依靠我们以某种方式得到的有关评价客体的信息。而对 **находить** 来说，在观点形成之前或同时必须对客体进行直接观察或了解。可以说：Когда мне сообщили об отказе фирмы предоставить нам компьютер, я счел это нарушением нашего джентльменского соглашения. 但不能说：* Когда мне сообщили об отказе фирмы предоставить нам компьютер, я нашел это нарушением нашего джентльменского соглашения. 完成体形式对感受的直观性的指示特别强烈。譬如：А как вы нашли нашего губернатора? — спросила Манилова. — Не правда ли, что препочтеннейший и прелюбезнейший человек? (Н. В. Гоголь). Как вы нашли Андрея? — спрасила она. — Доктор сказал, что он должен ехать лечиться (Л. Н. Толстой). 在这两个用现代标准来看有些陈旧的例句中，讲的就是在会面时产生的印象。

动词 **находить** 意义中所含的对直接感受的指示妨碍它用于说明客体的那些难以观察得到的性能的情景，特别是未完成体形式。可以说：Я считаю его чужим. Я считаю его человеком не нашего круга. 但不能说：??Я нахожу его чужим. ??Я нахожу его человеком не нашего круга.

由于同样的原因，**находить** 的未完成体形式通常表示对那些是事实的情景的看法。因此，该动词不能支配将来时的句子和有情态性"可能"的句子。试比较：Я думал ⟨читал, полагал⟩, что он вам поможет ⟨что я сумею вам помочь⟩. 但不能说：* Я находил, что он вам поможет ⟨что я сумею вам помочь⟩. 而情态性"应该"比情态性"可能"在语义上更接近事实的概念，在有 находить 的上下文中允许使用的程度更大。句子 Я нахожу, что вы должны ему помочь. 比句子 ?Я нахожу, что вы можете ему помочь. 要好。

Находить 与这一组中其他同义词的另一个不同与是否必须有外部观察者有关。可以说：Я считаю себя скучным. Я считаю ⟨думаю, полагаю⟩, что не лишен способностей. 但不能说：* Я нахожу себя скучным. * Я нахожу, что не лишен способностей. 试比较完全正确的句子 Я нахожу его скучным. Я нахожу, что он не лишен способностей. 这是因为，**находить** 总是要求有外部观察者存在。正因为如此，当看着镜子里的自己时（也就是旁观者）可以说：Я нахожу, что сегодня я выгляжу неплохо 〈что это платье мне идет〉.

在许多语境下，由于某些意义成分受到抑制，同义词之间的意义差异会发生很大程度的中和，尽管不是完全的。譬如，在"想"的意思中的"假设"成分在下列鉴定性句法结构中被抑制：думать как-л. о ком-л. 或 думать что-л. о ком-чем-л.：Не думайте обо мне плохо 〈хуже, чем я заслуживаю〉. Что ты думаешь о нашем директоре 〈об этой книге〉？在这些语境下，语义上可以用**считать** 替换 думать，尽管句法结构上应该变化：Не считайте меня хуже, чем я есть. 未完成体形式和情态性判断的语境（或对某事存在—不存在的判断）是有利于同义词意义差别中和的形式条件和语义条件。譬如：Я думаю 〈считаю, полагаю〉, что пора 〈надо, можно, невозможно, трудно, необязательно〉 принимать окончательные решения. Я думаю 〈считаю, полагаю, нахожу〉, что не стоило 〈не следовало〉 этого делать. Ваш руководитель находит 〈думает, считает, полагает〉, что у вас есть талант.

在第二组同义词中，主要的对立发生在 **рассматривать** 和 **смотреть** 与 **усматривать** 和 **видеть** 之间。前两个动词（特别是第二个）把思考的对象置于更大的语境中并试图在主体的整个观点体系的背景下对其考量。恰恰是被留在"镜头"之外的原则立场或某种整体观点成了培养主体对待具体事实或一大类现象的态度的基础：Западная Европа рассматривала агрессию Ирака против Кувейта как прямой вызов мировому сообществу. Как вы смотрите на нарушение супружеской верности? 后两个同义词要求更本能的，较少或完全不依赖主体的整个观点体系的评价：Газеты усмотрели в последнем выступлении президента признаки готовности к компромиссу. В преподавании он видит свое призвание. Не вижу в этом большой потери.

此外，与 **усматривать** 和 **видеть** 相比，**рассматривать** 和 **смотреть** 在更大的程度上允许把见解或评价理解为是获得这些见解和评价的过程，换句话说，这两个动词保留了（尽管以被弱化的形式）其主要意义中固有的过程性成分。关于这一点可以由下列事实证明：**рассматривать** 和 **смотреть** 可以完全自由地用于命令式形式，并完全保留了自己的意思：Рассматривай это как свое первое поручение. Смотри на вещи проще. **Усматривать** 的未完成体形式很难构成命令式，而 **видеть** 完全不允许有命令式形式。

在第一对同义词中，与 смотреть 相比，рассматривать 描写更客观的没有情绪化的判断。在 смотреть 中个人意见和个人利益的成分更多些。因此，рассматривать 的主体可以是一大群人、出版机构或整个社会，所以常常没有必要提及主体，而 **смотреть** 的标准主体是个人：Не только после революции, но и задолго до нее церковь в России рассматривалась как прямой инструмент государственного вмешательства в жизнь общества. Ученые рассматривают Вселенную как результат длительной эволюции. Я смотрю на ранние браки просто 〈без всякой предвзятости〉.

第二对同义词中，**усматривать** 和 **видеть** 的不同首先在于，它们突出的意义成分不同。**усматривать** 关注的焦点是为形成观点所必需的心智工作，而 **видеть** 关注观点本身。因此，当需要强调进行的心智工作的工作量、工作的细致程度，或需要强调心智工作是与观察或直观感受某种具体情景同时进行的情形时，适合使用 **усматривать**，譬如：Сколько я ни думаю об этом, я не могу усмотреть здесь никакого подвоха. Я усматриваю в его действиях попытку уйти от ответственности. **Видеть** 更倾向使用于当话题是关于对最普遍性问题已经形成的意见：В работе он видел смысл жизни. В искусстве 〈в воспитании детей〉 она видела свое призвание. Чтобы не было так обидно жить, мы заранее тешим себя смертью и — чуть что — говорим: "Пусть я умру, плевать!". Вероятно, за эту дерзость, которая видит в смерти выход из игры, с нас крепко спросится (А. Синявский).

Усматривать 和 **видеть** 的另一个不同在于，усматривать 表示对事实，即对在讲话时刻已经发生的或正在发生的事件的判断，而 видеть 可以用于关于将来情景的句子：Я вижу выход в немедленной приватизации. 在这个句子中使用 усматривать 就不甚合适。

在讲述具体事实的文本中，**усматривать** 和 **видеть** 的意义差别发生局部的中和：Я не вижу 〈не усматриваю〉 в этом состава преступления. В чем вы усматриваете 〈видите〉 своеобразие художественного метода Набокова 〈новизну этой диссертации〉? 即便是在这样的句子中，仍保留了 **усматривать** 和 **видеть** 之间的差异成分。其中，В чем вы усматриваете своеобразие художественного метода Набокова? 可以在考试时对大学生提问,如果他是第一次被要求思考这一题目。В чем вы видите своеобразие художественного метода Набокова? 这个问题出自一个听众的口更自然些,他希望从有所准备的和提前进行了全面思考的报告人那里得到这一信息。

除了在句尾之外,这一词列中的任何一个同义词在其他位置上都不能带主要句子重音。但是 **считать** 和 **думать** 很容易获得对比(逻辑)重音,特别是在观点和知识相对立的语境下: Вы ↓↓ думаете ⟨↓↓ считаете⟩, что Ирак разрабатывает химическое оружие, или вы это ↓ знаете?

注: 在 19 世纪和 20 世纪初 почитать 2 和 мыслить 1.3 都是 **считать** 的同义词: Одни почитают меня хуже, другие лучше, чем я в самом деле(М. Ю. Лермонтов, Герой нашего времени). Те, которые почитают себя здешними аристократами, примкнулись к ней (М. Ю. Лермонтов, Герой нашего времени). Открыть им (антропософам) глаза на Россию почитал он [Белый] своею миссией, а себя — послом от России к антропософии(В. Ходасевич, Андрей Белый). — Глеб Мироныч, Как мыслишь ты? — Спроси-ка Василька. Пусть скажет он, а я потом отвечу (А. К. Толстой).

在 19 世纪,在相近的意思"不正确地认为"上使用动词 мнить: Не то, что мните вы, природа, / Не слепок, не бездушный лик(Ф. И. Тютчев).

在现代俗语和行话中,在评价性的用法中使用词位 **держать 3. 2** 作为 **считать** 的同义词,主要在词组 держать кого-л. за дурака⟨за полного идиота⟩中: Я в точности понимаю, за кого нас держат. Не за подростков — за идиотов. За ДЕБИЛОВ. Которые в купле-продаже еще что-то секут, но в высоких материях — [ничего] (Ю. Гладильщиков).

在词典中,在动词 **глядеть** 中区分出与 **смотреть** 有准确同义的意思。譬如: Гляди на вещи просто(А. П. Чехов). Инженеры и студенты-практиканты глядели на дом Зиненко как на гостиницу(А. И. Куприн). 但是,这种意思是按照 **смотреть** 类推出来的,对动词 **глядеть** 来说是潜在意义。在现代的习惯用法中这种意义体现不出来。

动词 **думать** 有近似于所述的俗语意义"怀疑,认为在某事中有错",体现在形式中为: думать на кого-л: Неужто ты до сих пор не знал, кто на тебя донес? — Нет, я все на брата думал.

Ф 区(形式区)

считать 的过去时形式不一定必须表示"在观察和思考的基础上",譬如: Всю жизнь Сергей считал его своим отцом.

在意志是否参与心智活动这一特征上,**считать** 的完成体形式 **счесть** 与其他同义词的完成体形式明显对立。试比较: Прокурор счел, что собранных улик достаточно для предъявления обвинения ~"检察长决定在已有的证据基础上提起诉讼"和 Прокурор подумал, что собранных улик достаточно~"检察长产生了这种想法,可能并没有足够的证据"。

同义词 **смотреть** 的完成体形式受语法、词汇和句法限制: 这种形式通常用于疑问句或怀疑句的将来时,当评价对象是整个情景时,主要与副词 как, плохо 搭配: Как он посмотрит на отсрочку защиты диссертации? Боюсь, он плохо на это посмотрит(试比较类似的搭配词组 Он может плохо о вас подумать 具有完全另外的意思,见上文)。

在该词列的所有同义词中,只有 **рассматривать** 和 **смотреть** 可以完全自由地用于命令式,同时完全保留其原本的意思(例子和解释见上文)。同义词 **считать** 和 **думать** 形式上可以用于命令式形式(думать 主要用作惯用语的构成: думай что хочешь),但是这时很容易改变自己的意思: думай что хочешь~"你愿意想什么就想什么;我无所谓你到底想什么"。Считай, что тебе повезло 〈что мы договорились〉~"尽管我(讲话人)有一些附加条件,但你可以认为你很走运(我们谈妥了)"。例如: Если угодно, считайте это пропагандой в пользу венецианских лавок, чьи дела идут оживленнее при низких температурах (И. Бродский). **Считать** 的命令式形式还可用于插入语功能,此时的意义是"可以认为",修辞上是俗语特征: Трофим, считай, всю жизнь прожил тут, а не знает, где кончается эта топь(В. Тендряков, МАС). Про него надо бы сказать особо, потому что он в этой истории, считай, главный человек(В. Чивилихин, МАС). 对于该词列的其他同义词来说,很难使用命令式(полагать, усматривать),或者根本不允许使用(находить, видеть)。

К 区(结构区)

同义词 **считать**, **полагать** 和 **находить** 的句法性能最不相同。与动词 **думать** 类似,它们都能支配有连接词 что 引导的从句,而动词 **полагать** 支配由连接词 будто 引导的从句(见上文);另一方面,它们都可以用于鉴定性结构

считать кого-что-л. каким-л., 而 **полагать** 在这种结构中获得纯书面语的色彩（见上文）。

这三个同义词都可以有这种结构的变体——在第四格的位置上用动词不定式或一个完整的从句（条件是在五格的位置必须是以下这类形容词：нужный, правильный, сомнительный, возможный, ясный）：Директор полагал 〈не считал, не находил〉 нужным проверить эти сведения. Я считаю в высшей степени сомнительным, что он согласится на это предложение. 对于动词 **считать** 来说，这一结构还可以有变体，即在五格的位置用 честь, удача, радость, ошибка 等名词替代形容词：Я считаю для себя большой честью разговаривать с вами 〈большой удачей, что я встретил вас здесь〉.

第一组中的三个同义词——**считать**, **думать** 和 **полагать** 用于不同的插入语结构：Вы, я думаю, забыли меня. Осетровые рыбы, считают знатоки, утратили свой былой вкус. Об этом, я полагаю, нужно спросить директора. Полагаю, наше сочинение движется к финалу (С. Довлатов). 对于 думать 和 полагать 来说，插入语结构中可以带情态词 надо：Его семья, надо полагать 〈думать〉, приехала надолго. 动词 считать 则回避有情态词 надо 的语境：?Его семья, надо считать, приехала надолго. 在口语中，动词 **думать** 可以省略第一和第二人称主语自由使用：Думаю, это решение еще не окончательное. А он, думаете 〈думаешь〉, согласится? 而对于 считать 和 полагать 来说，特别是第二人称的形式时，省略主语并不典型。对于动词 **находить** 很难或根本不能有插入语结构。譬如，* Об этом, я нахожу, надо спросить директора. * Его семья, надо находить, приехала надолго. * Нахожу, это решение еще не окончательное.

第二组同义词 **рассматривать**, **смотреть**, **усматривать**, **видеть** 的构建能力很弱。它们具有唯一的或几乎是唯一的结构。对于 **рассматривать** 和 **смотреть** 来说，就是带连接词 как 的三成分结构或其等同结构（рассматривать кого-что-л. как кого-что-л., смотреть на кого-что-л. как на кого-что-л.），而对于 усматривать, видеть 来说，就是类似 усматривать〈видеть〉что-л. в ком-чем-л. 这样的前置词结构。此外，**смотреть** 可以用于 смотреть на кого-что-л. как-л. 的结构。

对该系列的同义词来说，还可能具有其他词列不特有的一些结构。

对于动词 **думать** 来说，具有 думать что о ком-чем-л. 和 думать хорошо〈плохо〉о ком-л. 这类结构。动词 **смотреть** 也有后一种结构，但常带有类别更

宽泛的评价性和鉴定性副词或副词短语：Смотри на вещи просто. Самая эта миссия — может показаться делом нестоящим. Но Белый смотрел иначе, а нам важна психология Белого (В. Ходасевич. Андрей Белый). 对于 **считать** 来说, 有类似 считать кого-что-л. за кого-что-л. 这样的结构, 这种结构在语义上与 считать кого-что-л. каким-л. 结构相似, 但在词汇和修辞上有很多的限制: считать за честь (Быть приглашенным) (书面语), не считать кого-л. за человека, считать кого-л. за дурака (口语)。对于 **считать**, **находить** 和 **рассматривать** 来说, 这是被动态结构, 其中前两个动词只允许完成体形式有这种结构: Его работа была сочтена ⟨найдена⟩ вполне удовлетворительной. Хотя формально церковь была отделена от государства, фактически она рассматривалась как его орган. 最后, 同义词 **видеть** 的这种结构是带连接词 чтобы 的否定句: Не вижу, чтобы вам что-нибудь угрожало.

同义词 **полагать** 不允许用于否定句: * Судья не полагал, что эти сведения нужно проверить.

C 区 (搭配区)

同义词 **считать**, **видеть** 和 **рассматривать** 可以与集体的名称 (国家、政府) 搭配作为评价主体: Комиссия видит залог успеха в готовности всех стран региона к компромиссам. Республики считают, что следует искать политическое решение всех возникающих проблем. Индия всегда рассматривала Кашмир как свою неотъемленую часть. 对于该词列的其他同义词来说, 这样的搭配用法不典型。

类似 считать кого-что-л. каким-л. 的结构对 **считать**, **полагать** 和 **находить** 来说是非常典型的, 在这样的结构中, 第五格的位置可以用表示性能或情态意义的形容词来填充, 但不能用表示状态的形容词。可以说 Я считал его злым, 但不可以说 * Я считал его злым на вас. 而且, **считать** 和 **находить** 与形容词的上述两个语义类别都同样自由搭配, 而 **полагать** 主要与情态形容词如 нужный, необходимый, обязательный 搭配: Редакция считала ⟨полагала, не находила⟩ нужным помещать опровержение. 但只能说 Его считали ⟨находили⟩ хладнокровным и мужественным. 在文本中出现的类似 ?Его полагали ⟨находили⟩ хладнокровным и мужественным. ?Неужели президент полагал демократические силы столь слабыми и беспомощными (А. Гельман)

这样的搭配是偏离规范的。

该词列的大多数同义词都可以与 как，так，иначе 等表示思考和评价内容的副词搭配（例子见上文）。上述所有搭配中，**находить** 只能与 как 搭配（Как вы меня находите после санатория?），而对于 **усматривать** 和 **видеть** 来说，这样的搭配是不可能的。

除了 **находить** 外，该词列的所有同义词都可以与诸如 верно，правильно，справедливо 及其非精确反义词 напрасно，зря 这类表示真实性意义的副词和副词短语搭配：Вы верно 〈правильно，справедливо〉 считаете 〈думаете，полагаете〉，что худшее еще впереди. Вы совершенно справедливо рассматриваете его действие как должностное преступление. Он справедливо усматривал 〈видел〉 в этом покушение на свою свободу. Вы напрасно думаете 〈считаете〉，что либерализация цен может чему-то помочь. 对于 **находить** 来说，这样的搭配是不可能的：* Вы верно 〈правильно，справедливо，напрасно〉 находите，что худшее еще впереди.

同义词 считать，полагать 和 думать 可以与指出由其引出判断的事实依据的词和短语搭配：Что дает тебе основания считать 〈полагать，думать〉，что они откажутся от своих намерений? Почему он думает 〈считает〉，что его все боятся? 对于该词列的其他同义词来说，这样的搭配不典型或不可能。

同义词 **думать** 和 **считать** 可以与阶段动词 начинать 搭配（只有未完成体形式，主要用于第一人称代词或当讲话人采取评价主体的观点时），构成相对固定的表述：Я начинаю думать 〈считать〉，что он не так прост，как кажется. 这样的表述表示的不是心智状态的简单开始，即不是评价的出现，而是某些新情况迫使讲话人对已有评价进行重新审视的意志活动。这两个同义词与阶段动词 продолжать 搭配（Я продолжаю думать 〈считать〉，что вы неправы）同样表示的不是心智状态的简单持续，而是讲话人根据已掌握的事实采取的与某些其他对立的状况向背的意志行为。对于该词列的其他同义词来说，这种搭配不典型（譬如：Я начинаю 〈продолжаю〉 усматривать в этом злой умысел 或难以理解：??Я начинаю 〈продолжаю〉 полагать，что вы неправы)，对于 **находить** 来说，这样的搭配是不可能的。

除了 **находить**，该词列的所有同义词都可以与述谓词 склонен 搭配，表示在几种可能性中倾向于选择某种立场：Я склонен считать 〈думать，полагать〉，что это

— обычная халатность. Я склонен рассматривать это как проявление халатности, а не как акт саботажа 〈смотреть на это как на обычное проявление халатности〉. Я не склонен видеть 〈усматривать〉 в этом что-л. предосудительное.

对于 считать 来说，还有一个由动词将来时构成的表示选择意义的结构也是很典型的：Будем считать, что сумма углов треугольника не равна 180 градусам. Будем считать, что этого не было 〈что в этом никто не виноват〉. 在所有这些情况下，Будем считать 的搭配不是将来时形式，而是表示允许或善意的特殊短语。

对该同义词词列来说，还可以有一些独特的词汇搭配和语义搭配。

动词 думать 的完成体形式——这样的搭配是词组 Можно подумать，出乎意料的是，该词组表示的不是"有理由想"，而是"事实上不应该想"：Можно подумать, что вы не устали. 对于动词 смотреть 来说，这样的搭配是带限定语的 глаза 五格形式的词组：Теперь я совершенно другими глазами смотрю на это.

ФРАЗ СИН 区（成语性同义区） держаться мнения, иметь мнение, иметь такой-то взгляд на вещи.

АНАЛ 区（近义区） верить; допускать, предполагать; подозревать; предсталять, воображать; знать, понимать; решить (Дверь хлопнула, и я решила, что он ушел); ждать 2 (Он ждал, что на семинаре его доклад разнесут в пух и прах), ожидать 2 (Вот уж никак не ожидал, что вы позовете таких неинтересных гостей); думать 1.1 (о чем-л.), размышлять (о чем-л.); оценивать (как-л.), расценивать (как-л.); судить (о ком-л. как-л.), отзываться (о ком-л. как-л), квалифицировать (как-л.), характеризовать (как-л.); относиться (как-л.); признавать, принимать; сомневаться; предвидеть (Предвижу, что он будет возражать).

~КОНВ 区（非精确互换区） считаться, слыть; казаться, представляться.

ДЕР 区（派生词区） мысль; мнение; взгляд; точка зрения; воззрения.

参 考 文 献

1. *Апресян Ю. Д.* Синтаксическая информация для толкового словаря // Linguistische Arbeitsberichte. Leipzig, 1986. 54/55.

2. *Апресян Ю. Д.* Лексикографический портрет глагола *выйти* // Вопросы кибернетики. Язык логики и логика языка. М., 1990.

3. *Апресян Ю. Д.* О новом словаре синонимов русского языка // Изв. РАН. Сер. лит. и яз. 1992. № 1.

4. *Апресян Ю. Д.* Лексикографические портреты (на примере глагола *быть*) // Научно-техническая информация. Сер. 2. 1992. № 3.

5. *Арутюнова Н. Д.* "ПОЛАГАТЬ" и "ВИДЕТЬ" (к проблеме смешанных пропозициональных установок) // Логический анализ языка. Проблемы интенсиональных и прагматических контекстов. М., 1989. С. 7-30.

6. *Дмитровская М. А.* Знание и мнение: образ мира, образ человека // Логический анализ языка: Знание и мнение. М., 1988.

7. *Зализняк Анна А.* Признаки "контроль" и "желание" в семантике предикатов внутреннего состояния // Семантические проблемы речевой деятельности. М., 1984. С. 86-95.

8. *Зализняк Анна А.* Считать и думать: два вида мнения // Логический анализ языка. Культурные концепты. М., 1991.

9. *Мельчук И. А., Жолковский А. К.* Толково-комбинаторный словарь современного русского языка. Вена, 1984.

10. *Ruwet N.* The "epistemic dative" construction in French and its Relevance to some Current Problems in *Generative Grammar* // Festschrift Manfred Bierwisch. Dordrecht, 1981.

事实性问题：Знать 及其同义词[*][①]

1. 序　言

本文的基础是作者在编写《新编俄语同义词解释词典》时积累的同义词列 знать 1 和 ведать 3 中的材料[②]。这部词典的整体构想曾在 Ю. Д. 阿普列相 1992a，1995 中叙述过。曾发表过同义词列的样本，见 Ю. Д. 阿普列相 1992，1995 和 1993 等研究。本文与上述研究中最后一项关于动词 считать 及其同义词的研究有直接的关联，在很大程度上是它的延续。

先从两点预先说明开始。第一点涉及分析所选的词位本身，第二点涉及体系性词典学和对词典学而言关键的概念——词典学类型。

1.1　关于动词 знать

通常，在认识动词中"знать"（知晓）类至少可以区分出三种不同的意义（见 Wierzbicka 1969:21, Lyons 1979: 113-116; 比较 Yokoyama 1986: 6-24，其中区分出了"知晓"的整整七种类型）:（1）"命题性知晓"（знать 1，что P）;（2）"知晓-熟识"（знать 2 всех собравшихся ⟨Москву⟩, знать 2 математику ⟨автомобиль⟩, знать 2 людей ⟨жизнь⟩）;（3）"知晓-掌握"（比较陈旧的结构 знать 3 по-французски ⟨по-польски⟩, знать 3 читать ⟨писать⟩ 与陈旧的熟语 знать грамоте）。我们感兴趣的只是其中的第一种意义。

俄语词位 знать 1 目前得到了相当多的研究，特别是在逻辑和句法方面。可以指出的最新的研究就有 Арутюнова [1988: 123 及后续页]，Дмитровская 1988а, 1988б, Иоанесян 1988а, 1988б, Шатуновский 1988а, 1988б, Булыгина

---

[*]　本文首次发表在《Вопросы языкознания》，1995，No. 4。

[①]　发表的文章是在俄罗斯人文科学基金会和索罗斯"文化创新"基金会的支持下完成的。

[②]　这一词列曾在俄罗斯科学院俄语所理论语义学分部的工作会议上讨论过。作者向讨论的有关参加者：О. Ю. 博古斯拉夫斯卡娅、М. Я. 格洛温斯卡娅、Т. 克雷洛娃、И. Б. 列翁金娜、Е. В. 乌雷松，以及对他们提出的宝贵批评建议表示诚挚的感谢。作者还要感谢阿鲁玖诺娃组织的讲习班，在讲习班上作者就该项研究做了报告，感谢所有参加者提出的有益问题和见解。

и Шмелев 1988，Падучева 1988，Зализняк 1992，Шмелев 1993，Bogusławski 1994a 及后续的所有研究。譬如，还有对具有"知晓"意义的词汇和"知晓"概念本身的共性研究：Moore 1959，Hintikka 1962，Malcolm 1963，Chisholm 1966，1982，Wittgenstein 1969，Vendler 1972（特别是第五章），Knowledge 1976，Lyons 1979，Ziff 1983，Cohen 1986，Borillo 1987，Bogusławski 1981，1994б，1994в 等。

追求全面完整的标准化词典当然应该汇聚已经积累的关于词汇的所有知识，按照构想，俄语同义词最新解释词典就属于这类词典。因此，该词典不可避免地将包括一系列不同程度的已知信息。我们决定，在本文中也不能漏掉这样的信息，为的是不破坏"знать"词典学肖像的完整性，以给出有关词典本身的哪怕是大致的概念。然而必须指出，这个语义并不复杂的动词（和其他语言中的类似动词）的奥秘是如此之深，就连对其最主要的性能的总结也还远没有完成。所以，我们感兴趣的仅是 знать 1 和 ведать 3 的词典学问题及其描写。

再简单说一说为什么选择了 знать 1 这一同义词列。首先，因为命题性"知晓"是自然语言中最基础的主要意义之一，它作为一个成分进入到几百个更复杂的词汇和语法意义中；其次，是因为它与一系列其他主要基础意义，如"理解"、"希望"、"认为"、"感受"、"说"等，虽然以不同的形式但十分紧密地关联在一起，整体上构成了语言词汇体系中的一个最重要的部分——与人的内心世界相联系的词汇；最后，是因为用这一词列的材料很方便说明词典学的一个主要问题——词汇的类别性能描述与词汇个性化性能描述的兼容问题，或者说是词典学类型与词典学肖像的融合问题。

1.2 体系性词典学与词典学类型

《新编俄语同义词解释词典》是按体系性词典学的思想编写的。体系性词典学的四个基本原则——积极性（定位于讲话人）、整合性（词典学描写与其语法描写相匹配，特别是考虑词位对其使用的各种语法条件的反应）、体系性（考虑被描写词位直接从属的词典学类型的不同种类）和语言学实验性。所有这些原则在作者过去已经发表的文献中都已详细研究过（Апресян 1986，1990a，1992б，1995，Apresjan 1992，1995）。因此下面只简释其中的第三点，也是对本文最重要的一点。

体系性词典学的一个关键概念是词典学类型概念。词典学类型是指那些具有共同（即便只有一个共同的）性能的词位群，这些性能是与该语言的某些语法规则相照应的，因而这些词位在词典中要以统一的形式来描写。词典学类型的独特性由两个因素决定：语言概念化裁剪（世界的朴素图景）的特色和语言形式化裁剪（特别是在词法、构词和句法方面）的特色。

词典学类型概念在下列三个方面与传统的语义场概念、语义类别概念和词汇—语义群概念不同。

（1）区分词典学类型的依据可以是词位的任何共同性能（例如，音律的或句法的），而不仅仅是语义性能；

（2）正如从其定义中得出的一样，词典学类型概念只有在语言整合性描写的框架下才有意义，也就是在语法和词典一致性描写的情况下才有意义。在"整合性"词典中，给词位列举了某些语言学规则要求照应的那些性能。而语义类别（语义场等）的切分只取决于表意符号的理解。处于语言学规则作用范围以外的语义类别（例如："热带植物"、"淡水鱼"、"矿物"等）完全可以理解；

（3）与表意词典中体现出来的语义场不同，词典学类型构成的不是严格的等级式结构，而是多次交叉的类别，因为同一个词位可以根据自己的每一个性能和词典学感兴趣的任何一组性能进入不同的类别。

体系性词典学的主要原则要求，把每一个词位首先要作为一个或几个相互交叉的词典学类型的元素来描写。

词位 знать 1 和 ведать 3 的体系性特性是由这样的事实决定的：它们位于两个很大的词典学类型——事实动词和状态动词的交叉点上。这两种类别中的每一种动词都具有一系列语义上有理据的性能，其中有一些在很多的文献中都已有不同程度的描写。动词 знать 和 ведать 在某种程度上也具有这些性能。既然我们在此只想阐述词典学描写的总体策略（统一化和个性化），那么，只关注事实性和状态性的一个典型表现方式足矣。

这两个动词都从事实性中继承了一种支配能力：譬如，不仅能支配由连接词 что 引导的从句（下文中称 что-从句），而且能支配由疑问词 кто, какой, где, куда, откуда, когда, почему, зачем 等，包括疑问语气词 ли 引导的从句（下文中称疑问从句）。试比较：Он знал, чем это грозит ему 〈где искать ошибку, почему молчат его друзья, откуда можно ждать поддержки〉. Постой-ка, Волк сказал: сперва мне ведать надо, /Каков пастух у стада? (И. А. Крылов, Волк и Волчонок). 这种性能在文献 Vendler 1972，而用俄语的材料在 Арутюнова 1988:123-128, Булыгина и Шмелев 1988, Падучева 1988 及其他文

献中都有描述。

　　Знать 和 ведать 从状态性中继承了一种不可搭配性：譬如，与 заниматься 和 делать 这类动词不能搭配。试比较不正确的句子：* Он занимался тем ⟨делал то⟩, что знал ⟨ведал⟩, почему его недолюбливают (详见 Мелиг 1985)。

　　当然，上述性能不能涵盖事实性和状态性的重要的共性表现，下面将全面和详细地研究。这里要重点强调的是，所述的这两个性能都是绝对常规性的，另一方面又是对词典学很有价值的。显然，支配 что-句和疑问从句的能力比"知晓"的可传递性能更有权利在词典中固定下来。后者具有的更多是逻辑意义，而非语言学意义①。

　　词位 знать 1 和 ведать 3 的上述性能源于它们的状态动词和事实动词词典学类型的属性，这些性能是大多数状态动词和事实动词共有的。根据体系性要求，这些性能应该在所有状态动词和事实动词的词典词条中，包括在 знать 和 ведать 中体现，而且最好以同样的顺序和规模。这种情况下，仅仅给所有这类词位加上状态性和事实性特征，把其具体表现出来的结论赋予某些普遍规则是不够的。状态性和事实性本身和其他任何这类特征一样，在不同词位的材料中得出略有不同的反应。因此，最好是在描写与状态性和事实性相关的语言学规则的主要表现之后，在其词典词条中复制这一信息中与该词位相关的部分。这样的解决方案理想地满足了每一词条相对自足的词典学要求。

　　近来，特别是在与词典学实践联系不多的理论文献中，把词位的描写转向只列举词位的类别特性的倾向越来越明显。事实上，词典学家的任务并不能到此结束。除了系统的性能，每一个词位几乎总有一系列不可重复的特点，构成了它自己的个性化特色。这一点相对于像 знать 1 这样的第一层词位十分正确。体系性词典学原则要求像记载词位的类别特性、体系性特性那样详细地记载它的个性化特性。

　　对词位 знать 1 和 ведать 3 的各项性能的观察得出一个结论：朴素的"知晓"与逻辑学的"知晓"有本质的差别。下文将以某种形式研究朴素的"知晓"与

---

　　① "知晓"的可传递性可以从下列公式中得出：根据 A знает, что B знает, что P ("A 知道, B 知道 P") 可以得知 A знает, что P ("A 知道 P")。此外，众所周知，根据 A считает ⟨думает, подозревает, сомневается, говорит 等⟩, что B знает, что P ("A 认为, B 知道 P") 同样可以得知 A знает, что P ("A 知道 P")。

逻辑学的"知晓"的三个差别：(1) 纯粹的"知晓"与相近的心智状态之间的界限模糊性；(2) 等级性；(3)超验性，可能缺少经验的或理论的来源（譬如，特别是这类词汇：презрение, озарение, наитие, знать наперед, знать заранее, осенять, озарять 等，在某种程度上这一性能也是词位 ведать 3 固有的）。

2. 同义词 знать 1 和 ведать 3 的词典学描写

动词 знать 1 是俄语中一个主要的事实词位，下面我们关注这一动词及其同义词 ведать 3 在类似 Она не знала〈не ведала〉, что судьба ее уже решена 这样的句子中体现出来的意义。已经陈旧的词位 ведать 3 在过去某一时期曾经是 знать 1 的十分准确的同义词，在现代俄语中被排挤到这一同义词列的边缘——在书面语和诗学形式中主要用于修辞目的。在日常言语中，这一词位只保留在某些句法固定搭配和句法性惯用语中。然而，这一词位表现出一系列重要的原则性的特性，足以证明它可以纳入这一同义词列①。

依据在《新编俄语同义词解释词典》中采用的对材料概述的普遍模式，我们将研究：(1) знать 和 ведать 在其他心智型述谓词列中的位置；(2) 这些词位的语义；(3) 动词 знать 和 ведать 具有的与该词列最接近的其他意义；(4) 这些意义的语法形式；(5) 这些意义特有的句法结构；(6) 它们的组合特点；(7) 它们与在意义上同族的词位的体系性聚合联系。在所有这些情况下，我们都将尽力探求，事实性深层语义特性是如何在词位的外在行为中将自己表现出来的。

2.1　Знать 和 ведать 在其他心智性述谓词列中的位置

具有事实意义"知晓"的动词组的意义及用法是通过它们与两个类别的推断性动词对立决定的，这两类动词分别是具有意义"见解"的动词和具有意义"相信"的动词；另一方面，这些动词与表示"理解"意义的事实性动词对立。这四种意义——"知晓"、"见解"、"相信"、"理解"在内部彼此是如此的接近，以至于在不同的使用中其实际的词汇体现非常容易从一个意义"滑"到另一个意义。特别是如下所述（见 2.2.2），动词 знать 在其主要用法中涵盖了所有的上述语义范围。

---

① 动词 видеть и слышать 在其某些用法上与动词 знать и ведать 相近。譬如：Хотелось бы видеть (≈знать), куда идут все эти деньги. От кого вы это слышали(≈знаете)？但是如果把这两个词纳入该词列是不对的，因为"知晓"的意思还没有成为它们的独立的词汇意义。

2.1.1 "知晓"与"见解"

事实意义"知晓"不仅以最紧密的方式与意义"见解"相联系,而且与它在语义、交际、音律和句法上完全对立。

具有"知晓"意义的词汇(знать, известно, догадываться 和其他事实动词)用于构建一种信念:在主体的意识中有关于某事的真实信息,即关于事实的信息存在。具有"认为"意义的词汇(считать, думать, полагать, находить 和其他推断性动词)用于构建一种信念:在主体的意识中有某些观点存在,但对这些观点与现实的对应性事先一无所知。"知晓"有来源,但没有原因,试比较:Откуда ты это знаешь? 但不能说 * Почему ты это знаешь? "见解"有原因,但没有来源,试比较:Почему ты так считаешь? 但不能说 * Откуда ты так считаешь?(关于 Откуда 和 Почему 疑问从句与动词 знать 的联系见 Селезнев 1988, Bogusławski 1994в)。

事实性语义特性表现在"知晓"真实性的预设中:如果某人不知道某事,那么这件事就不是真实的。句子 Он знал, что за ним установлено негласное наблюдение 和 Он не знал, что за ним установлено негласное наблюдение 同样都假设有暗中监视他的事情发生。

与"知晓"不同,"见解"可以有真伪之分。因此,无论是从句子 Он считал, что за ним установлено негласное наблюдение,还是从句子 Он не считал, что за ним установлено негласное наблюдение 都无法得出是否有人暗中监视他的结论。

"知晓"的真实性的预设在疑问从句中的表现也很有趣。由事实动词和 что-从句表示的疑问与普通疑问的不同在于,不能设定"某种情况是问话人不知道而受话人知道"的情景。事实上像 Ты знаешь, что на тебя кто-то донес?(重音位于 знаешь 上,句尾是降调)这样的问题不可能出现在这样的情景中:讲话人对有人告密受话人的事情一无所知,他就想知道有关信息。这个问题只有在这样的情景中才适合:问话人掌握这一信息,他感兴趣的只是受话人是否知晓此事(详见 2.4 和 2.5 节)。

与此不同,引导同样疑问从句的推断性动词总是假设主体对所问客体缺乏信息。譬如,句子 Ты считаешь, что на тебя кто-то донес?(считаешь 没有重音,句尾是升调)只适用于这样的情景:问话人确实对某人的看法感兴趣,而他此前并不知晓他的看法。

事实性特性在交际和音律方面的表现在于：表示"知晓"意义的词汇可以承载主要句子重音，因而可以是句子的述位：Он ↓ знает, кто на него донес. 这很自然：通过给引导信息的词上加重音的方式来吸引受话人关注，什么是明显真实的信息，这在语用学上是有益的，在心理学上是可信的。关于这一特性见 [Апресян 1990:103, 1992a: 21-22; Зализняк 1992:141-142]。

包括"认为"意义在内的推断性动词在这一方面也与事实性动词不同。在中性句子中推断性动词不能承载主要句子重音，因此通常进入句子的主位部分。无论某个人的意见多么重要，但其价值要比明显的真实信息少。推断性动词能承载的唯一句子重音类型是对比性重音（对立的，逻辑的）：Вы ↓↓ считаете, что он вас предал (или вы это знаете)?

事实性特性在句法上的表现是，表示"知晓"意义的词不仅能支配 что-从句（见上文），而且可以支配疑问从句：Может быть, начальник вокзала знает, когда отправляется последний поезд 〈почему мы так долго стоим, сколько стоит билет до Вены〉等。这两种支配类型的对立——знать, что P VS. знать, где〈куда, когда, кто, почему 等〉P——语义上很丰富，可以涵盖动词的所有性能，包括词法性能、句法性能和搭配性能（见下文）。

推断性动词不能支配疑问从句，譬如这类不正确的句子：* Он считал, когда отправляется последний поезд 〈почему мы так долго стоим, сколько стоит билет до Вены〉等。

2.1.2 "知晓"与"相信"

对俄语语言意识很重要且曾多次讨论过的另一个对立概念——"知晓"与"相信"的对立（见 Селезнев 1988, Булыгина и Шмелев 1989, Шмелев 1993）。试比较下列非常典型的文本：Что власть большевиков кончится, мы не только верим, мы это знаем, хотя никто не может предсказать, когда и в какой форме это произойдет (В. Ходасевич, 1917-1927).

存在"知晓"与"相信"彼此意义接近的情况：Но тут вмешивается сердце: — Нет. Я не верю этому, как не верю и никогда не поверю в смерть, в уничтожение. Лучше скажи: не знаю. И незнание твое — тоже тайна (И. Бунин, У истока дней); Но спокойно-благоговейно она [М. Цветаева] верит, что он [муж] жив, и ждет его, как невеста ждет жениха. Ее сердце знало верно. Она дождалась свиданья и соединилась с любимым (К. Бальмонт, Где мой дом?).

但是，在典型的情况下，"知晓"要求有某种合乎理性的真实信息源存在，譬如：Откуда ты это знаешь? — Вчера по радио передали 〈Об этом написано во всех газетах, Друзья сказали и т. п.〉.

"相信"不要求任何外部的真实信息源。这是人的一种心智状态，这种状态与其说是依据事实，不如说是在他的意识中有一个目标性世界图景，在这个图景中他相信的客体不可能不存在。试比较下列典型文本：— в сознании Хомякова мессианизм еще боролся с миссионизмом; однако и в его настроении черты старомосковского мессианического самомнения были выражены достаточно ясно: он считал Россию избранным народом, утверждал ее первенство во Христе и верил в ее призвание — спасти все народы (Е. Трубецкой, Старый и новый мессианизм); Пусть верят легковерные и пошляки, что все скорби лечатся ежедневным прикладыванием к детородным органам древнегреческих мифов. Мне все равно (В. *Набоков, Интервью А. Аппелю 25-29.09.1966); У него [Нильса Бора] спросили: "Неужели вы верите, что подкова приносит счастье?", на что он ответил: "Нет, не верю. Это предрассудок. Но, говорят, она приносит счастье даже тем, кто не верит" (М. Бессараб. Ландау. Страницы жизни); Из Сибири доходят вести, /Что Второе Пришествие близко. / Кто гадает, кто верит, кто не верит (Г. Иванов, "Нищие, слепцы и калеки..."); Верю в Солнце Завета, / Вижу зори вдали. / Жду вселенского света / От весенней земли (А. Блок, "Верю в Солнце Завета...").

在这些文本的基础上可以建议对动词 верить 的基本意义做如下注释：X верит, что P = "X 认为,有 P; X 不知道他为什么会这样认为；即便是存在与他的看法相矛盾的状况或观点, X 也将这样认为,因为他希望有 P"。

强调一点：这种意义通常要求在不同的人称形式时用不同的语调。第一人称时 верить 用升调(Я↑верю, что его жена вернется), 而第三人称用降调(Он↓верит, что его жена вернется)。如果第一人称用降调(Я↓верю, что его жена вернется)或第三人称用升调(Он↑верит, что его жена вернется), 通常或者表示对别人的信念的依据性表示怀疑, 或者表示无所谓的意思①。

---

① М. Г. 谢列兹尼奥夫(1988：251-252；以及什梅廖夫 1993：167)将这两种意义称为(不完全准确)"宇宙乐观主义"和"对别人的迷失宽容的忽视"，把两者之间的差别与第一人称形式和第三人称形式之间的差别相联系。从上述论证可以看出，现实图景更精细，没有音律的参与是不能被描写出来的。

强调一下我们所做的注释的下列主要特点：(1) 反映了 верить 的主要的判断性(非事实的)特征：注释的顶端是意义"认为"，这一点可以由 верить 不能与疑问从句搭配来说明(譬如不能说 * Она верила, когда вернется муж)；(2) 反映了"相信"的不合逻辑性：相信的主体不知道为什么他这样认为；(3) 反映了相信的情态性和相信的意志本质：一个人认为有 P，因为他希望有 P①。因此，在 верить 的成分中包含有三个描写人的内心世界的基本述体("认为"、"知晓"、"希望")。

2.1.3 "知晓"与"理解"

除了具有"认为"和"相信"意义的推断性述体外，"知晓"这一述体类别还与事实性述体类别"理解"构成有趣的语义对立，其中在文献[Булыгина и Шмелев 1989:41]中有部分描述。Понимать（что P）在语义上比 знать 更复杂，就像 верить 比 считать 更复杂一样，尽管对立的特点不同。

"理解"的典型情景可以由下列例句体现：Не понимаю ⟨не могу понять⟩, как ему удалось войти в квартиру. О том, что все беды России пошли от атеизма, я знал давно, знал от Достоевского, а вот понял окончательно только недавно (Ю. Карякин, Время "склеивать позвонки"). Просто с годами я стал понимать, что смерть есть часть жизни, и роптать на нее можно не в большей мере, чем на жизнь (Ю. Даниэль, Последние страницы неоконченной книги). Сегодняшний день нельзя понять вне связи с вчерашним и, следовательно, с давно прошедшим; то, что есть здесь и теперь, постижимо лишь в связи с тем, что есть везде и всегда (С. Франк, Духовные основы общества). И, может быть, величайшим триумфом человеческого гения является то, что человек способен понять вещи, которые он уже не в силах вообразить (Л. Ландау; цит. по книге М. Бессараб "Ландау. Страницы жизни"). [Нехлюдов] знал несомненно, что нужно было изучить, разобрать, уяснить себе, понять все эти дела судов и наказаний (Л. Н. Толстой, Воскресение). И смутно понял я тогда, / Что мне на родину следа / Не проложить уж никогда (М. Ю. Лермонтов, Мцыри).

---

① 在许多文献中都指出过关于在述体 верить 的成分中有"希望"(或类似"更好")的意思存在，见 Селезнев 1988:247. Булыгина и Шмелев 1989:48. Шмелев 1993:167.

这些例句表明,"理解"的基础是知识和概念①,它们的成分含量是相当复杂的事实和情景。因此,为了"理解"通常要求一定的、依赖于主体前期知识的思维工作。这样得到的知识或概念提供了预见情景进一步发展的可能性("理解"的"预见性"问题在文献[Мартемьянов 1964：126]中曾论述过)。

尝试把这些思想应用于注释。А понимает, что Q="在时刻 t_0 A 知晓或感受到有 Q 存在;这种知识或概念的产生是由于在时刻 t_0 之前,A 知晓与 Q 相关的情景,或思考过与 Q 相关的问题;知晓了 Q 就有可能知道或想象出在时刻 t_0 之后会发生什么"。因此,"理解"——依赖于三次思考的知识(现在、过去和将来)。与单纯的"知晓"相比,"理解"具有深层的时间回溯和前瞻②。

2.2 Знать 1 和 ведать 3 的语义

2.2.1 注释问题

如上所述,词列的主导成分(знать 1)是语义原型,因此,不需要注释。在其他语言中尝试注释这个词位以及它的同义词或近似词也不能认为是成功的。下面简要分析其中在文献中曾被讨论过的一些最著名的注释(见 Wierzbicka 1969：21 及后续页,Bogusławski 1994б)。

最常见的是这样一种思想:знать Р 是指:"认为有 Р,且 Р 是真实的"。根据这一模式构建了由许多文献提出的"知晓"意义的注释,如[Scheffler 1965, Chisholm 1966, Lehrer 1974, Stelzner 1984, Шатуновский 1988 等]。К. 莱勒和 В. 施泰利茨涅尔的注释在博古斯拉夫斯基的文章[1994б：261-266]中仔细研究过,我们将不去回顾。我们将重点关注 Р. 奇斯霍姆和 Г. 谢夫勒的注释,将其作为实现所述模式的典型例证,并尝试表明这种模式会产生难以克服的困难。

将 Р. 奇斯霍姆和 Г. 谢夫勒的注释翻译成俄语分别为:"Х 知道,有 Q,如

---

① 严格地讲,这里说的"概念"意思是指"在意识中存在有感官不能实际感受到的客体或情景的形象"。在"知晓"的意思不能表达的一系列情态情景中,就需要这种概念来外显 понимать 的意义。譬如:Х не может понять Р="Х 不能概念化出 Р",而不是"Х 不能知道 Р"。

② 不难发现我们的注释与 И. М. 博古斯拉夫斯基的注释的相似和差别:按照他的构想,注释包括三种结构:(1) понимать ＋что Р；(2) понимать ＋ВОПР；(3) понимать музыку〈детей〉:Х понимает Y="Х 由心理成分 W——通常是依靠智慧——处理过的或正在处理的与 Y 有关的事实,其结果是 Х 或(b)在意识中有了或开始有了关于 Y 的本质性能的真实信息 Z"(Богуславский 1984：623)。两种注释的差别看来是因为 И.М 博古斯拉夫斯基的注释客观上只是服务于第三种结构,在这个结构中比较自然地会看到 понимать 的另一个词汇意义。

果,且只能如果(i)X 认为有 Q,(ii)X 具有证明 Q 的适当的证据,(iii)Q"(Scheffler 1965:21);"如果(1)在时刻 t, S 认为有 h,(2)h 是真的,(3)在时刻 t, h 对 S 来说是明显的,那么,在时刻 t, S 知道 h 是真的"(Chisholm 1966:23).

所援引的注释引起下列反对意见:

(1) 通过 считать 来注释 знать 不具有任何正确定义的最重要性能——替换性能。试图用上述定义中的任何一个来替代 знать 的尝试,甚至在最简单的语境中都会导致句子不正确或引起句子意义的重大改变。

假设下列一种情景。假设有一个叫谢尔盖的人想去钟表作坊,但他不能去,因为作坊关门了。这时,他表现出来的心智状态可以用这样的句子来记述: Сергей знает, что часовая мастерская закрыта. 用第一个定义来替换 знать 会得到下面的句子:??Сергей считает, что часовая мастерская закрыта, и у него есть надлежащие свидетельства этого, и она（действительно）закрыта. 对应于所述情景,这个句子如果说不是悖异,至少是很怪异。对于要构成产生心智状态"认为"这样复杂的理性思维活动来说,直接观察(谢尔盖的观察)到的"作坊关门"这一事实实在是太简单了。

另一方面,如果某种事实大家都很清楚,以至于成了我们这个世界的一种公理,则在有评定意义的词汇的语境中使用相应句子,会产生检查这一公理的意想不到的语用效果。譬如,句子 Он считает, что Волга впадает в Каспийское море. 完全适合用于描写某人的错误观点,其无知引起讲话人嘲讽式的惊奇。而句子 Он знает, что Волга впадает в Каспийское море. 无论如何也动摇不了我们对世界的习惯性概念。

(2) 在两个注释的右侧部分出现的语义明显复杂于词汇 знать,如 свидетельство 和 очевидный 等词汇。譬如: P есть свидетельство того, что Q ="由于 P 的存在,可以认为 Q 是真实的"。Q очевидно ="任何人都能明白,Q 是真实的,不需要做任何理性努力,也不需要补充信息"。

从上文我们可以证明,从对 очевидный 的注释中引出述谓词 понимать,其意义中含有 знать 的意思。如果对 понимать 进行基于这种意思的解构,则奇斯霍尔姆的注释还存在有错误的地方。

(3) 根据上述的注释不能得出关于动词 знать 的句法、交际和搭配性能方面的正确概念。特别是 знать 的主要句法性能——支配疑问从句的能力没有得到解释。据我们观察,在所分析的所有注释的顶端是类似"认为"这类的判断动词,这些词与支配疑问从句的能力相驳。在它们的成分中没有任何能支配疑问从句的意义。

在维日彼茨卡的早期研究的一本书中曾提出了解构 знать（准确地说是波兰语中的动词 *Wiedzieć*，等同于 знать）更为重要的思想。将她的注释翻译成俄语是这样的：знать＝"可以说出真相"[Wierzbicka 1969：22]，进一步注释 сказать＝"发出的声音，这些声音可以表明对某事的真实判断"或直接是"可以表明对某事的真实判断"。

尽管这一原始思想有其吸引人的地方，但这种注释在两个方面是有缺陷的。

第一，这种注释没有包括那些不能够说出真相或不能对某事做出正确判断的高级动物的知晓情形。对高级动物使用述谓词 говорить 和 суждение 不能不是一种隐喻的用法。然而，高级动物是能知道词的最直接意义中的某些东西的（类似的论述见[Bogusławski 1994б：259-260，270]）。

第二，援引的注释中含有"真相"的意思，这种意思明显不如"知晓"那么简单。我们不对这一问题进行详细的讨论，只引证不久前对文化观念"真相"和"真理"的研究（见"逻辑分析"文集 1995）。文集中列举的相应词位的说明证实，与 знать 相比，它们的语义结构更为复杂，而语用特性更为多样。

譬如，词位 знать 1 不能通过其他更简单的意义来注释，因此，应承认它是语义原型。знать 意义的这种注释源于 У. 库克和 Г. 普利查德的早期研究（见 Bogusławski 1994б）。当代语言学中，А. 博古斯拉夫斯基在其对经验性述体的系列研究中令人信服地证实了这一点。除了博古斯拉夫斯基 1994б 外，还可以参见他的 1981，1986 等研究。从 1980 年开始，维日彼茨卡也把 знать 作为语义原型来解释（见 Wierzbicka 1980：37，156 和 Wierzbicka 1992：10）。

2.2.2 Знать 和 ведать 之间的语义相似和差异

这两个同义词之间的主要差别是修辞上的差别（见上文）。此外，动词 знать 作为意义上更广谱的同义词具有比 ведать 更宽泛的使用范围。

虽然 знать 是俄语中的主要事实动词，但它也不是只表示对事实的判定。它的现实词汇意义位于"真实知晓"与"自己看法"两极之间，同时它涵盖了整个第一极，并与像 понимать，быть уверенным，верить，быть убежденным 这些中间心智述体的语义交叉，直到第二极的边界。这一性能构成了"知晓"的朴素概念的特性之一。

真实知晓：这一使用范围的经典例证是动词 знать 能支配带过去时或现在

时动词形式的 что-从句，描述现实的，即存在于主体意识之外的情景：Я знаю 〈знал〉, что он работает в Консерватории; Никто из нас не знал, что в тот момент на наших западных границах начались первые бои (Г. Линьков, ССИН); Юра не знал, что отец давно бросил их, ездит по разным городам Сибири и заграницы, кутит и развратничает (Б. Пастернак, Доктор Живаго); Из подорожной знал он, что ротмистр Минский ехал из Смоленска в Петербург (А. С. Пушкин, Станционный смотритель). 从句的位置可以由判定性代名词，如это, то, что, нечто, все 等填充，试比较：Иные совсем не догадывались [об Архипелаге ГУЛАГ], очень многие слышали что-то смутно, только побывавшие знали все (А. Солженицын, Архипелаг ГУЛАГ).

当"知晓"的意思向"明白"、"确信"、"相信"、"确定"、"评定"偏移时，进而，当它进入与这些对应动词构成的同义词关系时，对于 знать 不太严格的用法来说，下列条件虽然不是必须的，但却是很典型的：(1) 未来事件语境和任何相对于"知晓"时刻而言是未来的语境：Водитель знал, что машина его не подведет. (2) "知晓"不与外部世界的现实事件对应，而是与自己或别人意识中存在的其他信息对应：Я знаю, что я собираюсь делать; Я знаю, о чем вы думаете. (3) 对指出事件的，哪怕是现实事件的任何指示都要用某种方式做出注释：Он [Селихов] знал, что это были слезы по молодости, по тому счастливому лету, что выпадает однажды в жизни каждой девушки, что не в Иорданском тут дело (И. Бунин, Чаша жизни); Он обидел тебя, я знаю, / Хоть и было это лишь сном, / Но я все-таки умираю / Пред твоим закрытым окном (Н. Гумилев, Сон).

而在由连接词 что 引导的或无连接词的补语从句的语境中，"知晓"的意思或者向"确信"、"相信"、"确定"的判断意义偏移，或者向"理解"的事实意义偏移（见下文）。在疑问句的语境下，"知晓"的可能的非本义用法的范围要窄一些：其意思或者向"理解"方向偏移 (Не знаю [～ не понимаю], что она в тебе такого нашла?)，或者向"具有某种看法"方向偏移 (Не знаю [～ не могу представить 〈не имею мнения о том〉], что он сделает в этом случае). 在这种情况下"确信"、"相信"、"确定"的意思被排除。

理解（特别是用于当话语说到相当复杂的事件或关于事件间不明显的联系时：在 Д. Н. 乌沙科夫词典、МАС 和 БАС 词典中，这种用法是作为一个独立的意义分析的)：Вез Бабушкин транспорт оружия для восстания, с ним [его] и расстреляли. Он знал, на что шел (А. Солженицын, Архипелаг ГУЛАГ); Он [Тиверзин] знал, что их стремления последних дней, беспорядки на линии, речи на сходках — части этого большого и еще предстоящего пути (Б. Пастернак, Доктор Живаго); Почему сорвалось с языка это слово, Тихон Ильич и сам не знал, но чувствовал, что сказано оно все-таки недаром (И. Бунин, Деревня); Бог каждому из нас дает вместе с жизнью тот или иной талант и возлагает на нас священный долг не зарывать его в землю. Зачем, почему? Мы этого не знаем. Но мы должны знать, что все в этом непостижимом для нас мире непременно должно иметь какой-то смысл (И. Бунин, Бернар); Мы знаем, что ныне лежит на весах / И что совершается ныне. / Час мужества пробил на наших часах, / И мужество нас не покинет (А. Ахматова, Мужество).

确信(特别是在描述计划的、或可预见的具体未来事件的语境中，用于确定形式)：Прокуратору захотелось подняться, подставить висок под струю и так замереть. Но он знал, что и это ему не поможет (М. Булгаков, Мастер и Маргарита); Вот стою перед дверью твоею, / Не дано мне иного пути, / Хоть и знаю, что не посмею / Никогда в эту дверь войти (Н. Гумилев, Сон); Твой образ будет, / знаю наперед, / в жару и при морозе-ломоносе / не уменьшаться, но наоборот / в неповторимой перспективе Росси (И. Бродский, Похороны Бобо); Он знал, что солдаты беззаветно верят ему, знал, что они выполнят любой его приказ (Б. Полевой, ССИН).

信念、信仰(特别是在描述未来事件或关于生命和世界的构建的一般性判断的语境中，用于确定形式)：Вы не понимаете, что можно быть атеистом, можно не знать, есть ли Бог и для чего он, и в то же время знать, что человек живет не в природе, а в истории, и что в нынешнем понимании она основана Христом (Б. Пастернак, Доктор Живаго); Уж вечер. Солнце над рекою. Пылят дорогою стада. / Я знаю — этому покою / Не измениться никогда (Г. Иванов, "Я вывожу свои заставки..."); И слухам о смерти моей не верь — / Ее не допустит Бог! / Еще ты, я знаю, откроешь дверь / Однажды — на мой звонок! (А. Галич, Песенка-молитва); Она знала одно — что ему ничего не стоит обречь ее на нищету (И. Бунин, Чаша жизни); "Ты прости-прощай, родимая сторонушка!" — говорил человек и знал, что все-таки нет ему подлинной разлуки с нею, с Родиной, что куда бы ни забросила его доля, все будет над ним родное небо, а вокруг — беспредельная родная Русь (И. Бунин, Косцы); Один певец подготовляет рапорт. / Другой рождает приглушенный ропот. / А третий знает, что он сам лишь рупор (И. Бродский, Одной поэтессе).

见解（特别是在表述具体的未来行为或事件的语境中，用于否定句和疑问句）：Не зная[～не имея мнения], как ответить на это, секретарь счел нужным повторить улыбку Пилата (М. Булгаков, Мастер и Маргарита); И каждый раз он не знал, что ему делать, что говорить и как держать себя (А. и Б. Стругацкие, Далекая Радуга); — Вы умрете другой смертью. — Может быть [～имеет мнение о том], вы знаете, какой именно? (М. Булгаков, Матер и Маргарита). "见解"意义在 так и знать 这样的熟语句成分中体现得特别明显（Дмитровская 1985）。可以对这一熟语做如下注释：Я так и знал ～ "我认为，将要发生的正是和在此之前就已经发生过的一样"，试比较：Она выходит замуж за другого. — Я так и знал.

同义词 ведать 在现代用法中主要适用于否定语境，譬如：В эту квартиру [вы] поднялись, — не ведая ни того, что брат жил тут последние месяцы, ни того, что тут произошло (Б. Пастернак, Доктор Живаго). 在这些语境中 ведать 仍保留着修辞色彩：即崇高语义或隆重语体的色彩、诗学语言、激烈争论及其他振奋性话语。譬如：И только на темя случайным лучом / свет падал младенцу; но он ни о чем / не ведал еще и посапывал сонно, / покоясь на крепких руках Симеона (И. Бродский, Сретенье); Может быть, этот теоретик не ведал, какой дьявольский огонь разжигал он в чужих умах? Ведал ("Известия", 10.06.1993); Признают, что я [А. И. Солженицын в "Одном дне Ивана Денисовича"] дал картину еще очень смягченную, что каждый из них знает более тяжелые лагеря. (Так — ведали?) (А. Солженицын, Архипелаг ГУЛАГ); На севере и на юге — / Над ржавой землею дым, / А я умываю руки! / А ты умываешь руки! / А он умывает руки, / Спасая свой жалкий Рим! / И нечего притворяться — / Мы ведаем, что творим! (А.

Галич，Баллада о чистых руках）。只有在类似 Знать не знаю，ведать не ведаю；Сами не ведаем，что творим. 这样的固定表达形式中，该同义词才有可能用于日常言语。只有在这些用法中，这两个同义词的差别才可以部分地被中和。

如果根据动词 ведать 在文学作品中的表现来判断，在 19 世纪和 20 世纪初，这个词看样子也是使用于口语言语中的，如：— Письмо！от кого？— закричал я，вскакивая со стула. — А не ведаю，батюшка，посмотри，может，там и написано，от кого（Ф. М. Достоевский，Белые ночи）；Моя пьеса подвигается вперед，пока все идет плавно，а что будет потом，к концу，не ведаю（А. П. Чехов，МАС）.

Ведать 在语义上比 знать 要窄一些，在这个意义上的典型用法只有两个——真实地知道：Да ведают потомки православных / Земли родной минувшую судьбу（А. С. Пушкин，Борис Годунов）和确信。对于后一种意义来说，与使用 знать 的情景一样，典型的是在表述有关具体的未来事件的语境中的确定形式。试比较：Я жить хочу，чтоб мыслить и страдать；/ И ведаю，мне будут наслажденья（А. С. Пушкин，Элегия）。

除此之外，鉴于其自身的修辞特性，当"知晓"的客体是位于人之上且超乎人的掌控的某一事物，或当发生了超自然的——可能是某种天力赋予的先知或其他超感知，或当"知晓"的主体是神力的情况下，使用 ведать 比使用 знать 更合适：Итак，все рухнуло，по крайней мере на первое время，покуда Марина Ивановна [Цветаева] ничего не знала о муже，— не ведала，что теперь будет с ее отъездом（А. Саакянц，Последняя Франция）；Ты ведаешь，что некий свет струится，/ Объемля все до дна，/ Что ищет нас，что в свисте ветра длится / Иная тишина（А. Блок，Владимиру Бестужеву）；Я ведаю，что боги превращали / Людей в предметы，не убив сознанья，/ Чтоб вечно жили дивные печали，/ Ты превращен в мое воспоминанье（А. Ахматова，"Как белый камень в глубине колодца..."）；И боги не ведают — что он возьмет：/ Алмазные сливки иль вафлю с начинкой（О. Мандельштам，《"Мороженно！" Солнце. Воздушный бисквит...》）. 这类用法对于 знать 来说是可能的，但不是典型的。

2.3 Знать 和 ведать 词义中与 знать 1 和 ведать 3 相近的意义

这两个同义词都可以有宽泛的形象化使用，包括拟人化，譬如：У тебя же，

когда творишь милостыню, пусть левая рука твоя не знает, что делает правая (Евангелие от Матфея, 6, 3); Никогда голубая книжечка преподавателя гимназии Пирожкова не знала за хозяином такой расточительности (К. Федин, Конец мира); Не ведает горный источник, когда / Потоком он в степи стремится — / Придут ли к нему пастухи и стада / Струями его освежиться (А. К. Толстой, Слепой).

动词 знать 具有与所研究意义相似的意思: "与某人—某事相识"、"了解关于某人—某事的信息": знать Москву 〈каждый уголок парка〉; знать всех собравшихся. 对动词 ведать 而言,这类用法是可能的,但在语言惯常用法中并没有固定下来,因此,具有明显表现出来的作者个人的特点: И ведали мы все тропинки дорогие / и всем березанькам давали имена (В. Набоков, "Я думаю о ней").

这两个动词都有与 знать 1 和 ведать 3 意义相近的意思: "感受": не знать 〈не ведать〉 колебаний 〈сомнений〉; не знать 〈не ведать〉 покоя, не знать усталости; Крепостного права я не знал и не видел, но, помню, у тетки Анны Герасимовны чувствовал его (И. Бунин, Антоновские яблоки); И ты ушел. / Не за победой, / За смертью. Ночи глубоки! / О, ангел мой, не знай, не ведай / Моей теперешней тоски (А. Ахматова, "О нет, я не тебя любила..."); Ныне начинают узнавать вас — все эти просветители, прогрессисты и гуманисты, остававшиеся на поверхности жизни, не ведавшие зла, прекраснодушные, невинно мечтавшие о благе народа и счастье на земле (Н. Бердяев, Философия неравенства).

Знать 和 ведать 在这个意义上与词汇 испытывать, видеть 和 изведать 是同义词: Кто испытал наслаждение творчества, для того уже все остальные наслаждения не существуют (А. П. Чехов, Чайка). Кто видел столько зла, становится подозрителен к добру; Я сам не люблю старичков-ворчунов, / И все-таки — истово рад, / Что я не изведал бесчестья чинов / И низости барских наград (А. Галич, "Я в путь собирался всегда налегке...").

与 ведать 不同,动词 знать 有一个与上述的 знать 1 和 ведать 3 相近的意思: "拥有某一领域的知识或技能": знать музыку 〈математику〉; знать французский 〈польский〉; знать автомобиль 〈компьютеры〉; знать жизнь 〈людей〉；знать много〈мало〉~"在某一领域或某些领域拥有较多或不太多知识"。词组 знать много〈мало〉还能实现上述词列的一个意义,但是通常用于类似 что о чем 这样的双重结构,详见下面 2.5 节。

2.4 语法形式

因为这两个词都是推断性动词,所以它们都没有自己的完成体和被动态形式,然而,动词 знать 有非自己特有的和非纯体学意义的完成体形式 узнать。

由于相同的原因,在由非代词性名词作直接补语的上下文中,这两个动词不能有标准的命令式,譬如不能说 * Знай〈ведай〉мой адрес〈телефон, дорогу на Рим〉。

动词 знать 在与判断代词 это, что-从句或无连词的同等成分搭配时,形式上可以有命令式。但是,和其他表示事实的情形一样,它所表示的不是命令式标准的祈使意义,而是更复杂的交流信息意义:根据"知晓"真实性的预设,通报给受话人的信息应该是主体事先知道的。Знай, что P = "我知道有 P;我认为,你不知道 P;我认为,知道 P 对你很重要;我想让你也知道 P,所以我说出了 P"①。譬如:Ею (жизнью) клясться самое время, так как она висит на волоске, знай это! (М. Булгаков, Мастер и Маргарита). — знайте, что это — не любовное свидание, а тоже арест: они завернут сейчас на Лубянку и въедут в черную пасть ворот (А. Солженицын, Архипелаг ГУЛАГ). "Давай-ка, Горчаков, без лицемерья; / и знай — реальность высказанных слов / огромней, чем реальность недоверья" (И. Бродский, Горбунов и Горчаков). Помни это каждый сын, / знай любой ребенок: / вырастет из сына свин, / если сын — свиненок (В. Маяковский, Что такое хорошо и что такое плохо). "交流知道的信息"意义与在疑问句和某些词汇-语义类型词组中实现的相近意义的比较见 2.5 和 2.6 节。

命令式形式的祈使意义在某些疑问句中得以实现,但这类句子位于规范的边界上,主要出现在诗句中,譬如:Но ты, художник, твердо веруй, / В начала и концы. Ты знай, / Где стерегут нас ад и рай (А. Блок, Возмездие)②。

---

① 这一点可以解释类似 * Не знай, что P 的语法不正确性:这些信息"本身是自证伪"(Шмелев 1993:168)。

② 关于各种类型的状态动词的命令式形式的特点详见 Апресян 1988:30-32。

由于同样的原因，знать 和 ведать 在规范中没有未完成体形式固有的经常性的体意义，譬如，现实—时间长度、将来现在时和历史现在时意义。试比较：不能说 * Когда я вошел, он знал〈ведал〉, что дома его никто не ждет. * Завтра он знает〈ведает〉, что дома его никто не ждет. * Он сидит и знает, что дома его никто не ждет. 诸如 В этот момент он уже знал, что примирение невозможно. 这样的句子实际上具有的不是现实—时间长度意义，而是完成意义；而类似 Идет он и знает, / Что снег уже смят, / Что там догорает / Последний закат (А. Блок, "Старинные розы...") 这样的句子偏离了标准规范。

2.5 句法结构

两个同义词都具有多达四个的配价：知晓的主体、知晓的内容、内容的主题、内容的来源。其中第二个配价的表达形式最多样。

"知晓的内容"这一配价在这两个同义词中都首先用受述体支配的名词第四格形式表示（在否定语境中用二格）：знать намерения противника〈чье-л. мнение〉; знать дорогу〈адрес, телефон〉; Никто толком не знал причины проволочки (Б. Патернак, Доктор Живаго); Судил он и правил / С дубового трона, / Не ведая правил, / Не зная закона (С. Маршак, Король и пастух). 连接在动词 знать 和 ведать 后面的这些名词性补语实质上是带疑问词或偶尔带 что 和带存在动词的句子的紧缩形式：Он знал мой адрес ～ Он знал, где я живу. Он знал дорогу к лесному озеру ～ Он знал, как пройти к лесному озеру. Он не знал〈не ведал〉причин отказа ～ Он не знал〈не ведал〉, почему ему отказали. Он знал за собой эту черту〈такую привычку〉～ Он знал, что у него есть эта черта〈такая привычка〉.

使用这两个同义词时，"知晓的内容"还可以用类似 что, что-то, нечто, ничего, это, одно, все 等判断性代词的第四格形式来表示，如：Под какими же буграми кости бабушки, дедушки? А Бог ведает! Знаешь только одно: вот где-то здесь, близко (И. Бунин, Суходол). Ничего-то вы не знаете, ничего не ведаете! Что на свете делается! Какие вещи творятся! (Б. Пастернак, Доктор Живаго).

Знать 可以支配数量副词 много, немало, мало, немного 等作为上述成分，但通常与 о чем-л. 这类主题性补语搭配（见下文）。试比较：Я совсем немного 〈чересчур мало, ничего не〉 знаю о его планах〈намерениях〉. Я кое-что об этом знаю. Я знаю об этом совсем немного. О языке уолпири я знаю только то, что это - один из австралийских языков и что в нем очень мало глаголов. 这种结构对动词 ведать 不典型。

由连接词 что 引导的从句或无连接词从句也可以充当这两个同义词的上述角色：Ах, как пела девчонка богу, / Ах, как пела девчонка Блоку! / И не знала она, не знала, / Что бессмертной в то утро стала (А. Галич, Цыганский романс). — голова сидящей с опущенными во сне ресницами, не ведающая, что на нее так бессонно смотрят часами без отрыва (Б. Пастернак, Доктор Живаго). Пусть другие кричат от отчаяния, / От обиды, от боли, от голода! / Мы-то знаем — доходней молчание, / Потому что молчание — золото! (А. Галич, Старательский вальсок). Я знаю: ты все умеешь, / Я верую в мудрость твою, / Как верит солдат убитый, / Что он проживает в раю (Б. Окуджава, Молитва). Кузьма уже знал: если войдешь в ее темные полураскрытые сени, почувствуешь себя на пороге почти звериного жилья (И. Бунин, Деревня).

这两个同义词都可以支配疑问句作为"知晓的内容"：Расти большой, мой Телемак, расти. / Лишь боги знают, свидимся ли снова (Н. Бродский, Одиссей Телемаку). Не знали бы мы, может статься, / В почете ли Пушкин иль нет, / Без докторских их диссертаций, / На все проливающих свет (Б. Пастернак, Ветер). Я знал, куда 〈когда, почему, от кого, с кем, за чем〉 он уехал; Не знаю, кто подвесил твой язык, но подвешен он хорошо (М. Булгаков, Мастер и Маргарита). Прежние эпохи жили и верили, нынешняя обречена только знать, как жили и во что верили прежние (С. Франк, Духовные основы общества). — Изложу тебе, кто я такой, чтоб ты знал — с кем связываешься (И. Бунин, Деревня). И он [паук-крестовик] бежит от гнева твоего, / Стыдясь себя, не ведая того, / Что значит знак его спины лохматой (В. Ходасевич, Про себя). "Я двигаюсь!" "Не ведаю, где старт, / но финиш - ленинградские сугробы" (И. Бродский, Горбунов и Горчаков).

动词 знать 第二人称的典型功能是在表示知晓内容的句子中做插入语：Я, знаешь 〈знаете〉, решил заняться модальной логикой; Знаешь 〈знаете〉, со мной сейчас чуть обморок не случился; А он, знаешь 〈знаете〉, раскаялся; Да, знаешь, ты действительно готов. / Ты метишь, как я чувствую, в Ньютоны (И. Бродский, Горбунов и Горчаков). Знать 的大多数这种用法都具有一个比较弱的"信任"的意思——"想告诉你（您）"。这种结构以及这种结构特有的比较弱的意思对动词 ведать 都不典型。

这两个同义词都可以支配前置词—名词词组 о чем-л., про что-л. 表示知道的内容主题：Все на дороге знали о забастовке, и требовался только внешний повод, чтобы она началась самочинно (Б. Пастернак, Доктор Живаго). Я не знал о ней почти ничего. Не знал даже, где она живет (В. Гаршин, МАС). Вот он какой — как на ладони. И про ночь он знает только, что ночью темно (А. и Б. Стругацкие, Далекая Радуга). К сожалению, однако, вы не только по моему выражению, но и на самом деле дети, ни о чем не ведающие, ни о чем не задумывающиеся (Б. Пастернак, Доктор Живаго).

与 ведать 不同，动词 знать 还可以支配前置词—名词词组 за кем-л. 表示内容主题，譬如：Он [Юра] знал за собой эту унаследованную черту и с мнительной настороженностью ловил в себе ее признаки (Б. Патернак, Доктор Живаго). Мы за ним и не такое знаем. 在这种情况下，必须有表示知晓的内容的第四格名词的上下文（见上文），而前置词—名词补语的角色应该由具体的人名来充当。试比较下列句子的正确性：?? Мы знаем за профессорами склонность к рассеянности. (И. Б. Левонтина 曾注意到了前置词—名词补语的具体所指功能)。

与 ведать 不同，动词 знать 还可以支配类似 откуда, от кого-л., из чего-л., по чему-л. 等其他具有信息来源意义的前置词-名词词组。譬如：Откуда вы это знаете?; Я знаю это от отца; Из опыта мы знаем, что всякое такое постановление есть импульс к новому всеместному потоку арестантов (А. Солженицын, Архипелаг ГУЛАГ). Мы некоторые события знаем по одному названию, например, Колпинский расстрел в июне 1918 г. — что это? (А. Солженицын, Архипелаг ГУЛАГ). Я видел себя в зеркале отроком, но теперь не помню и его. Видел юношей - и только по портретам знаю, кого отражало когда-то зеркало (И. Бунин, У истока дней). — Да известно, дело молодое, по себе, небось, сударыня, знаете, — как свою гордость не выказать? (И. Бунин, Суходол).

如果指出了"知晓"的信息来源,就不能用于否定句,不能有其他混合性用法。

两个同义词在用于否定句时要遵守下列规则:如果它们支配 что-从句,就不能使用第一人称现在时形式。句子 * Я не знаю, что ты читаешь〈что он работает〉, * Я не знаю, что ты〈он〉работал, * Я не ведаю, что участь моя уже решена 等之所以不正确是因为句子的内部逻辑是矛盾的①。根据对所知晓的真实性的预设,"你在读书","他在工作"等信息在句子中是被作为完全可信的事实提供的。但在说话时刻,讲话人不可能不知道,他自己作为事实提供的东西。

如果不知晓的主体是不同于讲话人的某人,或者如果不知晓对应的是与讲话时刻不同步的观察时刻,或者如果动词 знать 支配的是疑问从句,则这类句子就获得了正确性,譬如:Он не знает, что ты читаешь〈что ты работал〉; Я не знал, что ты читаешь〈что он работал〉; Я не знаю, куда он уехал②.

与 ведать 不同,同义词 знать 可以自由使用于第二人称形式的疑问句,这种形式的出现会改变问题的常规功能。

通常,当有人询问某事时,说明他对这件事是不知情的,并指望谈话人能提供他所需要的信息。与此不同,动词 знать 的问题并不一定强调主体缺少他所需要的信息。这种问题的意义取决于使用 знать 的句法结构。

如果 знать 支配 что-从句,则问题整体上总是意味着问话人掌握一定的信息,他感兴趣的只是受话人是否知晓。这种问题是另外一种形式的交流:实质上主体是与受话人交流自己知道的信息。譬如:Вы знаете, что Оля развелась〈что первый отдел расформировали, что в институте будет реорганизация〉?

如果 знать 支配疑问从句,则问题整体上可以用于两种不同的情景。第一,它可以拥有疑问的标准功能:Вы(кажется〈может быть〉) знаете, кто этот человек? 第二,它更适用于支配 что-从句的情景:问话人掌握一定的信息,他感

---

① 类似 Я не знаю, что ты дома 这样的句子(А. Д. 什梅廖夫曾使我关注此类句子)在下列情景中可能是正确的:当讲话人和受话人协商好要欺骗第三方,如果他们认为这样作对一方或两方的利益是必须的时候。但在这样的句子中表现出的命题主旨与纯 знать 不同。

② 对最后一个性能 Н. Д. 阿鲁玖诺娃是这样解释的:"主观情态上不知晓……隐含着在相对应的命题上发生断裂,即使命题不是直接表现出来的"(Арутюнова 1988:125),而疑问句要表现的就是这种断裂,由此创造出一种理想的语义匹配情景:Люблю ли тебя, я не знаю, но кажется мне, что люблю.

兴趣的只是受话人是否知晓，同时表示必要时他准备与受话人分享这一信息："Вы знаете, что ждет вас?" / "На беду, / подозреваю: справка об опеке?" / "Со всем, что вы имеете в виду, / вы, в общем, здесь останетесь навеки" (И. Бродский, Горбунов и Горчаков). 这种情景对于不带主语的问题特别典型：Знаешь, зачем следователь приехал 〈кто на тебя донес?〉，这时讲话人更倾向的不仅是准备，而是与受话人交流这一信息的愿望。这种意义与分享"知晓"的信息意义(见 2.4 节)和问答式问题意义相近。

　　主体的不知情主要表现在带疑问从句的否定句中，此时的主要句子重音位于否定述体上。在这类句子中自然排除了分享信息的意思。试比较：Вы не ↓ знаете, кто этот человек?, Вы не ↓ знаете, что тут происходит? (讲话人不知道此事)。

　　在带 что-从句的否定疑问句中，动词 знать 的意义向"讲话人认为有人知道"的意义偏移，有时给整个表述添加了稍许粗俗、而有时是激愤的色彩。譬如：Он что, не знает, что мы его ждем?; Или он не знает, что мы его ждем?; — Ты, дурак седой! Ай я сам не знаю, сколько земли-то у тебя? Сколько, кошкодер? Двести? А у меня — ее и всей-то с твое крыльцо! (И. Бунин, Деревня).

　　这两个同义词都允许主语与带重音的谓语倒置，这时，动词获得强调性意义"很好地知晓"。譬如：↓ Знает кошка, чье мясо съела. ↓ Знает народ иудейский, что ты ненавидишь его лютою ненавистью и много мучений ты ему причинишь, но вовсе ты его не погубишь! (М. Булгаков, Мастер и Маргарита). ↓ Ведает царь, что против него замышляют недоброе. 实质上，句法位置的变换在这里起到的强化功能，与某些表示知晓的性质和完整性意义的副词是一样的(见 2.6)。

　　在口语中，带有这种倒置结构的句子对于动词 знать 来说，最典型的用途是恳请受话人不再继续自己的话语，因为他讲的都是讲话人早已知道的内容：Да ↓ знаю я ～ "可以不用讲了"。在 Знаю, знаю, что ты ни в чем не виноват (но зачем тебя туда понесло?) 这样的反复结构中也能体现出具有相同意义的类似强调功能。顺便说一下，这样的反复结构对于判断性动词是不可能或不自然的。试比较下列句子的不正确或可疑性：⁇Считаю, считаю, что он ни в чем не виноват (но зачем он туда поехал?).

2.6 词汇—语义搭配

这两个同义词的主体都可以由表示人的名词充当。这类例子很多。在使用动词 знать 时，"知晓"的主体除上述名词外，还可以由集合性称名和动物的总称表示：Деревня хорошо знала, что пережила молодая за осень（И. Бунин, Деревня）；Собака знала, что мясо трогать нельзя. 动词 ведать 由于其书面体和崇高语体特性，它更人文中心化和在更大程度上描述的是个体的心智状态，因此对该动词而言，上述搭配是不可能的。

在表示机械完成某些程序动作的语境中，可以转义使用人体某些部位的名称，特别是末端肢体的名称来充当"知晓"的主体。譬如：Мысли ее были далеко, но руки сами знали, что делать, и ни на секунду не останавливались; Он плохо соображал, куда шагает, широко раскидывая ноги, но ноги прекрасно знали, куда несли его（Б. Пастернак, Доктор Живаго）。由于上述原因，这样的搭配对动词 ведать 不典型。

与动词 ведать 不同，动词 знать 可以与某些能够对"知晓"的质量或完整性划分出等级的副词和副词短语搭配。这类肯定性评价副词有 твердо, достоверно, точно, хорошо, отлично, прекрасно, великолепно（但不能与 замечательно, удивительно, потрясающе, вдоль и поперек, как свои пять пальцев, назубок, наперечет, насквозь 等搭配，它们是动词 знать 变化成另一个意义——"拥有知识"），否定性评价副词有 нетвердо, неточно, приблизительно, толком не（знать）, плохо 等。譬如：Я точно не знаю, — живо ответил арестованный, — я не помню моих родителей（М. Булгаков, Мастер и Маргарита）. Знаю с ясностью откровения, / что мне выбрать и предпочесть. / Хлеб изгнания. Сок забвения. / Одиночество, осень, честь（И. Губерман, Иерусалимские гарики）.

能否与肯定性副词或否定性副词搭配，与其意义本身一样，取决于使用动词 знать 的句法结构。

在带有 что-从句的结构中，знать 标准的用法只能与表示肯定性评价的副词（хорошо, отлично, прекрасно, точно, твердо, достоверно 等）搭配。譬如：Тихон Ильич хорошо знал, что уж слишком много афонских хижин пришли в ветхость（И. Бунин, Деревня）；Базаров очень хорошо знает, что в некоторых случаях всякая попытка договориться — совершенно бесплодна（Д. И.

Писарев, Реалисты). Они прекрасно знали, что я должен был бежать, чтобы предотвратить утечку (А. и Б. Стругацкие, Далекая Радуга). 但不能说 * Они приблизительно ⟨плохо⟩ знали, что я должен был бежать. 因为真实的知晓不可能是"不准确的"或者是"不好的",甚至类似 Разве ты — знаешь недостаточно хорошо, что ты, мысль о тебе и верность тебе и дому спасали меня от смерти и всех видов гибели в течение этих двух лет войны? (Б. Пастернак, Доктор Живаго)都是偏离规范的。在这种情况下,副词实际上具有纯粹的加强语气意义:讲话人高调确定的仅是"知晓"这一事实,而没有任何补充说明"知晓"的质量和程度的意义。在这个意义上 хорошо знать 与 отлично ⟨прекрасно⟩ знать 的差别要比 хорошо справиться (с работой) 与 отлично ⟨прекрасно⟩ справиться (с работой) 之间的差别要小,在后一种情况下确实有等级差别。

在带有疑问从句的结构中,以及在有 адрес, телефон, дорога 等名词作直接补语的等同结构中, знать 可以与肯定性副词搭配,也可以与否定性副词搭配。两者都切实可行地划分出"知晓"的等级。譬如: Проводник хорошо ⟨прекрасно, отлично⟩ знает, как идти на перевал ⟨дорогу на перевал⟩. Она [Наташка] уже твердо знала, что будет. Она спала одна, в коридоре, возле двери в спальню барышни, а Юшка уже отрубил ей: "Приду. Хоть зарежь, приду" (И. Бунин, Суходол). Никто толком не знал, что там произошло. Пилот вертолета плохо ⟨лишь приблизительно⟩ знал, где ⟨в каких условиях⟩ ему предстоит сажать машину.

动词 знать 可以自由地与三种时间指示词搭配,这对 ведать 是不典型的:(1) 类似 давно, с детства, с воскресенья 等副词和副词短语: Он с детства ⟨с институтских лет⟩ знал, что в жизни может рассчитывать только на себя. - Наука. Как это безнадежно, Роби! - Я это давно знаю, — проворчал Роберт (А. и Б. Стругацкие, Далекая Радуга); (2) 用于关于将来的句子中的副词,如 заранее, наперед, загодя 等: Она заранее ⟨наперед⟩ знала, что он сейчас скажет; Знать бы загодя, кого сторониться, / А кому была улыбка - причастьем! (А. Галич, Уходят — друзья); (3) 表示长时间的,特别是很长时间意义的副词,只能用于否定语境: Родные годами не знают ⟨не знали⟩, что стало с арестованным.

Знать 和 ведать 作为判断性动词不能与类似 за пять минут, за три недели 这类时限性时间状语搭配,不能与目的状语和大多数行为方式状语搭配。譬如不正确的说法: *За три минуты он знал 〈ведал〉, что сопротивление бессмысленно. *С целью поступить в университет он знал 〈ведал〉, что ему надо много работать. *Он уверенно знал 〈ведал〉, зачем приезжал следователь. 试比较,在诗歌语言中,为营造出特定的修辞效果而违反这一禁忌的例子: О, я знаю: его отрада / Напряженно и страстно знать, / Что ему ничего не надо, / Что мне не в чем ему отказать (А. Ахматова, Гость). Но, прекрасному прошлому радо, — / Пусть о будущем сердце не плачет. / Тихо ведаю: будет награда: / Ослепительный всадник прискачет (А. Блок, Моей матери).

此外,这两个同义词都不能与阶段性动词和表示"可能"、"不可能"的情态词搭配。试比较不正确的说法: *Он начал 〈перестал〉 знать 〈ведать〉, кто ему об этом сказал. *Он способен 〈неспособен〉 это знать 〈ведать〉. *Я не могу знать, зачем он это сделал. 类似 Он может это знать 这样的句子只有在认识论(概律性)意义或道义论(许可)意义上是正确的,但不是在真实的可能性的意义上。词组 Не могу знать ~ "我不知道,因为无从知道"是一个熟语。

有许多固定短语和熟语对这两个同义词都是很典型的,譬如: знать цену чему-л.; дать знать кому-л. о чем-л.; только и знать; А он знай свое; Насколько я знаю (он еще не приехал т. п.); Знаем мы вас 〈знаю я вас〉; Бог 〈Аллах, черт, шут, кто, 陈旧语. чума〉 его знает 〈ведает〉; Не знать, куда глаза девать (от стыда, от смущения и т. п.); Знать (ничего) не знаю, ведать (ничего) не ведаю; Не ведаем, что творим 〈не ведаете, что творите, не ведают, что творят и т. п.〉. 例句: Брат и сестра знали цену всему и дорожили достигнутым (Б. Пастернак, Доктор Живаго). Дайте мне знать, когда вы приезжаете. Он только и знает, что жаловаться. Я ему десять раз говорил, что рано об этом спрашивать, а он знай свое. — Будет толковать-то! Знаем мы вас, казанских сирот! Девку отдал, малого женил, деньги есть (И. Бунин, Деревня). Буфетчик не знал, куда девать глаза, переминался с ноги на ногу и думал: "ай да горничная у иностранца! Тьфу ты, пакость какая!" (М. Булгаков, Мастер и Маргарита). Под какими же буграми кости бабушки, дедушки? А Бог ведает! Знаешь только одно: вот где-то здесь, близко (И. Бунин, Суходол). Есть польская, есть, может быть, ваша украинская, — слышал от деда будто есть и турецкая, но правда ли, один Аллах ведает (И. Бунин, Зойка и Валерия). — Кто знает, о. Кир, — ответил ему Селихов с усмешкой. — Кто знает, не придется ли мне стоять у возглавия вашего? (И. Бунин, Чаша жизни). Сходка-то? А чума их знает! Погалдели, к примеру... (И. Бунин, Деревня). Глаза эти [Аннушки] горели совершенно волчьим огнем. В голове у Аннушки образовалась вьюга: "знать ничего не знаю! Ведать ничего не ведаю!" (М. Булгаков, Мастер и Маргарита). Тетя Марфуша сначала ему в ноги. Помилуй, говорит, не губи, знать не знаю, ведать не ведаю я про твои деньги (Б. Пастернак, Доктор Живаго). "Стисни зубы и помни, что — они не ведают, что творят, и почти никто из них не виноват, и потому ты должен быть терпеливым и терпимым..." (А. и Б. Стругацкие, Трудно быть богом).

2.7 聚合性语义联系

到现在为止一直在讲同义词 знать 和 ведать 本身的性能,更确切地说,是在讲它们在语义、语用、指称、交际、音律、词法、句法、搭配上的相似性和差异,以及中和这些差异的条件。按照构想,《新编俄语同义词解释词典》除了应该包含这些内容外,还应包含有关它们在整个词典范围内的聚合性语义联系。词典词条中有几个区域是描写这些联系的。在这些区域中通常以带有简单注释的清单形式依次记载了成语性同义词、近似词(主题相近的词位,包括上义词和下义词,以及该词的相近意义)、精确和非精确互换词、相似的互换词、精确的和非精确的反义词、语义派生词(最广义的理解)。这一信息的用途除了实用性之外,还在于展示语用语义空间的连续性。

下面仅限于说明目的,而且只用 знать 的词典词条中实际列出的注释,举几个这类信息的例子。

近似词:считать, думать; верить; понимать; представлять; догадываться; подозревать.

互换词:известно [Я знаю, что P ~ Мне известно что P; известно 的使用范围主要限于"真实知晓"这一意义(也就是说该词没有"理解"、"相信"、"确信"、"信任"、"见解"等意义);另一方面,известно 比 знать 对"知晓"外部来源的依赖程度更大]；陈旧或崇高语体的 ведомо.

反义词：быть в неведении, не иметь понятия, не иметь представления (о чем-л.); ~ ума не приложу (где он может скрываться ⟨куда делись деньги, кто к нему приходил 等⟩).

派生词：знание; сведения; истина; провидение, прозрение, озарение, наитие, интуиция; незнание, неведение; известный, общеизвестный, неизвестный; неведомо, невдомек [А дома-то никому невдомек, — где я сейчас нахожусь (Э. Казакевич, МАС)]; вызнать, выведать, дознаться, прознать, проведать, разузнать, узнать.

参 考 文 献

Апресян 1986: Апресян Ю. Д. Интегральное описание языка и толковый словарь // Вопр. языкознания. 1986. N 2.

Апресян 1988: Апресян Ю. Д. Прагматическая информация для толкового словаря // Прагматика и проблемы интенсиональности. М., 1988.

Апресян 1990а: Апресян Ю. Д. Лексикографический портрет глагола *выйти* // Вопросы кибернетики. Язык логики и логика языка. М., 1990.

Апресян 1990б: Апресян Ю. Д. Типы лексикографической информации об означающем лексемы // Типология и грамматика. М., 1990.

Апресян 1992а: Апресян Ю. Д. О новом словаре синонимов русского языка // Изв. РАН. Сер. лит. и яз. 1992. N 1.

Апресян 1992б: Апресян Ю. Д. Лексикографические портреты (на примере глагола *быть*) // Научно-техническая информация. Сер. 2. 1992. N 3.

Апресян 1993: Апресян Ю. Д. Синонимия ментальных предикатов: группа *считать* // Логический анализ языка. Ментальные действия. М., 1993.

Апресян 1995: Апресян Ю. Д. Новый словарь синонимов: концепция и типы информации // Апресян Ю. Д., Богуславская О. Ю., Левонтина И. Б., Урысон Е. В. Новый объяснительный словарь синонимов русского языка. Проспект. М., 1995.

Апресян и др. 1992: Апресян Ю. Д., Богуславская О. Ю., Левонтина И. Б., Урысон Е. В. Образцы словарных статей нового словаря синонимов // Изв. РАН. Сер. лит. и яз. 1992. N 2.

Апресян и др. 1995: Апресян Ю. Д., Богуславская О. Ю., Левонтина И. Б., Урысон Е. В. Новый объяснительный словарь синонимов русского языка. Проспект. М., 1995.

Арутюнова 1988: Арутюнова Н. Д. Типы языковых значений. Оценка, событие, факт. М., 1988.

Богуславский 1984: Богуславский И. М. Словарная статья *понимать* // И. А. Мельчук, А. К. Жолковский. Толково-комбинаторный словарь современного русского языка. Опыты семантико-синтаксического описания русской лексики. Вена, 1984.

Булыгина, Шмелев 1988: Булыгина Т. В., Шмелев А. Д. Вопрос о косвенных вопросах: является ли установленным фактом их связь с фактивностью? // Логический анализ языка. Знание и мнение. М., 1988.

Булыгина, Шмелев 1989: Булыгина Т. В., Шмелев А. Д. Ментальные предикаты в аспекте аспектологии // Логический анализ языка. Проблемы интенсиональных и прагматических контекстов. М., 1989.

Дмитровская 1985: Дмитровская М. А. Глаголы знания и мнения (значение и употребление). Автореф. дис., М., 1985.

Дмитровская 1988а: Дмитровская М. А. Знание и достоверность // Прагматика и проблемы интенсиональности. М., 1988.

Дмитровская 1988б: Дмитровская М. А. Знание и мнение: образ мира, образ человека // Логический анализ языка. Знание и мнение. М., 1988.

Зализняк 1992: Зализняк Анна А. Исследования по семантике предикатов внутреннего состояния // München, 1992.

Иоанесян 1988а: Иоанесян Е. Р. Знание и восприятие // Прагматика и проблемы интенсиональности. М., 1988.

Иоанесян 1988б: Иоанесян Е. Р. Некоторые особенности функционирования предиката *не знать* // Логический анализ языка. Знание и мнение. М., 1988.

Логический анализ ... 1995: Логический анализ языка. Истина и истинность в культуре и языке. М., 1995.

Мартемьянов 1964: Мартемьянов Ю. С. Заметки о строении ситуации и форме ее описания // Машинный перевод и прикладная лингвистика. 1964. Вып. 8.

Мелиг 1985: Мелиг Х. Р. Семантика предложения и семантика вида в русском языке // Новое в зарубежной лингвистике. М., 1985.

Падучева 1988: Падучева Е. В. Выводима ли способность подчинять косвенный вопрос из семантики слова? // Логический анализ языка. Знание и мнение. М., 1988.

Селезнев 1988: Селезнев М. Г. Вера сквозь призму языка // Прагматика и проблемы интенсиональности. М., 1988.

Шатуновский 1988а: Шатуновский И. Б. Эпистемические предикаты в русском языке (семантика, коммуникативная перспектива, прагматика) // Прагматика и проблемы интенсиональности. М., 1988.

Шатуновский 1988б: *Шатуновский И. Б*. Эпистемические глаголы: коммуникативная перспектива, презумпции, прагматика // Логический анализ языка. Знание и мнение. М., 1988.

Шмелев 1993: *Шмелев А. Д*. "Хоть знаю, да не верю" // Логический анализ языка. Ментальные действия. М., 1993.

Apresjan 1992: *Apresjan Ju. D*. Systemic Lexicography // Euralex '92. Proceedings I-II, Part 2. Tampere, 1992.

Apresjan 1995: *Apresjan Ju. D*. Theoretical Linguistics, Formal Models of Language and Systemic Lexicography // Linguistics in the Morning Calm. Seoul, 1995.

Boguslawski 1981: *Boguslawski A*. Wissen, Wahrheit, Glauben: Zur semantischen Beschaffenheit des kognitiven Vokabulars // Th. Bungarten (ed.). Wissenschaftssprache. Beiträge zur Methodologie, theoretischen Fundierung und Deskription. Munchen, 1981.

Boguslawski 1986: *Boguslawski A*. You can never know that you know // Semantikos. 1986. 10, 1-2.

Boguslawski 1994а: *Boguslawski A*. Об иерархии эпистемических понятий и о природе т. наз. пропозициональных аргументов // Andrzej Boguslawski. Sprawy slowa. Warszawa, 1994.

Boguslawski 1994б: *Boguslawski A*. Savoir que p implique-t-il un autre etat mental? // Andrzej Boguslawski. Sprawy slowa. Warszawa, 1994.

Boguslawski 1994в: *Boguslawski A*. " * Dlaczego wiemy, za co powinnismy kochac Pana Professora? - dlaczego * ?"// Andrzej Boguslawski. Sprawy slowa. Warszawa, 1994.

Borillo 1987: *Borillo A*. Deux aspects de la modalisation assertive: croire et savoir // Languages. 1987. N. 67.

Chisholm 1966: *Chisholm R. Theory of Knowledge*. Prentice-Hall, 1966.

Chisholm 1982: *Chisholm R. The Foundations of Knowing*. Minneapolis, 1982.

Cohen 1986: *Cohen S. Knowledge and Context* // The Journal of Philosophy. 1986. N 10.

Hintikka 1962: *Hintikka K. J*. Knowledge and belief: an Introduction to the Logic of the two Notions. Ithaca, 1962.

Knowledge ... 1976: Knowledge and Belief. Ed. by A. Ph. Griffiths. Oxford, 1976.

Lehrer 1974: *Lehrer K*. Knowledge. Oxford, 1974.

Lyons 1979: *Lyons J*. Knowledge and Truth: a Localistic Approach // D. J. Allerton,

E. Carney and D. Holdcroft (eds.). *Function and Context in Linguistic Analysis*. London, N. Y., Melbourne. 1979.

Malcolm 1963: Malcolm N. Knowledge and Certainty. Prentice-Hall, 1963.

Moore 1959: Moore G. E. Philosophical Papers. N. Y., 1959.

Scheffler 1965: Scheffler H. Conditions of Knowledge. Chicago, 1965.

Stelzner 1984: Stelzner W. Epistemische Logik. Zur logischen Analyse von Akzeptationsformen. Berlin, 1984.

Vendler 1972: Vendler Z. Res Cogitans. Ithaca, N, Y., London, 1972.

Wierzbicka 1969: Wierzbicka Anna. Dociekania semantyczne. Wroclaw — Warszawa — Kraków, 1969.

Wierzbicka 1980: Wierzbicka Anna. Lingua Mentalis. *The Semantics of Natural Language*. Sydney, N. Y., London etc., 1980.

Wierzbicka 1992: Wierzbicka Anna. Semantics, *Culture and Cognition*. Universal Human Concepts in Culture-Specific Configurations. N. Y., Oxford, 1992.

Wittgenstein 1969: Wittgenstein L. *On Certainty*. Oxford, 1969.

Yokoyama 1986: Yokoyama O. T. Discourse and Word Order. Amsterdam; Philadelphia, 1986.

Ziff 1983: Ziff P. Epistemic Analysis. *A Coherence Theory of Knowledge*. Dordrecht, 1983.

动词 ХОТЕТЬ 及其同义词：有关词汇的评述^{*①}

1. 关于体系性词典学概念

不久前出版的 В.В.维诺格拉多夫院士的《词汇的历史》一书其值得称道之处在于，它实质上是对文集开篇中表述的两个纲领性要点的展开性说明：

1）语言的结构是由语言的语法与词汇的相互作用决定的^②。而且语言的语法常常被词汇化（譬如，关于将原来是一体的系动词 быть 解体为若干个独立的词 есть，быть，суть，сущий，буде 的想法），而词汇常常被语法化（例如，词的意义是由它在"句子中的各种功能"形成的）。

2）正如习惯的说语言的语法结构一样，也应该说语言的词汇结构（同上），即语言发展某一阶段特有的"词汇体系"。语言词汇体系整体上是由较小的词汇体系——封闭的语义词列构成的。这些词列的元素是由意义中共性的部分联合在一起的，因此，都受到相同的历史规律的作用。

下文中列举的关于词汇的评述，与我的《新编俄语同义词解释词典》^③的研究相关，可以看做是对上述两个要点的共时反映。这些评述是按照体系性词典学的精髓，以动词 хотеть^④ 的同义词列的材料为基础进行的，该词列包括

---

* 本文首次发表在《Филологический сборник（к 100-летию со дня рождения В. В. Виноградова）》，М.，1995.

① 本研究能够成为可能，是作者获得 А.洪堡特基金的奖金并受邀到海德堡大学讲学的结果，德国同行们，特别是 П. Хельвиг 教授为作者提供了理想的工作条件。在俄罗斯人文科学基金的资助下本研究得以完成。

② Виноградов В. В. Слово и значение как предмет историко-лексикологического исследования // Виноградов В. В. История слов. М.，1994. С. 5.

③ 有关该词典详见 Апресян Ю. Д. О новом словаре синонимов русского языка. // Изв. РАН Сер. лит. и яз.，1992. No1.

④ 该词列曾在俄罗斯科学院俄语所理论语义分部的工作会议上讨论过。参加讨论的有 В. Ю. 阿普列相、О. Ю. 博古斯拉夫斯卡娅、М. Я. 格洛温斯卡娅、И. Б. 列沃金娜、Е. В. 乌雷松。对他们的宝贵批评建议作者表示感谢。

желать，мечтать 2 和 жаждать 1 等动词。简要回顾一下体系性词典学的基本概念和原则①。

我们称之为体系性词典学的是指词典的编写理论和实践,这类词典能够把语言的词汇作为一个组织严密的体系来解释,即语言单位的诸多类别的总和,而每一个类别都有特定的运作规则。

体系性词典学的关键性概念是词典学类型的概念。词典学类型是指一组词位,这些词位具有构建或理解句子及句子片段的某些规则(广义的语法规则)必须照应的共同性能,因此这些词位要求在词典中做统一的描写。最简单的语义词典学类型就是同义词列。

词典学类型的概念在三个方面不同于较传统的语义场、语义类别、词汇—语义群等概念。

（1）词位的任何共同性能可以是划分词典学类型的基础,而不仅仅是语义特性才可以。这些性能包括词法、句法、搭配、韵律、交际、语义、语用等性能,可能还有其他一些性能。

（2）正如其定义所述,词典学类型的概念只有在语言整合性描写的框架下才有意义,即将语法学与词汇学配合起来描写。在"整合性"词典中,给词位列出广义语法规则(即词法、句法、搭配、音律、交际、语义、语用或句子及句子片段的构建或理解的其他规则)必须照应的那些性能。而在语义类别的概念中,无论如何也不能包括关于某些规则的概念。

（3）词典学类型不构成等级严格的类别,而是多次交叉的类别,因为同一个词位可以根据其自己的每一个性能,甚至是根据任何一个词典学感兴趣的性能组合,进入不同的类别。

同义词列的体系性表现在两个方面：

第一,区分该词列成员同异的语义特征中,有很大一部分是共性的：对其他许多词列、对词汇间语义关系的其他类型(反义、互换等),对多义词语义结构中的意义对立,而在词汇范围以外对词法、构词和句法对立,也就是对整个语言来

---

① 详见 Apresjan Ju. D. Systemic Lexicography. //Euralex '92. Proceedings 1-II. Tampere, 1992. Part 2; Апресян Ю. Д. Лексикографический портрет глагола *выйти* // Вопросы кибернетики. Язык логики и логика языка. М. , 1990; Апресян Ю. Д. Лексикографические портреты (на примере глагола *быть*) // Научнотехническая информация. Сер. 2. 1992. No 3.

说都是共性的；

第二，由于语义上极其相近，同义词列成员对广义的语法有相同或相近的反应（见上文）。

对于同义词解释词典来说，除了由同义词属于某同一词典学类型所决定的共性性能之外，头等重要的是它们的个性化性能，即能构成每一个词位不可重复的特殊性的所有性能。因此，重要的不仅是词典学类型，而且还有词典学肖像。

下面尝试展示在同义词词典中是如何体现这些思想的。不过，事先需要解释为什么选择了"愿望"（хотеть）词列来说明这些思想。

"愿望"一词对理论语义学和词典学都具有特殊的意义。众所周知，语言在很大程度上是人文中心论的。语言词汇的很大部分是关于人的——他的内心世界、对外部世界的感受、体力和心智活动、他的目标、与其他人的关系、与其他人的交往、对事件、状况和局势的评价。在很多情况下，与人的愿望有某种联系的原因和依据是人的状态、行为、情绪、表述的基础。在语言学的折射中，这意味着，хотеть 的意义（与"知晓"、"认为"、"做"等意义一起）构成了绝大多数人文中心类别词汇语义中的某一基础层级。对该词的系统描写何等重要是显而易见的。

表示愿望的词汇相当丰富和多样，已经不止一次地引起语言学家的注意①。在其他语言中，动词 хотеть 本身和它的相近词都是研究的对象②。然而，在俄语中尚未开始对表示愿望的主要动词进行完整而全面的描写。

除个别不重要的技术性细节和一些注释外，动词 хотеть 的同义词列基本上

---

① 例如，Kenny A. Action, Emotion and Will. London, 1963；Щеглов Ю. К. Две группы слов русского языка // Машинный перевод и прикладная лингвистика, 1964. Вып. 8；Апресян Ю. Д. и др. Англо-русский синонимический словарь. М., 1979（словарная статья want, wish, desire）；Robinson J.-P. Emotion, Judgement and Desire// The Journal of Philosophy, 1983. V. 80. 11；Semon J.-P. Le vouloir, la negation et l'aspect// La Licorne. Etude de linguistique. Poitier, 1989. N 15；Wierzbicka. Anna. Semantics, Culture, and Cognition. Universal Human Concepts in Culture-Specific Configurations. N. Y.；Oxford, 1992；Зализняк Анна А. Исследования по семантике предикатов внутреннего состояния. München, 1992；Кибрик А. Е. Семантика и синтаксис глаголов *хотеть* и *бояться*（типологические наблюдения）// Пропозициональные предикаты в логическом и лингвистическом аспектах：Тезисы рабочего совещания. М., 1987.

② 见 Wierzbicka Anna. Указ. соч. С. 428；Зализняк Анна А. Указ. соч. С. 60-62；Кибрик А. Е. Указ. соч.

是以在《新编俄语同义词解释词典》中描写的形式体现出来的。这部词典的典型词条包括下列各个区域：1）词目区：列举该词列的成员，标出它们的修辞及某些语法标注，并对其共同部分进行注释；2）词典词条的概述或指南——提供一份能区分同义词词列各成分之间同异的语义特征清单；3）同义词之间的语义相似与不同以及中和差异的条件；4）对语义区域的注解；5）语法形式及其语义特性；6）句法结构及其语义特性；7）词汇—语义搭配性；8）说明；9）语义上与该词列成员有某种联系的词汇清单。此外，完整的词典词条还包括引用文献的索引区，本文中该部分省略。

2. 动词 XOTETЬ 及其同义词的词典学描写

2.1 词典词条的词目

ХОТЕТЬ 1"想"[～完成体 захотеть]①,（非日常用语）ЖЕЛАТЬ 1"希望"[完成体 пожелать]②, МЕЧТАТЬ 2"梦想"[没有完成体],（非日常用语）ЖАЖДАТЬ 1"渴望"[～完成体 возжаждать 崇高或嘲讽]。该词列的主导词是语义原型。例如：

Ребенок хочет есть. Не желаю вас видеть. Студенты мечтали попасть в его семинар. Он жаждал мести.

一般来说，在这一区域是同义词列的注释，更准确地说，是该词列所有同义词都有的共同意义部分的注释。在这种情况下注释是不可能的，因为在俄语中没有语义上更简单的词汇能够体现出 хотеть 的意义。从这个意义上讲，хотеть 就是语义原型③。利用这一原型来注释该词列的所有同义词同样是不可能的。尽管 хотеть 是该词列的主导词，但它与其他同义词一样，也有自己的语义特色（见 2.2 和 2.3），不能把这种语义特色添加给该词列的所有成员。

---

① 在完成体前的近似符号"～"表示，把动词 захотеть 和 возжаждать 作为相应动词的非自己特有的、非纯体学意义的完成体形式。

② 标注"非日常用语"表示，词位的修辞地位虽然没有达到"书面语体"、"诗学体"、"崇高语体"的地位，但要高于一般的标准口语体。圆括号表示可选性——在当前的情况下表示，并非该词位在所有使用条件下都固有这一修辞地位。见下文中的意义区和形式区。

③ 关于动词 хотеть 作为语义原型的详细描述见：Апресян Ю. Д. О языке толкований и семантических примитивах // Изв. РАН. Сер. лит. и яз. 1994. No 4.

2.2 "愿望"(хотеть) 词列的语义特征

这组同义词在下列意义特征上相互区分[①]：

(1) 希求的客体的特点(хотеть 可以为自己和别人希求任何东西；мечтают 通常指为自己或自己个人圈子中某人希求好的东西；жаждут 通常是指重要的、硕大的、不寻常的东西)。

(2) 希求的强烈程度(мечтать 和 жаждать 表示的愿望要比 хотеть 和 желать 强烈得多)。

(3) 希望与意图的联系，为实现愿望而付出努力的准备(这种准备在 хотеть 和 желать 中有，而在 мечтать 和 жаждать 中没有)。

(4) 心智系统的工作，包括想象(这种活动应该表现在动词 мечтать 中)。

(5) 主体的情绪状态(与 хотеть 和 желать 不同，жаждать 具有更强的情态性)。

(6) 希求的现实性程度，可以实现愿望的可能性(хотеть 和 желать 表现出的现实性比 мечтать 的大)。

(7) 实现愿望的时间(мечтать 比其他同义词的时间长)。

(8) 主体感受到愿望的时间段与可以实现愿望时刻之间的间隔(与其他同义词相比，мечтать 可以把实现愿望的时刻推移到不确定的遥远未来的可能性更大，жаждать 则相反，要求立刻满足希求的愿望)。

(9) 感受愿望的主体的类型与地位(желать 的主体通常是单个的个体，他的地位通常比其周围的人的地位高)。

在概述之后，详细描写该词列内同义词和同义词组之间的相似与差异。

2.3 同义词之间的语义相似与差异

动词 хотеть 和 желать 是相同意义最多的同义词，表示"愿望"域中的某种标准。在这个意义上，它们不同于 мечтать 和 жаждать，这两个词分别表示强烈的愿望和非常强烈的愿望。

"愿望"域中的标准允许在其强烈程度上有所偏移，其中向比较强烈程度的方向偏移的可能性更大，譬如：Он, как всякий, испытавший качку, — очень

---

① 下述的所有特征都具有普遍性意义，也就是对俄语中许多其他词汇现象和语法现象的描写都是需要的。

хотел есть（И. Бунин, Братья）; Он страстно желал этого. 但标准愿望的强烈程度的下限不是很弱的希求, 而是中等强度的愿望。因此不能说: *Он немного〈слегка, чуть-чуть〉хотел〈желал〉этого①。

动词 хотеть 表示最典型的愿望——强度由中等到高, 是既无需通过情态, 也无须经由理智非间接表现的现实的（在可预见的时间内可实现的）或幻想的愿望。希求的对象可以是寻常的事物, 也可以是某种特殊的或重要的事物, 而希求的主体可以是单个的人, 也可以是一群人。譬如: Дети набегались и хотели пить; Дениска вернулся из Тулы и околачивался без дела, болтая по деревне, что хочет жениться —（И. Бунин, Деревня）; Все шахты Воркуты хотели объявить предупредительную забастовку; Плох тот солдат, который не хочет стать генералом（посл.）; Хочу быть владычицей морскою!; — Я хочу, чтобы мне сейчас же, сию секунду, вернули моего любовника, мастера, — сказала Маргарита, и лицо ее исказила судорога（М. Булгаков, Мастер и Маргарита）。

与 желать 相比, 同义词 хотеть 的特殊性在于它指出了主体意志的真实性。换句话说, 除了纯粹的愿望之外, 它还要求主体有为实现这一愿望而努力的准备。譬如: А он еще бился. Он настойчиво боролся со смертью, ни за что не хотел поддаться ей, так неожиданно и грубо навалившейся на него（И. Бунин, Господин из Сан-Франциско）; 再如: Им [Рудину, Караваеву и т. п. литературным героям] он противополагает людей, умеющих не только желать, но и хотеть（А. Кони, Воспоминания о писателях）; Отмечая в большинстве своих героев многие прекрасные свойства русского человека, он рисовал слабости и нередко полное отсутствие в нем воли и вялость характера, выражающиеся в наклонности желать и неспособности хотеть（А. Кони, Воспоминания о писателях）。

而准备付诸实施本身的依据在于, 主体感受到对希求对象的需要, 以保证自

---

① 这样的强烈程度的等级结构（"标准的 P" VS. "强烈的 P", 而没有较弱的 P）在表示人的其他内在状态时也很典型。其中, 表示情态性强度的等级也是这样构成的: 有清晰的标准或原型（удивляться, бояться, радоваться, надеяться）和强烈程度（изумляться, быть в ужасе, ликовать, уповать）, 但几乎没有较弱程度。

己生存的正常条件,包括像吃、睡这样最简单的愿望。因此,通常可以说 Я хочу есть〈пить, спать〉,而不能说 * Я желаю〈мечтаю〉есть〈пить, спать〉.

Хотеть 的这一性能还明显表现在另一方面:在该动词中纯"愿望"意思与"意图"意思紧密交织在一起(在 Д. Н. 乌沙科夫词典、МАС 和 БАС 中甚至还区分出来一个独立的意思——"有意图"),譬如:Юрий Андреевич наблюдал ее волнение и слезы, хотел спросить ее, что с ней, хотел рассказать ей, как дважды в жизни видел ее (Б. Пастернак, Доктор Живаго).句子中同时表现出这两种意义。但有些语境把其中这种或那种意义推到突显的位置。

有两个因素有利于纯愿望意义的表达。

第一,是 хотеть 的述位性。众所周知,述位性在两种条件下出现:(1) 当句子的主要重音或加强语气重音落在 хотеть 上,譬如:˙Хотите выпить чего-нибудь?; Я ˙˙ хочу поехать в Москву; (2) 当 хотеть 处于否定语境中时,譬如:Больше я не хочу лгать. — Я не хочу, чтобы у него навсегда осталось в памяти, что я убежала от него ночью (М. Булгаков, Мастер и Маргарита). Она [Лара] не могла справиться с нахлынувшими слезами и не хотела плакать при посторонних (Б. Пастернак, Доктор Живаго).

第二,如果愿望的主体与行为主体不相符时,хотеть 表示纯愿望:Хочешь, валенки сниму, / Как пушинку подниму (О. Мандельштам, "Жизнь упала, как зарница..."). 这一点很自然:意图总是要求状态主体与行为主体相一致。

原则上,相应述体的主位性、述体不承载句子重音、指明状态的时间范围都有利于"意图"意义的表达。这三个因素在使用 хотеть 时都起作用,而状态的时间范围通常在下列语境中显现:

(1) 体力行为动词用完成体形式的语境:Я хочу по дороге заехать в институт; Лара хотела убить человека, по Пашиным понятиям, безразличного ей (Б. Пастернак, Доктор Живаго).

(2) 由语气词 уже 和 было 表示拒绝几乎已经实施的行为的语境:Он хотел было〈уже хотел〉выключить рацию, но передумал.

(3) 有 теперь, как раз, только что, перед этим, после этого, потом 等时间词汇和表述,以及表示事件连贯性意义的句法结构的语境。这些语境对于计划某一行为的情景是很典型的,而有计划就不可避免地要有实现它的意向:Я только что хотел сообщить вам, что собрание отменяется; Я как раз хотела

попросить тебя объяснить мне квадратные уравнения (Б. Пастернак, Доктор Живаго). Кое-какие материалы я уже собрал и теперь хочу поехать в Москву. Я хочу поработать в архивах, побывать на местах событий и поговорить с их участниками. Хотели петь — и не смогли, / Хотели встать — дугой пошли / Через окно на двор горбатый (О. Мандельштам, "Сегодня ночью, не солгу...").

动词 желать 有两个主要的使用范围,每一个都有明显表示出来的修辞、语义和语用上的特色。

在对这个动词非常典型的否定句中,以及在形动词、副动词和动词不定式形式中,该动词在修辞、语义和语用上呈中性。

否定句: Санька ему эдак грубо: Не разденусь. Не желаю части тела всем показывать (Б. Пастернак, Доктор Живаго). Меня в сумасшедшие вырядили, никто не желает меня слушать (М. Булгаков, Мастер и Маргарита). За то, что не пожелал солдат умереть от немецкой пули, он должен после плена умереть от советской (А. И. Солженицын, Архипелаг ГУЛАГ). Вся беда в том, что они абсолютно не желают знать слова "нельзя" (А. и Б. Стругацкие, Далекая Радуга).

非人称形式: Сознательно желать уснуть — верная бессонница (Б. Пастернак, Доктор Живаго). Радек осенью звонил ему, желая встретиться. Бухарин отгородился: мы оба обвиняемые, зачем навлекать новую тень (А. И. Солженицын, Архипелаг ГУЛАГ). Посетителей, желающих осмотреть пещеры, просят собираться у касс.

因为 хотеть 的非人称形式(动词不定式除外)恰恰是不好表示或根本不可能的(见2.5);另一方面,它没有像状态名词(желание)和形容词(желательный)这样重要的派生词,желать 和 хотеть 都趋于融合成一个带有异形词干的语法和构词聚合体的动词,在这样的聚合体中所有成分在修辞上呈中性。

第二个使用范围是确定句和疑问句中的人称形式。在这样的条件下,желать 在大多数情况下在修辞和语用上是有标记的:或者用于叙事体裁: Петр Петрович желал показать себя перед товарищем радушным, щедрым, богатым — и делал это неумело, по-мальчишески (И. Бунин, Суходол);或者是正式

语体：Итак, прокуратор желает знать, кого из двух преступников намерен освободить синедрион: Вар-раввана или Га-Ноцри? (М. Булгаков, Мастер и Маргарита); 或者带有嘲讽语气：Тогда он написал в советское посольство, что желает вернуться в дорогое ему отечество (А. И. Солженицын, Архипелаг ГУЛАГ); 或者稍有装腔作势的语气：— Господа новобранцы! Я желаю поздравить вас еще во многих других моментах и отношениях (Б. Пастернак, Доктор Живаго)①.

另一方面,恰恰是在人称形式上 желать 与 хотеть 在语义上更加对立。

第一,与 хотеть 不同, желать 特别是在未完成体形式时表示纯愿望,对真实的意志不做任何暗示。譬如：У каждого, у каждого в душе было то, что заставляет человека жить и желать сладкого обмана жизни! (И. Бунин, Братья). Доктор тревожился за эту жизнь и желал ей целости и сохранности и, летя в ночном скором поезде, нетерпеливо рвался к этой жизни обратно (Б. Пастернак, Доктор Живаго). От всей души желаю, чтобы они [праздники] скорее кончились (М. Булгаков, Мастер и Маркарита). 见前文 А. Ф. Кони 的《Воспоминания》中的例子。

第二, желать 的第一和第二人称形式可以指出愿望主体与谈话对方社会地位的不平等。在这种使用中,动词 желать 获得了一种"商人的"、市侩的、半正式的、或其他某种修辞上有标记的习惯用法特点。试比较,中性的：Я хочу послушать пение цыган; Что ты хочешь надеть — халат или пижаму? Может быть, ты хочешь заказать обед в номер? 修辞上或语用上有标记的：Я желаю, чтобы цыгане пели всю ночь. (出现一个微醉稍显傲气的商人形象) — Что желаете надеть — халатик или пижаму? (М. Булгаков, Мастер и Маркарита); Не желаете ли заказать обед в номер? (显示出尊重,在为客户服务的人的口头语言中很合适)。

第三, желать 与 хотеть 的最后不同在于某些更个性化,更多定位于单独的个体。特别是当说到很大一群人的共同愿望时使用 хотеть 更合适：Все шахты Воркуты хотят объявить предупредительную забастовку. 不仅在修辞上,而且在

---

① 而且,从所述这点可以得出,在一般情况下,在词典中修辞描写的对象不是词位(某个意思的词),而是更小的单位——在特定语法形式、特定句法结构、特定词汇语境中的词位。

语义上也比 Все шахты Воркуты желают объявить предупредительную забастовку 更适用。

Желать 与 хотеть 之间的这些差异在下面两种条件下被部分地中和掉。

（1）如果愿望的潜在执行者不是主体，而是某一其他人时：— Итак, Марго, — продолжал Воланд, смягчая свой голос, — чего вы хотите за то, что сегодня были у меня хозяйкой? Чего желаете за то, что провели этот вечер нагой? (М. Булгаков, Мастер и Маркарита).

（2）在否定句中：Я не хочу ⟨не желаю⟩ никого проверять ⟨говорить на эту тему⟩. Он не захотел ⟨не пожелал⟩ расстаться с обстановкой, к которой он привык с детства. Коля прибегал [к особой манере речи], когда не желал кому-нибудь отвечать или не хотел вступать с кем-либо в разговоры (Б. Пастернак, Доктор Живаго).

在否定句中发生的中和是不完全的，因为 не желаю, не желает, не пожелал 等表示出的"不希望"比 не хочу, не хочет, не захотел 等更坚决。试比较：Я уйду, я не хочу его видеть ⟨не хочу вас слушать⟩ — Я уйду, я не желаю его видеть ⟨не желаю вас слушать⟩.

另外两个同义词 мечтать 和 жаждать 唯一的共同性能是指示出愿望的强烈程度：Несколько суток зажатые и скрюченные в купе столыпина — как мы мечтали о пересылке! (А. Солженицын, Архипелаг ГУЛАГ). К тому времени я была в театре уже полгода, ходила на все спектакли Мелик-Пашаева, обожала его как музыканта, мечтала работать с ним и знала, как туго он пускает певцов в свои спектакли (Г. Вишневская, Галина). Но из всех оконец, в него-то мои герои-изгнанники мучительно жаждали посмотреть (В. Набоков, Другие берега).

在其他特征上，这两个词彼此有本质的不同，而且其中每一个在语义特色上都能反映出基本意义的特点。

在"想"这一意义上，мечтать 与自己的基本意义"思考不能实现的事情，梦想"联系紧密，因此要求人的想象力和其他心智系统的工作。这就决定了该词的下列特性。

第一，мечтать 通常能指示出一种将所希求的事态看做是对主体或他亲近的人们有利的某种事态的评价：мечтать о кружечке пива в жаркий день ⟨о членском билете Союза композиторов); мечтать учиться в университете 〈увидеть могилу Канта, работать под руководством Капицы); Ну вот, а мы-то мечтали отдохнуть и размяться в порту! (А. Солженицын, Архипелаг ГУЛАГ).

与其他同义词不同,在使用 мечтать 的情况下,更常见的愿望客体是能给主体带来满足的唯一物体:— Ты мечтаешь только о том, чтобы пришла твоя собака, единственное, по-видимому, существо, к которому ты привязан (М. Булгаков, Мастер и Маргарита). Бедная жертва своего легкомыслия и страсти к нарядам мечтала только об одном — провалиться сквозь землю (М. Булгаков, Мастер и Маргарита). Надо ж и о тех сказать, кто еще до 41-го ни о чем другом не мечтал, как только взять оружие и бить этим красных комиссаров (А. Солженицын, Архипелаг ГУЛАГ). 在主体对不久的未来的好事情可以期待的程度方面, мечтать 与 надеяться 相近(见 2.4)。

第二,这个动词暗示出主体的某些幻想、把一切都想得很美好、积极意识不够等,因此他的愿望显得脱离现实,可能无法实现:Глупо мечтать о Сорбонне, если вы не готовы как следует выучить французский язык.

第三,мечтать 可以表示已经存在了一段时间的愿望,这种愿望不是偶然出现的。如果有人问我:— "Хотите попасть на выставку работ Пикассо в Музее изобразительных искусств?" 我可以回答 — "Хочу"或"Мечтаю"。第一种回答既可以出现在这样的情景中:我是第一次听说毕加索画展这件事,也可以用于这样的情景:我已听说了这个画展,并且早就想要去。第二种回答只适用于后一种情景。再如:Удаление Степана Богдановича из Варьете не доставило Римскому той радости, о которой он так жадно мечтал в продолжение нескольких лет (М. Булгаков, Мастер и Маргарита).

第四,愿望最初出现的时刻与愿望可能实现的时刻之间,可以由很大的、原则上没有任何限定的时间间隔分离开:Кузьма всю жизнь мечтал научиться читать и писать (И. Бунин, Деревня). 用 мечтать 的过去时形式表示回溯性用法时(譬如感叹句:Я так мечтал попасть в Большой театр! 当我已经身处大剧院的情况下),划分已实现了的希求事件与最初出现愿望时刻之间的时间间隔通常也比其他同义词的长。试比较用于同一情景的:Я так хотел попасть в Большой театр!

动词 жаждать 表示"十分明显感受到对某事的强烈需求",因此,它与 хотеть 构成同义词的那个意义也是从这一基本意义(感觉想喝水)引申出来的,虽然在现代语言中这一意义已经陈旧。

这个同义词也有两个使用范围。

第一个是它的典型用法,与 мечтать 和 хотеть 相比,жаждать 保留了最重要的语义特色。

首先,"渴望"的东西是重要的或者超出一般性界限的东西,或者至少愿望主体感觉是如此。譬如:жаждать правды 〈добра, нового〉; жаждать приключений; Амнистии! великодушной и широкой амнистии ждали и жаждали мы! (А. Солженицын, Архипелаг ГУЛАГ). Несколько выступающих оказываются сведущими в литературе, даже читателями "Нового мира", они жаждут реформ (А. Солженицын, Архипелаг ГУЛАГ).

接下来,жаждать 要求主体激奋的情绪状态:Варенуха разрыдался и зашептал дрожащим голосом и озираясь, что он врет исключительно из страха — и что он просит, молит, жаждет быть заперт в бронированную камеру (М. Булгаков, Мастер и Маргарита). 在很多情况下,由 жаждать 的形式表现出来的愿望与某种强烈情绪交织得很紧密,以至于愿望就像一种激情而变得盲目:为了实现愿望不惜任何代价去实现它,不顾一切,可能违背理性判断。譬如:Он жаждал ее увидеть и совершенно не думал об опасности. И даже те в труппе, кто недавно высказывал недовольство положением дел в театре, теперь [после прихода А. В. Эфроса] яростно жаждали защитить все, что было создано Любимовым (Р. Кречетова, Фантазии в манере Калло).

Жаждать 与 мечтать 的第三个不同在于,它要求愿望的对象更多样。在这一点上 жаждать 又与 хотеть 相近。但对 жаждать 而言,更普遍的语境是涉及阴暗面的愿望,即或希望自己或别人不好的愿望:жаждать чьей-л. крови, жаждать мести; Я знаю, он жаждет моего поражения. Даже он слабей еще, ибо Якубович смерти жаждал, а Бухарин ее боится (А. Солженицын, Архипелаг ГУЛАГ). Жаждали генералы пролить кровь бастующих заключенных; без крови не победа, без крови не будет этим скотам науки (А. Солженицын, Архипелаг ГУЛАГ). Очень страшно обнаружить в соотечественниках, среди которых прожил большую часть жизни, жестоких мальчишек, жаждущих кровавых игр (МН, 02.08.92).

最后，жаждать 表示急不可待的愿望，在标准的情景下，要求愿望产生时刻与主体希望的满足愿望时刻之间的时间间隔最小。譬如：Я оказалась перед огромной двуспальной кроватью и под обстрелом любопытных глаз девиц и молодых парней-техников, жаждущих увидеть, как это уважаемая Галина Павловна будет сегодня на глазах у всех и собственного мужа обниматься и целоваться (Г. Вишневская, Галина). 这一特性源于 жаждать 与身体需求相似，推迟满足这一要求可能会破坏主体的正常生存。在相似的语境中使用 мечтать 或者不合适，或者改变了时间背景：如果愿望刚刚即将实现，其出现的时刻就会被推移到很久远的过去：Ведь они уже давно мечтали увидеть, как прославленная певица будет на глазах у всех обниматься и целоваться.

Жаждать 在第二个使用范围内表示日常的一般的情景，它在很多方面与 хотеть 相近，其不同主要在于它指明了愿望程度比较大：Выйдя утром из своей конуры и на ходу полаявшись с соседом, жаждущим утренней опохмелки, постоял в очереди в ванную (Г. Вишневская, Галина). К десяти часам утра очередь жаждущих билетов до того вспухла, что о ней дошли слухи до милиции (М. Булгаков, Мастер и Маргарита).

2.4 对语义区的说明

说明 1 还有两个使用较少的同义词包括在所研究的词列中，或者说依附于该词列，它们是书面语、古语或嘲讽语体的 вожделеть ＝"感受到强烈的愿望或强烈的性欲"，和陈旧语、书面语或者体裁化①语体的 алкать ＝"强烈希望"。在现代语言中，使用它们是为了创造不同的修辞效果。譬如：Стайка поэтов-нонконформистов облепила в фойе Центрального Дома литераторов заезжую богатую американку. — Как они на нее глядели, как они вожделели ее любви невероломной и по возможности эксклюзивной! (С. Чупринин, Люди гибнут ...). Ничего лучшего не смогу я сказать своему народу, когда алчущие власти обещают ему скорейшее спасение России и, главное, совершенно безболезненное (Г. Владимов, Еще не покроются цветом деревья).

---

① Стилиз — это один новый 标注，表明该词位可以用于风格模拟的目的。

说明 2　动词 хотеть, желать 和 жаждать 有与上述相近的"性欲"的意义：
Я тебя хочу; Как он желал эту женщину！; Только похоть заставляет мужчину гоняться за женщиной и женщину жаждать мужчины（М. Кузмин, Крылья）. 当在直接交际的情形下, 此时常用 хотеть, 而在用确定的口吻描述第三方时, 常用 желать 一词。

动词 желать 具有与所述词列相近的意义"向某人表示祝福, 希望他有某种东西"：желать кому-л. счастья〈здоровья, успехов в работе, приятной поездки〉; — Чего тебе пожелать? — Пожелай мне удачи.

动词 мечтать（在自足用法和在 мечтать о чем-л. 结构中）具有与所述词列相近的意义"期望不能实现的东西, 梦想", 譬如：Ты все мечтаешь, а надо действовать. Мы мечтали о том золотом времени, когда мы вырастем и тоже будем обедать с арапниками на коленях（И. Бунин, Суходол）. Смена этих просторов настраивала на широкий лад. Хотелось мечтать и думать о будущем（Б. Пастернак, Доктор Живаго）. В течение трех суток она предоставлена самой себе, никто не помешает ей думать о чем угодно, мечтать о том, что ей понравится（М. Булгаков, Мастер и Маргарита）.

这个动词还有一种与所述词列相近但已陈旧的意义"期望, 相信"：[Дарданелов] имел некоторое право мечтать, что он не совсем противен прелестной, но уже слишком целомудренной и нежной вдовице（Ф. М. Достоевский, МАС）. 在现代语言中, 这个意义主要保留在各种类型的否定结构中：Я（уж и）не мечтал вновь вас увидеть. Оно [небо] не наградило его при рождении литературным талантом, без чего, естественно, нечего было и мечтать овладеть членским МАССОЛИТским билетом（М. Булгаков, Мастер и Маргарита）.

动词 хотеть 的一个典型特点是, 可以有转义和形象的用法, 或拟人用法等：Ветер как бы хотел вырвать растение целиком, поднимал на воздух, встряхивал на весу и брезгливо кидал вниз, как дырявое рубище（Б. Пастернак, Доктор Живаго）. Деревья с таким видом заглядывали в комнату, словно хотели положить на пол свои ветки в тяжелом инее, похожем на сиреневые струйки застывшего стеарина（Б. Пастернак, Доктор Живаго）.

2.5 语法形式及其注释

同义词 хотеть 没有纯粹的完成体形式。相近的完成体形式 захотеть 在陈述形式的确定句中常常具有"开始"的意义：После прогулки 〈через час〉 он захотел есть. 在否定句中，以及在假定式形式中，захотеть 的意义向纯体学意义偏移，在语义上与 желать 的完成体形式 пожелать 相近：Он не захотел 〈～ не пожелал〉 разговаривать со мной. Пожелай он обкрадывать казну, он мог бы преспокойно класть в карман, что и сколько бы захотел, и тоже никто бы и не пикнул (Б. Пастернак, Доктор Живаго).

同义词 хотеть 的过去时获得一种语用的、语义的和修辞的特性：在类似 Чего 〈что〉 вы хотели? 这样的疑问句中，过去时形式是对顾客、请求者等程式化招呼的一部分，表示与讲话时刻同时的一种状态，并具有俗语或市侩语体的特点。

由于该词列的同义词表示的不是行为，而是一种状态，因此确定句的命令式形式对它们是不可能的（хотеть, жаждать），或至少是不自然的（желать, мечтать）。但对 желать 和 мечтать 来说，命令式形式在否定句中是可以的：Не желай другому того, чего не хочешь, чтобы сделали тебе. Ни о каких квартирах в Москве не мечтай.

除了 жаждать 之外，假定式对所有的同义词都很典型：Я бы хотел выслушать и другую сторону; — Кто желал бы выступить? — Любая женщина в мире, могу вас уверить, мечтала бы об этом (М. Булгаков, Мастер и Маргарита).

在标准语中，хотеть 没有现在时形动词和现在时副动词形式。因此，在需要表示相应意义时，使用非自己特有的其他词的形式——желающий, желая 形式。

动词 жаждать 也没有副动词形式，但在这种情况下这一空缺不可补偿。

对 жаждать 来说，形动词形式是很典型的，见上下文中的例子。

2.6 句法结构及其语义特色

动词 хотеть 和 желать（偶尔使用）支配由物体名词第四格形式表示的直接补语，表示愿望的内容：Хочешь конфетку?; Желаете закуску или сразу первое блюдо? 这时词组意义获得下列形式："想获得或利用某一客体"，譬如：Хочешь карту города? ＝"想要得到或拥有城市地图吗？"，Хочешь конфетку? ＝"想吃块糖吗?"。

除了 мечтать 之外,所有的同义词都可以支配二格或表示部分的特殊二格形式的直接补语,表示同样的愿望内容意义,譬如:Хочу сладкого 〈чаю〉, Желаете чаю или кофе? 在这种情况下,如果补语是由非物体名词表示的,则整个词组附加表示"存在"的意义:Хочу 〈желаю, жажду〉 мира в семье ="想让家里有一种和睦";Хочу 〈желаю, жажду〉 перемен="希望发生改变"。

所有的同义词都可以支配动词不定式和由 чтобы 引导的从句,表示同样的愿望内容意义,譬如:Она хотела 〈желала, мечтала, жаждала〉 увидеть своего кумира; хотеть 〈желать, мечтать, жаждать〉, чтобы на традиционный сбор приехали все выпускники школы; Я хочу, чтобы Фриде перестали подавать тот платок, которым она удушила своего ребенка (М. Булгаков, Мастер и Маргарита).

动词 хотеть 和 желать 可以支配前置词—名词词组 от кого-л., 表示主体愿望的潜在实现者:Чего вы от меня хотите?;— Знаем мы вас, казанских сирот! Девку отдал, малого женил, деньги есть... Чего тебе еще от Бога желать?(И. Бунин, Деревня). 这样的结构对动词 жаждать 不典型,对动词 мечтать 来说是不可能的。

该词列其他同义词都不能,只有动词 желать 可以支配表示人的第三格形式,表示愿望主体希望看到他所祝愿的人处于某种事态或状态中,而最常见的是善、恶两极的状态。譬如:Я желаю ему счастья. (见说明 2);Я ведь добра тебе желаю. Сколько раз проклинал он своего мучителя и желал ему смерти (Б. Пастернак, Доктор Живаго). Кузьма широко раскрыл глаза и крикнул: — Стой, да ты с ума сошла! Разве я тебе зла желаю?(И. Бунин, Деревня).

该词列其他同义词都不能,只有动词 хотеть 可以支配表示运动终点意义的补语,这时可以省略掉动词不定式:хотеть в Москву 〈в деревню〉. Цветаева и сама хотела в Крым, казалось, что там спокойнее и надежнее переждать Московскую смуту (В. Швейцер, Быт и бытие Марины Цветаевой).

此外,类似 Зови кого хочешь, Иди куда 〈когда〉 хочешь, Живи где 〈с кем〉 хочешь 这样的句法熟语只对动词 хотеть 是典型的。譬如:Делай как хочешь, но говорю тебе, что этот человек производит на меня впечатление отталкивающее (М. Булгаков, Мастер и Маргарита).

所有同义词，мечтать 除外，在否定句中都具有语义特点。在这里所分析的否定句的意义中不能使用 мечтать（见说明 2）。

动词 хотеть 和 желать 在与状态动词 знать，видеть，слышать 等搭配时，在否定句中获得"不愿接受"的补充意义：Не хочу тебя знать. Не желаю тебя больше видеть ⟨слышать⟩. Те русские философы, которых не хочет знать русская интеллигенция, которых она относит к иному, враждебному миру, тоже ведь принадлежат к интеллигенции (Н. Бердяев, Философская истина и интеллигентская правда).

使用动词 жаждать 时，否定意义会减弱，因此获得了"没有感受到特别渴望做什么"的意义，譬如：Я не жажду его видеть.

2.7　词汇—语义搭配

所有同义词都可以与单个人的名称搭配充当状态主体的角色（见前后文）。动词 хотеть 和 жаждать 可以比 желать，特别是 мечтать 更自由地与充当这一角色的人群称名搭配：Комиссия хотела отложить рассмотрение вопроса. Толпа жаждала крови.

同义词 жаждать 可以指明愿望与某种强烈的情绪之间的联系，因此可以自由地与类似 душа，сердце，все ее существо 等词汇搭配，充当愿望主体的角色：Душа ⟨все его существо⟩ жаждала ⟨жаждало⟩ деятельности. Видно, была еще какая-то капля меда в чаше ее жизни — Еще жаждало старое сердце этой капли, — и Александра Васильевна стала поправляться (И. Бунин, Чаша жизни). Я раздваиваюсь. Одна половина меня жаждет наслаждения, тянется схватить и сделать необходимое, сладостное, желанное, а другая впадает в прострацию (А. и Б. Стругацкие, Улитка на склоне). 这样的搭配对 хотеть 和 желать 就不太典型，而对 мечтать 是不可能的，因为这个同义词表示带有某种理性铺垫的愿望。

该词列的所有同义词都可以与 так，как，страстно 等副词搭配，表示非常强烈的愿望：Он так хотел спать. Я так желала вам счастья!. Как мы мечтали о пересылке! Тот, кого так жаждет видеть выдуманный вами герой, которого вы сами только что отпустили, прочел ваш роман (М. Булгаков, Мастер и Маргарита). Он страстно хотел ⟨желал⟩ попасть в круг этих людей. Однако, беседуя с Балашкиным о Шиллере, страстно мечтал он [Кузьма] выпросить у него в долг "ливенку" (И. Бунин, Деревня). Если бы ты знал, как страстно, с какой тоской я жажду своего обновления (А. Чехов, МАС).

对于同义词 мечтать 来说，与副词 жадно 的搭配表示上述意义是很典型的，而对于表示"渴望"的 жаждать 来说，与副词 мучительно 的搭配是典型的。

只有同义词 хотеть 能与 очень 搭配：Он очень хотел есть.

同义词 хотеть 和 желать 的第二人称形式与命题性代词 как 搭配，构成固定格式 Как хотите, Как (по)желаете, 表示"随您的便吧"。

只有同义词 хотеть 能与命题性代词 так 搭配：— Зачем это вам нужно? — Я так хочу. 对 желать 来说，这样的搭配有点困难，而对另外两个同义词来说根本不可能。

只有同义词 хотеть 可以与语气词 уже 和 было 搭配，表示拒绝了几乎要采取的行为，譬如：Она уж хотела выговорить заветные и приготовленные в душе слова, как вдруг побледнела, раскрыла рот и вытаращила глаза (М. Гулгаков, Мастер и Маргарита). Он хотел было продолжать, но Алешка не вытерпел и крикнул: — Потом доскажешь! (И. Бунин, Захар Воробьев).

2.8 举例说明

Две дамы обиделись и действительно ушли. Третья, гостья из Болгарии, почувствовала себя неловко и тоже **хотела** уйти. Но он [К. И. Чуковский] ее удержал (А. Райкин, "Только после вас..."). Тактика, которой он [А. В. Эфрос] сразу же стал придерживаться, свидетельствовала: он **хочет** доказать, что может быть не только формальным наследником Любимова (Р. Кречетова, Фантазии в манере Калло). Здесь не **хотят** с Ростроповичем играть, а оркестры Парижа, Лондона, Нью-Йорка об этом **мечтают**. Значит, никакого выхода у нас и нет, как только отсюда к ним уехать (Г. Вишневская, Галина). Она бы **хотела** иначе, / Носить драгоценный наряд... / Но кони все скачут и скачут, / А избы горят и горят (Н. Коржавин, Столетье промчалось, и снова).

Несомненно, что он **желал** видеть Россию освобожденною от крепостного ига, но **захотеть** этого и в таком смысле проявить прямо и бесповоротно свою волю — не находил в себе решимости (А. Кони, Воспоминания о писателях). Они такие же русские, как мы, только с дурью, с которой они сами не желают расставаться и которую нам придется выбивать силой (Б. Пастернак, Доктор

Живаго). Ты красок себе **пожелала** / И вытащил лапой своей / Рисующий лев из пенала / С полдюжины карандашей (О. Мандельштам, Армения). Не **желая** закрывать глаза на жестокую првду, Шостакович отчетливо и ясно сознавал, что он и все мы — участники отвратительного фарса (Г. Вишневская, Галина). Каждый из них **желает** пробиться поближе к президенту —, но для этого, естественно, необходимо растолкать тех, кто уже занял командные высоты (МН, 23.02.92).

Когда-то кто-то из них [монголов, татар, турок, поляков, французов], может, **и мечтал** перешибить хребет России. А порой и рядом стояли с Россией те же татары, поляки, французы (Д. Самойлов, Исаич). И каждый, кто истинно любит ее [русскую культуру], будет стремиться к воссоединению обеих ветвей — метрополии и зарубежья. — Я **мечтаю** дожить до того дня (А. Солженицын, Архипелаг ГУЛАГ); Марина **мечтала**, чтобы он [С. Эфрон] служил на Юге, может быть, в Севастополе — она боялась за его легкие (В. Швейцер, Быт и бытие Марины Цветаевой). Естественно, что в том обществе, к которому мы стремимся, мы **мечтаем** иметь — все самое лучшее, самое эффективное, что имеет мир (ЛГ, 15.04.93).

Тогда я попытался навязать им "Зону" в качестве сборника рассказов. Издатели сказали, что это нерентабельно. Что публика **жаждет** романов и эпопей (С. Довлатов, Письмо издателю). — Но я попрошу вас позвать... — Сию минуту, — выпалил Родион с такой готовностью, словно только и **жаждал** этого (В. Набоков, Приглашение на казнь). Билеты в нее [правительственную ложу] никогда не продают. Все надеются, что вдруг вожди **возжаждут** высокого искусства и нагрянут на какой-нибудь симфонический концерт (Г. Вишневская, Галина). Он [отец Николай] **жаждал** мысли, окрыленно вещественной, которая — даже ребенку и невежде была бы заметна, как вспышка молнии или след прокатившегося грома. Он **жаждал** нового (Б. Пастернак, Доктор Живаго).

2.9 辅助区域

在辅助区域以最少注释的方式列举出与该词列的主要成分有聚合语义联系的词汇单位清单。这些清单的理论目的是展示语言语义空间的连续性。实际上它们保障了在这一空间的各种行程并有可能选择一条路径，以最佳方式与使用者的研究和学习目的相对应。

辅助区域包括成语性同义词、近似词（下限词和那些虽然不是同义词，但与词列基本成分在语义上十分相近的其他词位）、精确和非精确的互换词、类似词的互换词、精确和非精确的反义词、派生词。在最后的区域中，除了自己的派生词外（包括异干形式的派生词），还包括其他词类的所有词汇单位，这些单位的意义以十分常规的方式与进入该词位列的意义相区别。

在该词列中比较好地展示出了下列区域：

成语性同义词：иметь охоту, лелеять мечту, гореть желанием; спать и видеть; Дорого бы дал за что-л., Отдал бы (правую) руку за что-л.; чего изволите? [～ 'Чего бы вы хотели'].

近义词：надеяться, уповать; мечтать 1, грезить; бредить (морем); ждать [Я так ждал вас!]; пристраститься, приохотиться; стремиться; намереваться, собираться, думать 3, вздумать; искать [Вы, я вижу, ищете ссоры]; просить.

非精确互换词：хотеться, не терпеться, подмывать.

近义互换词：привлекать, манить, тянуть 4; соблазнять; приспичить; взбрести в голову, вздуматься.

非精确反义词：брезговать, гнушаться; расхотеть.

派生词：желание, охота, жажда [比较：жажда приключений]; позыв; импульс; желающий [比较：Есть желающие?]; предмет желаний; предел желаний, предел мечтаний; желательный, желанный; долгожданный; вожделенный; угодно [Как вам будет угодно ～ 'Как вы захотите']; охотно, неохотно [Он охотно 〈неохотно〉 читает по-немецки]; по-моему 〈по-твоему, по-вашему и т. п. = 'так, как я хочу 〈ты хочешь, вы хотите〉' [По-твоему все равно не будет]; расхотеть [～ 'перестать хотеть'], пожелать 2 [～ 'выразить желание'].

第三部分 体系性词典学

情态语义概念中的隐喻[*]

1. 情态词描写的两种方法

  直到不久以前,人的内心世界一直是精神病医生、哲学家、诗人研究的对象,但很少引起语言学家的关注。随着 20 世纪 60 年代现代语言语义学的产生,开始出现了对情态词汇的词典学描写的早期尝试,这种状况随之得以改变[1-4]。从那时起,无论在理论层面还是在词典学描写层面,对表示情态的词汇的兴趣不断增长[①],可以提及的研究有很多,譬如[5-16]。在许多现代心理学、生理学、社会学及其他研究中,有很多对语言学家也极具价值的有关情态的令人感兴趣的资料,参见[17-21],在[22]中对这些研究做了综述。希望情态问题的语言学研究成果对其他学科也不无意义。在语言中积累了语言持有者千百年来的心理和文化内省的经验,这些经验资料的可靠性绝不比实验研究的数据资料逊色。
  如若对事态的现实状况做概括性表述的话,那么可以说,在语言学中形成了情态描写的两种方法,我们姑且将其称作释义的方法和隐喻的方法。在这些方法的框架下,对研究人员在情态词描写中遇到的主要难题,可以用不同的方法解决。众所周知,情态本身是直接观察不到的。在这一点上,情态与其他内心状态,譬如心智状态相似,但是,又与心智状态不同。主体自己很容易用词语把心智状态表达出来,而把情态释译成词语并非易事。这种本体论上的困难造成了语言学上的困难:对表示情态意义的词汇几乎不可能做直接的词典学注释。

---

[*] 本文首次发表在《Вопросы языкознания》,1993, No 3.
[①] 在不会引起歧义的所有上下文中,我们将直接使用"情态"一词来代替"表示情态的词(词位)"。

通常，当由于某种原因不可能对某种现象做出直接解释时，讲话人会利用各种迂回的途径，以便使话题向他认为受话方经验中已有的那些知识靠近。最常用的方法，或许是唯一可能的解释方法有以下两种：或者讲话人指出受话方已知的通常可能出现该现象的情景；或者讲话人把这一现象与受话方了解的另一现象做比较。实质上，正是这些原则为我们提及的情态描写的两种语言学方法奠定了基础。

1.1 释义的方法

这种方法是 А. 维日彼茨卡和 Л. Н. 约尔丹斯卡娅在其早期研究中提出来的，在这些研究中，借助于情态产生的类典型情景来描写情态。举例说明（А. 维日彼茨卡的英语例句用相应的俄语例句替换）。

X испытывает стыд ＝ "X 体验到的是，当一个人认为自己做了某件不好或可笑的事，同时他又不想让任何人知道这件事时的那种感受"。

X испытывает гордость ＝ "X 体验到的是，当一个人认为自己做了某一件非常好的事，同时他想让其他的人都知道这件事时的那种感受"[2：63]。

A огорчается из-за B ＝ "A 感受到一种消极的负面的情绪状态，这种情绪状态是某一普通人 i 对某事 j 做出下列评价时引发的：1) i 确信事件 j 存在；2) j 是 i 所不希望的；A 所体验到的这种情绪状态是由于他从自己的角度对事件 B 做出上述评价而引起的"[3：7]。

在 А. 维日彼茨卡和 Л. Н. 约尔丹斯卡娅随后的研究中，包括采用了释义的方法的其他作者的研究中，类似的注释不断得到完善，但简化成类典型的原则保留了下来。试比较更晚一些的注释：

Afraid "бояться"（害怕）

X 感受到某种事态：

"有时人的想法会是这样的：可能要发生什么不好的事，我不想这样，我不知道我能做什么，所以，这个人就感受到某种不好的事"。

X 感受到了这些。[7：363-364]

БОЯТЬСЯ I.1.а. X боится Y-а ＝

推理：

评价：X 预感到 Y 会引起 X 所不希望的事态，或者：

评述性情态：在对待 Y 的态度上，X 正处于某种不愉快的情绪状态之中，或他有能处于某种不愉快的情绪状态之中的特性；

原因：这种情绪状态是由于 X 的上述预料引起的；

类典型条件：而这种状态与通常在预料到某种危险时的状态是一样的；

结果：这种预感和/或者状态使 X 想逃避 Y[13：335]。

直到现在，简化成类典型的原则对我们来说仍具有相当高的价值，但仅此一种方法不足以全面地、完全符合词典学要求地展现情态词汇。

首先，需要对情态本身的性质[A. 维日彼茨卡提出的 对……有好感(Feeling something good) 和对……有恶感(feeling something bad)，和 Л. Н. 约尔丹斯卡娅以及后来她与 И. А. 梅里丘克提出的"正面（良好）状态"和"负面（不良）状态"]做进一步的分类。实质上，正如列举的注释中描写的那样，内心状态的差异可以归溯为引起这些内心状态的原因的不同。但是，可以推测，即便那些类典型很相近的情态，譬如恐惧与担心，其内心状态也是不同的（这种推测 Ю. Д. 阿普列相曾在文献[16]中谈到）。负面情绪痛苦和悲痛实际上都属于同一类典型：两者都把重大损失看做是正常原因，但它们同样是有差别的。

其次，希望能找到情态的语义概念，借助于这些概念可以对"症候性"词汇做出原则性（语义上有理据）的解释。这就是在文献[4,11]中首次得到深入细致分析的类似 похолодеть от страха（因恐惧而发冷），покраснеть от стыда（羞愧得脸红），задохнуться от возмущения（因气愤而喘不过气来）这样的表述，参见[12]。

1.2 隐喻的方法

莱考夫和约翰逊在文献[5：57-58]中指出，表达情态的语言手段的最高程度是隐喻的。实际上，情态在任何时候都不能直接表达，但又总是与某种事物相似。因此，这两位学者认为，对情态最准确的语言学描写方法就是通过隐喻来描写，因为在隐喻中，这些情态就可以用语言进行概念化了。例如，在英语中，情态 happy（счастье）和 sad（грусть）被隐喻性地对立为"高"和"低"。这种隐喻一方面得到了实证性理据——人在高兴时会昂首挺胸，忧伤的时候会低头含胸；另一方面，可以提供语言上的理据：该隐喻是"好——上，不好——下"这类隐喻的特殊情形。这样一来，莱考夫和约翰逊的描写以隐喻的层级形式构建。在这些层级中，较低等级的隐喻承继"前辈"隐喻的结构。试比较[19]中对情态描写的类似方法。

这种方法绝对的优点在于，它为显示许多表示情态的词汇的内部语义比较等级提供了可能性，同时，除了这些词汇之外，还为把与这些词汇相关的大量隐喻表达引入描写提供了可能性。

不足之处在于,隐喻被认为是语言学分析的终极产品,因此,至于为什么某一隐喻可以与某一特定的情态产生联想,就缺少纯语义学的理据。在实证性理据与隐喻本身之间缺少语言的联系,即语义环节。

此外,恰恰与情态(主要与症候性词汇)相关的那些隐喻的特性没有得到任何解释。

最后,某些近似于隐喻的表述与其说是由固定的语言实践所决定,不如说是因为个性化使用所致。例如,在那些对爱情关系的特点偶然和边缘化的表述的基础上(譬如,Мы на перекрестке, Мы зашли слишком далеко, Ты торопишь события, Ты едешь по скоростной полосе на автостраде любви ——最后一个例句援引自莱考夫尚未发表的文献),莱考夫提出爱情的"旅途形象"。更准确地说,他把爱情描述成交通工具,借助于交通工具相爱的人向着他们的共同目标前进。显然,人类活动的许多其他形式(体育、谈判、决定、批评、表扬)都可以和旅途或交通工具一样获得相似的成功,因此,仅作为对爱情的描写,这种隐喻的价值就降低了。

对这一命题,В. А. 乌斯宾斯基提出了非常重要的思想,他在文献[9]中研究了抽象名词:авторитет(威望), страх(恐惧), горе(痛苦), радость(高兴)在下列隐喻表述中的行为表现:прочный авторитет, хрупкий авторитет, дутый авторитет, авторитет лопнул; Страх нападает на человека, охватывает его, душит, парализует, бороться со страхом, победить в себе страх; глубокое горе, тяжелое горе, испить горя, хлебнуть горя, Горе обрушивается на человека, давит его; Человек придавлен горем; Радость разливается в человеке, бурлит, играет, искрится, переплескивается через край 等。

В. А. 乌斯宾斯基感兴趣的是,在类似的词汇组合中是否有能够证明这些词组的统一的形象,这些形象可以作为"校读"新的带有该关键词的隐喻表述的基础。对于这个问题,В. А. 乌斯宾斯基的答案是肯定的。按照他的观点,在俄语中"威望"可以被想象为"一个实心球,在好的情况下是一个大而重的球,不好的情况下是一个小而轻的球。虚假的威望则是内部空洞,皮很薄,很容易破碎的球"[9:145]。……"恐惧可以被想象为某种有敌意的动物,就像靠带有麻痹物质的刺供养的节肢动物或大章鱼"[9:146]。"苦难是一种很稠的液体,它充满某一容器,而人处于这个容器的底部"[9:147]。最后,高兴是"清澈透明的液体,看上去比空气还要轻"[9:147]。

我们认为,应该为许多症候性表述和其他隐喻性表述寻找出理据性形象,这种想法是非常有益的。但是,我们还是想把隐喻描写与纯意义描写联系起来,就像文献[16]中曾建议的那样;而另一方面,希望找出独立的证据,以便证实表达情态意义的隐喻原型。否则,这些隐喻就显得是随意性的使用。

确实,关于在俄语中把"威望"概念化成一个饱满的气球的结论,实质上是根据气球容易破碎和可以被吹起来的特征作出的。但是,第一,易破碎和可以被吹起来的不仅仅是球形物体,试比较:Банка〈веревка,струна,шина,перчатка〉лопнула;Стекло лопнуло;дутая трубка,旧词 дутый рирог 等。因此,可与 дутый 和 лопнуть 搭配,不能成为把"威望"想象成一个气球的充足依据。第二,在转义的情况下,судебное дело(诉讼案),план(计划),репутация(声誉)也可以"破碎"和"吹",甚至可以说 дутые цифры(夸大的数字),дутый отчет(虚假的总结),Фирма лопнула(公司破产了);Затея лопнула(想法破灭了)等。如果认为这些就是足够的依据,据此可以做出俄语持有者也同样把相应的客体概念化为饱满的气球的结论,那么,得到的整个图景对这些关键词来说就相当不符合逻辑,不具有独特性[①]。

2. 对情态的注释

2.1 情态产生和发展的场景

不难看出,1.1中所列举的注释是有一定结构布局的。在这些注释中可以划分出三个部分:情态的原因(对某一事态的理性评价)、情态本身和情态的结果。在文献[10]和其他许多学者的研究中,也都划分出了类似(虽然不尽相同)的结构成分。

我们想给这一场景补充一些新的细节。这些细节的必须性是由对系统的某些共同理解决定的,人的行为,至少是人在世界的"素朴"图景中的行为,是由这

---

① 文献(23)是一个实例,说明仅靠简单解读语言的隐喻就做出关于有说服力的形象的结论是多么冒险。该作者给 Время(时间)一词设定了下列附加意义:1."液体"(Время течет);2.1"弹性物质"(Время тянется);2.2."贵重物品"、"金钱的等价物品"(выиграть время,тратить время);3."有生命的物体"(Время идет〈терпит,ждет〉,убивать время);3.1"飞行物体"(Время летит);3.2"人"(Время покажет,Время торопит)。很明显,这样的解释是基于对与初期形象早已失去联系的、死的隐喻的完全字面式解读。

些系统的运用和相互作用构成的,而世界图景正是我们描写的对象。我们为每一个系统都指出其赖以存在的一个或几个器官,以及能够描写其活动基本形式的语义原型。

对文献[15]和[24]中阐释的思想做进一步的发展,我们认为,这样的系统有七个*:1) 感知(身体器官,"接受",关于感知在许多情态产生中的作用,在文献[25;136]中有描述;2) 生理现象(整个身体,"感觉");3) 运动机能(身体各部分,"做事";4) 意愿(意志,"想");5) 心智(智慧,"思考");6) 情态(心灵,"感受");7) 言语(语言,"说话")①。有些系统接受同一器官的服务——譬如身体,而另一些体系中好像有可选择的器官——譬如头与头脑,心与心灵。

请注意这七个系统的结构的一个特点。它们构成的不是一个同一类型的集合体,而是一个连贯性结构,在这个结构中它们依次序一个比一个复杂。最原始的系统是感知,它把人与其他所有生物联合在一起。最复杂的系统是言语,它把人与其他所有的生物区分开来。

情态也是一个特别复杂的系统。第一,除了恐惧、愤怒、愉快②这类基本情态外的情态是只有人类才特有的;第二,几乎任何一种情态体验都能激活人的所有其他系统。

确实如此,譬如,如果一个人要体验恐惧,他必须:(1)感受到或者哪怕是凭大脑想象某一事态;(2)把这一事态评价为对自己或者处于他个人范围内的某些其他客体是一种危险;这一状况的结果就是情态本身——由(1)或(2)引起的(3)一种不愉快的感觉。这种感觉可能表现为(4)主体无法控制的身体上的生理反应(苍白、颤抖等),和(或)表现为(5)一种意愿(如躲藏,缩成一团等愿望),这些愿望本身能引起主体可控制的(6)行动积极性或者(7)言语活动。

情态产生和发展的这种场景是决定情态注释结构的因素之一。

2.2 症候性表述:心灵状态的身体隐喻

决定情态注释的结构和成分的另一个因素是纯语言的。这包括两种类型的

---

* 后来又区分出一个系统,见论文"根据语言信息得出的人的形象:体系描写的尝试"。

① "精神"在这一模式中的地位目前还不清楚,但毫无疑问,精神应处于高于所有系统的位置,而不是与它们并列。

② 关于基本情态的组成(基础的、先天决定的)的概念,在不同文献中有不同划分,但大部分文献中都把恐惧、愤怒、愉快作为基础情态。

症候性表述。描写人①生理上的、可以直接观察到的对恐惧的反应属于第一种类型：белеть〈бледнеть〉от страха, дрожать〈трястись〉от страха, сжаться от страха, цепенеть〈застываь, не мочь даже пальцем пошевелить〉от страха, онеметь от страха, Язык заплетается от страха; Зубы стучат от страха; Голос дрожит〈прерывается〉от страха; Мурашки пробегают по телу〈спине, коже〉от страха; Дрожь пробегает по телу〈по спине, по коже〉от страха 等［见 11］，这些表述的大部分来自这一文献。第二种类型是隐喻性表述，表现的不是现实中观察到的反应，而是讲话人对恐惧进行的概念化：каменеть〈столбенеть〉от страха; Страх сковывает〈парализует〉кого-л.; Страх пронизал его душу; Страх леденит кровь кому-л; Кровь стынет〈леденеет〉в жилах от страха 等。还有一些表述在两种类型之间形成了中间环节，把它们或划分到直义类，或划分到隐喻类都是可以的，试比较，холодеть от страха。

对这些材料的分析可以得出一个结论：心灵对恐惧的反应与身体对寒冷的反应很相似。确实如此，几乎所有描述恐惧生理反应的症候性动词都可用于描写寒冷的效应。试比较, Кончик ее носа побелел от холода; дрожать〈трястись〉от холода, сжаться от холода, цепенеть〈стыть, не мочь даже пальцем пошевелить〉от холода, Руки онемели от холода; Зубы стучат от холода; Дрожь пробегает по телу〈по спине, по коже〉от холода.

恐惧与寒冷的相似性延展到隐喻范围。这两种状态的效应在一些相同的表述中被隐喻化，试比较：Холод сковал все его члены; Холод парализует; Кровь стынет в жилах от холода; Холод пронизал его тело.

产生一个问题：具有表示心理和生理状态（即心灵状态和身体状态）意义的词汇在搭配上的这种一致是属于偶然还是某种普遍性规律的表现？一些事实说明，第二种可能性是正确的。

我们再来举一些其他情态的例子，这些情态在语言中被概念化为与生理状态相似的状态。

Отвращение（厌恶）：поморщиться〈сморщиться, скривиться〉от

---

① 由于人文中心论的著名特性，语言中主要反映的是人所特有的典型情态。类似 Собака поджала хвост от страха〈ощетинилась от ярости〉, Кошка зашипела от злости〈мурлыкала от удовольствия〉的表述为数不多，且远不像描写人的情态表现的症候性表述那么丰富多样。

отвращения, сделать гримасу отвращения, передернуться от отвращения, тошнит от отвращения, плеваться от отвращения 等。不难发现，人对"厌恶"的生理反应与他在感受到不好的味道（酸或苦味）时的反应是相同的。

Жалость（同情）：Жалость кольнула〈пронзает, щемит〉, острая жалость；试比较下列搭配：Боль кольнула, Боль пронзает；В груди щемило〈о физической боли〉, острая боль. 情态与身体感受是如此接近，以至于"同情"常常等同于"痛"，而 боль 一词发展了"同情"意义。试比较：щемящее чувство жалости, Сердце разрывалось от жалости；В 《Известиях》〈...〉была опубликована серия очерков об этих изгнанниках — боль за них, сострадание к ним — это был главный и единственный мотив 《Парижских дневников》（Независимая газета 23.06.92）. Мне просто до боли жалко людей, которые не видят в жизни хорошего（М. Горький）.

有很多情态（激情，狂怒，愤怒）常常与病或炎热构成联想。常有这样的搭配：горячка страсти, лихорадка страсти, От страсти сохнут〈сгорают〉, Страстью горят〈пылают〉；Страсть остужают；Страсть остывает, От гнева〈ярости〉закипают〈кипят〉；От гнева〈ярости〉горят глаза；Ярость клокочет в ком-то.

В. А. 乌斯宾斯基曾把"苦难"概念化为重负，他用症候性表述（Человек согнулся от горя）和 горе давит〈придавливает〉кого-л.；Горе обрушивается на кого-л. 这类词组来证明这个概念。

可以对上述研究材料做下列概括：

1）与此前提到的类比（爱情——旅途；愉快——轻质的液体；恐惧——大章鱼等）等相比，本文提出的情态与身体反应的类似（恐惧——寒冷；厌恶——不好的味道；同情——身体疼痛；激情——发热等）更具理据性，更少偶然性。借助这些例证可以解释相当多的症候性词组或其他词组，包括隐喻性词组。

另外，与其他任何有效模式（譬如构词模式）一样，这些例证也具有预言性的功效。显然，例如，在常规表述中没有的类似 Его знобило от страха 和 Ему стало жарко от гнева 这样的表述，要比 Его знобило от гнева 和 Ему стало жарко от страха 这样的表述更容易被接受，更容易解释。问题在于，前两个表述使用了基于群体语言意识的正确图式，而后两个使用了不正确的图式，这样的使用可能除了具体人的个体经验外，没什么能支持它（试比较：В. 纳博科夫在

《天赋论》中的表述：Когда же он сердился，гнев его был как внезапно ударивший мороз。而且，这里说的不是人的内心感受，而是说他的情态对周围人的作用）。

2）"爱情——旅途"、"愉快——轻质液体"、"恐惧——大章鱼"的图式不大可能在注释中得到一席之地，还因为它们属于完全不同的自然领域和人类活动领域。这些图式无法构成任何统一的图景。

本文所提出的图式构成了语言中比较合乎逻辑的情态概念化体系。这一体系的基础是类比的统一原则，即把不能直接观察到的（心灵反应）与可以直接观察到的（身体反应）类比。身体反应的情况尽管有限，但仍然是进入人的心灵的钥匙。

3）上述有理据的图式在讲话人的语言意识中构成了相当有分量的部分，因此应以某种形式将其引入到相应情态的注释中。

2.3 注释的结构

在这一节中，我们需要探讨与注释结构相关的两个问题：隐喻在注释中的位置；注释中类典型部分的逻辑结构。

首先，我们建议把下列类型的比喻列入注释的成分中："处于情态 X 时，人的心灵感受到的情形，类似于人处在生理因素 Y 作用下或处于生理状态 Y 时，他的身体所感受到的东西"。

应该将"心灵的身体隐喻"仅纳入这样一些情态的注释中，对这些情态而言，用具有足够代表性的、同时是有逻辑地组织起来的材料可以证实这样的隐喻。有很多类别的情态具有明显表现出来的症状，但在生理现象方面对其不存在任何的类比性，譬如，吃惊和与之类似的情态：широко раскрыть глаза от удивления，выпучить глаза от удивления（不能说出可以让人瞪大眼睛的身体现象）。显然，不应该为使"吃惊"符合注释的普遍模式，而消除"吃惊"与其他情态，譬如与"恐惧"之间的差异。

依据我们的观察，隐喻 M 如果满足下列两个条件中的一个，就可以把它合乎情理地列入情态 A 的注释中：a)根据给定的既可以用于描写心灵反应也可以描写身体反应的征候性表述，用唯一的方式重构情态类型：У него зубы стучат。Он похолодел（恐惧型情态）；b)有一种隐喻性表述，本身就能表示情态，即便在没有情态称名的情况下：Он по ней сохнет（爱情型情态）。

关于在词汇的词典学描写中可以而且应该加入隐喻的观点不是新的提法。

有许多类型的表述只能用隐喻的方法来描述。众所周知,描写时间变化的表述就属于这种表述。更难解决的问题是,在一个词的词典学描写的不同部分之间如何确定隐喻的不同类型。

目前,我们还不能给出解决这一问题的通用方案。但需要指出的是,根据上述原则,不应该将类似"高兴——轻质液体","苦难——重质液体"等这类偶然性隐喻纳入注释。这种隐喻的语言学功能不可能超出附加意义的功能,即便把这一功能列入词位也要特别谨慎(见附录 2)。看来,即使是对于确定附加意义而言,在语言中仅有一个固定词组,一个派生意义,一个转义也是不够的,因为在语言中某一词位的假设性附加意义是作为词汇意义的一个元素出现的。为此,就要求有几个这种类型的事实存在,哪怕它们只是在某一个特征上相吻合。

再来看注释中类典型部分的逻辑结构。

众所周知,在莫斯科语义学派的研究中,X P Y 这类的命题形式是述体词位注释的词目,式中,P——被注释的述体词位,X 和 Y 表示相应情景参与者的变量。按照默认的设定,这些变量由存在量词联系在一起。

注释中类典型部分的建构是另一种方式。它含有对普遍的,或者至少是常见情形的考虑,也就是含有对许多人就某一具体事由产生的经验性考虑。这意味着,在注释中类典型部分情态的主体应该由多数性量词(многие люди, обычный человек)联系,而情态原因由唯一性和确定性量词联系。由此可以得出,为了表示类典型部分中的主体和情态原因,必须使用不同于 X 和 Y 的新变量,然后一方面是确定这些新的变量之间的适应性;另一方面是确定 X 和 Y 之间的一致性①。

考虑到所有这些细节,相对严格的注释可以有以下的形式:X P Y = "由 Y 引起的 X 的某种感受,这种感受是一个普通的人 A 在感受和想象一个具体的、确定的客体 B 时通常会感受到的,而他评价或感受到客体 B 具有这样的性质;A 的心灵感受到某种类似于他的身体处于某种生理状态时感受到的东西,而 A 的身体对心理感受的反应,就像对生理状况的反应一样;体验到这种感受的 A 想做这种或那种事情;由于 Y 的原因,X 正体验着某种 A 由于 B 的原因而体验的东西"。

---

① 事实上,在 Иорданский 早期研究中正是用这种方式组织注释的。见 1.1 节中援引的对 огорчаться 的定义。

显然,这种注释在具有逻辑上的所有优势的同时,在概念化方面对词典来说过于复杂。而且,我们的目的是编制词典学可接受的情态注释模式。因此,在注释的类典型部分我们采用不太严格的符号标示。但是,在有需求时很容易扩展成形式上无懈可击的标示符。

对一个词典学家(总的来说,对一个语言学家)而言,完全合乎自然规律的定位是描写世界的"朴素"(语言、民族语言学)图景,对我们的具体情况而言就是描写情态的朴素图景,这样的定位符合上述目的。

2.4 某些情态的注释实验

基于上述考虑,建议对我们曾提及的那些情态作如下注释(在注释 страх "恐惧"时,我们的主要方法是利用文献[2,11 和 26]中的所述想法)。

Страх X-а перед Y-ом (Он испытывал страх перед будущим)="由 Y 引起 X 的不愉快感觉;当某人感受或意识到某件事,他判断或感觉这件事对自己有很大危险时,他会出现这样的感受;他的心灵感受到类似他在身体受冷时体验到的那种感觉;身体对这种感受的反应就像遇冷时做出的反应;经受这种感受的人都不想让别人发现;如果这种危险的感觉增大,他可能对自己的行为失去控制,开始奔跑或开始大声喊叫"。

Отвращение X-а к Y-у (Он испытывал отвращение к таким забавам) = "由 Y 引起 X 的非常不愉快感受;当某人感受或意识到某种极其不愉快的事情时,他会出现这样的感受;人的心灵感受到某种类似他的身体器官体验到苦或酸的味道,非常难闻的气味或接触到不干净的、能把他弄脏的东西时的那种感觉;人的身体对这种感受的反应就像对苦或酸的味道、非常难闻的气味或接触到不干净的东西时的反应;有这种感受的人很想离开现场,或用其他方式终止与不愉快对象的接触;如果他继续处于或意识到与不愉快对象的接触,他很难掩饰自己的感受"。

Жалость X-а к Y-у (Его жалость к больным была поистине беспредельной) = "由 Y 引起的能打破 X 内心平衡的一种感受;某一个人产生这种情态的情景是:当他认为,有另一个人处于不好的处境中,这种处境比他应得的还要差;人的心灵会感受到某种类似他疼痛时身体上感受到的东西;人身体对这种情态的反应类似于身体对疼痛的反应;有这种感受的人希望能改变另外一个主体的状况,想使对方的情况变得好些"。

Страсть X-а к Y-у (Его страсть к этой женщине толкала его на безумные поступки)＝"由 Y 引起 X 的非常强烈的能打破 X 内心平静的一种情感；当一个人感受到对另一个人有不可抑制的性欲时会出现这种感受；人的心灵会感受到某种类似他感到燥热时身体上经受的东西；这种感受对人的心灵的作用，就像疾病对人的身体的作用一样；人的身体对这种感受的反应就像对燥热的反应一样；如果这种感受得不到满足，人会很痛苦，这种感受能使人丧失理性思维的能力，使他做出欠考虑的行为①"。

参 考 文 献

1. *Wierzbicka Anna*. Dociekania semantyczne. Warszawa, 1969.

2. *Wierzbicka Anna*. Semantic Primitives. Frankfurt, 1972.

3. *Иорданская Л. Н.* Попытка лексикографического толкования группы русских слов со значением чувства // Машинный перевод и прикладная лингвистика. 1970. Вып. 13.

4. *Иорданская Л. Н.* Лексикографическое описание русских выражений, обозначающих физические симптомы чувств // Машинный перевод и прикладная лингвистика. 1972. Вып. 16.

5. *Lakoff George, Johnson Mark. Metaphors we live by.* Chicago; London, 1980.

6. *Wierzbicka Anna. Lingua Mentalis. The Semantics of Natural Language.* Sydney; N. Y. etc., 1980.

7. *Wierzbicka Anna. The Semantics of Emotions: fear and its relatives in English.* // Australian Journal of Linguistics. 1990. Vol. 10. N 2.

8. *Апресян Ю. Д.* Английские синонимы и синонимический словарь // Англо-русский синонимический словарь. М., 1979.

9. *Успенский В. А.* О вещных коннотациях абстрактных существительных // Семиотика и информатика. 1979. Вып. 11.

10. *Зализняк Анна А.* Семантика глагола *бояться* в русском языке // Изв. АН СССР. Сер. лит. и яз. 1983. № 1.

11. *Иорданская Л. Н.* Словарные статьи *бояться, восторг, восхищать, гнев, страх* и др. // *Мельчук И. А., Жолковский А. К.* Толково-комбинаторный словарь современного русского языка. Опыты семантико-синтаксического описания русской лексики. Вена, 1984.

12. *Pajdzinska Anna.* Jak mowimy o uczuciach? Poprzez analize frazeologizmow do

---

① 关于"恐惧类同于寒冷","怜惜类同于疼痛"的思想是 E. B. 乌雷松在她尚未发表的关于恐惧和同情的同义词列的研究中提出的。

jezykowego obrazu swiata //Jezykowy obraz swiata. Lublin, 1990.

 13. *Iordanskaja Lidija*, *Mel'cuk Igor*. Semantics of two Emotion Verbs in Russian: bojat'sja 'to be afraid' and nadejat'sja 'to hope' // Australian Journal of Linguistics. 1990. Vol. 10. N. 2.

 14. *Wierzbicka Anna*. *Cross-cultural Pragmatics: the Semantics of Human Interaction*. Berlin; N. Y., 1991.

 15. Апресян Ю. Д. О новом словаре синонимов русского языка // Изв. РАН. Сер. лит. и яз. 1992. N 1.

 16. *Apresjan Valentina*. Fear: Russian and English (в печати).

 17. *Ekman Paul*. Expression and the Nature of Emotion. In: *Approaches to Emotion*. N. Y., 1984.

 18. *Ortony Andrew*, *Clore Gerald L.*, *Collins Allan*. *The Cognitive Structure of Emotions*. Cambridge, 1988.

 19. *Kovecses Zoltan*. *Emotion Concepts*. Munchen, 1990.

 20. *Fries Norbert*. Emocje. Aspekty eksperimentalne i lingwisticzne. // Wartosciowanie w jezyku i tekscie. Warszawa, 1992.

 21. *Oatley Keith*. *Best Laid Schemes: the Psychology of Emotions*. Cambridge, 1992.

 22. Апресян В. Ю. Эмоции: современные американские исследования // Семиотика и информатика. 1995. Вып. 34.

 23. Перцова Н. Н. К понятию вещной коннотации // Вопросы кибернетики. Язык логики и логика языка. М., 1990.

 24. *Apresjan Jurij*. *Systemic Lexicography* // Euralex'92. Proceedings I-II. Tampere, 1992. Pt. I, Ser. A. Vol. 2.

 25. Арутюнова Н. Д. Типы языковых значений. Оценка, событие, факт. М., 1988.

 26. Апресян В. Ю. Синонимический ряд глагола бояться (в печати).

注释语言与语义原型[*][①]

从1991年开始的俄语同义词解释词典(1-3)卷的编撰工作要求在语义学领域展开全面的理论研究,特别关注对用来描写同义词词义中相同部分的注释语言研究的新方法。

近30-40年来,在世界所有发达的词典学界一直在讨论关于注释语言,或语义元语言问题。两个现代语义学派——莫斯科语义学派[4-11]和波兰语义学派[12-19]提出的有关这个问题的思想对本研究具有更大的意义。

1. 莫斯科语义学派对注释语言的研究方法

1.1 语义元语言的成分与结构

莫斯科语义学派的主要思想形成于20世纪60年代的早期研究中[4-7],而后得以发展[8-11]。其主要思想可以概括如下:

1) 词汇意义要用专门形式的元语言来描写,这种元语言具有自己的词典和句法。

直到20世纪80年代初,语言学界一直认为,语义元语言词典(语义原型清单)的基础是人工词汇,词汇—构件。这些词汇或者借用自精确科学("集","力","函数"),或者由研究者臆想出来("使役","事实流"),或者取自于自然语言的词汇,去掉意义中不需要的成分("事物","数量","部分","标准"等)。除了这些相对简单的意义,元语言词典还包括了许多"中间概念",即语义较为复杂的词,这些词被简化到距原型只差一步或几步之遥。

至于语义语言的句法,它自始至终都是有组织的。理想状态是语义图表句法或者关系树结构句法,而使用自然语言句法中的被简化和被统一化的部分只是作为临时性方案[8:53,9:78-79,10]。

---

[*] 本文首次发表于"Исвестия АН, серия литературы и языка",1994, No 4.

[①] 本研究由于作者被授予洪堡特基金奖和被 П. Хельвиг 教授邀请到海德堡大学教研室工作才得以完成。作者感谢洪堡特基金会和 П. Хельвиг 教授,感谢德国同行提供的理想的工作和生活条件。

需要强调的是，在成分分析法独占统治地位的时代，曾隆重宣布原则上放弃"区分性语义特征"，认为它们是语言单位意义体现手段中非常弱小和不相称的手段。词汇意义和语法意义不是各个区分语义特征意义的简单总和，而是意义的复杂组织结构，这个结构有自己的内部句法。

2) 既然语义语言是研究者设计出来的一种可以利用全人类最简单概念的特殊逻辑语言，那么，这种语言在两个方面是通用的：第一，假设这种语言适用于任何类型的语言意义的描写，包括词法学范畴意义，句法结构意义和语言的其他内容单位的意义；第二，假设这种语言适用于任何语言的语义材料的描写。因此，在 Мельчук 的"意义⇔文本"多层级语言学模式中，语义层面与其他所有层面不同，没有划分子层级（表层和深层）：不能理解，表层语义层级能够对应的是什么。

我在最近 20 年所从事的研究及其初期成果体现在文献[0-22]中，这些研究使我得出一个结论：需要对上述构想做一些加确说明。特别是在[22]中表达了一个想法，每一种自然语言都拥有许多类型的词汇意义，这些意义如同语法意义一样，都会以必然的方法表现出来，也就是不依赖于讲话人的交际意图。譬如，在俄语中，运动动词 выйти, вылететь, выползти, выплыть 除了其他意义外，还都表示运动方式。讲俄语的人，即使是在他完全不关心某一动物用什么方式离开某地的情况下，也必须使用其中某一动词。试比较：Собака вышла из конуры. Птица вылетела из гнезда. Змея выползла из норы. Рыба выплыла из грота. 不能说：??Собака покинула конуру. ??Птица покинула гнездо. ??Змея покинула нору. ??Рыба покинула грот. 这样说听起来很可笑、过分庄重，很不自然，搞笑或者具有别的意义（"永远离开"）。不过，法国人在所有这些情景中都使用一个动词 sortir，就其语义成分的组成而言，这个词或多或少与动词 покидать 相符。只不过是，如果说对这个词重要的是指出，某人用什么方法做了方位的移动，它还要补充相应体的变化。

任何旨在对自然语言语义进行全面描写的语言学模式，都应该研究能够描写这些自动表现出来的意义层面。因此，在所提及的研究中，曾建议把语句体现形式中的语义层面分为表层和深层两个子层面。第一个子层面由模式的表层语义成分管辖。它的对象是自然语言的民族语义。

因此，不建议使用人工语言作为表层语义层面的元语言，而应像在传统词典学中那样，使用对象语言中通过特定方式简化和统一化了的标注语言，即具有一般意义的现实存在的词汇和句法结构。预计这种元语言才是最适用于民族语义描写的。但是，与传统词典学不同，在莫斯科语义学派的总体构想中，对元语言提出了明确表述出来的和更苛刻的应用要求。为了简便，下面只在词汇材料上对这些要求进行描述，虽然原则上它们完全可以应用于元语言的句法。

  1. 与俄语词典相比，元语言词典缩减了几个序列，其中，去掉了所有复杂的、不参与其他语言单位注释的词位（例如，敲诈，诽谤，宣誓就职等）。词典中留下两类词：语义原型词，即未被修饰的、不允许进一步做语义简化的词；语义上比较复杂的词（上述的"中间概念"），这些词被简化到距原型只差一步或数步之遥。

  2. 根据名词与意义相互单一对应的要求，对元语言词典进行规范。这意味着，在词典中应避免同义词和同音异义词。通常从同义词列中选出在修辞和语义上最中性的那个词进入元语言词典。Глаза 和书面语 очи（以及 буркалы，зенки 和 глаза 的其他口语—低俗性同义词）表示同一客体，但在注释类似 зрачок, радужная оболочка, белок, брови, веки, ресницы, трахома, конъюнктивит, катаракта, глаукома 之类词或表述时，只有 глаза（或它的句法派生词 глазной）参与注释。譬如，谁都不会想到用 зрачок 是"眼睛的一部分"或者说 глаукому 是"一种眼病"这样的注释。动词 брести（艰难地或悄悄地行走）；плестись（很慢地、很无精打采地走）；шествовать（庄严地走）；семенить（急促地小步行走）；петлять（不直行，绕圈子）。所有这些词都借助于动词 идти（行走）来注释，而不是用 идти 的同义词（ступать，шагать 等）。

  因此，从下列描述中将清楚地显示出，我们采用的元语言与维日彼茨卡的元语言十分相近。

1.2　注释理论：对注释及其功能的要求

  近年来，在《新编俄语同义词解释词典》的编写过程中，我们也对注释理论做了些确切说明。

  对同义词典而言，解释同义词之间的同和异的过程具有特别的意义。显然，在解释一个词位与其他词位的语义差别时可以使用任何手段，包括任何迂喻表达。因此，词位（及语言的其他内容单位）的迂喻表达被区分为定义性描写（词的本身意义的注释）和比较自由的解释性描写。

  注释——只是语言单位迂喻表达的一种，当然，是最有特权的一种迂喻。它完成以下四个功能：(1) 解释该语言单位的意义；(2) 成为确定该语言单位在语言语义体系中的地位的基础;(3)是语句从句法体现转向(表层)语义体现时,以及逆向转换时使用的语义规则;(4)是该语言单位与语句成分中其他单位语义相互作用的规则的基础。

只有注释有能力完成功能(2)、(3)、(4)并以此服务于语言学理论。但是,上述功能中的第一个功能——解释该语言单位意义的元语言功能,也可以由被我们称作解释性描写的其他迂喻表达来完成。譬如,如果我的谈话对方不理解动词 элиминировать(противоречия, препятствия),如果我有理由认为他能知道动词 устранять 的意思,我就可以说:"这就是 устранять(противоречия, препятствия)的意思"。既然未知词被简化成了已知词,就可以认为注释完成了,虽然这种解释不具有注释的形式。还有传递语言知识的其他手段可以用于此目的,例如,直接指向是某种表述所指的现实客体,比喻和隐喻,明示使用该表述的语用条件等。如果在自己的日常言语实践中有必要解释谈话对方不明白的那些语言单位的意思,则语言持有者就会切合实际地使用相应的手段。这样,他们就完成了自己的元语言活动[①]。

至于纯意义的注释,根据功能(2—4)对其提出了下述四个要求:1) 非同语重复性;2) 必须性和充分性;3) 等级性;4) 明确性。

前两个要求是纯逻辑的:注释不应含有错误的循环(非同语重复),注释的语言单位语义相符(必须性和充分性)。相对于后两个要求——某些语言学目标的结果,前两个要求具有更重要的意义。

综上所述可以看出,中间词汇在元语言中的存在提供了选择性注释的可能性,虽然只是同义的注释。可以借助于少量的"大语义板块"或大量的"小语义板块"来建构这种注释。因此,可以从上端(使其数量最小)或从下端(使其数量达到最大)对语义板块加以限制。对等级性和明确性的要求恰好使这些限制表述出来。

---

① 定义性描写和解释性描写的配合使用不仅仅有益于同义词词典。这应该成为任何追求自然语言语义全面描写的必须原则。只有这样,关于是否允许在意义描写时同语反复循环的冗长的争论可以画上句号:在注释中不允许同语重复循环,但在对意义做自由解释中使用这些手段并没有什么影响。自由的迂喻表达与意义解释的其他任何方法一样,模拟的只是讲话人的元语言实践,而注释模拟的还有语言的科学—语言学知识。

1.2.1 等级性要求

等级性要求表明,被注释单位应该是尽可能较大的语义板块。但这样的板块不能少于两个;反之就无法恪守非同语重复的要求。其结果是得以逐步将比较复杂的意义分解成比较简单的意义直到基本意义。

我们把对动词 обещать 的注释作为例子: X обещает Y-у, что сделает P = "X 知道或认为 Y 或某第三方对 P 感兴趣(预设),X 对 Y 说,尽管可能会有困难,他能做成 P(推断),X 这么说,是因为他想让人相信他,同时他知道,如果他做不成 P,人们将不再相信他(依据)"。

在这一注释中,下列成分属于语义原型:"认为"、"知道"、"说"、"做"。这里可以看出,所有这些意义在上面提到的维日彼茨卡的语义研究中都是作为语义原型使用的。在注释中出现的其他成分是非原型意义,因此,还需要进一步的解构。属于非原型意义的包括下列词:"感兴趣"、"尽管"、"困难"、"相信"、"知道"。所有这些词都需要一至两步才能简化到语义原型。相应的注释是:

A заинтересован в B = "A 认为,B 对他来说是好事,希望 B 能实现"(在这一步上达到了原型的层面);

P несмотря на R = "如果存在 R,P 不可能发生,这是正常的;在当前情景下,P 已经发生了或将要发生"(如果排除"发生"一词相对简单和直截了当的意义,这一步上达到了原型的层面);

P трудно для A = "当 A 在做 P 时,A 要付出大大超出标准的努力";

P необходимо для R = "如果 P 不存在,R 不可能发生"(在这一步上达到了原型的层面);

X верит Y-у = "X 认为,Y 说的是真话;X 为什么会这样认为的唯一原因是 X 认为,Y 不可能对他说假话"(达到了原型的层面);

X понимает, что P = "X 知道 P;这一知识的来源是对 P 这类情景正常性能的了解"(在这一步上达到了原型的层面)①。

在语义分解过程中达到原型的层面的判据是,在分解的最后一步上得到的语义成分,如果没有错误的循环是不可能再注释的。例如,видеть 可以注释为"用眼睛感知";слышать —"用耳朵感知"等。如果说将感知视作语义原型,那

---

① 对 понимать 的注释后来又做了补充,见论文《Проблема фактивности: знать и его синонимы》。

么,"眼睛"和"耳朵"也应该视作为语义原型,因为不用"视力"、"听力",也就是不回到 видеть 和 слышать,就不能解释眼睛和耳朵。顺便指出,在这种情况下,语义原型应选择那些其所指能够指示表现出来的词(即眼睛和耳朵)。

所以,我们采用的总体注释策略的一个很重要的特性就是等级性原则,也就是逐步将复杂意义简化到构成复杂意义的语义原型。考虑到在语义元语言中不允许有同义词,这样的策略提供了直接展示该单位与词典中最大数量其他单位的所有体系性语义联系。事实上,用于构建单位意义的语义板块越大,距语义原型的中间步骤就越多,因此,与这个单位有明显联系的词就越多。来看几个例子。

对 ультиматум(最后通牒)和 шантаж(讹诈)这两个词的普通词典注释,无法确认它们之间有许多共同语义成分的直观感觉。但如果遵循上述并不复杂的条件来注释这两个词,会发现在它们的词汇意义中有相当大的部分是交叉的。确实如此,无论是 ультиматум,还是 шантаж 的意义中都含有"要求受体做主体需要、而受体很不情愿做的事,这种要求伴有威胁:如果不满足要求受体就要遭受灾祸,在主体看来,这个灾祸大大超过为满足要求所忍受的不情愿"。Ультиматум 和 шантаж 语义上的差别在于:ультиматум 的语义中指出了(很短的)期限,在这一期限内受体必须完成主体的要求;шантаж 指出一种不道德的威胁:揭穿受体想极力隐瞒的在其生活或活动中的某些不光彩的或违法的事。从这些表述中清楚地显示出,在 ультиматум 和 шантаж 意义中,含有"要求","威胁"这类丰富意义的共同部分大大超过差别部分。

显然,不同词位之间的语义联系,无论这些联系属于不同词汇,还是属于同一个词(多义词),都应该物化地在其注释中反映出来。我们用这种观点来研究词位 привыкнуть 1"习惯"(很早起床,每天早晨做早操)和 привыкнуть 2"习惯"(对机床的经常的噪音,对新环境)。

所有的俄语详解词典和俄语同义词词典都注意到了动词 привыкнуть 这两个意义之间的差别(行为本身成为一种习惯——对主体以外的某种外部因素的被动适应)。但是,一般的注释还是没有阐释清楚,这两个词位之间语义的相同和差别到底在什么地方。试比较下列注释:

привыкнуть 1="获得一种习惯(做什么,如何做事等)";привыкнуть 2="掌握,习惯于什么"(MAC);

привыкать 1="掌握、获得某种习惯,学会做某事,学会如何做事";привыкать 2="掌握,习惯于什么"(БАС)。

运用元语言和上述意义注释原则,可以很自然地解决这些难题。Привыкнуть 1＝"由于在观察的数个时期内,多次重复某一行为或处于某一状态,其结果是,做这件事或处于这种状态成了主体行为或存在方式的标准"。Привыкнуть 2＝"由于在自己认为不正常的条件下度过一段时光,其结果是,这些条件变成了正常的条件,或者不再看做是不正常的"。

同时解决的还有两个问题:

第一,恰恰是由相对较大的板块构建的注释在心理上更容易被接受,因为它们保留着透明度特性。如果把比较复杂的词义直接简化成原型,尽管每一个原型都很准确,但实际上可能辨认不出来。试比较下列已经基本简化成原型的注释:X обещает Y-у, что сделает Р＝"X 知道或认为,Y 或者某一个第三方认为,P 对他有好处,并希望 P 能够实现,X 对 Y 说,他能做成 P,X 知道或认为,正常条件下不可能发生 P,如果 X 付出超出常规的努力,X 可以做成 P,X 这么说,是因为他想让 Y 相信,X 说的是真话,并认为 X 不可能对他说假话;X 知道,他如果做不成 P,Y 和其他人将不再认为他说的是真话;X 的这一知识的来源是对与当前情景对应的那一类情景标准特性的了解"。

第二,不仅为语言不同单位之间的体系性联系的定性评价奠定了基础,而且也为更精细的定量评价奠定了基础。这样的评价至少适用于两种情况:确定多义性事实(不同于同音异义词)和确定同义现象(不同于词位之间更自由的命题联系)①。

再回到 ультиматум 和 шантаж 这两个词的注释上。只要粗略一看就可以确定,它们之间意义的交叉部分比不同部分几乎多一倍,似乎据此足以认定它们是同义词。然而,ультиматум 和 шантаж 这两个词和其他语言中与它们相应的词汇一样,在任何同义词词典中都没有认定它们是同义词。这一点可以用不同部分的语义含量和语义价值来解释。

为了更清楚地表现语义含量和语义价值,同时确立这些性能的标准,简便起见,我们使注释摆脱内部句法结构的限制,给每一个词汇意义提供一份它所包括的意义成分清单。在本文中,这样的成分是:угроза(或 угрожать)"威胁", цель (比较:чтобы)"目的", требование(或 требовать)"要求", аморальный"不道德", разоблачение"揭穿", постыдность"不光彩", незаконность"不合法", короткий

---

① 在任何情况下都没有宣称,现在就可以和应该得到这样的评价。只是声明,在遵守上述所有要求和用建议的元语言进行表述的注释时,可以奠定比词典学中的传统语言和传统注释更好的基础。

"短的",срок"期限"等。以上所述表明,其中的每一个成分都具有双重特性。

一方面,这个清单中包括某些比较基本的意义成分,这些成分最终简化至最主要的(无修饰)的意义——语义原型。例如,требовать(要求)这一注释成分可以简化为这样一些语义原型:"хотеть——希望(有人做某件事)","говорить——说(讲话主体希望他做成这件事)","считать——认为(他应该做成这件事)","делать——做"等。同样的方式也可以从ультиматум和шантаж这两个词的注释成分中提炼出угроза(威胁),цель(目的),срок(期限)及其他成分。

另一方面,每一个这样的成分都可以进入对象语言较复杂的单位。譬如,成分"要求"可以进入这样一些词的词汇意义成分中:шантаж(讹诈),вымогать(敲诈),ультиматум(最后通牒),забастовка(罢工)(某个企业的工作人员要停止工作,同时对企业行政部门或国家权力部门提出一系列的要求,满足这些要求是恢复工作的条件)等等。

因此,每一个成分的定量分析可以用两个数量描述:进入成分的语义原型数量和成分进入的对象语言单位的数量。我们把第一数量叫做成分语义含量,把第二数量叫做成分语义价值。一个成分的语义含量与进入它的成分的基本意义的数量成正比,与此相反,它的语义价值与它进入的词汇意义的数量成反比。它出现的频率越高,它就越普通。与岩石中的金子和贝壳里的珍珠一样,成分的稀缺性预示出自己较高的语义价值[①]。

把这种推测运用到我们的例子中,可以直接看出,在"讹诈"一词的词位成分中,"不道德"、"揭穿"、"羞耻"、"不合法"是含量非常丰富的意义成分。由进入这些成分的主要意义成分的数量显示出来的总分量非常大。

在ультиматум(最后通牒)的注释中,时间成分的含量相当的少。确实,"期限"很自然会解释为"时间段",而"段"和"时间"好像都是语义原型。在词组"短期"中"短"的意义可以简化成三个原型:"меньше номы времени"(少于标准时间)。

因此,如果说"期限"这一成分在"最后通牒"的注释中占有一定分量,那么这种分量与其说是由它的语义含量决定的,不如说是由它的语义价值决定的。如

[①] 这里必须指出,不仅非基本语义成分具有不同的分量,语义原型也有不同的分量,试比较,原型"做"与分量更重(语义上更有价值)的原型"希望"、"感受"或"说"。

上所述，成分的语义价值与含这一成分的词汇意义的数量成反比。含有"期限"这一概念的词汇意义的数量非常少。我们知道有三个这类不大的词汇类别：表示获得某物体一段时间或使用一段时间的词（арендовать，снимать，сдавать，одалживать，занимать，вербовать 以及这些词的语义派生词）；表示终止某一活动的词（перерыв，перебой，перемена，перекур，перемирие 等）；带前置词 на 的类型（на два года）。因此，"期限"这一成分获得了很高的语义价值，也就是很重的分量。

比较词汇意义和语法意义成分中相同成分和不同成分的分量，我们就有可能更准确地判断它们的语义相近性程度。

1.2.2 明确性要求

现在转到对注释提出的第二个语言学要求——明确性要求。这一要求规定，注释中应直接含有该语句中其他词汇单位和语法单位的意义能与之相互作用的所有语义成分。例如，如果某一语义规则确定了词位 A 与语义成分 X 相互的作用，则这一成分应该在注释中明确地区分出来，即便这样会违反等级性原则的要求。因此，明确性要求比等级性要求更具有优先权，并确定出语义等级的底线：注释中语义板块的数量应以满足语义相互作用规则的需求为标准。

我们来看一个例子。类似 хорошая рецензия（好的评语）这样的词组不是单义性的。通常这个词组表示给予被评审的作品很高的评价：Он написал хорошую рецензию, но эта книга заслуживает лучшей. 原则上这句话也可以用于表示对评审书本身的文学和分析价值的高度评价。试比较：Он написал очень хорошую рецензию: теперь всем будет ясно, что эта книга никуда не годится. 试比较单一性的用法：положительная рецензия（正面的评价）——只是赞扬书，интересная рецензия（很有意思的评价）——只赞扬评语本身。

产生了一个问题：对 рецензия 这个词的注释要详细到何等程度，才能解释出这种非单一性？看来下面的注释可以满足这一条件：рецензия（Y-a на Z）＝"由 Y 做的对科学或文学文本 Z 的书面分析，在这一分析中 Y 对 Z 做出的一个评价"。根据类似"好、坏、正面、负面、出色、特别优秀"这类词和其他一些词在 рецензия 这类词的上下文的特殊规则，评价形容词"好"可以与"评价"成分相关联，这样就得出了第一种理解——"好的评价"；另一方面，根据适用于所有性质形容词的普遍规则，"好"可以与任何具有行为和行为结果意义的成分相关联，这样就得出了第二种理解——"好的分析"。这样一来，词组 хорошая рецензия 的非单一性就得到了形式上的解释。

总结以上所述，词典学元语言是对象语言中的标注语言。这种标注语言是由数量相对不大和统一化的词汇和句法构成的。语义原型是这种元语言的基础。借助于元语言，对象语言中复杂的语义单位（不仅是词汇的，还有语法的）在等级分解过程中简化成语义原型的特定结构。此时得到的注释（定义）具有一定的理论地位：根据这些注释可以确定词典中不同单位之间的体系性聚合联系，描述语言意义相互作用的规则。

2. 波兰语义学派对注释语言的研究方法

下面来研究由波兰语义学派阐发的语义元语言和语义原型的构想。在从事这一问题研究的波兰语言学家中，A. 维日彼茨卡的地位非常特殊。她在确定语义原型的选择方面做了巨大的独特的经验性工作，对这一概念进行了深入的理论研究，并把她找出的语义原型运用于几十种不同体系的语言的大量词汇和语法材料的注释。在现阶段，她的思想（见[19：6-18]）可以归纳如下：

1) 人类语言在复杂概念（语义复杂的词位）层面表现得非常多样化，这些概念中绝大部分对某一种民族语言而言是独具特色的。但是，在最简单的概念层面这些语言完全相似：这些概念总会以某种方式（词位、语法形式、句法结构）在所有的人类语言中表现出来。这些最简单概念不多，总共只有几十个。目前，A. 维日彼茨卡的清单如下：я（我），ты（你），кто-то（某人），что-то（某事），это（这个），все（所有的），два（二，两个），сказать（说），хотеть（想），не хотеть（不想），чувствовать（感觉），думать（思考），знать（知晓），мочь（能够），делать（做），произойти（发生），хороший（好的），плохой（不好的），похожий（相似的），такой же（这样的），где（在哪里），когда（在什么时候），после（在……之后），из-за（由于……），если（如果）。

2) 这些词义（是指具有一般意义的词，而不是指区别语义特征）不仅仅是概念清单。它们还可以划分出语法类型（名词、限定词、动词、形容词），用这些词可以构成最简单的句法结构——句子。这样的句例有：Я думаю это；Я хочу это；Ты делаешь это；Это произошло；Кто-то сделал что-то плохое；Из-за этого произошло что-то плохое. 自然语言中的这类最简单的句法结构也是通用的。

3) 同样，在每一种自然语言中，也可以区分出由最简单词汇和最简单句法结构组成的迷你通用语。语言中所有较为复杂的内容单位(词位、法位、词缀、句法类型)都可以用这种迷你语言来注释。而且,它们恰恰应该直接通过语义原型来注释。只有在这一条件下,在同一基础上所有人类语言与文化的比较才成为可能。需要特别强调,描写任何类型的意义(词汇意义、词法意义、句法意义等)都可以使用同一种语义语言,A. 维日彼茨卡将其称作"意义语言"。

4) 既然不同语言的这些迷你语言是基本吻合的,没有多大区别,那么应该选哪种作为工作语言呢——英语、俄语、波兰语? A. 维日彼茨卡在自己的大多数研究中都使用了英语迷你语言作为工作语言。

其实一眼就可以看出,莫斯科语义学派的构想与 A. 维日彼茨卡的构想基本上是相似的。这种相似在于:语义描写的主要工具是语义元语言,元语言理解为具有自己的词典和句法的语言。这种元语言是对象语言中的一种标注语言,与"区别语义特征"语言完全不是一回事。两种元语言都可以用于既描写词汇意义,也描写语法意义。

但是,这两种构想之间还是存在差异的。

首先,这种差异表现在注释在语言学理论中的地位和功能上。在莫斯科语义学派,注释是等级式构建的。这种条件具有理论地位,因为遵循这一条件可以展示词汇组织的体系性。在 A. 维日彼茨卡的构想中,等级式注释只允许作为技术手段和只能在个别情况下使用。此外,在莫斯科语义学派,注释是语义规则的对象,根据这些规则用单个的语法单位和词汇单位的意义构建整个语句的意义。在波兰学派,意义相互作用的问题放在了不甚重要的位置。

在本研究的上下文中第二个差异更重要些,它涉及语义原型的注释。

3. 语义原型问题

A. 维日彼茨卡关于语义原型的主要论点在于:语义原型是终极的最简单的意义核,因此是通用的。我们试图指出,事实上,语义原型并非一定是意义最简单的,所以在一般情况下不具有通用性能。

实质上,即便是自然语言中最简单的词,除了某种类典型核心,还包括能区分该词与它很相近的同义词的特定意义微粒。正是这种意义微粒在很多情况下更显示出民族特色。我们用语义原型"希望"(хотеть 与 want)为例来证明这一论点。

毫无疑问,被 A. 维日彼茨卡用作语义原型的英语动词 want 与动词 wish 有某种共同的语义成分。两个动词的意义恰恰是交叉,而不是叠加:want 除了表示纯粹的希望之外,还表示需求、不足、没有的意思(例如:I want it badly. — Мне это позарез нужно. Good advice is wanted — Требуется хороший совет.),而 wish 表示希望的(可能的)非物体性。因此,wish 常用于这类非现实结构:I wish he were here. — Хотелось бы мне, чтобы он был здесь. 但是,那个能使两个意义交叉的更简单的语义成分无法用英语手段词语化。因此,只有当在英语范围内不能对 want 做进一步分解的情况下,才能认为它是原型。

对应到俄语中的 хотеть 和 желать 这两个动词上,这一点也同样正确。在这两个词中,对原型这一角色更具竞争力的是动词 хотеть,它更中性,语义特殊性更少些。但是,即便这样,它的意义也不是全部与动词 желать 的意义重叠。除了纯粹的愿望之外,它还表示"需求"(Я хочу есть)、"现实意愿"(试比较相互对立的现象:Я хочу — Мне хочется)和"追求"的意思。事实上,俄语句子 Я хотел рассказать ей, что я пережил 是有歧义的:或者我非常想告诉她(Я так хотел рассказать ей, что я пережил);或者我有想告诉她的意图(Сначала я хотел рассказать ей, что я пережил, но потом раздумал)。动词 хотеть 语义中的意向性是如此之强,以至于 С. И. 奥热果夫和 Н. Ю. 什维多娃的词典中直接将这一语义成分纳入这一词条的注释,而 БАС 和 МАС 及其他详解词典划分出第二个意义:"打算,有意"。

而动词 желать 可以表示一种"不十分强烈"的愿望:Им (Рудину, Караваеву и другим подобным литературным героям) он противополагает людей, умеющих не только желать, но и хотеть (А. Кони, Воспоминания о писателях). 此外,这个词还可以"从上而下"地使用,补充指出主体认为其他人必须完成的那种愿望,试比较下列句子的不同:Я желаю, чтобы цыгане пели всю ночь. Я хочу послушать пение цыган. 再如:Не желаете ли заказать обед в номер? — Что желаете надеть — халатик или пижаму? (М. Булгаков, Мастер и Маргарита). — Вот, друг мой, эти господа (Е. Дашкова и др.) желают с тобой побеседовать, — сказал Шувалов (Ю. Даниэль, Бегство). 最后,在确定句和疑问句中,动词 желать 的所有人称形式都具有语用特色:或者是多用于叙述体裁:Петр Петрович желал показать себя перед товарищем радушным, щедрым, богатым — и делал это неумело, по-мальчишески (И.

Бунин, Суходол); 或者含有正式意义：Итак, прокуратор желает знать, кого из двух преступников намерен освободить синедрион: Вар-раввана или Га-Ноцри? (М. Булгаков, Мастер и Маргарита); 或者含有嘲讽意义：Тогда он написал в советское посольство, что желает вернуться в дорогое ему отечество (А. Солженицын, Архипелаг ГУЛАГ).

这样看，这两个动词的语义都很复杂：每一个词的意义都是由比较简单的共同部分（我们称作"纯粹的愿望"）和一系列特殊的补充成分一同构成。但是，既然这种共同部分无法用俄语手段词语化①，那么这两个动词中必须有一个应获得原型的地位。动词 хотеть 更有权得到这一角色，它更中性一些，语义特色更少一些。

这样看来，即便是俄语中，对应动词 хотеть 和 желать 意义交叉部分的比较简单的语义成分也不能够词语化。因此，只能用有条件的原型 хотеть 来替代真正的原型——真正最简单的意义②。

如果考虑到英语和俄语中含有愿望意义的其他动词，譬如 desire, хотеться

---

① 可能会产生一个想法：词组"纯粹的愿望"（чистое желание）是相应语义原型所求的表达方式。应当拒绝这样的假设。这一词组中的"纯粹"一词或者可能具有限定意义"仅仅，只有"，或者可能具有元语言意义"相应、本身意义"。这两个意义显然比语义元语言要求的要复杂得多（见[23: 88]对 только 的注释）。此外，在两种情况下都需要对"愿望"这一名词的词汇意义进行一定的运算，计算出"纯粹的愿望"整个词组的意义。显然，这样的运算，特别是元语言的运算与语义原型的地位不符，语义原型的意义应该是可以直接看出的。因此，关于名词"愿望"本身是语义元语言的假设不能认同。虽然在某些方面"愿望"的名词比动词的意义简单，但名词也有很重要的语义添加成分。其中主要的是"状态的强度"和由此指示出其坚持要求予以应用和实现的意思。试比较：непреодолимое желание, острое желание, гореть〈томиться〉желанием, сдерживать свои желания; Я хочу видеть и не могу освободиться от этого желания (В. Г. Короленко, Слепой музыкант, МАС); Я почувствовал настойчивое желание рассказать кому-нибудь о бабушке (М. Горький, Мои университеты, МАС). 此外，从语义上讲，名词"愿望"更像是动词 хотеть 的状态名词，而不是 желать 的，试比较：Я хочу спать — мое желание спать. 而不能说 Я желаю спать。

② 从上文中得知，对 хотеть 的解释不可能不违背注释理论的最低要求，在这方面所做的尝试[24: 282, 25: 61]引起了反对意见。其中最认真的注释是：X хочет P ＝"X 感到：P 好"(25: 61)。显而易见，这样的注释不够完整。其中没有考虑到 хотеть 表现出来的诸如"需求"、"积极的意愿"、"意图"这样一些意思。我可以感觉到某一物体好，但完全不想要它，譬如，由于我的机体或本人的相应的需求已经得到了满足；另一方面，可以通过 хотеть 来成功地注释 хорошо "好"：P хороший ＝"P 是他希望的正常状态"。这种可能性本身就证明，我们已经获得了基本的不能再分解的意思。事实上，хотеть 和 хорошо 的意义是不能注释的。

等情况会更复杂。Desire 加强了由动词 want 表示出来的积极意志的意义：(He received the position he desired. = Он получил должность, которой добивался)；而 хотеться 则相反,减弱了这种意思。这个词的语义核心与动词 хотеть 一样,但具有另外的添加意义：愿望被看做是人在自身感受到的一种很难确定的力量作用的结果。在这种情况下,两个动词意义的共同部分都不能用俄语词语化。随着向英语和俄语中相应同义词列的边缘过渡,它们之间的差距逐渐增大,试比较英语的动词 covet，long，yearn 与俄语中 мечтать（сделать что-л.），жаждать（сделать что-л.）等动词。

因此我们确定,无论是 want，还是 хотеть，尽管意义中共同部分很多,但都不是语义简单词汇。而且,能使纯愿望意义变得复杂的那些语义添加成分,对于英语和俄语分别各有特色。因而,这两个词位中的任何一个在作为通用语义语言基本元素方面都没有优势。

我们是将在该语言范围内不能进一步语义分解的那些词叫做语义元语言,尽管它们的意义可能并不完全是简单的。因此,语义原型性取决于所描写语言的词汇的结构：如果在该语言中没有可以解释词位 L 的 $L_1, L_2, \cdots, L_n$，那么就可以认为词位 L 是原型。

对语义原型性的许多其他竞争者（знать и know，думать и think，говорить и say）也可做类似的判断,但我们不打算这么做。重要的是表明,为什么上述 хотеть и want，знать и know，говорить и say 这些语义相对简单的词仍然不能在意义上完全相同,为什么不可能有另一种状况。

被选作原型的自然语言中的词汇永远是更深地植根于语言和文化的第一层面的词汇。它们服务于最大量的语用情景,这些情景反过来以不同的方式给它们增加色彩;另一方面,这些词在文化传统中得到了更多的加工,所以附着以各种各样的联想。譬如,俄语语言文化中非常典型的对立：хотеть и хотеться（见上文）,其他类似的对立：(думать — думаться, работать — работаться, писать — писаться, спать — спаться 等）。如果说语义复杂的词位的语言特殊性是由于比较简单的意义组合的独特性所决定,那么,语义简单的词汇的语言独特性是由于其在语言和文化中意义联系独特性所决定。

所述推理虽然有其不严谨性,还是可以得出结论：借助于被理解为对象语言中的注释语言——语义元语言主要是可以很好地描写民族语义。通用（深层）语义看来应该建立在人工逻辑语言的基础上,其词汇就是真正的原型——自然语言中准转换词汇的交叉部分。这是一种特殊的语义夸克——现实中存在的、永远不能在自然语言词汇中被物质化的意义。

这种夸克的例子是状态性。众所周知,表示同质状态、性能和关系的状态动词:видеть, слышать, хотеть, желать, знать, считать, думать (что), гордиться, стыдиться, завидовать, стоить, весить, изображать (如 Картина изображает зимний лес), относиться (如 Пумы относятся к семейству кошек), выситься, белеть 等,在不同的自然语言中的表现基本相同。

(1) 这些动词的语法聚合体是残缺的:没有命令式、没有被动态、没有纯体学意义的完成体形式(不能说 * Хоти уежать; * Видь картину; * Картина виделась им; * Им считалось, что семье без него пришлось трудно; * Картина изобразила зимний лес; * Пумы отнеслись к семейству кошек)。如果这些动词在名义上有上述某种形式,则这种形式任何时候都没有自己的典型意义。试比较文献[26:30-32]中所列的对句中命令式意义的分析:Гордись! таков ты, поэт (～ 你应该自豪);Бойся данайцев (～ 你应该害怕);Считай, что тебе повезло (～ 你可以认为,尽管依据不够充分);Думай, что хочешь(～ 你可以随便去想;你想什么对我无所谓);Знай, что она тебя любит(交流信息:你知道吗,她是爱你的)。在上述的所有情况下,命令式都没有其标准的祈使意义。见[27:72]对 знать 的分析。

(2) 这些动词的语义聚合体是残缺的:不能用于未完成体的现实—长度意义、预言性意义及其他意义,(不能说:* Он вошел, когда я видел похоронную процессию на улице〈слышал какие-то странные звуки в углу〉; * Завтра килограмм картошки стоит пятьсот рублей; * завтра он знает математику в объеме университетского курса)。

(3) 这些动词不能与时限性时间状语、目的状语以及大部分行为方式状语搭配,也不能与类似 заниматься, делать 这样的动词搭配(* Он видел картину за одну минуту〈знал математику за три дня〉; * С целью поступить в университет он знает математику; * С целью поставить пациента на ноги врачи думают, что ему нужно принимать хвойные ванны; * ловко〈постепенно, тщательно〉 считал эти претензии несостоятельными; * занимался тем, что гордился своими успехами〈стыдился своей бедности〉)。

显然,状态动词对不同层面(词法、句法、语义)的其他语言单位的这种反应的相似在语义上是有依据的。我们必须意识到,在这些词的意义中存在有某种共同的意义,这种意义是如此之小,所以在对其进行注释时无法以自然语言的形式展现出来。确实,只要简单看一下上述所列的状态词的清单,就可以确信,无论对这些类似的词的注释多么智慧,都无法含有共同的意义成分。

看来,还存在另外一些语义变量类型。因此,T. B. 布雷金娜(口头对本作者说的)关于"词类范畴意义是一个词意义中的元素"的假设很有意义,这种元素虽然不能被词语化,但在词汇中总是存在的。

在自然语言的任何单个词汇中都无法被物质化的那种意义,在我们的文献[22:25及后续页]中被称作非常规的语义特征。这是真正的语义原型。恰恰是应该由这些原型—构件、原型—夸克构建一种语义语言的词典,这种词典将适用于通用语义学。

参 考 文 献

1. *Апресян Ю. Д.* О новом словаре синонимов русского языка. // Изв. РАН. Сер. лит. и яз. 1992. No 1.

2. *Апресян Ю. Д.*, *Богуславская О. Ю.*, *Левонтина И. Б.*, *Урысон Е. В.* Образцы словарных статей нового словаря синонимов // Изв. РАН. Сер. лит. и яз. 1992. No 2.

3. *Апресян Ю. Д.* Синонимия ментальных предикатов: группа считать // Логический анализ языка. Ментальные действия. М., 1993.

4. *Жолковский А. К.*, *Леонтьева Н. Н.*, *Мартемьянов Ю. С.* О принципиальном использовании смысла при машинном переводе // Машинный перевод. М., 1961. Вып. 2.

5. Машинный перевод и прикладная лингвистика. М., 1964. Вып. 8.

6. *Жолковский А. К.* Лексика целесообразной деятельности // Машинный перевод и прикладная лингвистика. М., 1964. Вып. 8.

7. *Щеглов Ю. К.* Две группы слов русского языка // Машинный перевод и прикладная лингвистика. М., 1964. Вып. 8.

8. *Мельчук И. А.* Опыт теории лингвистических моделей "Смысл ⇔ Текст". М., 1974.

9. *Апресян Ю. Д.* Лексическая семантика. Синонимические средства языка. М., 1974.

10. *Мельчук И. А.*, *Жолковский А. К.* Толково-комбинаторный словарь современного русского языка // Опыты семантико-синтаксического описания русской лексики. Вена, 1984.

11. *Mel'čuk Igor*. Semantic Primitives from the Viewpoint of the Meaning Text Linguistic Theory // Quaderni de semantica 1989. Vol. 10. No. 1.

12. *Boguslawski A*. Semantyczne pojecie liczebnika. Wroclaw, 1966.

13. *Boguslawski A*. *On Semantic Primitives and Meaningfulness* // Greimas, Jakobson, Mayenowa, 1970.

14. *Wierzbicka Anna*. Dociekanie semantyczne. Wroclaw, 1960.

15. *Wierzbicka Anna*. *Semantic Primitives*. Frankfurt, 1972.

16. *Wierzbicka Anna*. *Lingua Mentalis*: *the Semantics of Natural Language*. Sydney, 1980.

17. *Wierzbicka Anna*. *Lexicography and Conceptual Analysis*. Ann Arbor, 1985.

18. *Wierzbicka Anna*. *English Speech Act Verbs*. A Semantic Dictionary. Sydney, 1987.

19. *Wierzbicka Anna*. *Semantics, Culture, and Cognition*. Universal Human Concepts in Culture-Specific Configurations. N. Y., Oxford, 1992.

20. *Апресян Ю. Д.* Английские синонимы и синонимический словарь // Апресян Ю. Д., Ботякова В. В. и др. Англо-русский синонимический словарь. М., 1979.

21. *Апресян Ю. Д., Ботякова В. В. и др.* Англо-русский синонимический словарь. М., 1979.

22. *Апресян Ю. Д.* Типы информации для поверхностно-семантического компонента модели "Смысл ⇔ Текст" // Wiener Slawistischer Almanach. Sonderband 1. Wien, 1980.

23. *Богуславский И. М.* Исследования по синтаксической семантике: сферы действия логических слов. М., 1985.

24. *Труб В. М.* К проблеме семантического описания желаний // Wiener Slawistischer Almanach. 1993. Band 31.

25. *Зализняк Анна А.* Исследования по семантике предикатов внутреннего состояния. Mйnchen, 1992.

26. *Апресян Ю. Д.* Прагматическая информация для толкового словаря // Прагматика и проблемы интенсиональности (сборник научных трудов). М., 1988.

27. *Булыгина Т. В.* К построению типологии предикатов в русском языке // Семантические типы предикатов. М., 1982.

动词 ВЫЙТИ 的词典学肖像[*]

1. 词典学肖像的概念

词位的词典学肖像可理解为是在语言的统一或整合性描写框架下的词典词条。这种描写的整体构想在文献[1]中已有描述。

整合性原则要求词典和语法在其记载的信息类型和其记载方法上相互配合。只有在这样的情况下，词典和语法才能够在完整的语言学模式框架中相互作用。这实际上指两件事情。

一方面，每一个词位在其词典词条中应该以明确的形式注明语法规则可能要求照应的所有性能（构建在语法上的词典）。此时的语法规则可理解为普通语言学规则，包括音律、语义、语用、交际和搭配规则。

另一方面，语法的每一个规则的构建都应该考虑，构成其作用范围的词位记载有怎样的信息（构建在词典上的语法）。

词典学肖像作为置于整合性语言学描写框架下思考的一个词典学元素，与普通的词典学描写有本质上的不同。

(1) 这一概念包括了此前从未进入词典的关于词位的一些全新信息类型。譬如，关于词位的音律、交际和语用性能的非常规信息。

(2) 传统类型的信息大大拓展。譬如，对原来统一的单层面的注释现如今进行了划分，并作为许多分开的语义结构（判断、预设、情态框架、观察）的总和给出。注释内部的语义成分本身又分为强成分（在词位的任何使用条件下都保留的）和弱成分（被上下文中更强成分消除的）。有关搭配的信息量也极大地扩展了。从前搭配问题主要在词汇层面研究，然而，在词位中还有许多重要的音律、词法、句法、语义、语用和交际等方面的搭配性能和限制。

(3) 词典中的所有语言学信息都用和语法中同样的形式语言描写。

词典学肖像与普通的词典描写的纯语言学差别就在于这三点。但是，在这

---

[*] 文章首次发表在文集《Вопросы кибернетики. Язык логики и логика языка》, М., 1990.

两个客体之间还有纯理语言学差别。这些差别在于,词典学肖像词典要解决的是完全不同于一般类型词典注释的某种超级任务。这个任务又决定了词典学肖像描写与普通词典描写的两点不同。

(4) 尝试着展现词位的不同性能之间有理据的联系,譬如,词位的意义与词位的音律特性及支配模式之间的联系。

(5) 词位的词典学肖像是在特定的词典学类型的背景下描绘的。我们设定词典学类型是指相对比较紧密的词位群,具有共同的(音律、句法、语义、交际等)性能,因此要求同一种词典描写形式。这些性能的数量及要求与这些性能相互照应的语言学规则的数量越多,词典学类型就越重要。

这意味着每一个词典词条都既应该反映它与该语言中其他词位共享的那些性能(同一化或词典学类型问题),也应该反映出能使该词位与其他词位区分开的那些性能(个性化或词典学肖像问题)。

目前,作者正在做俄语动词支配与搭配词典,其基础是作者编写的双语词典的俄语部分[2]。新的研究被设想成词典学肖像词典,但有一个重要的前提。

所讨论的这部词典正是一部支配与搭配词典,这一状况形成了对词位性能完整性的一定限制。所以,词典中缺少某些重要的信息类型,譬如关于动词的句法和语义派生词的信息(лечить — лечение, врач, пациент, болезнь, лекарство, больница 等)。但在被关注客体的范围内,我们力求给出动词词汇最大限度完整的、整合的和系统的图景,即满足词典学肖像体裁的所有要求。

除上述特性外,这一体裁还具有一个优势:能够汇聚现代理论语言学的许多重要成果。

到 20 世纪的 60 年代就已十分清楚地看到,继续对传统的类似词汇类别这样的对象进行研究已无法得到全新的语言学知识。由于意识到这一事实,在语言学中发生了向两个全新的领域的突破:一个方向是宏观世界,或称语篇语言学;另一个方向是微观世界,或称语言学肖像化。

在后一个方向上,单个的词或词汇的单个意义成了精细的语言学研究的对象。开始用此前从没有过的细致和全面对它们进行描写。理论语言学在其存在的很长的历史中,第一次开始出产可用于词典的半成品。不利用这一可能性在词典学中体现出理论学家的发现,就意味着从根本上错失了复兴整个词典事业的机会。

为了对所构思的词典学肖像词典给出一个更完整的概念,我们来分析该词典词条的总体模式和词典中包括的有关动词词位的信息类型。

2. 词典词条模式及词典学信息类型

　　一般情况下，一个动词词位的词典词条（词典学肖像）根据词典学性能的数量由下列 8 个区域构成：1. 词法区；2. 修辞区；3. 语义区；4. 语用区；5. 音律和交际区；6. 句法区（在本案词典中在这一区域描述的只有支配模式，而不是词位的句法特征）；7. 搭配区；8. 成语区。下面我们将详细分析每一个区域的具体内容，最后一个区域除外，在必要时可以简短地举例说明，作为例子可以使用俄语中的任何事实，而不只是动词词汇。

　　1. 词法学信息：

　　1.1　聚合体类型（借助于一系列关键词形式给出）；

　　1.2　体的对应成分及对体、时、式、人称、数等形式的限制（譬如，指出：在表示"原来是，弄清楚"和"转向某个方向"的意义时，动词 выйти 只用未完成体：Вы, выходит, мой дядя. 不可能用 * Вы, вышло, мой дядя. 再如 Окна кухни выходят во двор. 而不能用 * Окна кухни вышли во двор）；

　　1.3　同一个法位的变体形式（譬如，动词 завернуть, заготовить, осмыслить, срезать, подсеять，它们中的每一个都有两种未完成体形式：заворачивать 和 завертывать, заготавливать 和 заготовлять, осмыслять 和 осмысливать, срезать 和 срезывать, подсеивать 和 подсевать）；

　　1.4　能否成为分析式中的一部分（譬如 быть 在 будет читать ⟨работать, ...⟩中）。

　　2. 修辞信息：在所编制的词典方案中该信息是借助于传统的修辞标注体系给出的。词典所采用的修辞分类的本质不同并不是在这个区域的基础部分（修辞特征），而是在分类对象部分：不仅词汇意义和词汇可以是修辞分类的客体，还有句法结构以及能够实现该意义的自由词组。

　　3. 语义信息：

　　3.1　该词汇意义的分析性注释，在注释中划分出判断部分（在句法上是注释的主句中的人称动词形式），预设部分（注释文章中的副动词，或形动词短语，或从句）和情态框架；

　　3.2　同一词汇意义的不同用法（譬如，对于 быть 的系词意义，主语可以用一格形式，可以用二格形式的数量结构，可以用动词不定式或者命题主语等，如：

Парень был слегка навеселе. Людей было много. Ждать было некогда. Жаль, что он уехал);

3.3 有关允许词汇意义与语法意义在各种语境条件下组合的说明[譬如，限制方位动词 быть 的体学意义在有一格和二格形式作主语的否定句中实现：Отец не был на море. (未完成体的一般事实意义，而不是现实—时间长度意义)；Отца не было на море. (现实—时间长度意义，而不是一般事实意义)]；

3.4 同一个语法位的两种不同表达形式之间构成语义对立的可能性[譬如：动词 быть 的零位形式与 есть 形式在(准)所有格意义上的对立：Мальчику три года = "整三岁"—— Мальчику éсть три года = "不少于三岁"]；

3.5 该词位与语言的聚合体轴上(即词典中)的其他词位的语义联系(精确和非精确的同义词、相似词、精确和非精确的互换词、精确和非精确的反义词)。

4. 语用信息：

4.1 这样一些语用特征。譬如，能够用于施为性表述，不能被援引(试比较，熟语 как быть? 允许用于间接话语，熟语 так и быть 只能在直接话语中用于施为性表述)；

4.2 词位的非常规的言效功能(譬如，在由 что 引导的从句的语境中带动词 знать 命令式的句子没有祈使的言效功能：Знай, что она тебя любит)；

4.3 讲话人与听话人在社会地位、年龄、教育程度及其他方面的等级差异(如，人称代词 ты, вы 的使用)；

4.4 与本义中的意义成分不同的词汇附加意义或事物联想意义(譬如，动词 пилить 的附加意义"单调"，动词 рубить 的附加意义"急剧"、"尖锐"，动词 стрелять 的附加意义"快速")。

5. 音律和交际信息：

5.1 用主要句子重音将该词位突出出来的必须性—可能性—不可能性；

5.2 该词位有能力—无能力充当句子的主位或述位(譬如，像 понимать, знать, видеть 这些事实动词在与主要的主位推断性动词 считать, полагать, находить 等比较时，其内部的述位特性特别明显地表现出来：前者可以(有时甚至是必须)处于主要句子重音之下，而后者任何时候都不带主要句子重音，虽然它们可以带对比重音或逻辑重音：Вы понимáете, что вам ничего не угрожает? — Вы считаете, что вам ничего не угрожáет?)。

6. 关于支配模式的信息：

6.1 词位的语义配价，以能构成注释词目的命题模式中变量的形式给出（譬如，A вербует B из X-a для Y-a в/на C на T，式中，A——招募者，B——被招募者，X 可供招募的众多人数，Y——B 将要从事的活动，C——B 应该前去工作的地点，T——B 受雇的时间）；

6.2 形成语义配价的表层句法手段（格、前置词-格及其他手段）；

6.3 配价的句法可选性与句法必须性；

6.4 配价的句法共同从属性和非共同从属性；

6.5 同一词汇意义框架下支配模式的可转换性（句子 Он был в меховой шапке — На нем была меховая шапка. 虽然具有同义性，但不能认为是可转换变体，因为句子中实现的是动词 быть 的不同词汇意义）。

7. 有关搭配，或搭配限制的信息：

7.1 词法信息（譬如，礼貌性的 Вы 与形容词单数长尾形式和复数短尾形式的搭配：Вы недостаточно самостоятельная — Вы недостаточно самостоятельны，但不能说（在标准语中）*Вы недоста-точно самостоятельные 和 *Вы недостаточно самостоятельна）；

7.2 修辞信息（譬如，动词 быть 表示"到，来"意思时，可使用于修辞上中性的结构 Ивана сегодня не будет 和陈旧的结构 Вы будете к нам завтра?）；

7.3 语义信息（动词 выйти 在表示"耗尽资财"意思时，可与 за + Nвин 的前置词—名词格形式搭配，式中，N 的位置由可以表示时间段的任何名词充填：За день 〈за неделю, за месяц, за год, ...〉 выходит около семидесяти рублей）；

7.4 词汇信息（动词 выйти 在表示"终止处于某一状态"的意义时，可与 за + Nвин 的前置词—名词格形式搭配，式中，N 的位置只能由词汇的封闭式清单的名词充填：Ваша статья вышла за рамки 〈за пределы, за границы〉 установленного объема）；

7.5 语用信息（在标准语的规范之外，礼貌的 Вы 不仅可以与单数的长尾形容词搭配，而且可以与复数的长尾形容词搭配，但是，这时讲话人会暴露出自己较低的文化水平：Уж больно вы обидчивые）；

7.6 音律信息（在否定句中，动词 быть 的过去时形式的主要句子重音都移至否定语气词 не 上，阴性除外：нé был, нé было, нé были）；

7.7 交际信息（动词 быть 表示存在意义时，通常被提到前置于主语的位置，并构成句子的主位：Есть люди, которые не любят музыку）；

7.8 句法信息(譬如,表示典型特征时,限定词——参数性名词必须带从属成分：опухоль величиной с яйцо)。

不难看出,这一清单包含了文献[3]中已预先研究过的很多种类型的信息；另一方面,按照构想,所讨论的词典要比文献[3]走得更远,因为该词典的宗旨是,参考理论语言学对词位研究得出的那些成果,反映出词位中对规则来说所有重要的性能。

3. 动词 ВЫЙТИ 的词典学肖像

3.1 适用于 ВЫЙТИ 的词典学类型

动词 выйти 可以同时属于几种词典学类型。

第一,它是运动动词。与其他运动动词一样,它有起点、终点和路线等配价(выйти из леса, выйти на дорогу, выйти через черный ход),很容易与表示目的意义的名词性词组和动词不定式搭配(выйти за газетами, выйти погулять)。

第二,它是动词 идти 的派生词。它保留了动词 идти 的一些性能,譬如可以表示交通工具的运动(Теплоход вышел из Севастополя в Ялту — Теплоход идет из Севастополя в Ялту);表示活动的句子(выйти из боя — идти в бой);过渡到新的状态(выйти в генералы, идти в солдаты, выйти замуж — идти замуж);存在某种情景(Вышла неприятность — Идет эксперимент)。

第三,它是前缀 вы- 的派生,这种前缀在运动动词的成分中具有自己独特的意义,到目前为止,这些意义在词典中尚未被关注。А вышел из В в С 表示"А 从封闭的空间 В 运动到比较开阔的空间 С"。可以说 выйти из комнаты в коридор 或 со двора на улицу,但不能说 * выйти из коридора в комнату 或 * с улицы во двор. 这种情况下的更封闭空间和不太封闭(更开阔)空间之间的区别看来是客观的：在更封闭的空间内出入的可能性较少,而且运动的障碍更多些(вышел из леса на поляну. 但不能 * вышел с поляны в лес)。

前缀 вы- 的这些意义与前缀 в- 的意义在运动动词的成分中构成反义,譬如：войти из коридора в комнату ⟨во двор с улицы, в лес с поляны⟩"从较开阔的空间进入到封闭的空间",但不能反用 * войти в коридор из комнаты ⟨на улицу со двора, на поляну из лесу⟩. 这一区别对所有带前缀 вы- 和 в- 的动词,包括使役

动词都很典型。譬如：выбежать из комнаты в коридор — вбежать в комнату из коридора, вылететь из комнаты в сад — влететь в комнату из сада, вывести свидетелей из зала заседаний в коридор — ввести свидетелей в зал заседаний из коридора, вывезти фляги с молоком из-под навеса на открытое место — ввезти фляги с молоком с открытого места под навес.

然而，上述内容意味着"вы- ＋运动动词"的词典学类型应该根据"в- ＋运动动词"的词典学类型来描写，或反向类推。当然，认为带前缀 вы- 和带前缀 в- 的动词多义性结构是绝对对称的（镜缘性）未免是有些轻率的。譬如，我们发现，某些带前缀 вы- 的运动动词具有排除或派出的意义，这些意义与空间的封闭和开阔的对立不相干：Всю мебель уже вывезли. Осталось вывезти строительный мусор. Когда они выехали〈вылетели〉? Завтра мы выезжаем〈вылетаем〉за границу. 而与其相对应的动词 ввезти，въехать，влететь 不具有这些意义的直接反义。

动词 выйти 与其他词典学类型也有一些不太明显的联系。

譬如，可以发现，表示体力行为的所有动态性动词的意义基础都是"处所"（在空间的位置）、"性能"或"状态及存在"这样一些普通的意义。在许多语言中这些意义都能构成动词词汇的语义骨架或基础，因为它们描绘的是感知和思考物质世界客体的最简单情景。动态性动词对此补充了"改变"的意义［идти ≌ "改变所在位置"；выйти из транса ≌ "不再处于昏睡状态"；Вышла неприятность ≌"开始存在不愉快"以及使改变（实义动词）］。我们还发现，"位于"、"处于某种状态"和"存在"等意义的组合是俄语和其他一些语言中的存在动词的特点，首先是动词 быть 的典型特点。

这在词典学上意味着，词典编写人员在着手描写具有体力行为意义的动态动词时，应该寻找其意义中的"存在"组合，如果找到了"存在"的意义，应该像在存在动词的词典词条中给出这一意义那样，在该动词词条中做出注释，当然对复杂化状况要打些折扣。

对于动词 выйти 来说，这表现为下列这样一些意义的体系化和序列化问题，譬如，像 выйти из тюрьмы ＝"终止处在监狱中的状态"；выйти на работу ＝"开始处于工作状态"；выйти из состава комиссии ＝"停止作为委员会成员的状态"；выйти замуж ＝"开始处于已婚状态"；За месяц вышло около кубометра дров ＝"……不再有的状态"；Вышла неприятность ＝"……开始存在"等等。

这里复杂的情况是,正如从我们列举的不连贯的例句中就可以看出,在动词 выйти 深层的方位意义、系词意义和存在意义中有"阶段性"意义的常规性拓展,有时表现为完结,有时表现为开始。因此,词汇意义的序列化不能按一个词典学特征进行,而应同时按几个词典学特征进行。这时作为分类的初步基础自然选择那些可以给出较大义群的划分特征。基于这一原则,在动词 выйти 的词典词条中首先给出的是"完结"义群(譬如 3.2 中的 1-4 分组),然后是"开始"义群(如 3.2 中的 5-8 分组)。在这些义群内部,子义群按"运动"—"处所"—"性能或状态"—"存在"的顺序排列。最后,在子义群内部的意义按照直义—转义和转义少—转义多的方向排列。譬如:Девочка вышла из комнаты 和 Судно вышло из гавани; выйти на работу 和 выйти на экраны; Из него выйдет генерал 和 Из этой затеи ничего не выйдет.

词典学肖像化的另一个重要问题在于,什么可以称作次级词典学类型。为了明白这里在说什么,可以想象一下一般详解词典中多义词的词条。在这类词典中意义是按这样的顺序排列的:先是直义,或原始意义,然后是各种类型的派生意义和转义,最后是成语性单位。众所周知,词汇的隐喻化和成语化通常是靠消除其直义或原始意义中那些判断部分比重很大的语义成分完成的;另一方面,这一过程伴随着评价、预设和意义中其他细微元素的出现。结果到词条结束时,集中显现出许多意义,这些意义在粗略的表层语义成分上与某些其他多义词已经没有区别,但在很细微的评价、预设及其他类似的成分上却可以与它们区别开。此时出现的(伪)同义词列是词典学家的真正的绊脚石:传统的注释完全不能胜任对这些同义词之间语义差别的描写。被我们称作次级词典学类型的正是这些词列。在次级词典学类型的背景下特别难以勾画出准确的词典学肖像。

在 выйти 的词典词条中,词典学家遇到了不少很重要的次级类型:(1) выйти, уйти, израсходоваться, иссякнуть, истощиться (Все дрова вышли);(2) выйти, получиться (Из этих студентов выйдут хорошие инженеры);(3) выйти, получиться, случиться, произойти (Вышла крупная неприятность);(4) выйти, получиться, оказаться, выясниться (Выходит, что вы правы);(5) выйти, получиться, выпасть, выдаться (Роман вышел 〈получился〉 неплохой, День выпал трудный, Лето выдалось жаркое). 在最后一个词列中,前两个同义词表明,有人参与客体或情景的产生,而后两个同义词把情景的出现描绘成是由于自然界或外来力量作用的结果。

在下面提供的动词 выйти 的词典词条中,我们将尽自己的最大努力考量到上述所有问题和困难。词条从概述,或简要指南开始:用浅显易懂的表述列出意义的全部等级,而且每一种意义都附有简短语句作为说明。然后是词典词条的基干文本。标记方法主要利用的是文献[2]中采用的那种。法位得到新的更明晰的标注,完全是自显的,因此不需要解释。词典词条的文本在任何地方都可以被注释(添加在方括号内)中断,这种注释被视作词典的一部分。

3.2 动词 ВЫЙТИ 的词典词条

ВЫЙТИ, вы́йду, вы́йдешь;过去时 вы́шел, -шла, -шло;命令式 вы́йди;形动词 вы́шедший;副动词 вы́йдя;未完成体 выходи́ть;

1.1 "走着出来":выйти из комнаты;
1.2 "移动出来":Судно вышло из бухты;
1.3 "出发":Полк выходит завтра;
2. "终止继续在某地停留":выйти из тюрьмы;
3.1 "终止成为一部分或成员":выйти из состава комиссии;
3.2 "终止继续处于某种状态":выйти из повиновения;
3.3 "停止做":выйти из боя;
4. "用完,被消耗掉":За месяц вышло около кубометра дров;
5.1 "来,出现":выйти на работу;
5.2 "出现,成为可接近的":выйти на экраны;
5.3 "获得可能":выйти на заместителя председателя Гостелерадио;
6. "进入婚姻":выйти замуж;
7.1 "转变":выйти в генералы;
7.2 "从某人成长为":Из него выйдет генерал;
7.3 "开始存在":Из этой затеи ничего не выйдет;
7.4 "成为,结果是":Встреча вышла интересной;
8.1 "发生":Вышла неприятность;
8.2 "原来是":Выходит, вы правы;
9. "朝向某一方面":Окна выходят в сад.

1.1 A вышел из B в C = "物体 A 走着,从封闭空间 B 移动到较开阔的空间 C"["封闭空间"和"较开阔空间"这样的成分可以解释为什么不能说 * вышел во двор с улицы(应该说 вошел во двор с улицы),尽管可以说 вышел со двора на улицу; 近似同义词：УЙТИ 1.1；近义词：ВЫСЫПАТЬ 3.1；ВЫБЕЖАТЬ 1.1；ВЫЛЕТЕТЬ 2.1；ВЫЕХАТЬ 1.1；ВЫПОЛЗТИ 1.1；ВЫПЛЫТЬ 1.1；反义词：ВОЙТИ 1.1］.

$N^1_{им}$ V.

Мама дома? — Она вышла. Я беру нужные инструменты, провожу в порядок кран, прочищаю раковину, мою руки и выхожу (Ф. Искандер).

$N^1_{им}$ V{A им/ A твор/ P N^2_x}[A, P, N^2— 是 N^1 的状态].

Дети вышли раздетые 〈раздетыми, без пальто и без шапок〉. Заговорщики вышли (из дома) в плащах 〈в масках, с пистолетами в руках〉.

$N^1_{им}$ V {D/P_1 N^2_x}.

Из комнаты 〈из дома, из леса, из-за ширмы, из-за угла〉 вышел старик. Нам скоро выходить из автобуса. Водитель вышел из машины. Старухи, неся перед собой мисочки с кашей, осторожно выходили из кухни (И. Ильф и Е. Петров). Уже почти совсем стемнело, когда Галина вышла из рощи (А. Золотарь). Нина взглядом попросила меня выйти, сидеть на кухне и оттуда не выходить (В. Маканин).

$N^1_{им}$ V{D/P_2 N^2_x}.

Туристы вышли на дорогу 〈на узкую тропу, ведущую на перевал〉. Мы вышли на отмель 〈на широкую площадь, туда, где собирался народ〉. После ужина все выходили в сад и разбредались по дорожкам. Передовые части на следующий день вышли к Волге 〈к железной дороге, в тыл противнику〉. Бегуны вышли на старт. Сам Александр Васильевич Сухово-Кобылин, живя в своем имении Кобылинке, выходил к столу во фраке и белом галстуке даже тогда, когда не было ни единого гостя (Ст. Рассадин). На улицу почти не выхожу, чтобы не встречаться с одноклассниками (И. Гаврилов). Когда Меркулов вышел за шлагбаум, на шоссе уже стало темнеть (Л. Андреев).

$N^1_{им}$ V{D/P_3 N^2_x}[主要指从交通工具上下来].

Где вы выходите? Мы выходим в Салтыковке 〈в Перове, на следуюшей остановке〉. Туристы вышли на площади Революции 〈на Невском проспекте, у Большого театра〉.

$N^1_{им}$ V{в $N^2_{вин}$/ через $N^2_{вин}$}[N^2——通道].

Грабители вышли (из дома) через балкон ⟨через черный ход⟩. Зрители выходили (из зала) в одну дверь, остальные были почему-то заперты.

$N^1_{им}$ V на $N^2_{вин}$ [N^2 ——行为目的].

Дети вышли на прогулку.

$N^1_{им}$ V за $N^2_{твор}$ [获取或得到 N^2 是行为的目的].

Лена вышла за хлебом ⟨за почтой⟩.

$N^1_{им}$ V перед $N^2_{твор}$ [N^2 ——一个人或很多人].

Новобранцы выходили по одному перед строем и произносили слова присяги. Мне бы даже так хотелось: выйти одной перед целым полком солдат и начать стрелять в них из браунинга (Л. Андреев).

$N^1_{им}$ V $V_{инф}$ [$V_{инф}$ ——行为目的].

Дети вышли прогуляться ⟨подышать свежим воздухом⟩. Отец вышел посмотреть, не попался ли кто-нибудь в капкан. Автор (если только он не из тех, кого Редактор выходит встречать к подъезду) целиком зависит от Редактора (Ю. Буртин).

+ Когда я выышел из-за кулис на сцену читать стихи, я вдруг обнаружил, что ничего не помню.

[转义]

И как бы далеко ни уходил человек от своего гнезда, наступает возраст, когда он неодолимо повертывает взор свой в ту сторону, откуда вышел. Колхоз ⟨завод⟩ вышел из отстающих в передовые.

1.2 A вышел из B в C = "交通工具或仪器 A 从封闭空间 B 移动到较开阔的空间 C"[见注释 1.1; 以及在小船、轮船上的人; 近似同义词: УЙТИ 1.3; ВЫЛЕТЕТЬ 2.1; ВЫЕХАТЬ 2; ВЫПЛЫТЬ 2; 反义词: ВОЙТИ 1.2].

$N^1_{им}$ V{D/P$_1$ N^2_x}.

Караван вышел из оазиса. Корабль вышел из бухты. Кавалерийский эскадрон вышел из станицы. Из-за поворота вышел автобус. Откуда бы ни вышел этот транспорт, его необходимо перехватить.

$N^1_{им}$ V{D/P$_2$ N^2_x}.

Колонна автомобилей вышла на автостраду. Комбайны вышли в поле. Через месяц космический корабль выйдет к Марсу ⟨на околосолнечную орбиту, за пределы Солнечной системы〉. Он... догадается нанять яхту и выйти в море, откуда будет хорошо виден удаляющийся пляж (В. Маканин).

1.3 A вышел из X-а в Y="位于地点 X 并计划去地点 Y 的人或交通工具 A, 开始沿着从 X 到 Y 的方向移动, 并处于从 X 到 Y 的路上"[同义词: ОТПРАВИТЬСЯ 1.1; ВЫСТУПИТЬ 1.1; ВЫЕХАТЬ 1.1; ВЫЛЕТЕТЬ 1; 反义词: ОСТАТЬСЯ 1].

$N^1_{им}$ V{D/P N^2_X} [D, P N^2——时间].

Полк выходит завтра 〈через день, ровно в двенадцать, на следующей неделе, сразу после смотра〉.

$N^1_{им}$ V{D/P_1 N^2_X}.

Войска еще не вышли из города. Мы приехали на место сбора через пять минут после того, как оттуда вышел последний автобус.

$N^1_{им}$ V{D/P_2 N^2_X}.

Первый автобус выходит (из Бронниц) в Москву в шесть утра.

$N^1_{им}$ V{в $N^2_{вин}$/ на $N^2_{вин}$} [N^2——行为目的].

Завтра мы выходим в поход. Отряд вышел на разведку 〈на опасную охоту, на поиски пропавшей экспедиции〉.

2. A вышел из X-а ="某人 A 终止继续留在某一机构 X, 此前他曾被安置在此治疗或接受惩罚"[X——监狱、营地、医院、宾馆、拘留所, 但不是流放; 近似同义词: ПОКИНУТЬ 2; ВЫПИСАТЬСЯ 1.1; ОСВОБОДИТЬСЯ 1.1; 近义词: ВЕРНУТЬСЯ 1.1; 近似反义词: ПОПАСТЬ 1.1; ЛЕЧЬ 3.2; СЕСТЬ 4.1].

$N^1_{им}$ V из $N^2_{род}$.

Выйдя из тюрьмы 〈из лагеря〉, рецидивисты очень скоро снова туда попадают. Моя жена вышла из больницы (через два месяца). Сосед, недавно вышедший из заключения, бил на пустыре соседа справа, дважды побывавшего в заключении (И. Гаврилов).

$N^1_{им}$ V на $N^2_{вин}$[N^2——自由,任意].

Лагерь легко сближает людей по их главному признаку, по признаку несвободы, но когда человек выходит на свободу, обнаруживается, что разные люди по-разному ее понимают (Ф. Искандер).

3.1 A вышел из X-а="某人 A, 不想继续成为某一组织或小组 X 的成员,采取了正式行动以便终止成为该组织成员并已不再是 X 的成员"[近似同义词：ПОКИНУТЬ 2.1；ОСТАВИТЬ 3.2；近义词：ОТМЕЖЕВАТЬСЯ 1；近义互换词：ИСКЛЮЧИТЬ 2.1；近似反义词：ВОЙТИ 3.1].

$N^1_{им}$ V из $N^2_{род}$.

Чехов и Короленко вышли из Академии в знак протеста против неизбрания Горького. После кризиса 1956 года многие венгры вышли из партии. Я решил выйти из совета трудового коллектива ⟨ из правления лингвистического общества, из состава комиссии⟩. Сталин разгромил наше крестьянство, ⟨...⟩ "гарнизоны" установил — все эти репрессивные политуправления при МТС, да и сами колхозы, из которых не выйти было, как из заключения (А. Адамович).

3.2 А вышел из X-а = "客体 A 不再处于状态 X"[近似反义词：ПОПАСТЬ 2.1].

$N^1_{им}$ V из $N^2_{род}$.

Ребенок совершенно вышел из повиновения. Помогите мне выйти из этого затруднения ⟨из создавшегося положения⟩ [ср. ◇]. Андрей горяч и легко выходит из терпения ⟨из равновесия⟩. Короткие юбки выходят из моды. Мотор вышел из строя. Страна медленно ⟨постепенно⟩ выходила из кризиса.

$N^1_{им}$ V из-под $N^2_{род}$.

К четырнадцати годам мальчик совсем вышел из-под влияния ⟨из-под контроля, из-под власти⟩ родителей. Ваша жена уже вышла из-под вашей опеки.

$N^1_{им}$ V за $N^2_{вин}$ [N^2——范围、界限、边界……].

[Редакция] не отвечает за содержание данного раздела ["Полемика"] и следит лишь за тем, чтобы каждый из помещаемых в нем материалов не выходил за рамки установленного объема (Ю. Буртин).

3.3 А вышел из X-а = "一个人或许多人 A 停止从事某项活动 X"[近似反义词：ВКЛЮЧИТЬСЯ 2.2；口语：ВВЯЗАТЬСЯ 1].

$N^1_{им}$ V из $N^2_{род}$.

Рота вышла из боя, потеряв двадцать человек. С меня довольно: я выхожу из игры.

4. А вышел = "在某人的活动中，资源 A 被消耗掉一定的数量"[不常用，除第一个结构外，其他结构中更倾向于使用 уйти；同义词：УЙТИ 4；近似同义词：ИСТРАТИТЬСЯ 1，ИЗРАСХОДОВАТЬСЯ 1；ИССЯКНУТЬ 1.2；ИСТОЩИТЬСЯ 1.2；近似反义词：ПРИБАВИТЬСЯ 2.1，ПРИБЫТЬ 3].

$N^1_{им}$ V [常与 весь（вся，все，всё）等词连用——"完全消耗掉，用完"].

(Весь) табак 〈хлеб〉 вышел. Когда вышли снаряды, бойцы стали отстреливаться из винтовок.

$N^1_{им}$ V у $N^2_{род}$.

У бойцов вышли все патроны.

$N^1_{им}$ V за $N^2_{вин}$ [N^2——时间].

За неделю выходило около семидесяти рублей.

$N^1_{им}$ V на $N^2_{вин}$ [N^2——获得的客体].

Только на продукты 〈на питание, на одежду〉 вышло триста рублей.

5.1 А вышел на В = "某人 A 在休息一段时间后出现在他活动的地点 B"[B——通常是工作、服务地点；近似同义词：ЯВИТЬСЯ 3.1，ПОЯВИТЬСЯ 2.1，ПРИЙТИ 1.2；ПРИБЫТЬ 1.1；近似反义词：УЙТИ 1.1].

$N^1_{им}$ V из отпуска.

Ваш завлаб уже вышел из отпуска?

$N^1_{им}$ V на $N^2_{вин}$.

После поездки в колхоз около десяти сотрудников не вышли на работу. У Сергея был острый приступ астмы, и он выйдет на работу только через три дня.

$N^1_{им}$ V {из отпуска/ на $N^2_{вин}$}{D/ P N^3_x} [D, N^3——时间].

Когда вы выходите 〈выйдете〉 на работу? Я выйду на работу в понедельник 〈на будущей неделе, после праздников, через два дня〉.

5.2 А вышел = "客体 A 被公布于众，成为消费者可以接受到的"[近义互换词：ОПУБЛИКОВАТЬ 1，НАПЕЧАТАТЬ 1.2，ВЫПУСТИТЬ 5.2].

$N^1_{им}$ V[通常前置于主语].

Вышел новый номер стенгазеты 〈новый заем, новый спектакль〉. Тотчас же вышли новые газеты, и лучшие перья в России начали писать в них фельетоны (М. Булгаков). Выходили романы и фильмы, пресса более или менее успешно создавала впечатление разнообразия и борьбы критических мнений(Ю. Буртин).

$N^1_{им}$ V из печати [N^1——文学作品].

Вышел из печати новый роман М. Булгакова.

$N^1_{им}$ V в свет [N^1——文学作品].

Вышли в свет воспоминания советского разведчика〈никогда раьше не публиковавшиеся стихи Юлия Кима〉.

$N^1_{им}$ V в эфир [N^1——无线电或电视节目].

Наша передача выходит в эфир во вторник на следующей неделе.

$N^1_{им}$ V на экран / на экраны [N^1——电影].

Вышел на экраны замечательный фильм Абуладзе.

$N^1_{им}$ V в $N^2_{пр}$[N^2——出版社].

Книга Мельчука выйдет в издательстве《Прогресс》. Наша коллективная монография вышла в《Науке》.

5.3 A вышел на X-a ="某人 A 在试图解决在权力等级中只有占据很高地位的人才能够决策的问题时得以接近人物 X,而 X 或者本人在解决这一问题的权力等级中占据很高的地位,或者可以简化接近这种人的途径"[口语,低俗语体;未完成体现在时通常用于潜在意义"具有经常接近 X 的可能性":Твой шеф выбьет для тебя ставку, ведь он выходит на академика;近似同义词:ПРОБИТЬСЯ 2.2；ДОЙТИ 2.2；ДОБРАТЬСЯ 1.3；近义词:ПОПАСТЬ 3.2].

$N^1_{им}$ V на $N^2_{вин}$.

Чтобы решить ваш вопрос, надо выйти на Роганова. До президента мы еще не добрались, но на его референта уже вышли.

$N^1_{им}$ V на $N^2_{вин}$ через $N^3_{вин}$.

У Вадима есть знакомый, через которого можно выйти на министра. Я через Рузанну вышла на одного экстрасенса из Министерства тяжелой промышленности (Т. Толстая).

6. A вышел за X-a ="某一女人 A 与男人 X 结婚了"[近似同义词:ЖЕНИТЬСЯ 1;口语:ЗАРЕГИСТРИРОВАТЬСЯ 2.1,俗语:РАСПИСАТЬСЯ 3.2；ВЕНЧАТЬСЯ 1, ОБВЕНЧАТЬСЯ, ПОВЕНЧАТЬСЯ 1；互换词:ЖЕНИТЬСЯ 1;近义互换词:ВЫДАТЬ（ЗАМУЖ）;反义词:РАЗВЕСТИСЬ 1,

РАЗОЙТИСЬ 3.1].

$N^1_{им}$ V замуж.

Ольга недавно вышла замуж.

$N^1_{им}$ V за $N^2_{вин}$.

Ольга вышла за своего бывшего одноклассника. В наше время ... трудно выйти за хорошего человека(А. П. Чехов). Их младшая дочь выходит замуж за военного. После целой недели размышлений она определенно обещала ему позволить соблазнить себя, так как все равно через месяц выходит замуж за инженера(Я. Гашек).

7.1 A вышел из X-ов в Y-и = "以前曾属于群体范畴 X 的某人 A,由于自己人生的成功转到了群体范畴 Y,这一范畴的社会地位要比范畴 X 的高"["比范畴 X 高的社会地位"这一成分,可以解释为什么一方面不能说 * выйти из генералов в солдаты, 另一方面不能说 * выйти в жены ⟨в матери, в отцы⟩: 第一个句子不正确是因为将军 X 的社会地位比士兵 Y 的高, 这与注释相矛盾(试比较正确的句子 выйти из солдат в генералы); 第二个句子不正确是因为"妻子、母亲、父亲"的社会等级地位并不比这个人此前的社会地位高; 试比较 7.2; 近似同义词:ВЫРАСТИ 2.2; СТАТЬ 1.1; 近义词:ВЫСКОЧИТЬ 5; 近义互换词:ВЫЙТИ 7.2; 近似反义词:ОПУСТИТЬСЯ 4.2].

$N^1_{им}$ V из $N^2_{род}$[N^2——复数或集合名词].

Я сам из простых людей ⟨из крестьян⟩ вышел. Он вышел из низов. Из самой гущи народной(В. Катаев). Вышли мы все из народа(песня).

$N^1_{им}$ V в $N^2_{род}$[N^2——复数].

Кто-то из его детей вышел в офицеры ⟨в артисты⟩. Олег постепенно в большие люди ⟨в передовики производства⟩ выходит. К концу учебного года девочка вышла в отличницы. Виктор окончил курсы электриков и в первые помощники вышел(А. Арбузов). Новиков все хотел понять, за какие качества Неудобнов вышел в генералы(В. Гроссман).

7.2 A вышел из X-a = "某人具有这样一种能力,通过他的学习或获得的经验,他可以成为 A 级别的专业人才,X 具有这样的能力,他成了专业人才"[具有分类功能的系词意义;通常前置于主语;"A 级别的专业人才"这一成分可以解释,为什么不能说 ??Из него вышел Герой Социалистического Труда 〈георгиевский кавалер〉; X 的社会地位与 A 级别不重要: 可以说 Из этого солдата выйдет отличный генерал. 和 Из этого генерала выйдет отличный солдат. 同义词: ПОЛУЧИТЬСЯ 2.2; 近似同义词: БЫТЬ 1.1; 近义互换词: СТАТЬ 1.1; ВЫЙТИ 7.1; 少用: ВЫРАСТИ 2.2].

$N^1_{им}$ V из $N^2_{род}$.

Из этих студентов выйдут превосходные инженеры. Из Ивана вышел недюжинный живописец 〈артист〉. Из вашей довери выйдет 〈не выйдет〉 хорошая жена 〈мать〉 [比较对 7.1 意义的注解].

7.3 A вышел из X-a = "具有被做成 A 级别客体这样的性能和数量的某一客体 X, 被做成了 A 级别的客体" [存在意义; 通常前置于主语; 同义词: ПОЛУЧИТЬСЯ 2.3; 近似同义词: БЫТЬ 5.4; 近义互换词: ПРЕВРАТИТЬСЯ 1.1; ВЫЛИТЬСЯ 2].

$N^1_{им}$ V.

Ну что ж, уберите длинноты, и выйдет неплохой роман.

$N^1_{им}$ V из $N^2_{род}$.

Из этой затеи ничего не выйдет. Из двух метров материи выходит одно платье. Из хорошей повести вышла неплохая экранизация.

$N^1_{им}$ V у $N^2_{род}$.

История у меня не вышла, а повесть получилась (А. Бек).

7.4 A вышел X-вым = "客体 A 可能具有不同于性能 X 的一些性能; 由于某人活动的结果, A 获得了性能 X, 而讲话人这样看待这一事实, 好像在活动者的动机与客体 A 获得性能 X 之间没有因果联系" [具有分类功能的系词意义; X——非真实性能: 不能说 * Решение вышло неверным 〈ошибочным, правильным〉. 同义词: ПОЛУЧИТЬСЯ 2.4; 近似同义词: ОКАЗАТЬСЯ 2.1; ВЫДАТЬСЯ 3.1, ВЫПАСТЬ 2.1; 近义词: БЫТЬ 1.1; 近义互换词: ВЫЙТИ 8.1].

$N^1_{им}$ V D [D——评价性的].

Петр вышел отлично 〈хорошо, плохо, хуже всех〉.

$N^1_{им}$ V ($A_{им}$/ $A_{твор}$/ $N^2_{твор}$) [N^2——胜利者, 替罪羊, ……].

Роман вышел неплохой. Ужин 〈вечер〉 вышел невеселым. Встреча вышла интересная 〈интересной〉. Каспаров вышел победителем в соревновании на кубок мира. Все отделаются легким испугом, а ты выйдешь козлом отпущения.

8.1 Вышел X = "事件或情景 X 本可以不发生,由于某人活动的结果,X 发生了,而讲话人这样看待这一事实,好像在活动者的动机与 X 之间没有因果联系"[存在意义;通常前置于主语;近似同义词:ПОЛУЧИТЬСЯ 3.1, СОСТОЯТЬСЯ 1.1；СЛУЧИТЬСЯ 1.1, ПРОИЗОЙТИ 1.1; ВЫДАТЬСЯ 3.2, ВЫПАСТЬ 2.2; ПРИКЛЮЧИТЬСЯ 1.1; СТРЯСТИСЬ 2.1; БЫТЬ 4.1; БЫВАТЬ 2;近义词:СБЫТЬСЯ 1].

V [通常用否定形式].

Не вышло, не сбылось, не состоялось снова. / Все кончено. Тянусь в грядущие века (Н. Ковальджи).

$A_{им} N^1_{им}$ V.

Вышла крупная неприятность. Вышла некрасивая история. Вышла задержка в несколько дней.

$N^1_{им}$ V D.

Все вышло наоборот ⟨иначе, не так, как мы хотели⟩.

V так, ConjS [Conj——连接词 что, будто].

Вышло так, что мне пришлось на несколько дней уехать. И выходило так, будто у его жизни совсем не было начала (Л. Андреев).

8.2 Выходит, что P = "存在一个推理环节,其最后结论是判断 P"[只用未完成体形式;主要用作插入语;近似同义词:ОКАЗЫВАТЬСЯ 2.2, ПОЛУЧАТЬСЯ 3.1, ВЫЯСНЯТЬСЯ 1].

V.

Вы, выходит, мой дядя?

V что S.

Вот и выходит, что мне надо уехать. Ведь если танки сокращаюся в одностороннем порядке, выходит, что у нас этих танков был явный перебор (Ю. Кондрашов).

V S.

Выходит, я вам не нужен? Выходит, Вам средства девать некуда, кроме как в могучие чудища с лазерными пушками(Ю. Кондрашов).

9. A выходит на B = "建筑物 A,它的一部分或门窗朝向有客体 B 的一边"

[只用未完成体形式;近似同义词：БЫТЬ ОБРАЩЕННЫМ].

$N^1_{ИМ}$ V{D/P² N^2_X}.

Окна дома выходят в сад 〈на улицу〉. Куда выходит это дверь?

$N^1_{ИМ}$ V{D/P² N^2_X} $N^3_{ТВОР}$[$N^3_{ТВОР}$——门窗或 N^1 的一部分].

Дом выходил окнами во двор. Здание одной стороной 〈фасадом, торцом〉 выходит на набережную.

◇ выйти наружу ＝"暴露出来,显现"；выйти из берегов ＝"（水）溢出河岸"；выйти из головы ＝ "遗忘"；не выходить из головы 〈из ума〉 ＝"……在脑海中不能消失,长久地留在意识中[只用未完成体形式]"；выйти из доверия ＝"失去信任"；выйти из колеи ＝ "不再按常规方式生活"；выйти из положения ＝"摆脱困境"；выйти из роли ＝"出格,失去身份,试比较：выпасть из образа"；выйти из себя ＝"失去控制力"；выйти из-под кисти кого-л. ＝ "出自某（艺术家）之笔"；выйти из-под пера кого-л. ＝ "某个作家所写"；выйти в люди ＝"出人头地"；выйти в отставку＝"辞职"；выйти в тираж＝"不时兴,过时"；выйти на пенсию ＝"退休"；выйти на первое 〈второе, третье,...〉 место ＝"名列第一（第二、第三）"；не выйти X-ом [лицом, ростом, умом,...]＝"在某一方面差一些（脸面,个头,才智等方面）"；выйти сухим из воды ＝"摆脱干系,逃脱惩罚"；выйти боком кому-л. ＝ "没有好结果"。

参 考 文 献

1. *Апресян Ю. Д.* Интегральное описание языка и толковый словарь // "Вопр. языкознания". 1986. N 2. С. 57-70.

2. *Апресян Ю. Д.*, *Палл Эрна*. Русский глагол — венгерский глагол. Управление и сочетаемость. Будапешт, 1982. Т. 1-2.

3. *Мельчук И. А.*, *Жолковский А. К.* Толково-комбинаторный словарь современного русского языка. Вена, 1984.

词典学肖像(以动词 быть 为例)[*]

1. 词典学肖像与词典学类型概念

1.1 词典学肖像

适用于词汇描写的术语"肖像化"是在文献[1]中引入的。但是,在文献[1]的研究中只关注词位语义描述的完整性,而这种完整性是通过将该词位使用于更宽的语境范围,通过测试该词位用于描写尽可能宽的情景范围的适用性来达到的。

后来,词位的词典学相关性的概念大大拓宽了。特别是在现代俄语详解组合词典(ТКС[2])中,不仅对词位的语义性能,而且对其搭配性能进行了相当全面的描写。在很大程度上基于详解组合词典的思想构建的词典[3]也具有很大的意义(但遗憾的是,关于这一点没有预先做明确的说明)。

随着词典学(对词典学新现象的更全面的综述见文献[4])研究的再次兴起,理论语言学中的一些新趋势集聚了动能。这里有一个研究领域脱颖为一个独立的方向,可以完全有理由地将这一领域称作语言学肖像化。有关这方面的情况只要提及文献[5-12]的研究就足矣。

这样一来,就为词典学与语言学的新结合创造了一个前提,譬如,文献[13]中关于这种结合的尝试。

在发展文献[13]中提出的想法的同时,我们将词典学肖像理解为:在语言整合性描写框架下,对词位在语言学上所有重要的性能尽可能做全面的描述。

其中,语言整合性描写要求,在词典中每一个词位都应以明确的方式添加上语言学规则要求与之相互照应的那些性能。语言学规则当然不仅包括语法规则,还包括语义、语用、交际和其他规则。根据这一宗旨,几乎可以自然而然地得出:当把词位这一微观世界提供给词典时,应该考虑那些决定它在语言中的生

---

[*] 本文首次发表在杂志《Научно-техническая информация》,1992,серия 2,No 3.

命活动和在句子成分中的表现行为的所有联系及其相互作用。

根据语言学的总体规则研究词位,考虑它在词典中和在句子成分中的所有联系,可以使我们从全新的角度去考察词位中对词典学重要的所有性能。结果表明,这些性能要比到目前为止可以想象到的多得多,而且相当多样化。

词位的词典学肖像与一般词典描写的第一个区别就在于,其词条充满了新的信息类型,而且传统信息也得到实质性的拓展。

以前从来没有被描写过的或描写非常不系统的性能有:词位的音律性能、语用性能、交际性能(关于这一话题的材料,见第三章 быть 词典词条以及在后面章节中对事实性特征的讨论)。

对词典学相当重要的词位搭配性能的概念也有了极大的拓展。如今,这一概念除了词汇和语义搭配外,还包括音律的、词法的、语用的、交际的、和句法的搭配性能。从前对这些性能没有给予足够重视,就是因为这些性能只有在句子成分中才能清晰地表现出来。

即便是作为任何词典基础的语义信息,在容量上也有很大增长。例如,如果在一个词位的词典词条中不包括各种不同的词汇函数——精确和非精确的同义词、互换词、反义词、上义词、句法派生词和语义派生词,以及服务于这些函数的半辅助词,它就不可能成为迂喻表述规则的有效客体(关于词汇函数及迂喻表述规则,见文献[14])。

词典学肖像与一般词典描写的第二个区别在于信息的组织方法。此前词典只满足于单个地记载词位的不同身份。现今的词典学肖像化原则要求,在词典词条中体现出词位各种不同身份之间相互作用的更复杂的图景。譬如,显而易见的是,词位的支配性能和搭配性能在很大程度上是从其注释中引出的。词汇意义的特点在某些情况下决定了词位的音律性能,而音律性能本身又与交际性能联系在一起。来分析一个有代表性的例子——事实意义和借助于主要句子重音突出对应词位的可能性与句子的交际组织之间的联系。

事实动词 понимать, знать, видеть (= понимать) 在确定句中可以带主要句子重音:Он понима́л ⟨зна́л⟩, что ему ничто не угрожает; Ви́жу, куда ты клонишь. 在一般疑问句中,主要句子重音位于事实动词几乎变成了是必须的:Вы понима́ете ⟨зна́ете, ви́дите⟩, что вам ничто не угрожает? 因此,事实动词划入句子的述位部分。在典型的推断性动词 считать, полагать, находить 的背景下,事实动词的这一性能变得特别明显。推断性动词在可比条件下(不在句尾)

不能带主要句子重音,所以属于句子的主位部分:Он считал 〈полагал〉, что ему ничто не угрожает; Я нахожу, что ваши тревоги напрáсны; Вы считаете 〈полагаете, находите〉, что вам ничто не угрожáет? 对于推断性动词来说,唯一可能的音律突出的类型是对比(对立),而不是主要句子重音:Вы считáете 〈полагáете〉, что вам ничто не угрожает (или вы это знаете)?

即便是类典型意义不属于事实性的那些动词也获得这一性能,在特定的句法条件下可以由主要句子重音来突出。这类动词有:用于一般疑问句中的 говорить — сказать: Он сказáл, что мать больна? (事实意义,讲话人知道母亲病了)—— Он сказал, что мать больнá? (推断意义,讲话人不知道母亲是否病了,他想得到这方面的信息)。动词 сказать 在有重音时的实事性和在无重音时的推断性,还可以这样来证实:带重音的 сказать 可以自由地与间接疑问搭配:Он сказáл, куда уехал отец? 而不带重音的却不能:?Он сказал, куда уехал отец? 再比较英语动词 to understand 的下面两个用法:I understand your mother is ill "我知道你母亲生病了"(事实意义,母亲生病了)——I understánd your mother is ill "按我的理解,你母亲生病了"(推断性意义,讲话人认为,谈话对方的母亲生病了)。

事实性与主要句子重音和句子特定的交际组织类型之间的联系,在其他词类的词汇中也可以看到。在属于这类的词汇中我们只提及事实副词 действительно 和事实性形容词 настоящий 这两类。

副词 действительно 只有事实性意义,这种意义在两种用法中得以实现——状语和插入语。在第一种情况下,该词几乎总是带主要句子重音:Свекор сам подошел к невестке, которая действи́тельно была нездорова (С. Т. Аксаков). Она стояла спиной, лица не было видно, но чувствовалось — девушка действи́тельно грустит (Е. Катерли). 在第二种情况下,可以承载主要句子重音,虽然不是必须的:Доктор поднял голову. Действительно, сновавшие мимо окна загадочные птицы оказались винно-огненными листьями клена (Б. Пастернак). Говорили, что Ильину везет. И действи́тельно, все у него получалось удивительно вовремя и складно (В. Каверин). 与事实性副词 действительно 不同,推断性副词和副词短语 вероятно, возможно, должно быть 任何时候都不带主要句子重音。副词 действительно 的行为更有意思的是:插入语作为句法现象,在音律上的标记恰恰是不可以(在绝大多数情况下)在插入

语上带主要句子重音[15]。

А. В. 帕夫洛娃首次以我们感兴趣的角度对形容词 настоящий 进行了描写。在分析 Бородач — настоя́щий разбойник [="是某事的最好样板"] — Бородач — настоящий разбо́йник[="毫不怀疑的"]的对立时，А. В. 帕夫洛娃把这两种意义在语义上和在音律上的差异与名词中有/没有评价成分联系在一起。"разбойник 一词在第一个例句中没有评价的附加意义，第二个例句中表现出否定的评价"[16：8]。我们认为，还需要对这样的观察做一些补充和加确。

与上文分析的动词和副词相比，形容词 настоящий 的特别意义在于，它能在一个词的范围内兼容"事实"和"推断"两种意义。事实意义：X- настоящий Y = "X 具有属于 Y 类别的客体的所有种属性能，而不具有其他类别的任何种属性能"（Я никогда не видел настоящего носорога）。推断性意义：X- настоящий Y = "X 具有属于 Y 类别的客体的很多性能，所以被认为与该客体完全类似，但 X 不具有这一类别客体的主要种属性能，所以不能属于这一类别"（На крыше хаты моей стояла девушка ... настоящая русалка. М. Ю. Лермонтов）。

即使是从这两个例子中也可以看出，事实意义和推断性意义得到了不同的音律形式，因而完成了远非在任何条件下都能完成的不同交际功能。

首先，与形容词 настоящий 搭配的那个名词 Y 的语义结构很重要。名词 Y 除了具有基本意义外，应该具有比较（隐喻）的意义"在某方面像 Y"，或至少应该有这样使用的能力。这种能力是大多数物体名词，包括绝对中性的名词所固有的。譬如：Это — настоящий стол（指某一个具有平整切面的很大的树桩，许多旅游者围着它吃早饭）。

名词 Y 的基本意义不应该是纯评价意义。如果发生了这样的情况，则在任何音律条件下形容词 настоящий 实现的都是事实意义，试比较：Она — настоящая красавица ⟨уродина⟩。我们发现，正因为评价性名词发生隐喻化的程度最小，所以在这两个条件之间有内容上的联系。

将后一个条件放在句子的句法结构上：名词 Y 应该充当系词后面的从属成分，而形容词 настоящий 充当它的定语角色。如果形容词 настоящий 本身作为系词后面的从属成分，它所实现的只能是事实意义：Эти деньги — настоящие。带有事实、推断、描写和宣言式及其他类似的系词结构是像 Это — настоящий стол。这类标准的带系词结构的变体，在这些结构中 Y 占据直接补语的位置，而形容词 настоящий 是次要成分的位置：Его сделали ⟨изобразили, объявили⟩

настоящим мафиози, Я считаю его настоящим мафиози 等。在我们感兴趣的关系上它们与纯系词结构没有区别。

如果遵守所有这些条件的话，形容词 настоящий 在表示事实意义时可以由主要句子重音区分出来(Это — настоящее вино, Он — настоящий артист, Я считаю его настоящим артистом)，构成句子的述位，而名词 Y 实现自己基本意义"Y"。表示推断性意义时，形容词 настоящий 不能用重音区别(Ваш квас = настоящее вино, Ваш ребенок — настоящий артист, Я считаю вашего ребенка настоящим артистом)，在交际功能上是中性，而名词 Y 或者实现自己的宣言式意义(第二个例子中的 артист)，或者用于隐喻化表述(第一个例子中的 вино)。

关于具有事实意义的词汇吸引主要句子重音，并趋向于句子述位地位这一状况具有深层语用理据。在合作性交际的方针下自然重视可靠的信息，即知晓的确切程度；另一方面，具有推断性意义的词汇拒绝句子重音并趋向于句子的主位，因为它们的信息量在句子中被消除：它们只是显示出常规的情态"我认为"，暗中揭开句子内容。

词典学肖像与一般词典描写的第三个不同涉及词的词汇意义的注释。一般的词典注释是单层语义结构：注释中使用的所有元素都被视为同等权利的。但是，最近几十年的研究表明，在语言意义中有若干个意义层面——推理、预设、情态框架、观察者框架、理据。在推理层面内部还可区分出强语义成分和弱语义成分。意义的不同层面和一个层面内部不同成分的特性在于，他们对在句子中遇到的其他意义的反应不同。这些因素当然应该在词典学肖像中找到对等的反映。

最后指出的是，词典学肖像应该对应一个或几个词典学类型。只有这样才能够认为词典学描写满足了体系性的要求。词典学类型的概念曾在我们的研究[17]中描述过。因此，这里我们仅限于定义和一个简单的说明。

1.2 词典学类型

词典学类型是指相对比较紧密的词位群，它们在语义、句法、搭配、音律、交际、词法或其他语言学方面具有共同的重要性能，因此要求统一的词典学描写。这些共同性能越多，对于这些性能有要求的语言学规则越多，不同性能之间的联系越具理据性，它们在该语言中反映出的具有民族特色的世界朴素图景越全面，词典学类型就越重要。凭经验找到的词典学类型的组合是编写任何一部力图对词汇进行体系性描写的词典的自然而可靠的基础。

词典学类型的最好例子是表示物体线性纬度的参数性名词：длина，высота，ширина，толщина，глубина 等。这些词具有共同的语义、句法和词法性能。

首先在语义上重要的是这样一种状况：在这些参数性名词中，如同在对应的形容词中一样，反映的是空间关系朴素概念化的基本原则。其中主要的是相对论原则：在空间关系的朴素图景中，与科学的几何学（包括非欧几里德几何学）不同，物体的线性纬度不是独立的。它们彼此在其特有的外部形状和内部结构，这种物体的功能，在是否有地面支撑，在它的尺寸超过人体正常尺寸的多少，在观察者（顺便说一下，不同于相对物理学的观察者）相对物体的位置等一系列因素上是相互依存的（深度除外，它是相对独立和绝对的）。

物体的线性纬度是有等级的：第一级是"长"和"高"；第二级是"宽"；第三级是"厚"。等级中的位置是由物体匀称性及各种线性尺寸彼此间的相互关系决定的。那些从朴素几何学角度看没有任何其他线性纬度的客体，也可以被加上"长"和"高"的参数，譬如铁路的长度，山的高度。宽度要求双纬度，即客体至少还要有一个线性纬度存在，譬如公路的长度与宽度，规格不大的画的宽和高。厚度描绘的绝对是三个纬度，即立体的概念。此外，从规格上讲，厚度总是小于宽度与高度，而宽度总是小于长度。因此每一个纬度都有某一个临界点，在这一点它转变成另一个纬度。

从所述内容可以得出，在第一纬度（长度和高度）上，临界点位于小的一端上，在最后一个纬度（厚度）上，临界点位于大的一端上，在第二个纬度（宽度）上，两端上都有临界点。换句话说，物体的长度和高度可以无限增大，它们仍然还分别是长度和高度。但是，把它们无限缩小就不行了。如果其他线性纬度不是同比例缩小，那么，长度在某一个瞬间会变成宽度（譬如起飞跑道），而高度变成厚度（譬如，由高度变来的切肉的案板）。相反，厚度可以无限缩小，仍然还是厚度。但是，如上所述，它不能无限增大。如果其他线性纬度不是同比例增大，那么厚度会在某一瞬间变成高度（无缝的金属圆柱体）或宽度（从高空看堡垒城墙）。最后，宽度不可以增大也不可以缩小至无限，增大时会在某一时刻变成长度（譬如田野），而缩小时会在某一瞬间变成厚度（方木）。

有趣的是，在线性纬度上有这些临界点的存在，原则上与参数性形容词的"界限—无界限"性能不相关[18：65 及后续页]。产生的悖论是，在可以表示"大"的一极意义的参数形容词中，没有任何一个，包括 широкий 和 толстый，能

与表示特征完整度的副词 совсем 搭配,表示某一性能达到极点。譬如不能说:
* совсем толстая колода,* совсем широкая взлетная полоса,虽然从意义上
讲,对这类搭配好像并不应该限制:譬如 совсем толстая колода 可能表示,作为
菜板显得略厚了,应描述为 низкая"低的"(厚度变成高度)。相反,表示"小"的
一极的参数形容词,包括形容词 тонкий(厚度)却可以与这类副词搭配:совсем
тонкая доска〈стена〉,совсем тонкий слой〈пласт〉。与此相矛盾的一个明确事
实是:在由词组 совсем тонкий 限定的点上并没有发生任何向其他纬度的转变:
厚度减小的过程可以在超越这一点之后继续。

线性纬度与物体形状的关系可以用球和正方体的例子来说明:这些物体,
无论是那种都没有线性纬度,而只有整体规格。

任何有内部结构的物体,如果其纵向规格超过正常人的身高或与其相当,它
就有高度;譬如,比较一下房子和大石头。如果物体规格大大小于人的身高,在
其他条件同等的情况下,也可以将其称作厚度。在这两个纬度中选择哪一种,在
很多其他因素中首先是由物体内部结构决定的。具有实心结构的物体拥有厚度
(金属板),具有空心结构的物体拥有高度(小箱子)。

具有比较相似外形的物体,会因为其功能的不同而拥有不同的线性纬度,譬
如,用于跳高的竿具有长度,用于升旗的竿具有高度。

由于观察者在空间中相对于物体的位置不同,同一个物体会获得不同的线
性纬度。一个大集装箱,如果从外面看,它的纵向尺寸可以称作"高",如果从上
部往里面看,可以称作"深"。

这里不再描写朴素几何学的其他特性,有关这方面的研究见[18:58 及后
续页,19,20:102]。显然,所有这些问题都应该在相关的参数性名词和形容词
的词典描写中予以考虑,因为它们是显示出讲话人语言能力的重要方面。显然,
这是一个有难度的非常规性任务。

再讲一下绝大多数(但不是全部)具有线性纬度意义的名词的另一个性能,
虽然是表层语义性能,但很重要。它们的特征是具有同一种类型的常规多义性,
也就是"参数"意义复合化(譬如,небольшая〈средняя, большая〉высота
〈длина, толщина〉)——"该参数具有较大数量值"(прыгнул с высоты 就是指"с
большой высоты""从很高处",ушел в глубину 就是指"на большую глубину"
"进得很深",Толщины [дам города N] никак нельзя было приметить (H. B.
Гоголь)就是指"большой толщины""很胖")。这种意义复合化构成了一个比较

大的词典学类型的区别特征,其他的参数性名词也纳入了这种词典学类型：иду на скорости —"走得速度很快",обрабатывать под давлением —"在很大的压力下"等。我们发现,词汇 длина, ширина 中没有该参数数值很大的意思。

具有线性纬度意义的名词具有下列共同的句法性能：(1)它们都具有相同的两题元支配模式：высота〈длина, ширина, толщина〉деревянного бруса(添加了参数的物体)— высота〈длина, ширина, толщина, глубина〉в пять метров(参数及其数值);(2)它们都有能力支配带必须的从属成分的修饰结构：трубы огромной высоты〈длины,…〉, трубы высотой〈длиной,…〉в сто метров,但不能支配 * трубы высоты〈длины,…〉, * трубы высотой〈длиной,…〉;(3)它们具有相同的句法同形异义结构类型,这种类型部分地与支配模式中的第一位置和第二位置的表达手段相关,试比较 высота Эльбруса(A)"厄尔布尔士山本身的高度";(B)其他物体(其他山)相当于厄尔布尔士山的高度(Мы поднимались на Эверест и были уже на высоте Эльбруса);试比较词组 скорость света, цвет граната, улыбка ребенка, мужество солдата 中类似的同形异义现象。

最后,指出所有具有线性参数意义的名词的词法性能：在纯参数意义上它们或者没有复数形式(如 ширина, толщина),或者表现不充分(如 длина, высота, глубина)。换句话说,它们倾向于仅使用单数形式。

显然,并非一个词典学类型中的每一个词或词位都应该具有该类型的所有性能。前文已经提到,词汇 длина, ширина 就没有参数的复合化——"该参数的较大数值"的意思。因此,在词典中描写词位时,无论是对他们的共同性能(同一性问题,或词典学类型),还是它们的区别性能(个性化问题,或词典学肖像)都必须给予同等的关注。如果稍微偏离或夸大,这一原则就可能变成下列形式：假设已经得出词位 X_1 的词典学肖像,按照设定词位 X_1 是词典学类型 X 的典型体现。如果词位 X_2 也属于词典学类型 X,则它的词典学肖像应该构建成 X_1 的词典学肖像的复制品,直到语言材料对此抗拒为止。

2. 动词 быть 词典词条的前期信息

2.1 选择的依据

动词 быть 被选作说明词典学肖像思想的例子并非偶然。该动词位于词汇和语法的对接点上,是对词典学家的真正挑战。

它具有各种类型意义的整个思维空间——从纯词汇意义,通过半助词意义和情态意义,到纯语法意义。而且,各种不同意义之间的界限是如此的变化无常,以至于在辞典学家的每一步中都设有陷阱。

动词 быть 展示了所有语法形式类型的整个组合,包括异干形式（быть，есть，суть）和零位形式。这些形式处于非常复杂、有时简直就是混乱的或不完全稳定的关系中。

该动词组合能力的幅度非常大。作为系词,就其在不同类型的结构和词组中使用自由度来说,它是独一无二的。况且,即便在处所意义、领属意义和存在意义上,其典型表现手段分别有 находиться, иметь, существовать,但它在自己的总体组合潜力上,在具体组合条件下产生的语义的、语用的和交际的细微差别上,都超过这些动词很多。

动词 быть 可以表述几乎所有可能的动词性句法结构和句子,包括大多数所谓的无人称句。在俄语句法的一极上它作为实义词使用,在另一极上涉及的是无动词的称名句（Кругом шум.）。

动词 быть 在词典中的作用也很独特。在它的语义结构中组合了四种类型的意义——系词、处所、领属和存在意义。在语义上与动词 быть 离得很远的其他动词类别中也有前三种意义,譬如在运动动词中。用动词 выйти 的例子来说明这一点。系词意义：выйти замуж ～ "开始已婚状态"；выйти в генералы ～ "开始是将军"；встреча вышла интересной ～ "会见很有意思"。处所意义：выйти из тюрьмы ～ "不再滞留在监狱"；выйти на работу ～ "开始处于工作中"。存在意义：Вышла крупная неприятность ～ "开始有很大的不愉快"，Из двух метров материи вышла одна юбка ～ "……开始有一条裙子"。这些用于系词的典型意义的组合在几十甚至几百个动词中都有发现。这样,动词 быть 就成了俄语动词词汇的基础。可以认为,在其他语言中系词也有这样的地位。由此就很清楚,词典学家在描写特定的动词类别时,应该调整到去寻找"意义有哪些典型的组合"。

几乎没有一个词典学问题是用动词 быть 的材料不能说明的。

最后一点,对该动词的研究相对比较透彻（例如,用不同语言类型学材料编写的多卷本系列[21]和专著[22-23]），因此选作研究对象比较方便,在此基础上可以认真研究将理论发现和成果转变成词典学产品的工艺。这一点我们已在文献[4]中描写过。但是真正完整的图景只能在展开的词条中得出,下面我们转到对词条的描述。为了保证本文的独立性我们还得重复文献[4]中的几个共性模式。

2.2 词典词条的总体模式

很清楚,前文中提出的词典学肖像概念是很难达到的理想。但是,描述这一理想,就像描述其他任何一个理想一样都是有益的。这一理想给出了一个定位,遵照这一定位,我们可以更快地接近语言学描写的终极目标的实现。从这一观点看,我们下面进行的对быть词条的描写仅仅是理想道路上的第一步。

其实,这一词典词条没有达到理想的全面完整还有一个原因。这个词条取自于本人编写的《俄语动词支配与搭配解释词典》,因此带有这部词典固有的词典学体裁的某些限制。然而,在已定的限制范围内,却又在语言整合性描写的框架下,有意识地追求对动词быть的全面描述,看样子还可以抓到该动词面貌中某些不可重复的特点。这使我们有理由相信,得到的词典词条会成为быть一词完整的辞典学肖像的重要部分。我们在编写单语的俄语词典时曾广泛采用了双语词典[24]中的材料,将本词条与双语词典中的быть词条相比,读者就会看出,本词条离自己的原型已有多远。

动词быть总共划分成六大意义群:(1)系词;(2)处所;(3)领属;(4)存在;(5)情态—存在;(6)助词。其中每一个都有若干个在内部有自己编号的意义,这样就形成了两个层级的意义等级结构。

动词быть的词典词条的总体模式带有规定的意义注释和代表性例证,表现形式如下:

1.1 "是": Мой отец был архитектором;
1.2 "等同": Это был Иван;
2.1 "位于": Дети были на озере;
2.2 "到什么地方": Его сегодня не будет;
3.1 "有": У него была прекрасная библиотека;
3.2 "年龄": Ему было двадцать лет;
4.1 "存在": Есть еще добрые люди на свете!;
4.2 "发生": Был ⟨будет⟩ дождь;
4.3 "出现": Было пять часов;
4.4 "遇到": С другом беда;
5.1 "确信事件不可避免": Быть грозе;

5.2 "确信不好的事态不可避免": Нам теперь крышка;

5.3 "应当停止影响作用": Будет с тебя;

6.1 作为可分式将来时的成分: Не буду вам мешать;

6.2 作为可分式被动态的成分: Проект был закончен.

下面列举 MAC 中相应的词典词条的简略形式,用于比较(// 表示细微的意义差别):

Ⅰ. 独立动词

1. "存在": Есть память обо мне; // "有": Через год будут у меня в стаде две голландки.

2. "位于,在场": И там я был; // "坐落,分布": Имение было недалеко от деревни; // "行为或状态": Он был в ярости.

3. "发生,完成": Не понимаю, что со мной было.

4. "来,拜访": Вы к нам будете завтра?

Ⅱ. 助动词

1. 主语与名词性谓语之间的系词: Будь готов;

2. 构成被动态: Я был глубоко оскорблен;

3. 构成将来时: Будете вы стрелять или нет?

我们可以提供全部材料,让感兴趣的读者自己去发现 MAC 词典与我们的词典在材料描述及材料的组织方法方面的整体性差异;但在本文的篇幅内不可能。下面(见注解)我们只是预先说明几个具有原则性特点或涉及俄语语法学和词典学"痛"点的差异。

2.3 词位的信息类型

既然这里讲的是整个支配与搭配词典的信息类型,那么,如果需要时,除了动词 быть 之外,我们还将吸纳其他动词用作说明例证。

1. 词法信息:

1.1 聚合体信息;

1.2 用于表示同一语法意义,即同一法位的形位变体,譬如:所有人称—数的现在时形式 есть 和零位形式;

1.3 法位信息:对应体(如果有的话);对体、时、式、所指关系、人称、数的限制(譬如,быть 5.3 的情态意义只能在单数第三人称将来时形式中实现);

1.4 关于参与构建可分式语法形式的信息(譬如,6.1 和 6.2 的意义)。

2. 修辞信息——借助于传统修辞标注来表述。唯一的新意在于：修辞分类的对象不仅仅是词位、词组和语法形式，还有更复杂的单位——结构、自由搭配词组、特定类型的句子。譬如，系词后带五格形式表示 быть 1.1 意义的结构的古旧色彩(Он у нас поваром уже три года.)，用于表示 быть 2.2 意义的类似 Вы будете к нам завтра? 结构的陈旧色彩。再如其他材料中的修辞色彩：做插入语的 считать 命令式形式的俗语色彩(А он, считай, уже кончил институт)；动词 считать 的支配模式 кого-что за кого-что 的古旧色彩(Они считают это за вздор (В. Г. Белинский))及动词 полагать 的支配模式 кого-что каким 的书面语色彩(Он полагал необходимым вернуть бывшим владельцам их собственность)。

3. 语义信息：

3.1 词汇意义的分析性注释不是包罗万象的，但对支配与搭配词典的需要来说是足够的，譬如：Быть 5.1 X-у＝"讲话人确信，讲话时刻他思考的事件 X 不可避免地会在不久将来发生，这件事会以某种方式涉及讲话人或其他人"(Быть беде)。

3.2 同一法位的不同外展形式的可能的语义对立信息，譬如表示现实拥有意义的 быть 3.1＝0 (У него пластиковые лыжи, и поэтому он так быстро бежит.) 与一般拥有意义的 быть 3.1＝есть (У него пластиковые лыжи)。

3.3 类典型(词典)注释在不同句法结构和语法形式中的语义变体，譬如：推断性动词 думать 的完成体形式 подумать 在有情态词 можно 的上下文中的语义变体：Можно думать ～ "可以认为"(Можно думать, что переговоры пойдут успешно). 而 Можно подумать ～ "不能认为"(Можно подумать, что ты никогда не опаздываешь. 表示恰恰不能这样认为，因为人人都知道，你也迟到过)。

3.4 对体、时和其他语法意义在特定的句法结构和语法形式中实现的可能性的限制，譬如：表示处所意义的 быть 2.1 在有名词一格做主语的否定句中不可实现现实—时间长度意义，在有名词二格做主语的否定句中不可实现一般事实结果意义：Отец не был на море VS. Отца не было на море。

3.5 在一个词汇意义内部有不同的句法用途，譬如：表示系词意义的 быть 1.1 可以要求一格名词性主语(Парень был слегка навеселе)，当作名词性合成谓语时可以要求动词不定式或命题做主语(Сидеть дома было скучно)，当带有 некого, негде 这类复合代词时，可以要求动词不定式做主语 (Спать было негде)。

3.6 词的聚合性语义联系——精确同义词、非精确同义词、近义词、互换词、反义词。

4. 语用信息：譬如,熟语 быть по сему, так и быть 只能用于施为用法。

5. 音律和交际信息：一方面指借助于音段重音、主要句子重音、对比（逻辑）重音和加强语势重音来突出词位；另一方面指明词位进入主位或述位成分,譬如：быть 3.2 的零位形式进入句子的主位,有重音突出的 быть 3.2 的 есть 形式进入句子的述位：Ему три года（="整三岁"）— Ему есть три года（="不小于三岁"）。

6. 支配信息：

6.1 词位的语义配价构成：语义配价构成是借助于命题（格言式）形式中的变项传递出来的,而命题形式构成注释的切入点,譬如,前文 3.1 中的 Быть 5.1 X-y 的注释。

6.2 配价的构成方法：指出被支配词汇的词类或词类的子类别（N——名词,A——形容词,V——动词,D——副词或副词短语,P——前置词,P3——表示方位的前置词,Conj——连接词,Rel——关联词,Num——数词）；被支配词汇的语法形式（格、数、人称、所指关系）。借助于词类代码符号进行的句法结构描写以类典型情景为定位依据。在用来说明该结构的现实例句中,具有同一句法功能的整整一群词可能对应一个词类。必要时要指出引导出该配价的具体词位（前置词、连接词等）。还要指出词位支配整个句子（S）的能力和用其他可供选择的方法组建该配价的能力：Парень был веселый〈зол, навеселе, заметно глупее своей девушки, в унынии〉。同一配价的可供选择的表达方法由符号"/"划分开并置于大括号中。

6.3 配价的句法可选性和句法必选性：Иностранцы арендовали спорткомплекс "Олимпийский". Горожане неохотно арендуют землю（у колхозов）. Институт арендовал спортзал（за 1000 рублей）. Мы арендовали яхту（на два месяца）. 这一性能通过给原始结构（第一结构）添加可选配价（在上述例子中是原括号中表示的部分）来表示,在原始结构中体现出来的只是必须的配价。

6.4 配价的兼容性：兼容性明显表现在除了必须的还有可选配价的结构中,在我们专门为说明这一点而选的例子中表现不明显,我们采用＋号,譬如：
＋ Институт арендовал у завода стадион за 10 000 рублей на весь летний сезон.

6.5 配价的不兼容性：不兼容性是指配价不能共同实现。这一性能表现为默认——所有没有明确标示兼容的配价都可认为是不兼容的。例如，动词 отличаться 的配价"方面"与"内容"不兼容：可以说 отличаться от кого-л. по складу ума；或 отличаться от кого-л. аналитичностью ума，但不能说 * отличаться от кого-л. по складу ума аналитичностью.

6.6 支配模式的转换：即类似 Я считаю, что она красива ⇔ Я считаю ее красивой 这样的转换。

7. 搭配信息：

7.1 词法搭配：譬如，像 привыкнуть, отвыкнуть 等动词可以正常支配未完成体动词不定式（有两个或几个完成体动词不定式用于一个并列结构的完全惯用的语境除外）。

7.2 修辞搭配：譬如，像带有系词 быть 1.1 过去时或将来时形式的 Мой брат был 〈будет〉 профессор 这样的结构的陈旧色彩和书面语色彩。

7.3 语义搭配：（1）对被支配的名词词组有一定的限制，这些限制源于动词的语法形式或实现配价的方法，譬如：在 N1им V N2твор 结构中的 быть 1.1 现在时形式，在这一结构中，在 N1 的位置应该出现人的名称，而在 N2 的位置——指明他的职位和专业：Петр Фомич у нас дворником，但不能说 * Он у нас ветераном труда.（2）直接反向的限制——题元的语义类别决定动词形式或其变体的选择，譬如，在正常语境下选择 быть 3.1（领属）现在时形式的零位变体：У нее каштановые волосы，但不能说 * У нее есть каштановые волосы，虽然可以说 У нее есть родинки.

7.4 词汇限制：试比较七个 не-К 单位（некого, нечего, негде, некуда, неоткуда, некогда, незачем）清单，这些单位与系词 быть 1.1 在类似 Некому было жаловаться. Негде было спать 结构中的搭配，或七个 К-词（кого, чего, где, куда, откуда, когда, зачем）清单，这些词汇与存在意义的 быть 4.2 在类似 Есть кому пожаловаться. Будет где переночевать 结构中的搭配。

7.5 所指关系限制：譬如，在否定句中，动词 быть 2.1 支配的方位名词词组的称名作用(E. B. 帕杜切娃的思想)。如果这个名词词组表示一个大的空间客体，则在一般事实结果意义时词组自然理解为种属地位意义：За всю свою жизнь я ни разу не был на море 〈в лесу, в городе, в деревне〉. 在一般事实双向意义或现实—时间长度意义时，同样的词组自然理解为具体所指意义：Сегодня я еще не был на море〈в лесу, в городе, в деревне〉. Отца не было на море〈в лесу, в городе, в деревне〉.

7.6 音律限制：譬如，был, было, были 形式在与否定词 не 搭配时，не 把主要句子重音置于自己身上：Он там нé был, Его там нé было, Они там нé были.

7.7 交际限制：譬如在存在句中，存在动词 быть 4.1 把主语推到述位中：В Африке еще есть львы.

7.8 句法限制：(1) 被支配词必须有从属成分，如在结构 У нее были каштановые волосы 中这样；(2) 必须有限定成分或状语成分，如：Он у нас поваром. Я уже третий год поваром；(3) 固定或更倾向一定的词序，如：存在动词 быть 4.1 的情况；(4) 固定主句类型，如具有情态意义的 быть 5.3 的情况，这种情况只能用于直接话语：Будет с тебя；(5) 固定从句类型，如存在动词 быть 4.2 的情况，它支配由关系代词引导出的从句：Будет, что вспомнить〈с кем поговорить〉.

8. 成语信息：见◇.

现在来直接分析 быть 的词典词条。

3. 动词 быть 的词典词条

为了阅读下面安排的词典词条，必须知道其中采用的词典学标记。大部分约定的意义都已经解释过。有一部分由于其清晰性没有作解释。只做如下说明。

在意义内部可以区分出用法(由带括号的阿拉伯数字引出)，主要表示能实现该意义的结构的句法特性。

词典词条文本可以在任何地方被置于方括号中的注解中断。如果注解涉及整个动词，那么它就置于条目词后面，不加括号。

所有列举的结构和词组类型都加以说明。作者自己的卡片索引和一系列语言学和词典学研究是说明材料的来源，有一本书籍[25]在这方面的帮助特别大。在本文中为了节省篇幅，说明材料压缩至最少。

БЫТЬ, 将来时：бу́ду, бу́дешь；过去时：был, была́, бы́ло；命令式：бу́дь(те)；过去形动词：бы́вший；副动词：бу́дучи；现在时只使用三种形式：零位形

式(用于所有人称-数形式)、есть(用于所有人称-数形式)①和 суть(用于复数第三人称)②,而且最后这种形式只有系词意义中的 1.1 和 1.2 才有(见注②),而 есть 和零位形式非常复杂地分布在各种意义中。第二人称将来时形式在疑问句中可以有现在时意义: — Вы какой, извиняюсь, будете нации? — Я буду еврейской нации. А вы, простите, какой нации будете?（С. Довлатов, Компромиссы）。没有完成体;在与否定词 не 搭配的过去时中,句子重音位于在阳性、中性和复数形式的 не 上,而动词变成 ↓ не был, ↓ не было, ↓ не были③。

1.1 **А есть Р** = "物体或事实 A 具有性质 P 或处于状态 P"④[具有分类功能的系词意义;现在时以零位形式(Задача трудная)或 есть 的形式体现;后一种形式或者是古旧用法: Жизнь эта, бесполезно медлительная, почти стоячая, — есть уже достояние литературы, поэзии, бытовой живописи（В. Розанов）, 或

---

① 在词典 MAC 中,есть 被看做仅是 быть 的单数第三人称的现在时形式。其他用法划归到具有下列意义(或意义细微差别)的独立动词 есть 中:(1)事实上是: Не думай обо мне лучше, чем я есть;(2)存在: Есть страны, где паспорта вовсе не требуют;(3)处在: Есть кто-нибудь в комнате? (4)拥有: И ноты есть у нас。
不难看出,MAC 区分出来的意义准确地重复了 быть 的四个经典意义:系词、存在、方位、领属。Есть 的过去时和将来时形式在上述所有情形中都被 быть 的形式取代。在 есть 和 быть 之间还有严格的辅助性划分(根据时间范畴)。这符合补足语的经典公式[26],进而是有利于证明是统一词位的第二个有利论据。反对这一决定的唯一证据是缺乏 есть 与零位形式完全自由的交替(见意义 1.1, 1.2, 3.2, 4.3)。但是,试图把这一词位分成两个不同的词的后果是,есть 同时既被看做是现在时的复数第三人称,又被看做是现在时的单数第三人称。可是这样就出现了语法上禁止的两个不同动词的词形交叉的问题:есть 在现在时的单数第三人称形式时,既属于动词 быть,也属于动词 есть。

② 在词典 MAC 中,关于 суть 形式是这样说的:"быть 的复数第三人称现在时,也可用于单数第三人称意义"。从这样的表述中可以机械地得出,суть 成了动词 быть 所有意义的形式。这样的注释显然是不正确的:不能说 * Дети суть во дворе(方位). * У моего отца суть китайские книги(领属). * Суть люди, которые всегда будут помнить обо мне(存在)。换句话说,суть 形式只有一个系词意义是应该记入词典的。如果根据类似 Сие не суть угроза, но предупреждение(М. Горький)的用法,就把 суть 作为单数第三人称现在时形式合法化有些冒险,因为这类用法已超出了标准语的规范,或者依据类似 Это не суть важно 这样的固定短语。

③ 在词典 MAC 中,这种音律信息是与词汇的重音一并给出的。结果是,词汇重音与句子重音的差别被模糊了。

④ 在词典 MAC 中,系词意义(Будь готов)是独立于状态意义的(Он был в ярости)。事实上,在这两种结构中实现的是同一个动词意义,哪怕是从它们搭配的一个事实中都可以得知这一点:Я в некотором недоумении от того, что мне о вас рассказывали, но готово вас выслушать. 试比较 Я в обиде на вас 或 Я обижен на вас。

者用于伪定义体裁：Соцреализм есть умение хвалить начальство в доступной для него форме①；同义词：являться；近似同义词：становиться, делаться; оказываться; казаться; восприниматься; рисоваться; видеться; бывать]②

1) 带一格形式的名词性主语

$N^1_{ИМ}$ V D

Парень был слегка навеселе. Матросы были заодно с мятежниками. Все было так, как он хотел.

$N^1_{ИМ}$ V {$A_{ИМ}$/$A_{КРАТ}$/$A_{СРАВН}$}[当 N^1 = "礼貌"的 Вы 时, ИМ 是单数形式 = 对于 A 来说是标准的：Вы тогда были очень красивая 〈совсем необидчивая〉; 如果 A 用复数形式, ИМ 是俗语：Уж больно вы обидчивые; 如果短尾形容词是复数, 对于 A 来说是标准的：Вы тогда были очень крвсивы 〈совсем необидчивы〉; 如果 A 用单数形式, 就不允许用短尾形容词：* Вы очень красива]③

Мяч был твердый и упругий. Ночь была лунная. Учитель 〈был〉 болен. День вечереет, ночь близка (Ф. И. Тютчев). Народ наш груб, он некультурен. Его нужно не баловать, а воспитывать (М. Горький). Тает в бочке, словно соль, звезда, / И вода студеная чернее, / Чище смерть, солонее беда, / И земля правдивей и страшнее (О. Мандельштам).

$N^1_{ИМ}$ V {$A_{ТВОР}$/$N^2_{ТВОР}$}[如果 V = 现在时, 则充当表语的只能是 N^2; 此时, (1) N^1 通常表示人, 而 N^2 表示他的职位, 专业等；(2) 在句子中有表示地点的

---

① 在词典 MAC 中, 现在时形式 есть 和 суть 被认为是书面语形式。我们认为, 它们的修辞特色 (在有修辞色彩的地方)不是记载(书面的)式的, 而是体裁式的, 更准确地说是言效性的: 利用这些形式我们给自己的表述标记成定义: Труд есть борьба человека с природою(Д. И. Писарев)。事实上, 它们并不是定义。逻辑定义要求 быть 的证同意义, 即意义 1.2, 在这个意义上允许题元与系词相互换位: Прямая есть кратчайшее расстояние между двумя точками = кратчайшее расстояние между двумя точками есть прямая. (关于证同意义详见[27])。

② 同义词、近似同义词、近义词、互换词和反义词的给出依据定位于实现该词汇意义的典型情景, 也就是定位于该词汇意义的词典注释、典型句法结构和典型词组。

③ 严格说, 与形容词长尾和短尾的匹配的这些规则, 实际上描述的不是动词 быть, 而是 "礼貌" 代词 вы; 试比较: Почему вы, обычно такая тактичная и чуткая, совсем не посчитались с его самолюбием? 所以, 在完整的俄语词典中这些规则应该记载在 вы 的词条中。但是在支配和搭配词典中最好将这些规则复制到 быть 的词条中, 因为 быть 是能支配形容词的长尾形式, 特别是短尾形式的一个主要动词。

限定语或表示时间的限定语/状语；(3) 结构总体上是古旧的,譬如：Он у нас поваром уже три года, Он давно поваром? 但不能说 * Ссылка на нехватку времени у нас формулой отказа. 或 * Он давно народным артистом? 在这种结构中, быть 的意义向"工作"的意思偏移]①

Ночь была ⟨будет⟩ лунной. Мой сын будет архитектором. Ссылка на нехватку времени была у нас формулой отказа от поручения. А я вам скажу, что женщина всегда была и будет рабой мужчины (А. П. Чехов).

$N^1_{им}$ V $N^2_{им}$ [在过去时形式,特别是将来时形式时,表示古旧或书面语修辞色彩, 只有当 N^1 = 或 N^2 = "民族",或按出生地、国籍称呼人的名称的情况除外]

Мой брат был профессор ⟨умнейший человек⟩. Это был ⟨будет⟩ замечательный доклад. Ее муж был кореец ⟨москвич⟩. Лошадь — очень преданное животное. Музыка — есть — бунт (М. Цветаева). Библия есть не столько книга с твердым текстом, сколько записная тетрадь человечества (Б. Пастернак).

$N^1_{им}$ V P N^2_x

Офицер был без кителя ⟨в крови, с пистолетом⟩. Олег был с детьми [试比较：С кем были дети? ——见 2.1]②. Иванов был из рабочей семьи ⟨из крестьян⟩. Жаркое было из кролика. Народ был против господ ⟨за Пугачева⟩. Отец был в отъезде. Казалось, что собака была в недоумении (А. П. Чехов). Полвека самое имя его было под запретом (Б. Сарнов).

---

① 第一眼看上去,这个关于在该结构中实现的不是系词的零位变体,而是动词 работать 现在时的零位变体的假设似乎合理。可以用下列反证来反对这一假设。如果承认 работать 的零位实现,我们定义为是某种特殊的事实,而 быть 现在时的零位实现则是十分平常的现象。

② 这一注解以一种模糊的形式引入了一个关于多义词意义"摇摆"的题目(见[28：190,18：179 及后续页])。在当前情况下对比的是系词意义与方位意义。对于这些意义来说,下列结构是典型的：Он был студентом 和 Он был в другой комнате. 在这里两个意义明显对立。在 Олег Петрович был с детьми 和 Дети были с Олегом Петровичем 这样不典型的结构中,这种对立的明显性被模糊了。一般来说,对句子 Олег Петрович был с детьми 可以有两种解释：系词的(Олег Петрович был с детьми, но без вещей и слегко навеселе) 和方位的(Олег Петрович был с детьми, а Маша ушла на рынок). 对于 Дети были с Олегом Петровичем 这个句子也可以用同样的解释。然而,根据 Олег Петрович 独立性来评定,第一种理解用于第一个句子更合乎逻辑,而根据孩子们的非独立性,第二种理解用于第二个句子更合乎逻辑。我们认为关于意义"摇摆"的这些或其他一些情况应以明显的方式(借助于交叉援引)引入词典。

$N^1_{ИМ}$ V в $N^2_{ПР}$[N^2 — 衣服、制服、索具、装饰品、眼镜等；N^1 — 穿用这些物品的人或动物]

Он был в коротеньком пальто 〈в меховой шапке, в новых сапогах〉. Офицер был в портупее. Собака была в ошейнике. Мальчик был в очках [试比较 быть 2.1 — На нем было коротенькое пальто 〈была меховая шапка, были новые сапоги〉]①.

$N^1_{ИМ}$ V $A_{РОД}$ $N^2_{РОД}$

Он был высокого роста. Колеса были разной величины. Скатерть была желтого цвета. Я был о вас другого мнения.

2) 在合成谓语结构②或在带表语无人称结构中，由动词不定式或一个命题充当主语③

---

① 类似 Олег был в новой шапке 的结构与类似 На Олеге была новая шапка 的结构同义，但是在这些结构中实现的是 быть 不同的意义：第一个是系词意义，第二个是领属意义。在这种情况下，每一个句子都非常严格地只有一个意义：这里没有任何的摇摆。那么，如何来解释 Олег был в новой шапке(На Олеге была новая шапка 的同义性？我们认为，其解释是：在类似 X был 1.1 Y-е 和 Y был 2.1 на X(式中，X—人（或带索具的动物），而 Y—衣物（索具）等)的结构中，быть в ≈ "谁穿上什么"和 быть на ≈ "什么穿在谁身上"的词典学意义发生了用两个完全相同的语义规则描写的变异，其结果是 быть 1.1 в чем-л. 和 быть 2.1 на ком-л 变成了精确的互换词结构（用词汇函数术语表示—$Real_1$ 和 $Fact_1$)。

② 我们不把这种结构看做是无人称句。在这种结构中主语的角色是由动词不定式或从句充当的。由一个事实可以做出有利的证明：这就是名词性的 это, что, одно 命题代词可以占据这一句法位置，这些词无疑是做主语的。试比较下列对话：— Одно было жаль. — Что именно? — Что он уехал. 对这种关系的传统解释不合乎逻辑：承认 Одно было жаль 是人称句，而 Было жаль, что он уехал 是无人称句，恰好是在后一个句子中的系词，与明显的事实相反，表现为一价动词。

③ 依我们的角度看，无人称句与人称句的差别不在于有无主语，而在于句子的表现形式：在所谓的无人称句中，主语表现为（表层）句法上的零位（见[29]）。由此可以得出，像 Грустно. Расставаться грустно. Грустно, что приходится расставаться. Это грустно 这类句子的句法结构是一样的，其准确性的差异在于主语类型的差异（当然，它们的语义结构是不同的）。如上所述，对无人称句的语法判定至少是表示在非典型的，包括零位主语的情况下，动词特有的匹配类型：БЕЗЛ＝{3-Л ЕД НАСТ/ БУД}或{СРЕД ЕД ПРОШ}（无人称＝单数第三人称现在时/将来时或单数中性过去时）。而且需要指出，在有一类结构中，与动词匹配的不是主语，而是名词性合成谓语：С проектом была полная неудача. 关于这些结构见[30]，[31：336 及后续页]。

$V_{БЕЗЛ}\{D/A_{КРАТ}/A_{СРАВН}/N^1_{ИМ}\}[D, A, N^1 \text{——合成谓语}]$①

Было весело〈неловко, стыдно〉. Ну что ж, будет жаль. Хотел позвонить ему, да все было недосуг. Смотри, хуже будет. Хочется ей лаять, да лень (А. П. Чехов).

$\{D^1/\ P\ N^1_X\}\ V_{БЕЗЛ}\{D^2/A_{КРАТ}/A_{СРАВН}\}[D^2, A \text{——合成谓语}]$

Здесь〈около камня, в пяти метрах от берега〉будет мелко〈глубоко, по пояс, с головой〉. На душе у меня скверно. В глазах темно, и замерла душа (А. С. Грибоедов). В пчельнике было так уютно, радостно, тихо, прозрачно (Л. Н. Толстой). В комнате тепло и тихо (И. Бунин). У Валерии Константиновны было холодно, они принесли из комнаты электрическую плиту (В. Каверин).

$N^1_{ДАТ}\ V_{БЕЗЛ}\{D\ /A_{КРАТ}/A_{СРАВН}/N^2_{ИМ}\}[D, A, N^2 \text{——合成谓语}]$

Всем было весело〈неловко, грустно, хорошо〉. Женщине было совсем плохо. Мне вас будет жаль〈жалко〉. Нам в деревне было раздолье[试比较 5.2]. Мне пора. Ему ничего не было слышно. Вам отсюда видно? - Подойди сюда. Тебе не мелко? (В. Маяковский).

$\{V_{ИНФ}/\ Conj\ S\ /\ Rel\ S\ /\ N^1_{ПРОПОЗ}\}$② $V\ \{\ D\ /A_{КРАТ}/A_{СРАВН}/N^2_{ИМ}\}[D, A, N^2 \text{——合成谓语}]$

Надо было уходить. Охота тебе разговаривать с такой злючкой (И. Бунин). И теперь ему скучно, неинтересно быть дома (М. Зощенко). Ждать мне было недосуг (И. Твардовский). Жаль, что он уехал. Мне тоже охота, чтобы он порадовался на этом свете (В. Шукшин). Нельзя, чтобы грешков не было (А. Н. Островский). Будет жалко〈хорошо〉, если он уедет. Грустно〈еще хуже〉, когда друзья ссорятся. Неясно, что он утверждает〈чего он

---

① 在我们所利用的词类的目录表中没有所谓的"状态范畴"。正如我们在文献[32：301-308]中所尝试指出的那样,"状态范畴"不是词类,而是一系列形容词、副词和名词的句法特征。其中特别指出,像 время, лень, охота 和其他许多这样的状态范畴的名词性成份由其与形容词定语的搭配所证实。试比较：Самое время подумать об отпуске. А полоть грядки — такая лень. Какая охота идти замуж за человека, которому самому есть нечего. 此前非常相似的观点曾在不应被忘记的文献[33]中表述过。

② 命题特性是属于像 одно, что, это 这类能代替整个命题的代名词所有的；试比较：Одно мне неясно — как он туда попал, 句中, одно = как он туда попал.

хочет, зачем это ему нужно, где он будет ночевать〉. Одно было неясно.

С $N^1_{ТВОР}$ $V_{БЕЗЛ}$ {D /$A_{КРАТ}$/$A_{СРАВН}$/$N^2_{ИМ}$} [A, N^2——合成谓语；D——合成谓语或由 как, так, так себе... 构成]

С работой было неясно. А как у тебя с деньгами? С деньгами туго. С дровами было плохо, с горючим - еще хуже (В. Панова). С продуктами было все еще трудно (В. Белов). В цехе азотной кислоты с автоматикой не блеск. С жильем были постоянные трудности.

3) 带动词不定式主语和复合代词 некого, нечего, негде, незачем, некуда, неоткуда, некогда 的情态结构[见 4.2 中的 2)]①

{N^1_x/ P N^1_y D} V $V_{ИНФ}$

Некому было жаловаться. Есть было нечего. Некем командовать будет (Ф. Абрамов). Не с кем поговорить. Жалеть его не за что (Л. Леонов). Не о чем было спорить. Спать было негде. Помощи ждать будет неоткуда. Вещи ставить некуда. Незачем туда ехать. Некогда будет вздохнуть.

$N^2_{ДАТ}$ {N^1_x/ P N^1_y/ D} V $V_{ИНФ}$ [N^2——动词不定式的主体]

Вам некому будет жаловаться. Детям нечего было есть. Мне некого послать за газетами. Нам не с кем будет поговорить 〈не о чем было спорить〉. Вам незачем утруждаться (К. Федин). Дмитрию некогда было подумать о чем-либо постороннем (В. Солоухин). Вам развернуться негде (В. Маяковский). А вот мне ехать некуда.

---

① 像 Негде (было) спать 这样的结构与 Было где спать 的结构联系紧密，但在这些结构中实现的是动词 быть 的不同意义——第一个是系词意义，第二个是存在意义。我们依据文献[34]对这些结构进行注释，在这一文献中包括有这些结构非常规的句法体现形式的详细论据；再比较文献[35]和[36]。这里只要对下列直接可以看到的事实给予关注就足够了。在句子 Жить было негде 中，动词 было 是系词，因为可以由不具有存在意义的系动词 становиться 和 делаться 来替换：Жить стало 〈сделалось〉 негде. 在句子 Было где спать 中，动词 быть 是存在意义，因为可以用没有系词意义的存在动词 найтись 来替换：Найдется где спать. 再譬如典型的存在动词 есть 的现在时形式：Есть где спать. 这样一来，在这些结构中发生了动词 быть 系词意义向存在意义"流动"和逆向的流动，这样的流动乍看上去很难发现。在许多其他带有动词 быть 的结构，就像在其他语言中的等同词一样，都有这种"双重性"。见文献[37-39]。

4) 在数量结构中带二格形式的主语[试比较 2.1 中的 2),3.1 中的 2)①以及 4.1 中的 2)]②

$N^1_{РОД}$ V {D/$N^2_{ИМ}$/Num$_{ИМ}$} [D,N^2——数量词]

Книг было много ⟨по меньшей мере миллион⟩. Людей было ⟨была⟩ масса. Комнат было четыре. Винтовок было никак не меньше ⟨больше, около⟩ ста③. Демонстрантов было до ⟨свыше⟩ пятисот человек. Их было только двое: ветеринарный врач и учитель гимназии (А. П. Чехов). Причин для арестов более чем достаточно (М. Горький). Нас было три девушки, и он ухаживал за всеми (В. Панова).

1.2 **А есть X** = "A 处于 1.1 的状态时等同于 X"[证同性系词意义;现在时表现为零位形式,定义性体裁除外]

$N^1_{ИМ}$ V $N^2_{ИМ}$

Это был стол ⟨Иван⟩. Пномпень — столица Камбоджи. Это был романс, сочиненный им накануне на старомодные немецкие слова (И. С. Тургенев). Меня осенила догадка, что это вовсе не Рубин, которого я превосходно знала,

---

① 曾探讨过意义"摇摆"的情况,或者还有同样的情况:在词汇多义性的基础上出现的整个句子的同形异义现象,这时只能有一种理解。与 2.1.2 和 3.1.2 的结构材料相比,1.1.4 的结构材料为讨论另一种类型的双重性提供了可能,这种双重性在文献中得到的称名叫"扩散性"[40:8],或者更具体"含混性"[18:179 及后续页]。在含混性的情况下发生同时实现两个意义,但感觉是一个意义的情况。在类似 Книг было много 这样的句子中,动词 быть 实现为系词意义。在类似 книг в комнате было много 这样的句子中,动词 быть 是带有系词元素的方位意义。最后,在类似 Книг у него было много 这样的句子中,动词 быть 是带有系词元素的领属意义。意义的这种含混也表现在这些句子的句法结构上,也就是这样的状况:动词 быть 同时有三个从属成分:主语(книг),地点补语或占有者(в комнате, у него)和表语(много)。

② 数量结构 Плакатов было много 和 Было много плакатов 几乎是同义的,但是,其中的第一个实现的是动词 быть 系词意义,第二个实现的是存在意义(4.1.2),这一事实曾在文献[41:133-135],[42],[25:556]中提及过。证明第一类句子中的动词 быть 是系词性的一个主要的有力证据是在"小数量"的上下文中主语仍保留复数形式:Плакатов было четыре ⟨три, два⟩。如果名词不是通过动词,而是直接与名词连接的话,那它就可能具有单数形式:Было четыре ⟨три, два⟩ плаката。因此,在所分析的数量结构中,同样也发生了系词意义向存在意义及反向的"流动"。

③ 在支配模式中,对前置词 от, до, около 和数量副词比较级没有事先予以考虑,而在例子中这些词却出现了。这时因为这样的前置词和副词引导所谓的近似数量词组,这样的词组又能来替换在一格、四格和二格及任何句法位置的不带前置词的名词词组。这是俄语句法的一个一般规则,没有必要再支配模式中重复。但在举例说明近似数量词组的部分例句时是有用的,因为它们能够展示出语法规则与词典信息在语言整合性描写框架下相互作用的路径。

а его брат（В. Каверин）. Наглость есть соединение бесстыдства с чувством безнаказанности（А. Шайкевич）. Чиновники и суть наша чернь: чернь вчерашнего и сегодняшнего дня（А. Блок）.

2.1 **А был в〈на〉X-e** ＝А 位于 X［方位意义；现在时表现为零位形式,在否定句中用 нет,在否定句中带有一格主语形式的过去时具有一般事实（结果）意义,但不具有现实—时间长度意义；试比较：Отец не был на море. ＝"父亲根本就没有去过海边",而且,在这种情况下使用的不是 море 一词的具体所指意义,而是种别意义[试比较 2.2]；在相同的条件下,但主语用二格形式表示现实—时间长度意义；试比较：Отца не было на море. ＝"在观察时刻不在……"①. 同义词：находиться；近似同义词：пребывать, присутствовать；торчать（俗语）, бывать（口语）；вертеться（口语）, крутиться（口语）, околачиваться（俗语）, тереться（口语）, толочься（口语）, топтаться（口语）]

1) 带一格形式的名词性主语

$N^1_{им}\ V\ \{D/P_3 N^2_X\}$

Андрей в школе〈на работе〉. Дети были на озере〈за рекой, в саду〉. Город в шести километрах от железной дороги. Ты был там？[见 2.2]. На стене〈справа〉была картина[在观察时刻或某一时间]. Она была в пятом бенуаре, в двадцати шагах от него（Л. Н. Толстой）. Знай я раньше, что у тебя здесь такая прелесть, ни за что бы... не ездил за границу（А. П. Чехов）. Я был на этой станции, видел, как в дождь работали японские комбайны（Б. Можаев）.

$N^1_{им}\ V\ P\ N^2_X$

При нем были большие деньги. С ним были дети［比较 1.1— Он был с детьми］. Со мной был чугунный чайник — единственная моя отрада в путешествиях по Кавказу（М. Ю. Лермонтов）.

$N^1_{им}\ V$ на $N^2_{пр}$［N^1— 衣服、制服、索具、装饰品等, N^2— 穿用这些物品的人或他身体的一部分；比较 1.1 中的 1)］

На нем［наезднике］была серая куртка с меховым воротником（А. Куприн）. На головах у них［немцев］были рыжие металлические тазы, предохранявшие их от шрапнельных пуль（М. Булгаков）.

---

① 对这个例子的更详细的讨论见文献[20]. 相似但不太完全的描述以前在文献[43]中也提及过.

2) 在数量结构中带二格形式主语[比较 1.1 中的 4),3.1 中的 2)]
$N^1_{РОД}$ V {D/$N^2_{ИМ}$/Num$_{ИМ}$}{D/P_3 N^3_X}

Комнат там было четыре. Театров в городе будет пять ⟨не меньше шести, от шести до десяти, около двух десятков⟩. Людей на площади масса. Следователей в Петербурге было много (А. Ф. Кони).

2.2 **A был в ⟨на⟩ X-e** = "某人 A 移动到 X,停留在那里从事某项活动"[通常用将来时和过去时;过去时具有双向的意思:"来(或乘车来)到 X,然后走了(或乘车走了)离开了 X";同义词:посещать;近似同义词:навещать, наносить визит; бывать, побывать; наведываться, проведывать; заходить, забегать, заглядывать;近义词:приходить, приезжать, прибывать]

$N^1_{ИМ}$ V

Врач сегодня уже был. Главного инженера завтра не будет.

$N^1_{ИМ}$ V {D/P_3 N^2_X}

Ты был там?[见 2.1]. Отец сегодня еще не был на море[试比较 2.1]. Врач будет у больного через час. Зеленин еще ни разу не был здесь (В. Аксенов). Я даже в магазине-то не был (В. Шукшин).

$N^1_{ИМ}$ V к $N^2_{ДАТ}$[陈旧语,只用将来时,N^2——通常指人]

— Вы будете к нам завтра? — спросила она холодно (И. А. Гончаров).

3.1 **У X-a есть A** = "X 有 A"[领属意义,现在时表现为零位形式或 есть 的形式,否定句中用 нет,在与人的身体的正常部分(不能指粉刺、瘤、痣等)搭配时,在有形容词定语的上下文中通常用零位形式;譬如:У нее каштановые волосы. 但不能说 * У нее есть каштановые волосы. 在与工具或方法的名称搭配时零位形式与 есть 形式构成对立:第一个经常表示现实拥有的意思,第二个表示泛指拥有;试比较:У него пластиковые лыжи (и поэтому он так быстро бежит) — У него есть пластиковые лыжи;如果所拥有的客体是主体内心世界的元素(想法、情绪、愿望等),更倾向于使用 есть 形式,而且其意义本身向 4.1 的方向偏移:У него есть желание ⟨намерение, готовность⟩ выступить с докладом на семинаре①. 对于领属意义而言,У- 名词词组前置于动词和主语词组的种属性地位是典型的,当 У- 名词词组后置时,意义可能变成为方位意义,而

---

① 发生这样的情况是因为"现实性公理",即拥有内心世界的某种元素和这种元素存在于内心世界是同一回事;见[34]。

主语具有具体所指地位；譬如：У меня есть деньги. ＝"我拥有属于钱这一种类的客体"——Деньги у меня. ＝"话题正在说的钱，在我这里"①；同义词：иметься；互换词：иметь, обладать]

1）带一格形式的名词性主语

$N^1_{им}$ V y $N^2_{род}$

У тебя будет время встретиться со мной? У нее много книг. У него была прекрасная лаборатория. У отца было другое мнение на этот счет. Да у тебя жар〈температура〉! У меня сегодня сверхурочная работа. Тебя ни в коем случае не тронут, ну, а в крайности, у тебя же есть паспорт на девичью фамилию（М. Булгаков）. У нее большие, тупо изумленные глаза рахитика и чудесная кожа нежно золотистого цвета（М. Горький）.

2）在数量结构中带二格主语[比较1.1中的4），2.1中的2)]

$N^1_{род}$ V {D/$N^2_{им}$/Num$_{им}$} y $N^3_{род}$

Людей у нас сейчас меньше, чем до войны（Ф. Абрамов）. У нас земельных статей уйма（Л. Леонов）.

3.2 **X-у было A** ＝"X 的年龄等于 A"[作为句子主位部分的现在时表现为零位形式和 есть 形式，当 быть 构成句子的述位时带有主要句子重音和对比重音；在后一种情况下，есть 表示"已经达到不少于 A 的年龄"②；在否定句中现

---

① 这也是意义"流动"的一种情况。

② 在文献[8：27 及后续页]中曾指出了一个有趣的情况：处在述位的参数型述体，如 весить Р，длиться Р，стоить Р 等表示的不是"等于Р"，而是"不少于Р"。进而进一步解释，为什么在否定词后面它们表示"少于Р"："不是不少于Р"＝"少于Р"。显然，这样的解释应该扩展到动词意义的类似使用上。对 И. М. 博古斯拉夫斯基的解释还可以再向前推进一步。类似 быть 3.2，быть 4.3，весить，длиться，стоить 这些动词的标准交际位置是在句子的主位。这是因为它们对句子的内容没有做出任何交际意义的贡献，这个作用角色整个是由相应的数量词组来承担的。譬如，在一口袋土豆与 200 卢布或一堂讲座与一个半小时之间的关系，就是不添加动词也很容易读出来。动词的意义或多或少包括在相应数量词组中，因此动词本身就剩下系词的功能了。在口语中，动词甚至还可以被系词替换掉：Почем（была）картошка? 所以得到的就是纯等量意义。接下来需要解释的是，为什么在述位的位置会产生"不少于"的意义。我们发现，为了把动词转移到确定句的述位位置，一定不能使用正常的句子重音，而是对比重音。换句话说，必须创造一种辩论性的语境。但为什么讲话人在自己与受话人的辩论中要坚持"不少于"，而不是"不多于"的主意——看来，这就得用语用学的考虑来解释了。如果句子 Пальто ↓ стоит тысячу рублей 是由售货员说出的，他关注的是明显的物质利益。如果这话是购买者说的，他是在安慰自己，这钱没有白花。试比较在相似条件下其他类别动词的必须：[20：74-90]。

在时由 нет 体现，通常前置于主语；近似同义词：исполняться, минуть; стукнуть（口语）, сравняться（俗语）；近义词：идти；互换词：достигать]

$N^1_{им}$ V $N^2_{дат}$

Ему три года["他的年龄整三岁"]。Ему ↓ есть три года ["已经满三岁"，"不少于三岁"]。↓ Есть ему три года? ["他已经满三岁了?"]。Лене было пять месяцев, когда погиб ее отец. В феврале нашему сыну будет ровно год.

4.1 **Есть X** = "存在一个 X"[通常指物体或人；纯存在意义；现在时表现为 есть 的形式，否定句中用 нет；通常前置于主语；在简单句中通常由义段重音来突出，与主语词组一起构成句子的述位；试比较：↓ Есть еще добрые люди на свете. 在复合句中句子无重音，并与主语一起构成句子的主位，而从句构成整个句子的述位；譬如：Есть человек, который всегда будет помнить обо мне. 当有地点限定成分时向 2.1 的方向偏移；同义词：существовать, иметься；近似同义词：водиться, бывать]

1) 带一格形式的名词性主语

$N^1_{им}$ V

Есть люди, которые никогда не забывают обид. Есть солнце — с огненными патлами, / С размахом пьяным — там, вовне, / А есть — безрадостными пайками / Прямоугольными — в окне (Ю. Даниэль). В ту черточку вместилось все, что было... / А было все! И все сошло, как снег (Э. Рязанов). Было предчувствие, что когда-нибудь за эту жертву спросится по большому счету (В. Солоухин). Есть мистика. Есть вера. Есть Господь. / Есть разница меж них. И есть единство. / Одним вредит, другим спасает плоть / неверье, слепота, а чаще свинство (И. Бродский, Два часа в резервуаре).

$N^1_{им}$ V {D/P_3 N^2_X}

В Африке есть львы ⟨жирафы, носороги⟩. Есть еще добрые люди на свете! Были здесь ⟨в этой деревне⟩ когда-то смелые охотники. Есть что-то морально нечистоплотное во всей этой возне. В мире горы есть и долины есть, / В мире хоры есть и низины есть (М. Цветаева).

2) 带数量词组的主语[比较 1.1 中的 4)；通常前置于主语]

V {D/$N^1_{им}$}

Всего было ⟨уже есть⟩ около тысячи демонстрантов. Была масса вопросов. Было много плакатов. Есть несколько ответов на этот вопрос.

4.2 **Было X** = "曾发生了某一事件，某一时间段或某一状态 X" [当 N^1——ИМ 时，现在时表现为零位形式，而且结构近似于称名句，特别是在有限定成分的情况下：Ночь. Понедельник. Кругом завару́ха, говор, крик, а на дворе, кажется, идет настоящая свалка (Ю. Тынянов); Замки и засовы в начале шестого (Б. Пастернак); Днем на солнце первые лужи, по утрам — первые сверкающие наледи (Г. Николаева); 通常前置于主语；近似同义词：идти, стоять；近义词：наступать, начинаться; проходить]

1) 带一格形式的名词性主语

$N^1_{\text{ИМ}}$ V

Была ночь. Был ⟨завтра будет⟩ понедельник. Было 11 декабря. Был 1941 год. Была война ⟨предвоенная пора⟩. Были и такие случаи. Был дождь ⟨снег⟩. Была буря ⟨слякоть, оттепель⟩. Пройдет война... и будет на земле много шума и радости (К. Паустовский).

2) 在由关系代词和关系副词 кого, что, где, зачем, куда, откуда, когда 引导的动词不定式句做主语的情态结构中，[试比较 1.1 中的 3)]

V Rel S

Будет, что вспомнить ⟨с кем потолковать о ваших делах⟩. Было о чем задуматься. Есть куда жаловаться. Комната была просторная, было где разместиться. Если бы и было куда спрятаться — нельзя (А. Фадеев).

у $N^1_{\text{РОД}}$ V Rel S [N^1——V 的主体或 у $N^1_{\text{РОД}}$——N^1 的个人范围]

У нее есть что вспомнить. У вас было с кем поговорить ⟨кому пожаловаться⟩. А у него есть где переночевать? У нас есть за что на судьбу обижаться (В. Распутин).

$N^1_{\text{ДАТ}}$ V Rel S [N^1——V 的主体]

Мне есть что читать ⟨что вспомнить⟩. Петру было куда пойти ⟨откуда ждать помощи⟩. Нам будет ⟨было⟩ о чем потолковать. И Жанночке моей будет к кому зайти (В. Дудинцев). Но мне-то хоть есть о чем думать, а ты-то что? (В. Шукшин). + У меня вам будет что читать ⟨где спать⟩.

4.3 **Было X** = "曾有过某一时间点 X" [现在时表现为零位形式或 есть 的形式；在后一种形式时主要句子重音和对比重音落在 есть 上，这时 есть 表示 "不少于 X"；否定句中现在时用 нет；通常前置于主语；近义词：быть]

$N^1_{\text{им}}$ V

Было пять часов утра. Разбуди меня, когда будет без четверти три. Сейчас восемь часов вечера ⟨ровно восемь⟩. Сейчас ↓ есть восемь часов["不少于八点"]. Сейчас нет восьми часов["不到八点"].

4.4 **А было с X-ом** = "发生了所不希望或难以确定的状态或事件 A,其主要参与者是某人 X,在没有自己意志的情况下被拉进了 A"[现在时表现为零位形式；通常前置于主语,主语由疑问词表示的情况除外；同义词：происходить, случаться；近似同义词：выходить, получаться；делаться, приключиться(口语), твориться(口语), деяться(俗语), постигать]

$N^1_{\text{им}}$ V с $N^2_{\text{твор}}$[N^1——代词或(少用)несчастье, неприятности, беда]

Не понимаю, что со мной было. С ним несчастье.

5.1 **Быть X-у** = "讲话人确信,会以某种方式涉及自己或讲话时刻他想到的其他人的事件 X 不可避免地会发生在不久的将来"①[古旧或书面语体；只用动词不定式形式；通常用于确定句；在否定句中所需意思通常要借助于动词бывать 来表示：Не бывать этому！；近似同义词：не миновать；случаться, происходить；反义词：избежать]②

---

① 如果事件没有涉及讲话人个人或讲话时刻他想到的某个其他什么人,如果讲话人不认为事件在近期会出现,就应说 Будет гроза. Будет свадьба 等,试比较：В Архангельской и Вологодской областях осенью будут грозы. Когда закончится сбор винограда, будет много свадеб.

② 我们来讨论一下可能性的问题,Быть грозе 这类句子不是从一个来源——动词本身的词汇意义存在-情态中抽象出来的,而是从两个不同的来源。这些句子的存在成分可以归结到动词的存在意义的范围,例如意义 4.2,而情态成分(讲话人确信某一重要事件的不可避免性)可以归结为类似 $N1_{\text{дат}} V_{\text{инф}}$ 这些句法结构的意义。譬如：Саду цвесть(В. Маяковский). Твоим нежным плечам под бичами краснеть (О. Мандельштам). Вам не видать таких сражений(М. Ю. Лермонтов)等。这样的决定好像很吸引人,因为它减少本体的数量：不再需要 5.1 中的意义。我们列举一些反对上述选择性描写的论据,其主导思想是：$N^1_{\text{дат}} V_{\text{инф}}$ 不是能够成为 Быть грозе 这类句子基础的那种结构。1) 在 Быть грозе 这类句子中,类典型情景中的事件是由非物体性名词第三格表示的,而事件的主体没有直接说出来。而在 Саду цвесть 这类句子中类典型情景中的事件是由动词不定式表示,而三格名词具有物体的意义,不是事件的主体。2) 在 Быть грозе 这类句子中,根据存在动词的一般规则动词不定式前置于名词三格是正常的,而在 Саду цвесть 这类句子中应在其后面。3) 在带有存在动词 быть 的 Быть грозе 这类句子中只有述位,而在 Саду цвесть 和 Твоим нежным плечам под бичами краснеть 这类句子中既有主位(三格形式的名词词组),也有述位(实义动词或动词组的不定式形式)。4) Быть грозе 这类结构词汇上受限制：其中的动词位置上只可以由 Быть 充填,而名词位置只能用表示对一个人或许多人生命很重要的事件的名词；Быть свадьбе 要比 ?Быть свиданию 好很多。在 Саду цвесть 这类结构中,无论对动词位还是对名词位都没有词汇限制。

V N$^1_{\text{ДАТ}}$

Быть грозе〈буре〉. Быть беде. Если и дальше так дело пойдет - быть свадьбе. Со времени Сократа и Платона мир мучился вопросом: быть или не быть правде, справедливости на Земле (В. Козлов).

5.2 **А будет X-у**="讲话人确信,在客体 X 不可避免地将发生一件不希望的事件 A"［现在时表现为零位形式；通常前置于主语，主要用现在时和将来时，过去时和现在时句子表示面临的相对于讲话点的事件；试比较：Нам был конец ～ "我们明白快要结束了"；近似同义词：постигать, настигать; сваливаться, обрушиваться］

N$^1_{\text{ДАТ}}$VN$^2_{\text{ИМ}}$［N^2- что, кое-что, что-то 等或 гибель, конец, крышка（俗语）, каюк（俗语）, хана（俗语）……］①

Нам теперь（будет）конец〈крышка〉. Нашим проектам капут. Стороннему человеку в наших местах просто гибель: высовываются, глядят на него из всех окошек (К. Паустовский). Сразу все поймут, и тебе — каюк, а с тобой — и другим. (А. Фадеев)［试比较 1.1.2］

N$^1_{\text{ДАТ}}$VN$^2_{\text{ИМ}}$ за N$^3_{\text{ВИН}}$

Кое-что тебе, конечно, за самоволку будет. Вы лучше скажите, что Колесову будет за то, что в малолетку стрелял? (А. Габышев).

5.3 **Будет с Х-а Y-а**="讲话人认为,在话语时刻之前某人 X 所处的情景 Y 或与客体 Y 相关的情景不应该继续发展,他表达自己的看法,认为从讲话时刻起这一情景就应该终止"［通常用于直接言语；同义词：довольно, достаточно, хватит］

---

① 严格地讲,"在客体 X 不可避免地将发生一件不希望的事件 A"这一意思不是动词 быть 固有的,而是结构 N$^1_{\text{ДАТ}}$V N^2 固有的,在这种结构中 N^2 的位置由表示"临近灭亡"一般意思的词——гибель, конец, крышка, каюк, хана 等来充填。正是这些词的词汇意义中包含有时间的元素,指出了预言的事件是不希望的,这一事件正向着相对于凸现出来的过去或现在的某一观察点而言的未来靠近。至于不可避免性的意思,则过多的是由第三格和在当前情景中主要表现为存在意义的动词 быть 结合传递出来的。因此,从总体来讲,对动词 быть 5.2 意义的划分是有某些词典学约定的。只有当动词 быть 在所研究的结构中占据中心位置,才能证明它是正确的。再指出外部与该结构相像结构的另一个区别,譬如在 Нам〈Там〉было раздолье 这种结构中,通常实现的是 быть 的系词意义。这种结构整体具有的不是预言意义,而是对固定在过去、现在或将来某一时刻的事态的一般证实意义。

Будет с N$^1_{РОД}$

Будет с тебя 〈с меня, с вас〉.

Будет с N$^1_{ИМ}$ N$^2_{РОД}$ 少用

Будет с меня ваших жалоб. Будет с тебя варенья.

6.1　助动词,人称将来时形式与动词 X 的未完成体不定式形式搭配,构成该动词的陈述式的可分性将来时形式[任何动词都可以充当 X,除了 быть 本身的所有意义和表示纯系词意义的动词 бывать 和 являться①. 试比较,不能说：*Он будет быть здесь завтра；??Он будет бывать веселым；*Ваша работа будет являться открытием；近似同义词：стать]。

N$^1_{ИМ}$ V$^1_{БУД}$ V$_{ИНФ}$

Я буду 〈ты будешь, он будет〉 работать. Мы будем ночевать в хижине. Они будут являться с повинной весь следующий месяц. Мне страшно подумать, что вы не будете больше бывать у нас. Сочинения ваших учеников будут становиться 〈делаться, казаться вам〉 все более беспомощными.

6.2　助动词,与动词 X 的完成体过去时被动形动词形式搭配,构成该动词的可分性被动态形式[作为助动词有人称形式,甚至副动词和不定式形式；人称形式主要与变位动词的形动词短尾形式搭配：был 〈будет〉 нарисован；副动词形式既可以与变位动词的形动词短尾形式,也可以与长尾形式搭配：будучи нарисован(ным)；动词不定式只可以与形动词长尾形式搭配：быть изображенным таким мастером (большая честь для меня)；近似同义词：бывать；оказываться]

N$^1_{ИМ}$ V$^1_{ПРИЧ ПРОШ СТРАД СОВ}$

Портрет был 〈будет〉 закончен в сентябре.

◇ 书面语 быть может, может быть ＝"讲话人预计或假设,某种情景会发生"[插入语：Он, может быть, устал]；должно быть ＝"讲话人认为,某种情景会发生,虽然也许可能会是错的"[插入语：Он, должно быть, устал]；Быть по сему. ＝"照此办理：讲话人得到一种权力,他宣布必须完成刚刚提出的建

---

① 很奇怪的是,对这么明显的限制在俄语的任何一部详解词典中都没有补充说明。

议"[古旧用法；迂回表达；只用于直接话语]①；Была не была! = "豁出去了：讲话人宣布自己准备冒险"[只用于直接话语]；стало быть = "因此，就是说"[插入语]；Так и быть = "只好如此：讲话人宣布自己同意给他提出的建议，同时称对这个建议并不完全满意"[迂回表达；只用于直接话语]；Как быть? = "怎么办？：讲话人询问，在形成的局势下该如何行动"；И был таков = "立刻就不见了：正说着的某个人，做了什么事很快离开出事地点"；Будь что будет = "不管怎么样：讲话人宣布对自己采取决定的任何后果做好了准备，不管结果是多么坏"[只用于直接话语]；Что будет, то будет② = "听天由命吧：讲话人宣布接受任何事件的发生"[只用于直接话语]；Что было, то было = "既往不咎：讲话人宣布可以为了将来忘记过去"[只用于直接话语]；Из Х-а будет толк. = "讲话人知道某人 Х 的特性或他以前的活动，表示相信 Х 将会把某事做好"③。

参 考 文 献

1. *Жолковский А. К.* Предисловие // Машинный перевод и прикладная лингвистика. 1964. Вып. 8. С. 3-16.

2. *Мельчук И. А., Жолковский А. К.* Толково-комбинаторный словарь современного русского языка. Вена, 1984.

3. *Benson M., Benson E., Ilson R.* The BBI Combinatory Dictionary of English. A Guide to Word Combinations. Amsterdam (Philadelphia), 1986.

4. *Апресян Ю. Д.* Формальная модель языка и представление лексикографических знаний. // Вопр. языкознания. 1990. N 6. С. 123-139.

5. *Иорданская Л. Н.* Попытка лексикографического толкования группы русских слов со значением чувства. // Машинный перевод и прикладная лингвистика. 1970. Вып. 13. С. 3-26.

6. *Иорданская Л. Н.* Лексикографическое описание русских выражений, обозначающих

---

① 固定用于直接话语(不能用于间接话语，不能转引)构成了许多词汇单位的重要语用特性。因为其词汇化，这一特性对词典学也很重要。我们已经注意到，даже-то 这样一些加强语气词在这一特性上也是有差别的。даже 具有可转引性(Он сказал, что жаде Сережа пришел)，而-то 没有(* Он сказал, что Сережа-то пришел). 在我们所熟悉知道的词典中，这一重要的词典学性能都没有记载。

② 在文献[44]中对 Что было, то было. Что будет, то будет 等熟语做了有趣的讨论。

③ 该词条文本曾由 Л. Л. 伊奥姆金，И. А. 梅里丘克，Е. В. 帕杜切娃阅读过，作者对他们提出的宝贵意见表示感谢。

физические симптомы чувства. // Машинный перевод и прикладная лингвистика. 1972. Вып. 16. С. 3-30.

7. *Мельчук И. А.* Семантические этюды. 1. 'Сейчас' и 'теперь' в русском языке. // Russian Linguistics. 1985. N. 2/3. P. 257-279.

8. *Богуславский И. М.* Исследования по синтаксической семантике. Сферы действия логических слов. М., 1985.

9. *Wierzbicka Anna.* Semantic Primitives. Frankfurt, 1972.

10. *Wierzbicka Anna. Lingua Mentalis. The Semantics of Natural Language.* Sydney; N. Y. etc., 1980.

11. *Wierzbicka Anna. Lexicography and Conceptual Analysis.* Ann Arbor, 1985.

12. *Wierzbicka Anna. English Speech Act Verbs. A Semantic Dictionary.* Sydney; 1987.

13. *Апресян Ю. Д.* Интегральное описание языка и толковый словарь // Вопр. языкознания. 1986. N 6. С. 57-70.

14. *Мельчук И. А.* Опыт теории лингвистических моделей "Смысл ⇔ Текст". М., 1974.

15. *Зализняк Анна А., Падучева Е. В.* О семантике вводного употребления глаголов // Вопросы кибернетики. Прикладные аспекты лингвистической теории. М., 1987. С. 80-96.

16. *Павлова А. В.* Акцентная структура высказывания в ее связях с лексической семантикой: Автореф. дис.... канд. филол. наук. Л., 1987.

17. *Апресян Ю. Д.* Лексикографический портрет глагола *выйти* // Проблемы кибернетики. Язык логики и логика языка. М., 1990. С. 70-95.

18. *Апресян Ю. Д.* Лексическая семантика. Синонимические средства языка. М., 1974.

19. *Bierwisch M.* Some Semantic Universals of German Adjectivals // Foundations of Language. International Journal of Language and Philosophy. 1967. Vol. 3. No. 1.

20. *Апресян Ю. Д.* Типы информации для поверхностно-семантического компонента модели "Смысл ⇔ Текст" // Wiener Slawistischer Almanach. Sonderband 1. Wien, 1980. 119 с.

21. *Verhaar John.* The Verb BE and its Synonyms. Philosophical and Grammatical Studies. Parts 1-6/ Ed. by John W. M. Verhaar // Foundations of Language. Supplementary Series. 1967. Vol. 1.; 1968. Vol. 6.; 1968. Vol. 8.; 1969. Vol. 9.; 1972. Vol. 14.; 1973. Vol. 16.

22. *Арутюнова Н. Д., Ширяев Е. Н.* Русское предложение. Бытийный тип (структура и значение). М., 1983.

23. *Chvany Catherine V.* On the Syntax of BE-sentences in Russian. Cambridge (Mass.), 1975.

24. *Апресян Ю. Д.*, *Палл Эрна*. Русский глагол — венгерский глагол. Управление и сочетаемость. Будапешт, 1982. Т. 1-2.

25. *Guiraud-Weber M.* Les propositions sans nominatif en russe moderne. Paris, 1984.

26. *Мельчук И. А.* О супплетивизме // Проблемы структурной лингвистики 1971. М., 1972.

27. *Арутюнова Н. Д.* Предложение и его смысл. М., 1976.

28. *Stern G.* Meaning and Change of Meaning. Goteborg, 1931.

29. *Мельчук И. А.* О синтаксическом нуле // Типология пассивных конструкций. Диатезы и залоги. Л., 1974. С. 343-361.

30. *Золотова Г. А.* К развитию предложно-падежных конструкций (сочетания с существительными в творительном падеже с предлогом с) // Развитие синтаксиса современного русского языка. М., 1966. С. 147-173.

31. *Гиро-Вебер М.* Устранение подлежащего в русском предложении // Изв. АН СССР. Сер. лит. и яз. 1984. N 6.

32. *Апресян Ю. Д.* Синтаксические признаки лексем // Russian Linguistics. International Journal for the Study of the Russian Language, 1985. Vol. 9. N 2/3., P. 289-317.

33. *Аничков И. Е.* О так называемых новых частях речи // Некоторые вопросы теории и методики преподавания германских языков. Нижний Тагил, 1964.

34. *Апресян Ю. Д.*, *Иомдин Л. Л.* Конструкции типа Негде спать: синтаксис, семантика, лексикография // Семиотика и информатика. 1989. Вып. 29. С. 34 - 92.

35. *Garde P.* Analyse de la tournure russe Mne necego delat' // International Journal of Slavic Linguistics and Poetics. 1976. No. 22.

36. *Holthusen J.* Russisch necego und Verwandtes // Zeitschrift fur Slawische Philologie. 1953. B. 22. Heft 1.

37. *Lyons J.* A Note on Possessive, Existential, and Locative Sentences // Foundations of Language. 1967. Vol. 3. No. 4.

38. *Шведова Н. Ю.* Спорные вопросы описания структурных схем простого предложения и его парадигм // Вопр. языкознания. 1973. N 4.

39. *Чвани К. В.* О синтаксической структуре предложений с глаголом *быть* в русском языке // Грамматика русского языка в свете генеративной лингвистики. Реферативный сборник. М., 1977.

40. *Шмелев Д. Н.* Проблемы семантического анализа лексики: Автореф. Дис. ... д-ра

филол. наук. М. , 1969.

41. *Золотова Г. А.* Очерк функционального синтаксиса русского языка. М. , 1973.

42. *Иванова В. Ф.* Модели количественных предложений // Русский язык в школе. 1973. N 3.

43. *Ицкович В. А.* Очерки синтаксической нормы. М. , 1982.

44. *Wierzbicka Anna.* Boys will be boys // Language. 1987. Vol. 63. No 1.

45. *Ferrel, James.* On the aspects of *byt* and on the position of the periphrastic future // Word. 1959. No 4, P. 362-376.

第四部分　通过句法描写语义

意义的句法制约性*

本文是从语言学家们熟知的关于意义的结构制约性问题的角度对作者所进行的俄语动词语义研究成果做进一步思考的尝试①。

词汇意义的结构制约性通常被理解为是被准确界定的、能保证词汇意义得以实现的组合条件。例如，动词 дрожать 的意义中"不安"的意思要求前置词 за ＋ 客体四格（Свин）的结构，如：Мать дрожит за ребенка；而"珍惜"、"爱惜"的意思则要求前置词 над ＋ 五格（Ств）的结构，如：дрожать над каждой копейкой；表示"害怕"的意思要求前置词 перед ＋ 五格（Ств）的结构，如：дрожать перед самодуром. 这个动词的另外两个意思"颤抖"和"摇摆"的实现没有这样严格的限制。试比较：Пес дрожит на ветру. Пес дрожит под дождем. Пес дрожит от холода 与 Свет дрожит в лампе. Лунные блики дрожат на воде. За перегородкой дрожит луч света. 根据这样的事实，这些意义通常认定为是自由的，或结构上没有制约的意义。

本文中称作"意义的句法制约性"的概念，是作为对结构制约性概念的概括构建的。对这样的概括可以在两个层面上扩展：第一，比较共性的意义纳入关于词汇意义制约性形式的概念中；第二，被制约的（依赖于实现的句法条件的）不仅仅是单个词汇的意思，而且还有整个词典内部的语义类别。先来看第一种情况。

---

* 本文首次刊登在《Русский язык в национальной школе》，1967，No 6.
① 见 Апресян Ю. Д. 俄语动词语义的实验研究，М.，1967.

1

词汇意义的句法制约性概念与结构制约性概念的不同之处在于：1）原则上词汇的每一个意思都可以看做是受句法因素制约的。事实确实如此，尽管动词 дрожать 中"颤抖"的意思可支配的结构大大多于"摇摆"的意思，但这些结构的范围是封闭的。而且，在使用"颤抖"意思时，该动词不能支配 за ＋ 客体四格（Свин）的形式。这样一来，词汇的自由意义与受制约意义的对立被消除，取而代之的是对意义制约性程度大小的概念；2）综上所述可以得出，被认为是意义的句法制约性形式的，不是词的一个意思得以实现的一个结构，而是该意义得以实现的众多结构的总和；3）能够使一个词的某一意思保持不变的众多结构都具有一个最重要的性能：它们可以由某些句法关系联系在一起，这就是可兼容性关系和可转换性关系。研究这些关系是揭示意义的句法制约性形式的关键所在。

首先研究兼容关系。如果有两个前置词—名词词组形式可以分别从属于一个词 C，如果在一个句子中这两个词组形式可以同时与词汇 C 发生联系且句子是正确的，我们将把这两个词组称作是这个词的兼容性词组。根据这一定义的观点，动词 договариваться 的两个前置词—名词词组形式 с＋Cтв，о＋Cпр 是兼容性词组，试比较：Они договорились с заводом；Они договорились о поставках оборудования 和 Они договорились с заводом о поставках оборудования. 可以用动词 достать 的三个前置词—名词词组形式 с ＋ Cрод，из ＋ Cрод，из-за ＋ Cрод 来说明兼容的另一种情况。试比较：достать книги с полки, достать книги из ящика, достать книги из шкафа 和 достать книги с полки, из ящика и из-за шкафа. 所列举的例子表明，根据所依附的词汇的不同，兼容性前置词—名词格形式可以占据：1）不同的位置，在这种情况下，这些形式彼此处于共同从属的关系中（如 договариваться）；2）同一位置，在这种情况下，这些形式处于彼此相互替换（换位、替代）的关系中（如 достать）。

为了弄清兼容关系的内容意义，必须采用下列公理：一个词不管可能有多少个意思，在任何一个正确的句子中，每一个词只能体现其中的一个意思。类似 Он погрузился в воду и в воспоминания 句子中一个词（погрузился）同时体现出一个以上意义，这样的句子一般来说不能认同是正确的。这两个意义作为双关语出现之所以有可能，是因为在语言中有严格的标准，在这种严格标准的背景下，双关语被理解为是一种游戏属性。正常情况下，在与 погрузиться 搭配时，词形 в воду 和 в воспоминания 相互是不能兼容的①。

由此可以得知，前置词—名词格形式 X 和 Y 在句子 Ax 和 Ay 中分别从属于词汇 C，X 和 Y 的兼容性是判定词汇 C 的标记：在句子 Ax 和 Ay 中实现的是词汇 C 的同一个意义，试比较：Пес дрожит на ветру；Пес дрожит под дождем；Пес дрожит от холода 和 Пес дрожит на ветру под дождем от холода。

相反，X 和 Y 的非兼容性是判定词汇 C 在句子 Ax 和 Ay 中实现的是不同意义的标记。例如：在 Пес дрожит на ветру；Мать дрожит за ребенка；Скупец дрожит над каждой копейкой；Он дрожит перед самодуром 这些句子中都不含有动词 дрожать 的可以兼容的词形（试比较不正确的句子：* Мать дрожит за ребенка над каждой копейкой， * Мать дрожит за ребенка и над каждой копейкой， * Мать дрожит от холода за ребенка 等）。

重要的是，在很多情况下，同一个词的不同意义可以构成成对的兼容性结构的不同组合，甚至是一个组合中的部分结构与另一个组合中的部分结构相融合。特别是对动词 дрожать 的上述五个意义而言，这一点显然是正确无疑的。因此，在确定某一词的多个前置词—名词格形式的兼容性—非兼容性时，我们不仅发现了使该词意义得以保持不变的大量结构，而且得到了用于区别多义词意义的客观有效的工具。

为了解释这一工具的作用原则，我们来研究句子 Правительство распускает парламент 和 Родители распускают ребенка 中 распускать 这一动词。在第一个句子中，动词 распускать 表示有意识的、有目的的行为：解散议会是政府的意图，即便是不得已。因此，动词 распускать 在这种情况下很主动地支配具有目的意义的前置词—名词格形式：Правительство распускает парламент на каникулы или для того, чтобы провести новые выборы. 在第二个句子中，动词 распускать 表示无意图、无目的的行为：孩子的任性不是因为父母迫使他这样

---

① 必须把这种情况与同形异义现象区分开来：Он пошел в институт（"Он ушел в институт" 和 "Он поступил в институт"——"他去学院了" 和 "他考上学院了"）。在同形异义现象中，或者体现词汇的这个意义，或者体现另一个意义，但不能同时表现两个意义，因此对句子进行扩展可以消除同形异义现象：Он пошел в институт и за покупками。这里只能是第一个意义。Он пошел в институт лаборантом。只能是第二个意义。与此相反，具有双关语的句子无论怎样扩展都不能消除双关语：句子中永远有同时表示两个意思的词。

做,而是因为他们没有阻止他这样做。因此,动词 распускать 与表示有目的性前置词—名词格形式在第二种情形下不能搭配。

用同样的方法可以区分许多动词的意义：болеть（比较：болеть тифом, болеть всем сердцем за успех дела, болеть за «Динамо»）；вертеть（比较：вертеть трость в руках 和 вертеть козью ножку из газеты）；делить（比较：делить имущество на части 和 делить стакан вина с приятелем）；кидать（比较：кидать платье у стены на полу 和 кидать снежком в прохожего）；мешать（比较：мешать кашу ложкой 和 мешать вино с водой）；налетать（比较：Шторм налетел на судно с юга 和 Жена налетела на мужа с упреками за опоздание）；отнимать（比较：отнимать деньги у кого-либо, отнимать кому-либо три пальца, отнимать руки от лица）；разбивать（比较：разбивать поле на участки, разбивать голову о землю, разбивать лагерь в лесу на поляне）；резать（比较：резать пирог на куски, резать крестики из меди, резать мяч в угол на вторую линию）；тереть（比较：тереть миндаль в порошок, тереть пол воском, Воротник трет шею）；точить（比较：точить коньги напильником, точить ложку из березы, точить мужа за мнимые грехи, Ржавчина точит железо）等诸多其他词汇。

需要指出,所述情况不会对一般的纯语义分析带来多大困难。事实上,不需要特殊的形式上的思考就已经清楚,在词组 распускать парламент 和 распускать ребенка 中,动词 распускать 具有不同的意义。知觉上可以发现的差异要以客观事实为依据固然不错,但分析的实验手段的价值不仅取决于这种手段在多大程度上可以证实本来就清晰可见的东西,而且取决于借助于这种手段在多大程度上可以发现非显现的东西。当兼容性—非兼容性原则可以触摸到那些相当细微的,例如在详解词典中没有指出的那些语义上的差异和相似时,这一原则可以看做是区分意义的一个有效的实验手段。我们来看两个这类的例子。

在主要的俄语详解词典中都没有区分动词 греть 在 греть руки 和 греть кофе 这类词组中的意义。然而,名词四格形式在这些词组中是不兼容的(不能说 греть руки и кофе,虽然可以说 греть руки и спину)。而且在第二个词组中,名词四格形式可以与表示热源的前置词 на＋Спр 形式兼容(греть кофе на костре),而在第一个词组中,名词四格不能与这些形式兼容(不能说 * греть руки на костре);另一方面,说 греть руки у костра 比 греть кофе у костра 更正常些。这些结构上的差异或多或少直接表现出动词 греть 两个意义之间的语义差异。在第一个词组中，греть 表示"消除冷的感觉"，要达到这一点可以把被加热的对象（动物或身体的一部分）放在篝火旁，但不能放在篝火里。在第二个词组中，греть 表示"提高客体的温度"。显然，在这种情况下，为了使加热的过程更有效，我们会使被加热物体与热源更接近，甚至放在篝火之上，而不是置于篝火旁。有趣的是，当给手加热时，所需的效果完全可以不把加热客体放在热源旁（可以通过剧烈的运动或摩擦来使手温暖起来），甚至不总是靠提高温度（例如，人如果热伤风，则可以给他加热，以给他降低温度）就能达到。

兼容性原则的有效性不仅表现在借助于这一原则可以确定不明显的语义差别，而且还在于借助这一原则有可能判明非显现的语义相似性。在 С. И. 奥热果夫的俄语词典中，动词 опустить 在词组 опустить ребенка с рук на пол 和 опустить гроб в могилу 中获得不同的意义：在第一个词组中表示"放到更低的状态"；在第二个词组中表示"向下放，使没入，埋进"。但句法分析表明，在第一个词组中，Свин, с ＋ Срод, на＋ Свин 形式与 в ＋ Свин 形式是兼容的（譬如：опустить ребенка с рук на пол в тазик），而在第二个词组中，Свин, в ＋ Свин 形式与 с ＋ Срод, на＋ Свин 形式也是兼容的（譬如：опустить гроб с платформы в могилу на каменную плиту）。不仅如此，类似 опустить ребенка и гроб на пол 这样的句子虽然有些出乎意料，但却是完全正确的。因为在这两种情况下实现的是动词 опустить 的同一个意义，能够区分 опустить ребенка с рук на пол 和 опустить гроб в могилу 这两个词组的语义差异的只有名词的词形，特别是 на＋ Свин 和 в ＋ Свин 形式。

我们所进行的分析表明，研究兼容性关系对解决意义的句法制约性问题是多么重要。但是，能保持词汇意义不变的结构间的可能的句法关系并不仅限于兼容性关系。譬如词组 вертеть трость 和 вертеть тростью, вспомнить о свидании 和 вспомнить про свидание, грустить по Парижу 和 грустить о Париже, давить ветви 和 давить на ветви（指雪），задевать косяк 和 задевать за косяк, каяться другу 和 каяться перед другом, обходить танк 和 обходить вокруг танка, стесняться незнакомых 和 стесняться перед незнакомыми, 以及句子和词组 Он блуждает глазами 和 У него блуждают глаза；брызгать белье водой 和 брызгать воду на белье, заливать бак горючим 和 заливать горючее в бак; Кони звенят уздечками 和 На конях звенят уздечки; Заметка сверкает юмором

和 В заметке сверкает юмор 等。虽然每一对词组中的第一个元素（词组或句子）与第二个不能兼容，但可以按照严格的转换规则改造成第二个。这些规则有两个重要的要求：1）原始词组和转换词组中词的形位应等同；2）带有词汇形位的词形之间的句法联系手段应等同。

以上我们看到，在兼容结构中，构成兼容结构的（句法上主要的）词汇具有同一个意义。下面来研究转换对词汇意义的影响，更宽泛地说，对改造过的整个表述的意义的影响。

如果认为转换可以保证原始表述的意义能全部保留下来，那就太轻率了。相反，如果认为任何形式的改变都会有相应的某种语义变化，则是比较理智的。譬如，与句子 Он ложится на диван 相比，句子 Он ложится на диване 一定要强调点什么：或者是他躺着（而不是坐着），或者是躺在沙发上（而不是床上），或者这样做带有一定的目的（如目的是想在沙发上过夜）。在句子 Он узнал подробности от друга 和句子 Он получил приказ от командира 中，朋友和指挥员（друг 和 командир）都可以看做是所描述情景中的主动性元素（朋友自己主动告诉他某些新闻，指挥员本身操心把命令传达给他）。但在这些句子的转换形式 Он узнал подробности у друга 和 Он получил приказ у командира 中，情景中积极的主动性元素是行为主体（他向朋友探询新闻，他去找指挥员讨要命令）。这种变化是由前置词 у 的语义引起的，前置词 у 常常与具有获取意义的动词连用，如：арендовать（брать，изымать，отнимать，покупать）что у кого 等。下列句子彼此之间的区别只是逻辑重点不同：Он забивает щели паклей 和 Он забивает паклю в щели；Он закладывает дымоходы кирпичом 和 Он закладывает кирпич в дымоходы；Он заливает бак горючим 和 Он заливает горючее в бак；Он засыпает ясли пшеницей 和 Он засыпает пшеницу в ясли；Он затыкает уши ватой 和 Он затыкает вату в уши 等。这些句子中发生变化的实质可以描绘成下述记载程序："行为者—存放行为—容器—材料→行为者—存放行为—材料—容器"。这一记载明确显示，左侧和右侧的变体描述的是同一具体情景。当改变最后两个元素的位置时，改变的只是逻辑重点，即对事态的表现形式，而不是事态本身。

因此可以认为，进行转换时，句子的语义不变体（句子意义中不变部分）是句子描写的具体情景。至于该情景的表现形式（也包括逻辑重心），则是可以随句子的变化而变化。

既然转换不会改变句子的情景意义,因此也不会改变进入句子的所有词汇(包括动词)的情景意义,据此,我们可以得出一个结论:不仅在兼容关系中,而且在转换关系中都可以找到保持动词意义不变的结构。所以,转换原则与兼容原则一样,也可以作为区分多义性动词意义的工具。举几个例子。

句子 Вино возбуждает его 和 Микробы возбуждают болезнь 的不同在于它们的被动化方式,试比较:Он возбуждается от вина,但 Болезнь возбуждается микробами. 这种转换上的差别对应的是"使神经处于兴奋状态"(使某人兴奋)和"生病"(引起疾病)两个意思上的语义差别。还可以比较:дарить кому-л. дружбу (кого-л. дружбой) 与 дарить кому-л. книги; достать денег (деньги) 与 достать потолок (до потолка); забивать щели паклей (паклю в щели) 与 забивать окна досками; колоть кого-л. в руку (кому-л. руку) 与 колоть дрова в щепки; наблюдать за полетом птицы (полет птицы) 与 наблюдать за порядком; обходить танк (вокруг танка) 与 обходить реку ("绕过河 = 使河落在一边");Пелена тумана одела окрестности (Окрестности одеты в пелену тумана) 与 Мать одела ребенка (Ребенок одет матерью);Горы подходят к морю (Море подходит к горам) 与 Лошадь подходит к ручью;Снег провалил соломенную крышу (Соломенная крыша провалилась под снегом) 与 Он провалил дело;прощать кому-л. этот поступок (кого-л. за этот поступок) 与 прощать долг кому-л.;тянуть руку к звонку (тянуться рукой к звонку) 与 тянуть кого-л. к себе 等。

与兼容性原则的情况相同,当借助于转换性原则可以成功确定非显现的语义差异和相似时,转换原则的功效就明显表现出来。我们熟悉的词组 греть руки 和 греть кофе 可以作为这类的例子。如上所述,在第一个词组中动词表示"消除冷的感觉";而在第二个词组中表示"提高温度"。这种语义差异不仅完全客观地表现在结构的差异上,而且表现在这些句子中加前缀转换的差异上,试比较:греть(обогревать) руки 和 греть(подогревать) кофе;但不能说 * обогревать кофе 和 * подогревать руки. 同样的方法可以区分动词 беспокоить 在句子 Я не решался беспокоить спящего старика 与 Болезнь мальчика беспокоила родителей 中的意义差别。在尝试对这些句子进行各种不同的转换时我们发现,在第一种情况下,可以用前缀派生词 побеспокоить 进行转换,这种转换在第二种情况下是不允许的,试比较:Я не решался побеспокоить спящего старика. 不能

说 * Болезнь мальчика побеспокоила родителей. 这种形式上的差异是意义"引起不便"（第一种情况）和"使……不安"（第二种情况）之间语义差异的表现。

用动名词和助动词代替动词所进行的纯试验性改造也证实了这种分析的可靠性。特别是在第一个句子中，动词 беспокоить 可以用词组 причинять беспокойство 替换，在第二个句子中要用词组 вызывать беспокойство 替换。

借助于转换方法确定非显现的语义相似的情况，前面在研究转换情况下的语义不变体时已经研究过。

因此，使一个动词的意义保持不变的结构，或者存在于兼容关系中，或者存在于相互转换的关系中。区分一个多义性动词的意义就是给它建立成对的兼容或者转换结构的所有组合。每一种组合都是该意义制约性的句法形式。

2

正如在文章开头指出，句法制约性不仅对一个词内部的不同意义，而且对整个词典框架下各种意义类别都是很典型的。这种特点表现为，意义相同或相似的词汇，其句法特征组合也相同或相似。当然，词汇的这种句法特征和语义特征的对应并非总是如此，可以举几对动词为例：боготворить кого-л. 与преклоняться перед кем-л., помогать кому-л. 与 поддерживать кого-л., сопутствовать чему-л. 与 сопровождать что-л., контролировать что-л. 与 следить за чем-л., гнушаться чего-л. 与 брезгать чем-л., влиять на что-л. 与 отражаться на чем-л. 但是，任何一种规范的语言都试图连续一致地使用自己的句法手段，所以当词汇的语义特征与句法特征之间没有对应时，语言会试图通过将具有相似意义词汇的句法性能按类比的方法进行改造，以获得这种对应。

这种按类比法进行的平衡改造的最著名例子是 отвращение 一词的支配的变化。在 А. С. Пушкин 的作品中发现，由于挤掉了 к кому-чему-л. 的前置词一格形式，这个词与前置词一格形式 от кого-чего-л. 搭配使用。这种句法变化是源于 любовь, уважение, ненависть, неприязнь 等词汇的压力，它们与 отвращение 属于同一语义类别的词汇（对谁有/没有好感）。

有时，按类比法进行的改造过程带有惊人的微妙特点。譬如，动词 трепетать 在表示"害怕"意义时，直到20世纪初一直都是支配二格形式，试比较 А. П. Чехов 作品中的 Она боялась своего мужа, трепетала его. 在这些情形下，

现代俄语中动词 трепетать 支配前置词 перед ＋ 五格的形式。也许,这种变化与其说证明了同化,不如说证明了异化,因为在俄语中存在大量的表示"害怕"意义的动词是支配二格的：бояться, опасаться, остерегаться, пугаться, страшиться (кого-чего -л.)。看来,俄语把具有"害怕"意义的动词准确划分为两个组：表示一般恐惧状态的动词；表示伴随有身体"抖动"(发抖)的"实际"的害怕。在后一种情况下,前置词 перед ＋五格形式是标准支配,如：дрожать (трястись) перед самодуром. 有趣的是,动词 трусить 与动词 трястись 在词源上是同族,它不仅可以支配二格形式 (трусить наказания),而且可以支配 перед ＋五格形式 (трусить перед учителем)。综上所述,完全可以自然地和合乎逻辑地认为,在其意义中毫无疑问含有身体摇摆特征的动词 трепетать,是受到第二种支配模式的影响,并据此改造了自己的句法性能。

依据类比法进行改造不仅是语言历史发展的事实,而且是在任何共时状态下使用语言的最典型表现之一。也许,每个人都说过,或者至少是听到过这样的错误用法：установить за порядок (代替了 установить порядок), предотвращать железо от ржавчины (代替了 предотвращать ржавление железа), транжирить деньгами (代替了 транжирить деньги),这些错误是由于受了同一语义类别的词组 взять за правило, предохранять железо от ржавчины, сорить деньгами 等的类比影响而发生的。类似的错误也常常出现在报刊语言中：Сколько строилось тогда в Вашингтоне надежд на тейлоровские теории (代替了 на тейлоровских теориях, 受 возлагать надежды на кого-л. 的影响 —《Правда》10.07.65);Титул мирового чемпиона, которым он был удостоен трижды (代替了 которого он был удостоен трижды, 受 наградить кого чем 的影响 《Советский спорт》26.10.65).

通常,这样的例子用来作为修辞或语法偏离现行标准的范例。但很少注意到,这样的句子完全符合标准语言发展的总趋势——力图单一性地使用自己的语法手段,希望从死板的形式中解放出来,这样的句子反映的或者是正在形成的语言规范,或者是未来的语言规范。确实,在上述情况中,如果说我们对某一词组的错误的判断是完全确定的,则对下面列举的例子来说,判断的坚决性成分大大减少：требование о чем-л. (与 просьба о чем-л. 类比), восхищение перед народом (与 преклонение перед народом 类比), расправа над работниками (与

надругательство над работниками 类比)①。最好是说：требование чего-л., восхищение народом, расправа с работниками，但上述的例子也不是很严重的错误。这些用法越来越得到讲话人话语实践的认可。

在上述所有情况下，新办法至少是部分地摆脱了句法的双重性，使具有相似意义的词汇的句法性能同一化。由于在语言中经常出现这类的变化过程，所以在语言中在句法和语义特征之间建立了上述的对应关系。因此，就像我们区分一个多义词的意义一样，我们可以利用此前已经找到的意义句法制约性的各种形式，即由哪怕是一个词的兼容性关系和转换性关系联系在一起的结构的组合作为区别特征，在整个词典中找出不同语义类别。我们来研究用于 C1им ＋ Гл ＋ C2тв 和 C1им ＋ Гл ＋ C2вин ＋ C3дат 结构中的动词类别。

必须支配（强支配）不带前置词的五格形式是某些动词的主要句法特征，这样的动词都具有准确的句法制约形式。根据由带五格结构转换而成的结构类型，可以将这些动词分成两大类：I 和 II。其中较大的类型 I 是由这样的动词构成，在转换时其支配的五格形式能够变成一格。较小的类型 II 包括的那些动词，在转换时原始句中的一格形式保持不变，五格形式转变成其他某一间接格。

根据原始句中的动词是保持自己的动词地位，还是转变成与助动词连用的动名词，上述的第一种类型可以划分为两个分类型——A 和 B。这两个分类型都可以再划分为一系列语义组。

I. A. 1. 首先指出表示身体某一部位作断断续续的动作的动词，其典型的转换是：Он блуждает (мигает, моргает) глазами — У него блуждают (мигают, моргают) глаза; Собака виляет хвостом — У собаки виляет хвост; Больной скрипит (скрежещет) зубами — У больного скрипят (скрежещут) зубы; Птица трепещет крыльями — У птицы трепещут крылья. 在大多数情况下，这种转换结构强调动作的不由自主，而且每当动词具有这一语义特征时，五格形式与 от ＋ 二格形式兼容，试比较：Он блуждает (мигает, моргает) глазами от яркого света; Больной скрипит (скрежещет) зубами от боли; Птица

---

① 可以看出，在相应的动词词组 * требовать о чем-л., * восхищаться перед народом, * расправляться над работниками 中错误显得更严重些。问题在于，由非直接及物动词构成的名词继承了该动词的句法性能。既然某一种支配形式不是名词与生俱有的，而是从动词传承过来的，因此它不够稳定，更容易受类比的破坏性和同一性的作用影响。

трепещет крыльями от страха①.

还有一些词可以划入这一类，这些动词可以做类似转换，但要转换成反身动词，譬如：Кукла вращает глазами（крутит головой）— У куклы вращаются глаза（крутится голова）；Он двигает бровями — У него двигаются брови；Он дергает（шевелит）губами — У него дергаются（шевелятся）губы；Она трясет головой — У нее трясется голова.

I. A. 2. 第二大组是由表示"发出响声"意义的动词构成，在这种情况下，发声物体是行为的形式主体的一部分（机体或非机体的）。对于这些动词而言，1. A. 1 中描写的转换和下列转换是很典型的：Он бряцает шпорами — На нем бряцают шпоры；Кони звенят уздечками — На конях звенят уздечки；Рыцарь гремит（шумит）доспехами — На рыцаре гремят（шумят）доспехи；Она шелестит（шуршит）платьем — На ней шелестит（шуршит）платье.

I. A. 3. 下一组动词具有"能突出表现行为形式主体的某一特性的意义"。对这一组动词来说，典型的转换是：Ее суждения блещут умом — Ум блещет в ее суждениях；Каждое его слово брызжет иронией — Ирония брызжет в каждом его слове；Он вспыхивает гневом — Гнев вспыхивает в нем；Глаза горят ненавистью — Ненависть горит в глазах；Голос звучит тревогой — В голосе звучит тревога；Он пылает негодованием — В нем пылает негодование；Заметка сверкает юмором — Юмор сверкает в заметке；Бакенбарды светятся седыми волосами — Седые волосы светятся в бакенбардах；Дом сияет чистотой — Чистота сияет в доме；Все трепещет жизнью — Жизнь трепещет во всем.

这三组动词所表示的行为与其说是描述主体本身，不如说是描写主体（机体

---

① 此外，мигать 和 моргать 这两个动词都表示被客体控制的动作，这种动作可以用于向某人传递一种信号。在这种情况下，五格形式与三格形式兼容，而三格形式与 от ＋二格不兼容，试比较：мигать（моргать）кому-л. левым глазом，但不能说：* мигать（моргать）кому-л. левым глазом от яркого света. 因此，这些动词有两个意思：1)"不由自主地动眼眉"：мигать（моргать）глазами от яркого света，2)"抬高或放低眼眉"：мигать（моргать）левым глазом кому-л. 具有 от ＋二格形式的结构对第一个意思来说是单义的句法结构，具有三格形式结构对第二个意思是单义的句法结构。名词五格形式（事实上是废话，因为мигать（моргать）只能是眼睛及其一部分）任意用于这些结构，因此，没有参与制造"行为的任意性/非任意性"特征的对立。因此，类似 Он мигает（моргает）глазами 句子中，这一语义对立实际上被消除（被中和）。根据这一分析应该看出作者在《俄语动词语义的实验研究》（1967）一书第 214 页关于动词 мигать 和 моргать 的判定是不准确的。

或非机体)的一部分或一个特性。在这方面它们在语义上彼此相互很接近。同时不能不注意到,作为相应语义类别的句法制约形式的结构,在形式上也相近。

I. А. 4. 就实质而言,动词 вонять 和 пахнуть 的意义与上述动词完全相同,但却具有不同的句法制约形式：Вода воняет（пахнет）прелью — От воды воняет（пахнет）прелью.

Б 级分类型的特点是将动词变成可带助动词的动名词,这一分类型包括这样一些动词,它们具有能支配由名词五格表示的物体的意义。这一类型也可以细分为若干语义组。

I. Б. 1. 这一类型中为数最多的是具有类似"领导"这类意义的动词。这类词的典型转换类型：Он владеет людьми — Люди — под его властью；Женщина командует полком — Полк — под командованием женщины；Он руководит учреждением — Учреждение — под его руководством；Мальчик управляет оркестром — Оркестр — под управлением мальчика.

I. Б. 2. 第二组动词具有类似"处置、安排"的意义。这一组的转换特点是：Он ведает делами — Дела — в его ведении；Он владеет прачечной — Прачечная — в его владении；Он распоряжается средствами — Средства — в его распоряжении.

第 II 类型中的动词组的转换特点是,保留原始句中的一格形式,而把五格转换成其他间接格形式。这些动词与第 I 类型中的动词彼此间语义上没有明显的相似。这一类型中为数最多的是具有"获得由名词五格表示的某种东西的形式和外表"意义的动词,其转换类型是：вытягиваться цепочкой — вытягиваться в цепочку, оборачиваться лисой — оборачиваться в лису, сбиваться кучей — сбиваться в кучу, строиться двумя шеренгами — строиться в две шеренги.

具有"赞赏"意义的动词构成一个独立的语义组。这些词的典型句法制约形式是其双重支配能力：名词五格 ＋ перед ＋ 名词五格,如：бахвалиться（гордиться, кичиться, рисоваться, хвалиться, хвастаться, щеголять）чем-л. перед кем-л.

我们现在来看能用于上述的第二种结构的动词,这种结构就是 $C1им ＋ Гл ＋ C2вин ＋ C3дат$（名词一格 ＋ 动词 ＋ 名词四格 ＋ 名词三格）。这类动词可分为四大语义类型,其中每一类都具有完全准确的下列句法制约形式：(I) 表示传递物体（давать）或信息（сообщать）的动词,这类动词典型的形式是必须有名词三格(Сдат) 形式。从具有"传递"意义的动词在语义上自然过渡到另外两组；(II) 过渡到具有"送递"意义的动词(давать кому что — посылать кому что)，这些动词的典型形式是不仅支配名词三格形式，而且还要有 из ＋ 名词二格和 с ＋ 名词二格的形式(表示从哪儿送来)，к ＋ 名词三格，в ＋ 名词四格，на ＋ 名词四格的形式(表示终点意义)；(III) 过渡到表示"行为对某人有益"(давать кому что — строить кому что)，这类动词的典型模式是将名词三格形式转换成 для ＋ 名词二格形式。第三类动词(通过"行为对某人不利"的意义)与(IV)类动词联系在一起，这类动词表示对客体的某一部分(机体或非机体的)或某一性能的作用(строить кому дом — брить кому бороду)，这类动词的典型转换模式是将名词三格转换成 у ＋ 名词二格的形式，或不太严格的改变动词支配模式的转换：名词四格 ＋ 名词三格转换为名词四格 ＋ 名词二格(试比较 брить бороду кому — брить бороду кого). 类型(V)，(VI)，(VII) 的动词各自独立一组：(V)——具有"类似"意义的动词；(VI)——具有"原谅"意义的动词；(VII)——具有"打开"意义的动词和少量的其他动词组(предпосылать книге предисловие, представлять гостя собравшимся, рекомендовать нового работника директору и др.)。

(I). 1. 为数最多的是具有"传递物体"意义的动词。在大多数情况下，这一类型的句法制约形式非常简单——名词一格 ＋ 动词 ＋ 名词四格 ＋ 名词三格的结构，不能转换为其他结构，也不能与其他结构兼容，试比较：вручать призывнику повестку, выдавать властям сообщников, выписывать ордер новоселам, давать книгу приятелю, дарить детям игрушки, завещать имущество кому-л., назначать пенсию кому-л., оставлять состояние сыну, платить долги кому-л.

(I). 2. 能把名词三格形式与 за ＋ 名词四格形式兼容在一起的动词具有"提供去交换某物"的补偿意义，试比较：продать книги приятелю за 300 рублей, сдавать дачу москвичам за 100 рублей, спускать кому-л. краденую вещь за рубль, уступать кому-л. диван за полцены.

(I). 3. 允许将名词一格 ＋ 动词 ＋ 名词四格 ＋ 名词三格的结构转换成名词一格 ＋ 动词-ся ＋ от ＋ 名词二格 ＋ 名词三格的结构的动词表示"向受体传递主体的某一性能"的意义：Брат передал мне инфекцию — Инфекция передалась мне от брата; Мать сообщила детям любовь к музыке — Любовь к музыке сообщилась детям от матери.

(I). 4. 动词中含有的"供给、保障"意义是传递意义的一个变体,这些动词可以做如下转换:дарить кому-л. дружбу — дарить кого-л. дружбой, жаловать кому-л. орден — жаловать кого-л. орденом, обеспечивать области семена — обеспечивать область семенами, ссужать приятелю бочку вина — ссужать приятеля бочкой вина.

此类中其余的各组动词表示各种类型的信息传递活动。

(I). 5. 具有传递信息意义的动词支配的名词四格形式可以与补语从句兼容,或转换成 о ＋ 名词六格的形式,试比较:говорить(заявлять) руководителю следующее — говорить(заявлять) руководителю, что программа будет выполнена; докладывать командиру обстановку(об обстановке) — докладывать командиру, что боеприпасы на исходе; рассказывать(сообщать) друзьям новости(о новостях) — рассказывать(сообщать) друзьям, что дело сделано.

(I). 6. 允许将名词四格形式转换成不定式或者允许与其兼容的动词表示各种使役意义,包括允许(不允许)某种活动或祈使去从事某种活动,试比较:воспрещать(запрещать) кому-л. хождение по вагонам(ходить по вагонам), доверять кому-л. получение зарплаты(получить зарплату), позволить(разрешать) кому-л. провоз багажа(провезти багаж), предписывать кому-л. отдых(отдыхать), рекомендовать кому-л. отступление(отступить)等。

(II). 对于具有"供给"意义的一组动词来说,名词三格形式与表示起始点意义的形式 из ＋ 名词二格,с ＋ 名词二格兼容,或者与表示终点意义的 к ＋ 名词三格,в ＋ 名词四格,на ＋ 名词四格的形式兼容都是很典型的,甚至还可以将名词三格转换成 к ＋ 名词三格:доставить(к) командиру в штаб пленного, привезти(принести)(к) кому-л. вещи из города в деревню, привести(к) матери на веранду ребенка, прислать(к) кому-л. из штаба посыльного.

(III). 该组动词表示对某人有益的行为,对这组动词来说,众所周知的典型转换模式是:名词三格转换为 для ＋ 名词二格:делать зажигалку кому-л. (для кого-л.), доставать билет кому-л. (для кого-л.), находить приличную партию кому-л. (для кого-л.), облегчать условия труда кому-л. (для кого-л.), строить дом кому-л. (для кого-л.).

(IV). 该组动词表示作用于客体的某一部分和某一性能的意义,上述将名词三格转换成 y ＋名词二格形式或这种转换形式的不甚严格的变体都是很典型的。试比较：брить бороду кому-л. — брить бороду у кого-л. 或 брить чью-л. бороду；再如：вырезать опухоль кому-л., дергать（рвать）зубы кому-л., крутить руки кому-л., отнимать（отрезать, связывать）ноги кому-л., отрывать крылья стрекозе; перебить（пробить）плечо кому-л., пускать кровь кому-л., резать кому-л. бороды, рубить кому-л. головы, свернуть кому-л. челюсть, сжимать сердце кому-л., снести голову кому-л., стиснуть горло кому-л., стричь голову кому-л., чесать кому-л. спину. 这组动词内部可以细化出许多分组。

(IV). 1. 表示"作用于客体表面的一部分"意义的动词按下列转换模式：

Гладить ребенку голову — гладить ребенка по голове, задевать нос кому-л. — задевать кого-л. по носу, молотить кому-л. спину — молотить кого-л. по спине, трепать скакуну шею — трепать скакуна по шее.

(IV). 2. 表示"作用于客体表面的某一点"意义的动词按下列转换模式：

Клевать кому-л. спину — клевать кого-л. в спину, колоть（кусать）кому-л. руку — колоть（кусать）кого-л. в руку, печь кому-л. спину — печь кого-л. в спину（о солнце）, ранить кому-л. голову — ранить кого-л. в голову, целовать кому-л. лоб — целовать кого-л. в лоб.

(IV). 3. 表示"对客体进行的多次摇摆动作"意义的动词按下列转换模式：

Дерегать кому-л. усы — дерегать кого-л. за усы, драть кому-л. уши — драть кого-л. за уши, теребить кому-л. бороду — теребить кого-л. за бороду, трепать кому-л. волосы — трепать кого-л. за волосы, трясти кому-л. руку — трясти кого-л. за руку.

我们发现，IV 类动词具有支配与 y ＋ 名词二格, по ＋ 名词三格, в ＋ 名词四格, за ＋ 名词四格形式兼容的工具五格的能力，这样，带有五格的结构进入了其特有的句法制约形式。

(V). 对于具有"相似和类似"意义的动词来说，其对称性转换是非常典型的：

Противопоставлять русскую музыку польской — противопоставлять польскую музыку русской, уподоблять музыку поэзии — уподоблять поэзию музыке.

(VI). 表示"原谅"类意义的动词的特点是具有如下转换能力：извинять

(прощать) кому-л. этот проступок — извинять (прощать) кого-л. за этот проступок. 有趣的是动词 отпускать(отпускать грехи кому-л.) 在语义上与这组动词相近，而句法行为又与第 IV 类动词接近。

（VII）. 具有"打开、敞开"（直义和转义）意义的动词具有转换能力，其结果是使名词三格转换成 перед + 名词五格：выкладывать（открывать）все другу（перед другом），отворять（отпирать）дверь кому-л.（перед кем-л.），ставить задачу ученику（перед учеником）。

下面概述本文的主要论点。

1. 每一个动词的每一个意义都是在严格的、特定的句法条件下体现出来的，在这个意义上，可以说每一个意义都不是自由的，都是受句法制约的。

2. 意义的句法制约形式不是单一的结构，而是由纯句法的兼容关系和转换关系联系在一起的结构之和。

3. 受句法制约的不仅仅是一个词的不同意义，而且是存在于整个词典内的各种意义类别（语义类别）。

4. 既然许多意义和相似意义的类别都具有特定的句法制约形式，那么，句法制约形式可以用作为：1）区分多义词意义的客观手段；2）划分语义类别的客观手段。

最后指出两个领域，我们认为，在这两个领域里这些结果能够得到实际运用。

首先可以确认，句法制约概念在语言教学实践中是有益的，因为这一概念可以将明确的意义用于教学法文献中提出的言语范式的概念。言语范式可以理解为是一种句法结构，其各个位置由某些特定的词汇类别的元素来充填。既然结构由哪种词汇材料充填会影响到结构的句法性能（与其他结构的兼容能力或转换成其他结构的能力），每一个言语范式都可以通过一定的句法制约形式来评定。根据普遍的共识认为，不掌握言语范式，不可能流利地掌握语言，因此，言语范式应该与关于这些范式的句法制约形式的指标一并使用。

另一方面，意义的句法制约概念对实践词典学也是有益的。第一，在详解词典中，对一个词的每一个意义都应该给出：在什么样的句法结构中这种意义能够实现，它们之间的关系是怎样的；第二，不同词汇的相近意义会具有同一种句法制约形式，对这样的意义应该给出相同的句法标注，这样，这些标注就可以作为它们在语义上相近的形式标记。

第五部分　语言的形式模式

鸟瞰 ЭТАП-2(阶段-2)

1. 关于 ЭТАП-2 系统的基本信息

目前,自动化翻译(AΠ)现行系统的全景图是非常多种多样的[①]。可以根据不同的特征对其分类,其中最主要特征如下:

1. AΠ 系统的发展阶段

根据计算结构和句子形式概念的类型(在句子层面上进行一种语言向另一种语言的转换),划分出四个发展阶段(四代)。

在第一代的系统中,算法语言没有分解成单个的分析模块和合成模块:句子片段的合成与分析同时在一次性自左向右阅读句子的过程中进行。语言学信息没有与计算区分开来,也根本区分不开,也就是说,语言学信息是纯程序化的。由于这一原因,在第一代系统中,没有以明显的形式利用句子的任何形式语言学概念。

在第二代的系统中,(1) 区分出分析算法并使其与合成算法独立开;(2) 语言学保障只是陈述性的,即并不依赖于算法;(3) 翻译本身只能在句子的句法结构层面进行,而这种句法结构要在处理句子过程中通过算法分离出来(第二代系统的详细情况见 Кулагина,1979 和 Vauquois,1981)。

目前仍处在研发阶段或仅在设计阶段的第三和第四代系统,继承第二代系统的前两个性能。根据构想,在第三代系统中,翻译应在句子完整的语义结构层

[①] 见:Brinkmann,1979; Vauquois, 1981; Brinkmann, 1981, Melby,1981; Леонтьева и др., 1982; Slocum, 1985 及后续的文献; Vauquois=Boitet,1985; Nagao et al., 1985; Bennet=Slocum 1985; Isabelle=Bourbeau, 1985; Biewer et al., 1985.

面进行,而在第四代系统中,应该在"百科知识"概念——与一定的知识概念融合的语义结构层面上进行。

应该指出,近年来一个令人遗憾的趋势——"第三代"、"语义结构"和"语义成分"等概念的滥用。这些概念开始越来越多地用于描写一些系统,在这样的系统中把常规的语义标记用作结构各节点上的主要语义标记。我们不把ЭТАП-2系统的句法称作"具有语义成分的语法",因为我们认为这样的称名的责任过大。虽然用于ЭТАП-2的句法关系以及句法和语义特征分支系统能对意义提供良好的控制,但在作为其基础的语言学模式中没有引入等同于自然语言的、在科学上有理据的语义成分。而且作者还认为,只有这种由自己的形式语言保障的,能够构建句子特殊体现层面的语义成分才有权获得相应的称名。

2. 研发水平

在已达到机器实用阶段的系统中,可以划分出工业用系统和实验系统。根据服务的对象领域和系统工作语言的数量,工业用系统可以支配容量从1.2—1.5万到几十万词条的词库。根据系统的代别不同,语法的完整性亦不同。在第二代工业用系统中,词法和句法应该是特别完整的。

3. 翻译类型

所进行的翻译可分为:(1) 无人参与的机器翻译;(2) 有人参与做程前、程中或程后编辑的机器翻译;(3) 借助于机器(自动化词典等)的人工翻译[①]。

4. 翻译用途

系统有完全相反的两个类型:1) 为向科学技术人员通报新的科学思想和技术决策的可操作的,但可能是浅显的系统;2) 可准确翻译技术文件的系统。

5. 系统的工作语言数量

分为双语言自动翻译系统和多语言自动翻译系统。

6. 系统的工作语言类型

可以分为:用全容量的自然语言工作,用自然语言中相当有限的一部分工作,用类型学方面相距较远的语言或较近的语言工作等不同系统。

只有从逻辑学的角度可以认为上述类型的差异是彼此相互独立的。事实

---

① 杂志META几乎用了第26卷整卷来讨论这一问题,该杂志上发表了Brinkmann,1981相当分量的文章,以及杂志 *Computational Linguistics* 1985年刊发的两个专辑(vol. 11 No 1, No 2-3),另见Brinkmann 1979;Melby,1981。

上，在它们之间存在着很大的相关性。譬如，绝大多数工业用 AΠ 系统是第一代的系统或"一代半"的系统；绝大多数第二代的系统目前只用于实验程序。工业用 AΠ 系统提供的翻译质量较低，因此，需要人工在前、后阶段认真地参与，有时中间阶段也需要人工参与。第二代实验性 AΠ 系统提供相对较高的翻译质量，这就大大缩小了人工参与翻译过程的比重，有时甚至可以减少到零。然而，在有些要求保证信息准确性很高（譬如，出口产品技术文件的翻译）的情况下，最可靠的仍然是人工翻译，而最有前景的翻译形式就是使用多用途的自动化词典进行翻译。

用上述观点来研究 ЭТАΠ-2 系统，可以把它定为二代半的实验性[①]双语言 AΠ 系统[②]，该系统可以在没有任何人参与的情况下工作[③]，语言类别属于"中等"自然语言，目的是向科技工程人员通报[④]。ЭТАΠ-2 利用工作语言完整的词法和相对完整的句法，包括句法分析规则。显然，足以用英语处理任何科技篇章。英、俄语双语词典容量分别为 5784 和 6473 个词条，而且，经过实验检验的词典工作部分的词条，在每一种语言中都有将近 4000 个。鉴于词典的限制，翻译规则本身不能要求达到完全。

在纯语言学方面，ЭТАΠ-2 与第二代其他系统有以下不同：

（1）输入语言和输出语言的描写完全独立。每一种语言的描写都是简化的、但仍然是"意义⇔文本"语言学模式的重要变体。两个模式中的每一种都对相应语言的词法、句法和词典做了整合性描写。整合性描写原则是指，就其承载的语言学信息类型，词法、句法和词典彼此之间是完全一致的，这种语言学信息

---

① 虽然 ЭТАΠ-2 已交付于实验-工业使用，但它仍需要实验性调整。

② 在我们早期发表的文章中（1978）曾说过，高质量的自动化翻译必须要到第三代系统。这一代的系统除了可以预计到篇章的词法和表层句法的分析和合成外，还应预计到篇章的深层句法分析与合成。对 ЭТАΠ-2 系统的实验工作经验和此前 ЭТАΠ-1 进行的法译俄的高质量翻译的系统经验表明，在介于表层句法结构和深层句法结构之间的标准化的句法结构的层面上，完全可以实现很好质量的英译俄和法译俄的自动化翻译。

③ 长于 35 个词的句子除外。由于受某些技术上的限制，建议将这样的句子分解成两个较短的句子。

④ 总体来讲，ЭТАΠ-2 作为翻译系统有两种工作程序：以完全的句法分析为基础的高质量翻译和只以篇章的词法分析为基础的逐字翻译。逐字翻译曾作为分系统应用于某些工业用信息系统 Информэлекторо；此外，当无法构建句子的句法结构和无法得到高质量翻译时，这种翻译程序还可以作为应急手段使用。

在这三个部分中的记载方式是完全统一的,即用同一种形式语言记载。

(2) 给定语言学知识的陈述性,即完全不依赖算法。给定语言学信息的陈述性有两个优势(至少在系统的实验性使用阶段如此)。

第一,它可以使作为 АП 系统基础的语言学模式变成直接可行的。很容易在整体上把握住模式,评价它的优劣,与其他类似的模式进行比较。不需要从计算程序中提取出若干模块进行重构。在这一方面,给定的陈述性语言学模式与普通的语言学描写很相似。实质上,这就是用形式语言描写的语法和词典。

第二,在机器实验过程中,系统在翻译每一个句子同时给出得到句子的详细记录的条件下,给定的可陈述性语言学模式很容易修正。

(3) 工作语言的描写格式标准化。ЭТАП-2 系统的两种工作语言——英语和俄语按统一的完全是共同的提纲描写。这为给系统添加新的工作语言时,不需改变描写格式和不需改变篇章的分析、改造和合成算法提供了可能性。

(4) 语言学保障对某一目标领域(词典中很窄的术语学部分除外)不具有指向性。系统的这一性能是工作语言的语言学模式完整的直接结果。

如上所述,工作语言的词法和句法可以用来处理完全不同的科技篇章,也就是考虑到在这样的篇章中会遇到的各种各样的形式与结构。

至于词典,目前所有词汇中有一半是术语或术语性词汇,都是对该目标领域比较有特色的词汇。但是尚有几千个词汇(以及与此相关的规则)是用途更广泛的词汇,而不仅仅用于较窄的目标领域①。必须要考虑到,词典中的词条是相对有代表性和原则性的,即确保该词汇不只是在一两个实际遇到的篇章中的分析和翻译,而是在电子技术对应的很广泛的领域的分析和翻译,就像在专业的术语词典中提供的词条一样。

ЭТАП-2 系统在语言学上的相对完整性和语言学保障的原则性,为利用该系统或其中个别部分去处理不同目标领域的篇章提供了可能性。

在 ЭТАП-2 系统中,上述语言学保障性能具有下列理论内涵。

首先可以发现,构成 АП 系统的语言学成分的语言模式越全,原则性越强,翻译质量越高(语言学对 АП 系统的作用:十分完整的语言模式是高质量自动化翻译的保证)。

---

① 而且,电子技术未必能正确判断较窄的目标领域,因为这一领域中使用的术语体系包括电子、计算机技术、机械制造、化学、物理、等技术和科学领域。

除了自动翻译的质量对语言学模式的完整性和原则性的这种依赖性之外,还存在语言学模式的质量取决于АП系统使用效果的逆向依赖关系。自动翻译好像是语言学的一个实验场,在这里语言学可以检验自己的科学机制,评定自己科学机构的基础。如果АП系统利用了自然语言的某些重要模式,那么这一系统就开始对语言学产生深刻的促进作用。在机器试验过程中弄清了许多早已众所周知的语言学规则,并形成一些新的规则,意识到许多新的语言学概念的需求,激发了一系列理论构想。简言之,为一个新的学科——实验语言学①的形成创造了前提条件,实验语言学利用寻找科学真理的自然科学方法作为证实的手段(АП对语言学的反作用:高质量的自动翻译是不断完善语言学模式的自然基础)。

2. 翻译范例、速度与质量

对任何一个АП系统的最自然的、公认的和显著的评鉴不是它的技术参数,而是它完成的翻译。ЭТАП-2系统翻译了两种类型的英文原版篇章:1)连贯的篇章(文章、论文提要等);2)INPADOK资料汇编中的专利题目。两种情况的翻译都是逐句翻译,整个翻译过程没有人工参与,而且每一个句子只有唯一一种翻译形式。换句话说,词法、词汇和句法的同义现象和多义现象处理到最简程度,即在句子任何一个点和一个片断上词法、词汇和句法的可选择数量都简化至一个。在中止对系统的研究工作的那个实验阶段上,有一半的试验得到了令人满意的翻译,另一半不满意的翻译主要是因为词典中缺少某种信息或对具体的规则的描写不够。在大多数这类情况下可以修正词典和规则的信息,这种修正不破坏系统的整体工作能力。

---

① 总体来讲,语言学实验由来已久,许多经典语言学家如О. Есперсен, Ш. Балли, Л. В. Щерба, А. М. Пешковский等都使用过这些实验。为了有依据地确定各种不同语言单位的性能,这些语言学家有目的地改变这些语言单位的上下文。在这种情况下检验,带有这些语言单位的句子能否保持自己的语法正确性,能否与其他句子构成同义或同音异义关系等。这些实验的检验对象是,某一单个语言学论断的正确性,而实验场就是一个句子的空间。因此,这样的实验还不足以构建新的科学学科。计算机技术为语言学提供了原则上全新的实验可能性。如今,实验的对象可能是整个语言学描写(语言的形式模式)的正确性,而试验场是借助于这些模式进行分析和合成的大量的连贯篇章。作为模式基础的关于语言的理论概念得到验证的程度取决于模式的语言行为(即该模式如何分析和合成篇章)与讲话人的语言行为的吻合程度。(详见Апресян 1985)。

作为例子我们援引一些连贯篇章的开首句和资料汇编中专利题目的翻译①。

Образец перевода связного текста (статьи)
(连贯篇章的译文样例)

1. The Future of Electronics in Instrumentation.

2. Advances due in spectroscopy, chromatography, spectrometry and electrochemistry.

3. In recent years, government regulations, technical demands, microprocessor development and a host of other influences have forced a revolution in chemical, biochemical and industrial instrumentation.

4. Thirty five years ago, significant breakthroughs were achieved in chemical analysis instrumentation, and UV and IR spectrometers, mass spectrometers, and PH meters became available.

5. The search for a synthetic substitute for natural rubber, for example, accelerated during World War Two and spurred the development of instrumentation that could analyse molecular structure in the laboratory.

6. In the early sixties, chromatography became an analytical tool (now the most highly used instrumental technique in the chemical laboratory).

7. Nuclear instrumentation, which appeared in the late fifties, dramatically changed medical diagnosis.

Будущее электроники в оборудовании.

Достижения, ожидаемые в спектроскопии, хроматографии, спектрометрии и электрохимии.

В недавние годы правительственные постановления, технические требования, развитие микропроцессоров и множество других факторов вызвали переворот в химическом, биохимическом и промышленном оборудовании.

Тридцать пять лет назад значительные успехи были достигнуты в оборудовании химического анализа и ультрафиолетовые и инфракрасные спектрометры, масс-спектрометры и *PH* счетчики стали доступными.

Поиск синтетического заменителя натурального каучука, например, ускорился в течение второй мировой войны и стимулировал развитие оборудования, которое могло анализировать молекулярную структуру в лаборатории.

В начале пятидесятых годов хроматография стала аналитическим инструментом (в настоящее время наиболее широко использованный метод в химической лаборатории).

Ядерное оборудование, которое появилось в конце пятидесятых годов, резко изменило медицинскую диагностику.

---

① 列举出在一个英语磁带上十个连续运行的题目及其翻译,以便使读者形成有关翻译质量的平均性概念。

8. Improved detectors and sampling technology have led to more exotic instrumentation methods, such as gas chromatography mass spectrometry (GCMS), high performance liquid chromatography (HPLC), X-ray fluorescence and plasma emission spectroscopy.

Усовершенствованные детекторы и техника выборки привели к более экзотическим инструментальным методам, таким, как масс-спектрометрия газовой хроматографии (*GCMS*), высокоэффективная жидкостная хроматография (《HPLC》), рентгеновская флуоресценция и плазменная эмиссионная спектроскопия.

9. Pendulously suspended bucket with a steering curve for a bucket conveyor.

Маятникообразно подвешенный ковш с направляющей кривой для ковшового конвейера.

10. Diffusion bonding of aluminium alloys.

Диффузионное соединение алюминиевых сплавов.

11. Hydrocarbon oil based silicone antifoams.

Кремниевые противопенные средства на основе углеводородного масла.

12. Static changing device for drive—brake operation of variable speed asynchronous motors fed by a current converter.

Статическое переключающее устройство для операции пуска останова над-асинхронными двигателями переменной скорости, питаемыми таковым преобразователем.

13. Stripless electrical wire terminal (for) distributors of telecommunication installation, especially telephone installations.

Бесполосная электрическая клемма для распределителей установок телекоммуникации, особенно телефонных установок.

14. Conveying apparatus for sheet-or foil-like material.

Передающее устройство для листового или пленочного материала.

15. Planetary gear train for automotive transmission or the like.

Планетарная зубчатая передача для самодвижущейся передачи или тому подобного.

16. Gas-insulated electrical apparatus.

Изолированное газом электическое устройство.

17. Flat-card-shaped semiconductor device with electrice contacts on both faces and process for its manufacture.

Полупроводниковое в форме плоской карты устройство с электрическими контактами на обеих сторонах и процесс для его изготовления.

18. Optical phase grid arrangement and coupling device having such an arrangement.

Устройство оптической фазовой сетки и соединяющее устройство с таким устройством.

  对于评价翻译的时间（速度）重要的是要知道，ЭТАП-2 系统是在 EC-1033 计算机上进行研制的，该机的运行速度为 200000 次/秒（事实上运行速度要慢很多）。系统总体程序的运算量为 1.5—2 万次，最初是用 PL—1 的程序语言描写的,后来,为了加快翻译过程,某些程序模块改用汇编语言。

改进后,从篇章中抽取一个中等长度(25—30个词)和中等难度的句子,其翻译时间为3—4分钟。翻译长度为8—10个词的一个专利题目约用1分钟。使用功率更大的计算机时,翻译速度明显提高①。依靠更好地组织语言学和程序上的保障,优化的时间参数的潜力还很大。

总体上可以说,即便考虑到英语中同音异义词的比率非常高和相对较高的翻译质量,在ЭТАП-2上一个句子的翻译时间也完全符合要求。看来,即便是在 EC-1033 上翻译的速度也可以和人工翻译速度比拟②,而在现代计算机上,会远远超过人工翻译速度。

至于翻译质量,做出客观的评价是一个较困难的任务。首先,翻译质量不应该是根据单个的句子,而是根据较大的篇章来评价,评价的条件是在这一篇章的整个翻译过程中自动翻译АП系统不应有重大的修正。不能确保这一条件,就不能客观评价结果的稳定程度。从这方面来看,ЭТАП-2 的结果相当稳定。虽然在试验过程中加入了一些个别修正,为了检验系统的完整性和稳定性,对以前翻译过的篇章的某些片断做抽样翻译。因此,整体上可以确认,一个完整连贯的篇章的翻译以及许多专利题目的翻译相同,都是在同一个系统中完成的。

其次,只有对АП系统做一个循环的试验工作之后,包括机器翻译的专门鉴定之后,才能客观地评价该系统所做的翻译的质量。鉴定性评价尽可能要有区分度。譬如,О. С. 库拉金娜曾提议根据独立性来评价翻译的准确性,(与原文的意义对应程度),可理解性和语法正确性(Кулагина,1979)。据我们所知,第二代系统的这类工作只是用库拉金娜创建的ФР-II系统进行过。当用这种角度来评价ЭТАП-2系统时,我们就不得不根据翻译的直观感觉,与原文对照和相应文章可能的人工翻译对比来评价,还要考虑在可理解性、准确性和语法正确性方面的错误来评价。

---

① 试验表明,在 EC-1045 计算机上(运算速度为 880000/秒)翻译速度增加 1.5-2 倍;在 EC-1046 计算机上(运算速度为 1200000/秒)翻译速度增加 2.8-3 倍,在 EC-1061 计算机上(运算速度为 2000000/秒)翻译速度增加 3.5-3.8 倍。

② 关于这个判断,我们拥有下述间接的依据。1980 年,在对速度较慢的 АП 系统法译俄的 ЭТАП-1 与法国的计算机 ИРИС-50 和 EC-1033 做对比实验时,(В. Ю. 罗杰茨威格)曾进行了下列实验。将 ЭТАП-1 翻译的 15 个句子提供给莫斯科国立外语学院翻译系十个 5 年级的大学生翻译。十个学生全部都比机器翻译得慢(而且翻译质量也不高)。

所有的译文都能读懂,可能句子(1)除外,可是这个句子的原文本身就很难让人理解。

几乎所有的译文都与原文对等的,也就是正确传达了原文的意思。唯一一个语义错误是句子(6)中动词 ИСПОЛЬЗОВАТЬ 的完成体形式。把应该翻译成 наиболее широко используемый метод,而译为 наиболее широко использованный метод 了。这样就把对在任何化学实验室都会发生的现象的普遍性证实翻译成了一次具体的情况了。这样的错误不可避免。问题就在于,当在合成俄语体的形式时,我们不能利用英语动词词形所含的直接信息。在英语中没有"体"的范畴。这意味着,可以依靠的或者是原文中动词词形的上下文,或者是英语的词汇性能,或者是俄语动词词形的上下文,最后或者是俄语的词汇性能。在我们所研究的情形中,无论是原文的上下文,还是译文的上下文,无论是 USE 词汇性能还是 ИСПОЛЬЗОВАТЬ 的性能都没有提供合成未完成体的依据。

所有其余的错误都可以视作偏离了俄语标准语的语法或修辞的规范。

在句子(4)中,在复杂的并列复合句中,连接词 и 前面缺少一个逗号。这个错误可以消除,而且不影响理解。

在句子(12)中有一个标点符号的错误:在词组 над-асинхронными (двигателями)中的连字符,变成词组(операция) пуска-останова 中的连字符了。这个错误源不大,很容易用一个程序就可以消除掉。

在句子(16)中,实际得到的义段是 изолированное газом электрическое устройство,如果用 электрическое устройство газовой изоляцией 可能会更好。这样的错误可以消除。

在句子(17)中,实际得到的词序是 полупроводниковое в форме плоской карты устройство,如果用 полупроводниковое устройство в форме плоской карты 可能会更好。

最后,在句子(18)中,出现了可避免的同一实义词重复的情况。这种错误不影响理解,因而未必需要消除。在这种情况下付出的努力与效果明显不成正比。

在评价机器翻译质量时必需还得注意一个情况:在从第一代系统向更高水平的系统过渡时得到的质量提升。对这种提升的明显感觉是在比较由工业

第五部分　语言的形式模式　559

用途的现行逐字翻译系统①完成的和在 ЭТАП-2 上完成的专利名称的翻译时得出的。

　　ЭТАП-2 几乎没有任何质量提升的情况非常非常少。这就是单个词的名称，这样的情况不超过整个翻译的百分之一。看来，无论是逐字翻译，还是高质量翻译都应该给出同样的结果。

Оригинал （原文）	Пословный перевод （逐词翻译）	Качественный перевод （高质量翻译—ЭТАП-2）
Hobler	Держатель	Держатель

　　大约有一半逐字翻译的名称是专家们能理解明白的。但是，从语法的角度看翻译是不好的，更不要说从修辞来讲，所以要求投入大量精力去破译意思。例如：

Оригинал （原文）	Пословный перевод （逐词翻译）	Качественный перевод（ЭТАП-2） （高质量翻译—ЭТАП-2）
Method of making an electrical synthetic insulator, and insulator made by the method.	Метод делать электрический синтетический изолятор и изолятор делать метод.	Метод изготовления электрического синтетического изолятора и изолятор, изготовленный методом.
Electric rotary machine having superconducting rotor.	Электрический ротационный машина иметь сверхпроводящий ротор.	Электрическая вращающаяся машина с сверхпроводящим ротором.
Method of manufacturing a stack of laminated plates for electric machines and devices.	Метод изготовление/изготовлять комплект листовой пластина для электрический машина и устройство.	Метод изготовления комплекта слоистых пластин для электрических машин и устройств.

　　最后，在第三组情况中，也有占整个翻译的一半的逐词翻译不能给出理解文件意义的钥匙。在这种情况下，ЭТАП-2 给出的高质量翻译是唯一的选择。

Оригинал （原文）	Пословный перевод （逐词翻译）	Качественный перевод（ЭТАП-2） （高质量翻译—ЭТАП-2）

---

①　该系统做出的翻译质量可以与其他工业用现行系统的翻译质量相比拟，那些系统是以无限的自然语言为依据的。

Capacitor element.	Конденсатор элемент.	Элемент конденсатора.
Static changing device for drive-brake operation of variable speed asynchro-nous motors fed by a current converter.	Статический изменение/менять устройство для привод мять/тормоз операция переменная скорость асинхронный двигатель питать ток преобразователь.	Статическое переключающее устройство для операции пуска останова над асинхронными двигателями переменной скорости, питаемыми токовым преобразователем.
Solid-state laser scanning system and electrophoto-graphic machine including the same.	Твердый состояние лазер развертывание/развертывать система электрофотографический машина включая/включать тот же.	Сканирующая система с твердотельным лазером и электрофотографическая машина, включающая это.

总体上,我们认为,ЭТАП-2 系统构建的俄语篇章可以评价为很好质量的机器翻译,基本上可以与人工翻译相比。

3. ЭТАП-2 系统的理念与构建[①]

就其理念与构建而言,ЭТАП-2 系统是法译俄的 ЭТАП-1 的继续和发展,ЭТАП-1 在实验状态工作了一年半,得到的翻译在质量上可以与人工翻译比拟[②]。下面我们简单地比较一下两套系统,先讲 ЭТАП-2 系统与 ЭТАП-1 系统的不同,然后再指出它们的共同点,因为语言学的理念恰恰是研制 ЭТАП-2 时的决定性原则。

可以列举出 ЭТАП-2 系统与 ЭТАП-1 系统的四大不同之处:

1. 首先,对 ЭТАП-2 系统提出了新的目标——要比纯实验性阶段更高的研制水平,定位于下一步的实际应用。由此对系统提出两个新要求:1) 翻译速度要快;2) ЭТАП-2 系统应该制成可以连接到任何信息系统的分系统形式,这些

[①] ЭТАП-2 系统的理念在 Апресян 和 Цинман 的研究中曾简要描写过,1982。

[②] 关于 ЭТАП-1 的语言学保障见:Апресян и др. 1978,Апресян и др. 1981,Препринт-I,1985;Препринт-II,1983;Препринт-III,1984;Препринт-IV,1983;Препринт-V,1983;Препринт-VI,1985;Препринт-VII,1985;关于系统的逻辑数学保障见:Коровина и др.,1977;Цинман 1986;Цинман и др.,1982。

系统经常要求英译俄的翻译。

2. 新的目标决定了系统的语言学保障的构建。为了提高系统的工作速度，把所有的规则分成三种类型——总体型、局部型（信息规则）和词典型。总体规则不到全部规则的四分之一，但参与任何句子的处理。局部型和词典型规则参与那些其词汇材料可能会要求使用这些规则的句子的处理。这些规则被相应词汇的词条激活，在这些词条中，规则或者按名称排列（信息规则），或者整体列出（词典规则）。这样一来，在 ЭТАП-2 系统上在对该句子的处理上实现了系统的最佳自建的思想。结果使句子再处理的时间大大缩短，因为此时参与句子分析和翻译的不是系统中的所有规则，而是那些必须的规则。

因为 ЭТАП-2 系统的组合词典中除了分类信息（词类、句法特征和语义特征等）之外，还加入了运算信息，即词典规则和对公式化规则的援引，所以双语词典中的词条获得了逻辑上十分发达的分支结构。

需要强调指出，规则储存器的重新组织不仅具有优化意义，即工程意义，而且具有很深的内容基础。重新组织的主要思想与自然语言的一些基础性能直接相关。在这些基础性能中有为数不多的特别共性的规律，其中的每一个在语言中都有很广泛的适应范围（涉及大量的词汇），并且在篇章中实现的概率很大。这些性能被规定为共性规则。除此之外，在自然语言中还有很多局部性规律，其中的每一个规律只能涵盖有限的一组词或一个词，并且在篇章中实现的可能性很小。这样的规律常常总是由信息规则和词典规则来描写。

3. ЭТАП-2 系统使用新的输入语言——英语工作。与语言转换相关的主要困难如下：

由于在篇章中英语词汇之间的语义关系和句法关系的形式标记很弱，从自动化处理的角度来讲，要比法语，特别是比俄语复杂一倍。

事实上，英语的词类几乎没有典型的聚合体，一个书写词常常既是名词、形容词又是动词，有时甚至是副词和介词，譬如：ROUND —"круг"（名词），"круглый"（形容词），"округлять"（动词），"кругом"（副词），"вокруг"（介词）。

而且，各词类的结尾同形异义，譬如：ROUNDS —"круги"（名词，复数）或者"округляет"（动词，第三人称）。表示语法意义的词缀也同形异义，譬如：ROUNDING —"округляющий"（主动形动词），"округляя"（副动词）；ROUNDED —"округлил"（动词，过去时）和"округленный"（被动形动词）。表示语法意义的词缀与构词词缀也是同形异义，譬如：ROUNDING —"округляющий"（主动形动词)或"округление"动名词。而且形容词和副词没有任何词尾形式,因此,与名词的匹配关系完全表现不出来。例如: electric device —— электрическое устройство 和 electric devices — электрические устройства 等。

从属连词和连接词都可以省略,譬如:He claimed he was ill ⇒ "Он утверждал, что был болен",就直接翻译成"Он утверждал он был болен",再如,The man I saw yesterday ⇒"Человек, которого я видел вчера",就直接翻译成 Человек я видел вчера。这样一来,从属关系就未能表现出来。

在对英语来说非常典型的名词链中,句法联系也没有任何标记,所以这样的链条本身对正确的语义阐释不能提供任何答案。然而,在外部句法的单一形式下,构成句法关系的成分之间的语义关系量非常大,试比较:

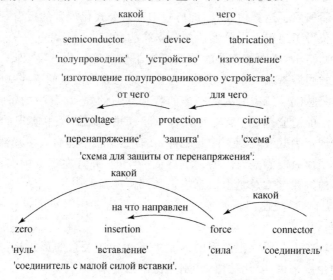

由于英语的上述特性和其他类似的特性,英语句子的自动化句法分析要比法语句子的自动化句法分析困难一倍。从上述例子中可以得知,依据某一些句法理解不能选择出该句子句法上(和语义上)正确的结构。能够很容易且准确无误地找到准确阐释的专家是靠着对相应对象领域的了解才能做到的。但自动化系统(至少在目前状态)没有这样的知识,因此,除了设想出它的语言学代用品外,没有其他办法。ЭТАП-2 系统的语言学代用品就是句法结构的再注释规则,这些规则广泛运用了句子中词汇成分的知识。

4. ЭТАП-2 系统不仅用于提要文本和论文的翻译,而且可以用于全新体裁的篇章——专利题目的翻译。这种新的对象定位是因为,在研制 ЭТАП-2 系统时,专利题目是唯一有磁带的信息类型。对于该系统语言学保障的作者来说,这样的定位转变成了又一个困难。

很明显,本系统完成的翻译不仅在语义和修辞上应该是可行的,而且在技术上应该是符合要求的。这意味着,这些翻译应该被构建成在电子技术中,特别是在专利学研究中被接受的术语标准。

带着这样的目的,我们查阅了苏联创造和发明事务国家委员会下属的全苏专利信息科研所发表的《国外发明》图书索引,希望能从中找到原始的术语标准,因为我们总是听说专利学领域的表述要有准确性、传统性和规范统一性。这些愿望只实现了一部分。特别是,在这些"符合规范"的文本中我们并未找到所说的规范统一,反而是发现相当多的普通人就能看出来的直观错误。举两个例子:

High voltage direct current transmission apparatus — "высоковольтное устройство для передачи по постоянному току" 应该是 "устройство для передачи постоянного тока высокого напряжения"。

Ringing signal supply —"устройство для посылки вызывного сигнала"应该是"питание для системы звуковой сигнализации"。

在这样的情况下,我们不得不在已经审定过的标准的准确性和对正确思想的理解之间寻找一条中间路线。

我们认为 ЭТАП-2 系统主要优点就是翻译的质量。好的翻译质量就是作为任何翻译系统基础的语言学构想的直接运用。所以,在 ЭТАП-1 系统的语言学基础上,很自然地建立了 ЭТАП-2 系统。

鉴于这些原因,基于"意义⇔文本"语言学模式的原则性定位被保留下来,其简化方案被作为 ЭТАП-2 系统的语言学保障的基础。这里需要指出,除了梅里丘克在书中(1974)制定的这些模式的总体构想外,我们全面利用了梅里丘克及其同行在自然语言的句法学领域的研究成果[Мельчук, Перцов, 1975; Mel'cuk, Pertsov, 1987; Иомдин, Мельчук, Перцов, 1975; Иомдин, Перцов, 1975; Саввина, 1976; Апресян, Иомдин, Перцов, 1978; Иомдин, 1979; Урысон, 1981; Урысон, 1982; Санников, 1980]。从梅里丘克和彼尔佐夫 1975 年的研究中引入了句法特征、句法关系和语段等解释,还有很大一部分有关英语句法学的原始材料和运用转换规则描写自然语言句法的方法,运用转换规则可以把句子的词法结构转换成句法结构(一定形状的关系树),或反之。

在系统的逻辑数学保障方面借鉴了ФР-II系统制定的某些思想(Кулагина,1979)。

此外,基本上保留了源于"意义⇔文本"模式的句子处理特点和顺序。虽然前文曾指出,ЭТАП-2系统的语言学保障在逻辑上独立于算法,但按照算法程序,即在翻译的过程中加入句子的单个成分的方法研究更方便,从这样的观点出发,在ЭТАП-2系统的语言学保障中可以分解出以下几大模块(前一模块的输出就是后一模块的输入):

(1) 原版英语句子的词法分析;
(2) 英语句子的句法分析;
(3) 英语句子句法结构的标准化处理;
(4) 将标准化了的英语句子结构改造成标准的俄语;
(5) 将标准化结构扩展成俄语句子的句法结构;
(6) 俄语句子的句法合成;
(7) 俄语句子的词法合成。

句子处理的这七大模块都要求与词典照应。在第(1)和(7)阶段要借助于系统中对应的英语和俄语的词法学词典。在第(2)阶段的开始前要一次性借助于英语的组合词典。对于句子中的每一个词位(准确地说,是对每一个位置上的许多同音异义词位)都要从组合词典中抽调出对英语句子进行句法分析、规范化和翻译必须的所有的词典学信息。在第(4)—(6)阶段,需要借助于俄语的组合词典,从中抽调出对俄语句法结构进行"精加工"和进行词法化处理所必须的词典学信息。

英语组合词典包括词位的下列类型信息:1)在组合词典中的序号;2)词类;3)俄语的常规翻译;4)句法特征;5)语义特征(描述符);6)词位的支配模式,即关于该词位的(语义)题元、关于题元的表达手段,以及对该词位潜在的题元从属成分的句法或语义性能的要求等信息;7)对带有该词位的句子进行处理所必需的程式化规则的名称,如果规则中有参数性变体,必须指出其意义;8)对带有该词位的句子进行处理所必需的词典学规则。

俄语组合词典包含的信息类型基本相似,词位的翻译和语义特征除外。

从形式的角度来看,第(3)—(6)阶段是不可分割的,因为是由关系树的改造的统一程序完成的。但在我们的描述中,我们遵循的是对内容的理解,而内容上每一个阶段又都相当独立,因为每一个阶段用来解决一个完全独立的语言学任务。

(1) 给词法学分析的输入端输入正常书写的英语句子,但没有区分题目和开头的字母。如在 ЭТАП-1 系统中一样,词法分析原则上应划分为三个子阶段:1) 前词法分析(拆分类似 it'll,it's 这类的形式);2) 拼组成无条件限制的短语;3) 纯粹的词法分析。

然而,前词法分析这一步在 ЭТАП-2 系统的程序上没有实现。因此,在目前状态下词法分析阶段由分阶段 2)和 3)构成。

按照 O.C. 库拉金娜的观点,我们把没有变化形式的词序列称作无条件限制的短语,这些词总是在同一等级中一个跟着一个,而且表示统一的概念(BY MEANS OF "посредством",WITH REGARD TO "относительно"等)。借助于短语词典将这些短语"拼组成"成一个词,给一个编号,在后面的阶段中,根据此编号在组合词典中查找。

在词法分析的输入端输入带有"拼合"短语的英语句子,而在输出端得到了被我们称作句子词法结构的客体。严格讲,句子词法结构就是句子所含的词形的词位名称的序列,这些词形在每一个词位名称下都具有语法特性(数、格、时间、体等)。我们关注的不是词位名称的序列,而是实际词形的序列,在这一序列中,给每一个词形都列出了在我们的词法学词典范围内可能的同音异义词。

该词形的每一个词法同音异义词都用词位名称代表,而词位带有一组语法特性,我们把这个词法同音异义词称作该词形的词法结构。

把句子改造成句子的词法结构,要借助于词根词典、标准聚合体清单(词尾清单,并注明每一个词尾的语法性能)以及便捷地提供词法信息的一系列其他手段才能完成。

(2) 句法分析阶段划分为两个分阶段。首先完成前句法分析,其任务是根据最近线形上下文确定词汇—句法同音异义词和词法同音异义词。譬如,NEED 和 NEEDS 的形式每一个都隐藏着两个同音异义词:名词(потребность)的单数或复数形式,动词(нуждаться)的所谓基本形式或现在时单数第三人称形式。如果在某一个形式的左边直接加上一个冠词(THE 或 A),则动词的同音异义词就消除了,因为在这样的线形条件下 NEED 和 NEEDS 不可能是动词。

前句法分析——这是句子处理程序唯一一个专门用来解决同音异义现象的阶段。在纯句法分析阶段也可以进行同音异义现象的处理,但那里这种处理只能是具有完全不同目的的程序中的一个副产品。

具有简化了词汇—语法和词法同音异义现象的词法结构,构成了纯句法分析的输入项。其结果是被翻译句子的句法结构——有标记按顺序排列(线性顺序)的关系树。树的节点位于与句子词形相互单一的对应关系上,而联系这些词形的箭头对应于该语言特有的句法关系,譬如谓语与主语的关系(The train $\xleftarrow{\text{predic}}$ stopped 'поезд остановился' — 火车停了),动词与它的补语 (to debug the program $\xleftarrow{\text{1-compl}}$ 'отладить программу' — 调整程序),名词与它的定语(modern $\xleftarrow{\text{modif}}$ computers 'современные компьютеры' — 现代计算机)等。

将词法结构改造成句法结构的主要手段是组合体规则,借助于这种规则,属于句子两种不同词形的两种词法结构可以改变成一种假设的双向的次级关系树。由于所有组合体都适用于被分析句子的材料,得到了大量许可的假设,其数量平均超出正确假设的两三倍。能够形成对该句子而言正确的关系树的假设是正确的假设,正确的关系树是指能满足某些特定要求:对假设进行成对组配的要求和对这些组配成分的相对排列的要求。

除了组合体,在句法分析过程中还使用了优先规则,在许多可能的假设中挑选在该句子条件下最有可能是正确的一个。在其他手段都不能得到句法结构时,这些规则开始起作用。譬如,在句子 The firm bought a computer for 1000 dollars (Фирма купила компьютер за 1000 долларов) 中,对于词组 for a 1000 dollars 将出现有关可能主人的两个假设:bought for a 1000 dollars(купила за 1000 долларов)和 a computer for a 1000 dollars (компьютер за тысячу долларов)。在这些条件下,题元关系(在我们的例子中是两个补足语)是一种限定关系,因此,第二个假设将取消。

在句法分析的输出端得到翻译句子的完整句法结构,是整个翻译过程的中心环节,也是最困难的环节。翻译质量取决于在句法结构中使用的主从关系表达出来的词汇之间意义联系的完整、细微和准确的程度。我们使用了50种主从关系,它们与词汇和词法信息携手,一起提供了对被翻译句子的意义的全面监控。

(3) 正确的句法结构进入标准化阶段的输入端。在这一阶段完成两个主要任务。

第一,消除英语中所有的词法独特性和某些句法独特性:把分析形式紧缩为一个词,给类似 MAKE,TELL,INFORM 这类形式加上某些词法标识特征(譬如,在有语气词 TO2 的上下文中给出特征 INF);解释以-ING 结尾的词形;去掉某些没有信息或信息量很少的词;类似在不定式前使用的 TO2 这样的语气词;添加某些新的组件,譬如在 He claimed he was ill 这类句子中添加连接词 THAT;改变词序;进行一系列其他的类似改造。

第二,借助于再解释规则的专门模块修正某些明显不正确的结构。

为了对再解释规则的功能有一个了解,我们再回到上述词组:

semiconductor device fabrication — изготовление полупроводникового устройства,

overvoltage protection circuit — схема для защиты от перенапряжений,

zero insertion force connector — соединитель с малой силой вставки.

这三个词组中的每一个都是名词链,在 ЭТАП-2 的程序上,总会得出下述形式的句法结构:

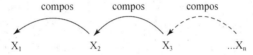

对于前两个词组来说,这种结构是正确的,但对第三个词组来说,这种结构是不正确的。不正确的结构是不能翻译的,因为翻译出来是没有意义的。恰恰就是在这样的情况下,使用句法结构的再解释规则,根据对词汇的理解把不正确的结构处理成正确的。ZERO(零)这个词按意义不可能与 INSERTOION(插入)这个词发生联系,因为后者表示的是行为,而行为是不能度量的。ZERO 这个词的最有可能的语义主人候选者是名词 FORCE。力是可以测量的,而且力也确实可以有零值的情况。因此,为了得到第三个词组的正确的句法结构,在 IN-SERTOION 的语境中,只要把 ZERO 从属于名词 FORCE 就可以了。依据这一词汇信息,再解释规则进行了下述重构:

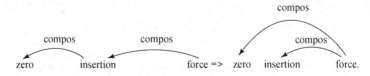

这样,在句子处理的下一个阶段中,句子的正确翻译才成为可能。

(4) 在把标准的英语结构改造成标准的俄语结构的阶段上，或者在纯翻译阶段上，实质上要完成的只有一个任务：生成将要译成俄语的句子的原始句法结构。为此需要：① 用相应的俄语词法标识特征代替英语词的词法标识特征；② 将英语的句法结构改造成与之对应的俄语的句法结构；③ 翻译所有的词汇。

显然，在某些情况下，这三个步骤的操作是非常普通的改造，并可以独立进行。例如，如果重新处理已经标准化了的结构的片断：

$$\text{DEBUG}_{\text{inf}} \xrightarrow{1\text{-compl}} \text{PROGRAM}_{\text{pl}},$$

则可以分别进行词法改造：

Inf ⇒ инф（инитив），pl ⇒ мн（ожественное число），

句法改造：

$$\xrightarrow{1\text{-compl}} \Rightarrow \xrightarrow{1\text{-compl}}$$

词汇改造：

DEBUG ⇒ ОТЛАЖИВАТЬ，PROGRAM ⇒ ПРОГРАММА.

同样可以看出，在另一种情况下，而且是大多数情况下，规则具有更多的突发特点，并且彼此相互关联。举几个这种非普通的和非独立的改造的例子，这样的改造消除了英语的词法独特性、句法独特性和词汇独特性：

1) 词法特性的非常规替代，例如：

PRESENT, PERFECT, PROGRESSIVE ⎫ ПРОШ（ЕДШЕЕ ВРЕМЯ），
PAST, PERFECT, PROGRESSIVE   ⎭ НЕСОВ（ЕРШЕННЫЙ ВИД）

结果，类似 has been working 和 had been working 这类的形式都改造成 работал 这样的形式；

2) 句法结构的非常规改造，例如：

John being late we decided to go ⇒ Поскольку Джон опоздал，мы решили идти；

They talked me into accepting their proposal ⇒ Они вынудили меня принять их предложение；

as many as three years ⇒ целых три года；

two inches long ⇒ длиной в два дюйма；

five years older ⇒ на пять лет старше.

很容易看出，句法结构的非常规改造通常伴随着词法和词汇的改造；

第五部分　语言的形式模式

3) 词汇的非常规改造,特别是在利用 И. А. 梅里丘克"意义⇔文本"语言模式的"意义"中的词汇函数(Мельчук,1974)构建的固定词组和在熟语性术语词组中,例如:

 on Monday ⇒ в понедельник,
 pay attention ⇒ обратить внимание,
 space resonance ⇒ распределенный резонанс,
 controlling field ⇒ направляющее поле,
 interturn capacitance ⇒ емкость катушки индуктивности,
 iron chute ⇒ желоб для заливки чугуна.

就是在这种情况下,词汇的改造通常也伴随着句法和词法的改造。

(5) 在完整的俄语句法结构的扩展阶段,要完成的任务是生成俄语语言的词汇—句法的所有独特性。这一任务可以细化为一系列具体任务,这里只提及其中的下述四个就足够了:1) 恢复所有必须的词位,包括受强支配但空位的前置词(例如, зависеть → температура ⇒ зависеть → от → температура, надеяться → перемены ⇒ надеяться → на → перемены)和分析结构中的助动词(例如,читать,未完成体,它的将来时形式 ⇒ БЫТЬ → читать,читать 的假定式 ⇒ читать БЫ)等;2) 生成句法上没有制约性的词汇语法性能(例如,在将 читать 未完成体将来时改造成类似 БЫТЬ $\xrightarrow{analit}$ ЧИТАТЬ 结构时,助动词 БЫТЬ 生成其将来时的特性);3) 生成具有所需句法功能的词汇(例如,два 在表示 два сутки 时,用 двое 替换);4) 将在俄语中不允许的句法结构改造成与其同义,但语法正确的结构(例如,依据正确的英语句子 He was followed 得出的类似 Он ← был ← следован 这样的结构应改造成 За ним следовали 的结构)。

需要强调指出,在第(3)—(5)阶段上完成的句法合成的主要任务之一就是句法结构的线性化处理。如上所述,我们的系统所构建的句法结构是用标记标示出来的和有布局安排的,即线性顺序排列的关系树。各个组件的线性排列顺序是由其序号给定的,各组件从左至右排序号。(3)—(5)阶段的规则可以改变词序,而且这样的改变可以是必须的,也可以是非必须的。必须的改变涉及一些个别的词,主要发生在重新分布各个组件(problems discussed ⇒ обсуждавшиеся проблемы)时,在去除某些环节(冠词,没有意义的介词)时,在添加新的组件(在英语将来时中添加动词 БЫТЬ,假定式中添加语气词 БЫ 等)

时。非必须的改变在于整个句法组的重新布局。譬如，在词组 ferrite-cored anchor(якорь с ферритовым сердечником)的翻译中，在定语词组 ferrite-cored 的位置上产生的限定词组 с ферритовым сердечником 从前置位置转到后置的位置。这样的改造伴随着进入句子的所有词汇的重新编号。这样一来，改造过的关系树始终处在布局之中。强调指出的是，组件分布上的所有变化都是通过局部规则达到的。在 ЭТАП-2 系统中没有词序的总体规则。

(6) 考虑到在句法结构线性化中所涉及的问题，在句法合成阶段只剩下两个任务：句法结构的词法化处理和添加标点符号。

众所周知，词形的所有词法特性分为有语义含量的（名词的数、动词的时间、体和变位、形容词和副词的比较级）和受句法制约的（名词的格、动词的性、数和人称、形容词的性、数和格等）。大多数语义含量特性在句法结构改造的前一个阶段就在各个组件中确定了。在句法合成阶段主要确定各个环节的句法制约特性。

俄语句法合成规则使一个很有内容的想法形式化了，这种想法就是：词形的句法制约特性可以有两种类型(Санников, 1980)：或者是典型性的——该词形典型的句法位置所固有的（例如直接补语的第四格），或者是语法特性在特定上下文条件下发生常规性句法交替的产品（例如，在否定的语境中，直接补语第四格形式改变成否定第二格形式）。我们发现，在俄语句法中，在不同的语境条件下会发生同一种交替（例如，在否定语境中，在数词词组中，在表示部分的语境下，直接补语第四格形式改变成第二格形式）。因此，在许多情况下，句法合成最好分两步走：第一步，合成典型性的形式 X，第二步，按照同一规则将 X 改造成 X′，这种规则必须考虑到所有对 X 有等同作用的上下文条件。ЭТАП-2 系统的词法规则正是以这样的方式构建起来的。

我们再来看标点符号规则。总体来讲，这一问题的原则性解决方案就是制定俄语标点符号的总规则。但是，根据一系列理论和实践理解认为，标点符号的局部性规则就可以解决问题，就像处理词序的情况一样。在 ЭТАП-2 系统中，在从英语转换成俄语的过渡中，标点符号的所有语义标记都保留下来：句号、感叹号、问号、冒号、分号、省略号、引号、括号和破折号。在三种常规情况下，只有逗号是在英语中取消，在俄语中需要添加。这三种情况是，复合句中，在连接词或连接词组前，在有插入结构的句子中，在有形动词短语和副动词短语的句子中等。此外，在标点符号规则的（不大的）模块中（俄语合成规则中的最后一个模块），还包括添加冒号和破折号的规则，也就是在省略联系词的结构（разработка этой системы — большое достижение)和解释性结构中（在从英语中不能得出这些标点符号的情况下）添加相应标点符号。

（7）词法合成模块在输入端得到句子的完整的、线性化的、经过词法处理了的、带有标点符号的句法结构。该模块的任务是根据其词法结构，也就是根据具有完整语法特性组合的词位的名称，用拼写方法进行具体的词形的合成。为此，利用了在第一阶段就用于分析程序的那个形式词法化设备。

4. 结 论

只有当自动化系统的实用结果具有理论意义并且对语言学基础问题有所指导的情况下，对现行的自动化系统的专题性描述才是适宜的。正是从这样的观点出发，我们想在结束语中再来看一看 ЭТАП-2 系统。

正如我们在第一节中所说的那样，我们创建的这一系统的理论意义在于，这一系统与其他系统一样，为语言学创造了一个实验的平台，在这个平台上，语言学可以检验自己的科学机制，评价自己科学结构的依据。机器试验在进程中对各种语言的重要形式模式进行了实验，因此机器试验可以对已知的规则加确说明，可以感受到对新的理论概念的需求，可以形成一系列理论构想。

以前，许多理念是从基础科学向应用科学移动的。在应用系统中，特别是在自动翻译系统中实施的理论模式的原则性越强，应用系统的质量越高。而现在，在我们眼前发生的是逆向运动：应用语言学的思想、理念、原则、策略、概念和具体观察结果开始通过语言学实验系统的中介向理论语言学移动。

创立和使用 ЭТАП-2 这一实验系统对理论语言学最重要的成果可以归纳为以下五点：1. 各种语言的具体描写；2. 理论原则；3. 纯理语言学，特别是语言学概念的定义问题；4. 比较语言学；5. 文本的理解问题（见 Апресян 1985）。

1. 对各种语言描写的实际修正

对各种语言的词典学和语法学描写的具体修正，常常是对翻译过程中机器所犯的错误进行研究的直接结果。机器所犯的错是人从来不会犯的。正因此，机器创造了一种独特的"反面"语言材料，这种材料引起对许多语言客体的那些不明显的和很难发现的性能的关注。这对理解语言机理的意义可以与失语症对理解思维机理的意义相类比。

2.1 整合性语言学描写

我们认为,在自动化系统中使用语言学模式的一个最重要的成果是新型的语言学描写——语言的统一或整合性描写。

我们把整合性理解为这样的语言描写,即在描写中语法和词典能够进行功能性相互作用,也就是在以下方面语法和词典可以相互配合:1)在它们所含信息的类型上;2)在方法上,或信息记载的形式语言上。这样的描写的任何一个部分发生改变都会引起所有其他部分的连锁变化反应。因此,在建立整合性描写时,语言学家不得不在语言的所有空间内进行研究。

与普通描写相比,这种描写的整合性最明显的外在表现之一就是词典学信息量明显增大。首先,在许多词条中出现了新的区域——用来描写信息类型,这些区域过去是没有的(词位的句法特征、支配模式、不同层面的标准规则和词典规则等)。其次,那些过去词典中有所描写、但又描写得不够充分的性能的信息量增大了。这特别涉及词位的搭配(组合)性能。

没有这一信息,词位不可能成为目前有效运行的文本分析与合成规则的客体。

2.2 组合原则

上文提及的许多词典学创新,实际上都是围绕一个并不复杂的概念——语言单位的组合性能。对这些性能的研究阐释了组合(搭配)原则在构建所有层面的语言客体和文本客体时的重要作用(Иомдин 1979a)。在音位层面上,这一原则表现在连续音变、同化、元音和谐等现象中;在词法层面上,这一原则表现在前缀词素变体与词干的选择性搭配上;在句法层面上,表现在支配、匹配和其他类型的对应,包括句法特征的对应上;在语义和语用层面上,表现在语义匹配和对句子内部或句际间某些意义组合的限制。这样一来,组合原则渗透到了语言的整个结构。

2.3 典型性原则

语言学模式的运用表明,最初形成于音位学和词法学的语言单位典型双重身份的概念(试比较:音位的基本变体和表现为形素的概念)允许进一步的概括——用于语言的句法单位和语义单位。句法单位的典型双重身份的例子是在类似 решил задачу 这样的词组中的被支配四格;试比较,在否定语境中(не решил задачи),在近似的数量结构中(решил около пяти задач),在分配性结构中(решил по одной задаче),这一形式的非典型变体。

在语义单位典型和非典型身份之间还有一个差别：如果典型身份可能总是固定记载在词典中的，非典型的则是依据规则得出的（Санников 1980）。

3.1 语言学概念的定义策略

改变语言学描写理念的结果，首先是要意识到一个事实，对语言进行相当完整的整合性描写是任何纯理理论，包括语言学概念的定义体系必不可少的前提。

对纯理理论来说，另一个重要的功课就是，研究人员在建立语言学定义体系时，应该对语言学概念的整个空间进行研究。而且特别重要的是要善于对相近的概念进行分类（譬如，动词的自足用法，非必须的配价，允许必须配价的不饱和，句法零位，省略，并列缩略语和比较缩略语及其他形式的句法缺位）。这是建立准确的语言学概念的连续性体系的唯一方法。

3.2 语言学定义的结构

对语言单位的典型身份和非典型身份的区分逐渐改变着语言学定义结构。以前，定义通常定位在语言单位和现象的典型类型上，譬如，"支配"被定义为主导词 X 与从属词 Y 之间主从关系的一种表述，在这种表述中，前置词—名词格形式的从属词 Y 受主导词 X 的词汇语义性能决定。但 не решил задачи, решил около пяти задач, решил по задаче 这样的形式无论在多么合乎情理的意义中都不是由主导动词 РЕШИТЬ 的词汇语义性能决定的。

看来，对语言学概念的所有重要性能的描写的最合乎自然规律的形式是两部分定义的方法：其基础定位于相应单位的典型身份（正是依据这一点形成了该语言单位的基本的语言学直觉），下一步是对通过词法、句法和语义交替等常规性规则从典型身份产生的非典型身份的定义。

4. 比较语言学

在为自动翻译系统制定形式化规则时，语言学家不由自主地都要对两种语言中的同一意义的表达方式进行系统的和合乎逻辑的比较。这为比较语言学提供了很有意义的材料。

我们列举一个句法语义方面的例子——比较英语中和俄语中对行为主体的表达方式。

众所周知，在英语和在俄语句法结构中行为主体占据的位置是不同的。在英语中，主体一定要被表现出来，哪怕是纯粹的形式。在俄语中，主体较容易被省掉，譬如，各种无人称结构、不定人称结构和泛指人称结构；另一方面，在俄语中，对副动词的主体和大多数由动词生成的主观性副词（МОЛЧА）的主体都有严格限制——它必须与副动词和副词所从属的动词的主体是同指关系。而且，我们还发现，像 МОЛЧА 这类副词只能与动词的主动态形式搭配，不能与被动态形式搭配。在英语中，主体要自由得多：只要看一看大量的自足结构和 SILENTLY（молча）这类副词很容易与动词的任何态连接这一事实就足以说明这一现象。最后还要指出，在使用动词不定式时，行为主体的表达方式各有特色：在英语中，行为主体用带 FOR 的结构表达，这在俄语中没有类似的表达（I'd like for you to come earlier — Я хочу, чтобы ты пришел раньше），而俄语中的不定式三格，在英语中也没有（Ему негде было спать — There was no place where he could sleep）。

5. 文本的理解问题

实验不容置疑地证明，形式模式的决定性（非概率性）规则对于非同形异义句子的准确分析是不够的。在从一个层面向另一个更深层面过渡时，前一个层面中的同形异义（例如，词法上的同形异义）现象，可以用后一个层面的手段（例如，句法手段）解决，但在每一个更深的层面还会出现自己的同形异义现象。寄希望利用语义、语用、情景、百科全书或其他的某种复杂信息来简化和方便在大量的、形式上无可挑剔的、可供选择的解释中找到句子的正确解释，这种希望是不现实的。在现行的模式中，正确的解释要借助于优先规则（概率性的）和其他纯技术手段来寻找，这些手段没有任何原则性意义，总体上是明显不可靠的。而且人可以很容易地找到这样的解释，甚至不需要依赖概率性的理解。

假如要求额外证据来证明机器对文本的理解与人的理解不一样，那就更应该给它提供这样的语言学实验。显然，人对非常普通的信息的理解是一个纯逻辑计算与创造性行为不断交替的过程。语言本身能产生这样的意思，因为对于许多理解行为来说，语言具有特殊的名称，这些名称毫不怀疑地证明其非计算的本性，进而非形式化的本性，试比较：ДОГАДКА，ИНТУИЦИЯ，НАИТИЕ，ОЗАРЕНИЕ，ОТКРОВЕНИЕ，ПРОЗРЕНИЕ 等。然而，机器理解文本是纯粹计算（组合）出来的，因而不能有不同的理解。有很严肃的理由认为，要建立一个能准确再现人的思维活动的形式系统原则上是不可能的。这是很明了的事。人在研究自己的思维活动时，遇到了一个在科学上很独特的情景：认识的主体与认识的客体同为一体。可以想象，这一情景适用于黑格尔的不完满定理：因为作为描写手段的体系一点也不比作为描写对象的体系强大。

参 考 文 献

Апресян, 1985: *Апресян Ю. Д.* Экспериментальная, прикладная и теоретическая лингвистика: обратные связи // Семиотические аспекты формализации интеллектуальной деятельности. Школа-семинар "Кутаиси-85": Тез. докл. и сообщ. М., 1985.

Апресян-Иомдин-Перцов, 1978: *Апресян Ю. Д., Иомдин Л. Л., Перцов Н. В.* Объекты и средства модели поверхностного синтаксиса русского языка // Македонски jазик. 1978. Т. 29. С. 125-171.

Апресян и др., 1978: Лингвистическое обеспечение в системе автоматического перевода третьего поколения / *Ю. Д. Апресян, И. М. Богуславский, Л. Л. Иомдин, Л. П. Крысин, А. В. Лазурский, Н. В. Перцов, В. 3. Санников*: Препр. / НС по комплекс, пробл. "Кибернетика" АН СССР. М., 1978.

Апресян и др., 1981: *Апресян Ю. Д., Богуславский И. М., Иомдин Л. Л.* и др. Лингвистическое обеспечение в системе автоматического перевода ЭТАП-1 // Разработка формальной модели естественного языка. Новосибирск: ВЦ СО АН СССР, 1981.

Апресян-Цинман, 1982: *Апресян Ю. Д, Цинман Л. Л.* Об идеологии системы ЭТАП-2 // Формальное представление лингвистической информации. Новосибирск: ВЦ СО АН СССР, 1982.

Иомдин, 1979: *Иомдин Л. Л.* Фрагмент модели русского поверхностного синтаксиса. Определительные конструкции // Jужнословенски филолог. 1979. Т. 35. С. 19-53.

Иомдин, 1979а: *Иомдин Л. Л.* Еще раз о синтаксическом согласовании в русском языке: Препр. / Ин-та рус. яз. АН СССР (Пробл. группа по эксперим. и прикл. лингвистике) № 122. М., 1979.

Иомдин-Мельчук-Перцов, 1975: *Иомдин Л. Л., Мельчук И. А., Перцов Н. В.* Фрагмент модели русского поверхностного синтаксиса. 1. Предикативные синтагмы // НТИ. Сер. 2, Информ. процессы и системы. 1975. № 7. С. 30-43.

Иомдин-Перцов, 1975: *Иомдин Л. Л., Перцов Н. В.* Фрагмент модели русского поверхностного синтаксиса. 2. Комплетивные и присвязочные конструкции // Там же. 1975. № 11. С. 22-32.

Коровина и др., 1977: *Коровина Т. И., Румшинский Б. Л., Семенова В. Э., Цинман Л. Л.* Аппарат для описания морфологии флективных языков: Препр. Ин-та рус. яз. АН СССР. (Пробл. группа по эксперим. и прикл. лингвистике). № 91. М., 1977.

Кулагина, 1979: *Кулагина О. С.* Исследования по машинному переводу. М.: Наука, 1979.

Леонтьева и др., 1982: *Леонтьева Н. Н., Бергельсон М. Б., Кудряшова И. М.* и др.

Семантический компонент в системах автоматического понимания текстов // Машинный перевод и автоматизация информационных процессов. М. : ВЦП, 1982. (Обзор, информ. Сер. 2: Вып. 6).

Мельчук, 1974; *Мельчук И. А.* Опыт теории лингвистических моделей "Смысл ⇔ Текст". М. : Наука, 1974.

Мельчук-Перцов, 1975: *Мельчук И. А., Перцов Н. В.* Модель английского поверхностного синтаксиса: Препр. Ин-та рус. яз. АН СССР. (Пробл, группа по эксперим. и прикл. лингвистике) № 64/66. М. , 1975.

Препринт-I, 1985: *Апресян Ю. Д., Богуславский И. М., Гецелевич Е. В.* и др. Лингвистическое обеспечение системы французско-русского автоматического перевода ЭТАП-1. I. Общая характеристика системы // Теория и модели знаний (Теория и практика создания систем искусственного интеллекта). Тарту: Изд-во Тарт. ун-та, 1985. С. 20-39. (Тр. по искуствен, интеллекту: Вып. 714).

Препринт-II, 1984: *Апресян Ю. Д., Гецелевич Е. В., Крысин Л. Л.* и др. Лингвистическое обеспечение системы французско-русского автоматического перевода ЭТАП-1. II. Французская морфология. Французский комбинаторный словарь: Препр. Ин-та рус. яз. АН СССР (Пробл. группа по эксперим. и прикл. лингвистике) № 154. М. , 1984.

Препринт-III 1984: *Апресян Ю. Д. Богуславский И. М. Иомдин Л. Л.* Лингвистическое обеспечение системы французско-русского автоматического перевода ЭТАП-1. III. Французский синтаксический анализ: Препр. Ин-та рус. яз. АН СССР (Пробл. группа по эксперим и прикл. лингвистике) № 155. М. ,1984.

Препринт-IV, 1983: *Апресян Ю. Д.* Лингвистическое обеспечение системы французско-русского автоматического перевода ЭТАП-1. IV. Французский синтаксический анализ: Препр. Ин-та рус. яз. АН СССР (Пробл. группа по эксперим. и прикл. линганстике) № 159. М. , 1983.

Препринт-V, 1983: *Апресян Ю. Д., Богуславский И. М., Иомдин Л. Л.* и др. Лингвистическое обеспечение системы французско-русского автоматического перевода ЭТАП-1,V. Французский синтаксический анализ: Препр. Ин. та рус. яз. АН СССР (Пробл. группа по эксперим. и прикл. лингвистике) № 160. М. , 1983.

Препринт-VI, 1985: *Апресян Ю. Д., Богуславский И. М., Гецелевич Е. В., Иомдин Л. Л.* Лингвистическое обеспечение системы французско-русского автоматического перевода ЭТАП-1. VI. Французский синтаксический анализ: Препр. Ин-та рус. яз. АН СССР (Пробл. группа по эксперим. и прикл. лингвистике) № 166. М. , 1985.

Препринт-VII, 1985: *Апресян Ю. Д., Гецелевич Е. В., Иомдин Л. Л.* и др.

Лингвистическое обеспечение системы французско-русского автоматического перевода ЭТАП-1. VII. Французский синтаксический анализ: Препр. Ин-та рус. яз. АН СССР (Пробл. группа по эксперим. и прикл. лингвистике) № 167. М. ,1985.

Саввина, 1976: *Саввина Е. Н.* Фрагмент модели поверхностного синтаксиса русского языка. Сравнительные конструкции (сравнительные и отсоюзные синтагмы) // НТИ. Сер. 2, Информ. процессы и системы. 1976. № 1. С. 38-43.

Санников, 1980: *Санников В. З.* О чередованиях в синтаксисе (к проблеме синтморфологии): Препр. Ин-та рус. яз. АН СССР (Пробл. группа по эксперим. и прикл. лингвистике) № 137. М. , 1980.

Урысон, 1981: *Урысон Е. В.* Поверхностно-синтаксическое представление русских аппозитивных конструкций //Wiener. Slaw. Almanach. 1981. Bd. 7. S. 155-215.

Урысон, 1982: *Урысон Е. В.* Направление синтаксической зависимости в русских аппозитивных конструкциях // Bull. Soc. Pol. linguist. 1982. Fasc. 39. P. 91-107.

Цинман, 1986: *Цинман Л. Л.* Язык для записи лингвистической информации в системе автоматического перевода ЭТАП (опыт " практической логики ") // Семиотика и информатика. 1986. № 27. С. 82-120.

Цинман и др. , 1982: *Альшванг В. Д. , Коровина Т. И. , Кузьменчук В. А. , Сергеев А. С. , Сиротюк Г. И. , Цинман Л. Л.* Математическое обеспечение системы автоматического перевода ЭТАП-1 // Прикладные и экспериментальные лингвистические процессоры. Новосибирск: ВЦ СО АН СССР, 1982.

Bennett-Slocum, 1985: *Bennett W. S. Slocum J.* The LRC machine translation system // Comput. Linguist. 1985. Vol. 11, N 2/3. P. 111-121.

Biewer et al. , 1985: *Biewer A. , Feneyrol Ch. , Ritzke J , Stegentritt E.* ASCOF— a modular multilevel system for French-German translation // Ibid. 1985. Vol. 11, N 2/3. P. 137-154.

Brinkmann, 1979: *Brinkmann K. H.* Perspectives d'avenir de la traduction automatique // META. 1979. Vol. 24, N 3. P. 315-325.

Brinkmann, 1981: *Brinkmann K. H.* Machine aids to translation // Ibid. 1981. Vol. 26, N 1. P. 67-75.

Isabelle-Bourbeau, 1985: *Isabelle P. , Bourbeau L.* TAUM-AVIATION: its technical features and some experimental results // Comput. Linguist. 1985. Vol. 11, N 1. P. 18-27.

Melby, 1981: *Melby A. K.* Translators and machines - can they cooperate? META. 1981. Vol. 26, N 1. P. 23-24.

Mel'cuk-Pertsov, 1987: *Mel'cuk I. A. , Pertsov N. V.* Surface syntax of English. A formal model within the Meaning？Text framework // Linguistic and literary studies in Eastern Europe. Amsterdam；Philadelphia, 1987. Vol. 13.

Nagao et al., 1985：*Nagao M.*, *Tsujii Junichi*, *Nakamura Junichi*. The Japanese government project for machine translation // Comput. Linguist. 1985. Vol. 11, N 2/3. P. 91-110.

Slocum, 1985：*Slocum J*. A survey of machine translation：its history, current status, and future prospects // Ibid. 1985. Vol. 11, N 1. P. 1-17.

Vauquois, 1981：*Vauquois B.* L'informatique au service de la traduction // META. 1981. Vol. 26, N I. P. 8-17.

Vauquois-Boitet, 1985：*Vauquois B.*, *Boitet Ch.* Automated translation at Grenoble University // Comput. Linguist. 1985. Vol. 11, N 1. P. 28-36.

俄语的时间长度结构:其形式描写的界限[*]

本研究的对象是类似 работать два дня, обедать целый час, болтать весь урок 这样的句法结构,这类结构通常称作时间长度结构。更准确地说,我们要研究句法形式模式的一个规则,借助于这一规则在俄语的任意一个句子中都可以识别出上述结构。我们认为这一规则本身就很重要。另一方面,该规则清楚表明,句法的形式模式在哪方面比懂得自然语言文本的人逊色。进而准备好基础和材料,以便提出更普遍性的问题:关于句法模式化的界限问题。

阐述按下列提纲进行:1) 有关支撑时间长度结构描写的俄语句法形式模式的总体信息;2) 关于时间长度结构的总体信息;3) 长度结构句法分析的规则(内容上的阐释);4) 关于时间长度结构模式化范围的结论。

1. 关于俄语句法形式模式的总体信息

我们涉及的模式是由一组学者(Ю. Д. Апресян, И. М. Богуславский, Л. Л. Иомдин, А. В. Лазурский, В. З. Санников)于 1988 年在梅里丘克(1974)提出的"意义⇔文本"普通语言学模式的基础上共同研制的。除了"意义⇔文本"的一般性理论,我们还尽量考虑到梅里丘克与他的学生们在不同的语言材料,首先是在英语中得出的纯句法方面的具体成果(Mel′čuk, Pertsov 1987, 以及其后续的个人文献)。

由于各种原因,我们的句法模式定位在解决自然语言文本的理解问题上。因此,模式首先构建在文本的逐句的分析上,而不像"意义⇔文本"经典模式中那样,构建在句子的合成上。恰恰是沿着句子分析这一方向对模式的阐述更方便达到本文的目标。我们的模式实际上已经以现行的句法分析器的形式使用在计算机上,我们不准备提前说明在其实施过程中出现的其他一些不甚重要的差别,它们将随着事情本质的阐述而逐渐显现出来。

---

[*] 本文首次刊登在文集 "Words are Physicians for an Ailing Mind", München,1991。

在句法分析器的输入端输入句子的词法结构,在输出端就得到它的句法结构。

在该文本中,句子的词法结构理解为连续的形式客体(这些客体在下文中用"＋"号区分开),其中的每一个客体都代表着句子中该词形大量的词汇-语法上的同形异义现象。对于句子(1)来说,其词法结构将具有(1′)形式:

(1) Наш компьютер работал два дня(а потом сломался)。

(1′) Наш(им,ед,муж/ вин,ед,муж,неодуш)＋ компьютер(им,ед/ вин,ед)＋ работать(несов,прош,изъяв,ед,муж)＋ два(им,муж/ им,сред/ вин,муж,неодуш / вин,сред,неодуш)＋ день(ед,род)①。

句子的句法结构可以理解为是有标记的(线性顺序)分布好的关系树,其每一个节点上都有一个词位的名称,这个词位带有语义上有含量的词形变化特性,而箭头对应的是连接每两个词形的不同句法支配关系。句子(1)的句法结构形式是(1″):

1″

在将(1′)改变成(1″)的过程中,句法分析器利用组合词典中所含的有关词汇的词典学信息(见下文)和三个规则模块:1) 句法前分析规则;2) 纯句法分析规则;3) 优先规则。每一个规则均由两部分组成——条件清单和行为清单,如果条件得以满足,行为就必须完成。

(1) 在句法前分析规则中,被分析词形最近的线性上下文——词汇的、词法的或句法的——都被作为条件使用,并解决下列两个任务中的一个:

---

① 为了简便,在(1′)的词法结构中只显示了一系列词形语法上的同形异义,而词的词汇多义性没有显示;原则上在我们的句法形式模式中也要考虑后一个因素。

(A) 解决词汇—语法上的同音(同形)异义现象问题。例如,我们来分析一下 формализуем 这一词形。如果在它的左边不远处有代词 мы,则这一词形可以确定为动词 формализовать 的人称形式(мы формализуем),这样,它的完全相同的同音(同形)异义词——形容词 формализуемый 的短尾形式就消除掉了。如果在它的左边不远处有动词阳性单数形式或名词阳性单数形式,则被消除掉的就是动词的人称形式,而保留的是形容词的短尾形式,试比较:Синтаксис оказался формализуем. Синтаксис формализуем до очень большой степени.

(B) 制定关于在句子中可能存在零位系词的信息,用于类似 Синтаксис вполне формализуем 这样的情况,在这种情况下,零位系词的信息以特殊性能的形式纳入形容词短尾形式项下。

(2) 在纯粹句法分析规则中,可以利用三种类型的信息作为条件:

(A) 在句子的词法结构中所含的信息,包括词序和标点符号。

(B) 在组合词典中所含的信息,主要有:词类;类似名词的动物—非动物性、动词的静态性和瞬间性之类的句法特征(总共约 300 个);类似"行为"、"过程"、"信息"、"时间"等语义特征(几十个);支配模式,即指出能够满足该述谓词句法配价的词汇的词法、句法和词汇性能。

(C) 可以通过其他句法规则得出的信息。譬如,为了描述关于 пишет... писем 这样的词汇连环中的补足联系的假设,必须满足下列两项中的一项:或者动词 пишет 支配有否定词(не пишет писем);或者名词支配有"大"的数量词(пишет сразу пять писем)。如果既没有次级关系图 не пишет,也没有次级关系图 пять писем,那么在 пишет 和 писем 之间不可能构成补足联系。

每一个这样的规则的作用都一样——用某种假设的句法关系把两个处于变化状态的词形联系起来。

在纯句法分析规则的基础上形成了句子中各词形之间的许多假设关系。借助各种形式的过滤(各种关系的树系结构、投射性、不可重复性)大量可行的假设被优选出来,也就是排除了伪假设。如果经过净化得到了关系树,则该句子的句法分析器工作即结束。如果没有得到关系树,尚需要启动优先规则。

(3) 优先规则与纯句法分析规则不同,就其本质而言,优先规则是概率性的。从彼此不相容的两个假设中,优先规则选择那个在该句子和该语言条件下正确的可能性更大的一个。对于句子:

(2а) Он заметно отличается от своих товарищей по классу мастерства. 构建

的假设是：по классу 可以是从属于动词 отличаться 的第二补语关系,也可以与名词 товарищей 构成限定关系。在这样的情况下,选择的是题元性联系(这里是第二补语),因为此时题元联系强于限定性联系。

Отличаться 与 по 构成第二补语关系的概率确实大于 товарищ 与 по 构成限定关系的概率。在很多情况下 Отличаться 与 по 都可以构成正确的补语关系 (отличаться от кого-чего-л. по уму 〈по образованию, по характеру, по конструкции, по весу, по величине и т. п.〉),而 товарищ 与 по 构成的正确限定关系却不多。譬如,在我们的这个例子中,如果句中没有最后一个词,就可能出现正确的限定关系：

(2б) Он заметно отличается от своих товарищей по классу (使用 класс 一词的另一个意思)。

在这种情况下,使用上述的优先规则就会造成错误。

如果当优先规则工作之后仍没有得出关系树,那么必择其一阶段开始运作,这一阶段的运作具有纯技术特点,因此这里不做注释。

形式句法模式的重要特性是形式句法中使用的主从关系的数量。在我们的模式中这样的关系共有 52 个。对自然语言句法结构的这种区分性体现保证了对其意义的很好控制。

对于由同一种关系描写的结构的类型可以划分为子类型,其中的每一个都可以借助特殊规则来识别。目前,在这一句法模式中有近 400 个句法分析规则。

2. 关于时间长度结构的基本观点

接下来讨论的出发点是句子(1),准确地说,是由动词和第四格名词词组构成的表示时间段的词组 работать два дня 的结构形式。我们之所以关注这一结构,是因为时间是语言学中的一个基本概念,而且是整个人类知识的一个基本概念。不了解时间在自然语言中是如何表示的,就不可能构建自然语言的形式模式。

自然语言中对行为时间进行概念化的基本类型有两种：第一种类型——行为时间完全占满某一时间段(例句 1)。第二种类型——行为(事件)的时间限定在某一时间段之内,但不等同于该时间段。譬如：

(3) Вчера он читал свою первую лекцию в МГУ.

句中，читал 这一行为的时间限定在 вчера 这一时间段之内①。

我们即将研究的时间结构是其中的一种。不难看出，我们所选的结构属于第一种语义类型。在我们的句法模式中，这一结构用专门的时间长度关系描写，在向句子的语义概念过渡时这种关系的注释如下：

$$P \xrightarrow{\text{длительн}} T = \text{"行为或过程 P 是在等于 T 的时间内发生的"}。$$

这里产生一个问题：为什么需要引入此前的传统俄语语法中一直没有的专门时间长度关系，为什么使用传统的状语关系不能解决这一问题。

问题在于，在俄语中有两种带有时间词汇的结构，它们在句法和语义上相互对立，其主要的差异在于所用格的不同。试比较：

（4）Зиму он работал на стройке.（时间长度）

（5）Зимой он работал на стройке.（状语关系）

在句子（4）中可以确定，工作持续了整个冬季（行为时间概念化的第一种类型）。因此，也可以说 Всю зиму он работал на стройке. 句子（5）只是说，他在工地上的工作是在冬季进行的（行为时间概念化的第二种类型）。因此不能说 *Всей зимой он работал на стройке. 尽管此处使用其他限度词是完全可能的：Этой〈прошлой〉зимой он работал на стройке②。

时间长度关系与状语关系还有一个不同：在使用否定词时。当动词带有时间性状语成分时，否定词的使用是常规性的：

（6）Он не работал зимой.

这就是说，在冬季他的工作没有进行。当动词带有时间长度成分时，否定词的行为更加有意思：

（7a）Компьютер не работал два дня.

正如在文献［Богуславский 1985］中表明的那样，根据 не 的作用范围，这个句子有两种意思。如果进入 не 的作用范围的只有动词，那么得出的是纯否定意义：在两天的时间内计算机没有工作。如果动词＋时间长度成分一起进入 не 的作用范围，则得出的意义是"计算机工作的时间少于两天"。对于把第四格变成第二格的否定句来说，这样的理解是唯一的可能：

---

① 在自然语言中还有一种行为时间的概念化类型——时间段限定在行为或过程时间之内，譬如：Во вторник он все еще был на бюллетене. 但是，这种类型对我们来说处在兴趣的边缘，故下文中不做考虑。

② 关于主从关系的划分标准详见 Мельчук 1979：99 及后续页。

(7б) Компьютер не работал двух дней.

因此,有理由在俄语句法中确定特殊的时间长度关系。下面我们来更系统地分析时间长度结构。

3. 时间长度结构句法分析的规则

这一规则最好是作为下列问题的答案来加以阐述:1)哪几类词原则上可以在时间长度结构中作仆人(从属成分)和它们承载了哪些语境条件? 2)哪几类动词可以(不可以)在时间长度结构中作主人和它们承载了哪些语境条件? 3)时间长度结构应该与哪些相近的句法结构分离开?

不回答这些问题,就不能构建出在任意的俄语文本中识别出时间长度结构的规则。

在讨论上述问题时,除了利用上述模式的材料和自己的材料外,还将利用文献[Всеволодова 1983]中收集和系统整理的丰富材料,以及文献[Апресян 1978]中的某些观察和理解。

3.1 时间长度成分的语义类型及其条件

典型的时间长度成分是表示时间段的名词:секунда, минута, час, день, неделя 等。由此稍作延展,可以把表示星期、月份和四季的名称 понедельник, вторник, январь, февраль, лето, осень 等也算进来。譬如:

(8) Весь понедельник он сидел дома.

表示行为、过程或状态持续的时间段还可以由时间长度副词 долго, недолго 和带从属词的名词 время 来表示:

(9) Он долго 〈недолго〉 спал 〈спал некоторое время〉.

例句(9)这类结构与典型时间长度结构的区别仅在于,其行为的持续性指示不精确。

另一种可以充当时间长度成分的词是表示行为意义的名词,这种行为中有固定的或已知的一个时间长度,譬如:война, обед, урок, действие(话剧中),антракт, лекция 等。

(10а) Он болтал целый урок 〈оба действия, все три лекции〉.

(10б) Он молчал весь обед.

最后,时间长度成分的位置还可以用名词 дорога 来充当:

(11) Всю дорогу мокрые трубы хрипели старинный вальс.

对例句(10)和(11)的时间长度结构的注释与典型的时间长度结构有所不同，但对于我们的目标而言，这样的差别不是很重要。

典型的时间长度成分——表示时间段的时间名词可以十分自由地构成时间长度结构，即对名词词组几乎没有任何额外条件：

(12) Он думал минуту ⟨час, день, неделю...⟩.

在使用表示星期几、月份和季节的名称时通常必须要有量词性或指示性从属成分：

(13) Весь январь ⟨прошлый понедельник, это лето⟩ я работал над докладом.

而 время 一词本身在这一结构中要与类似 долгое, недолгое, длительное, некоторое 等程度性的必须成分一起使用：

(14) Долгое ⟨некоторое⟩ время эти стихи ходили в списках.

后两组中的名词——类似 обед, лекция 和词汇 дорога 这样的词汇也需要有限定成分，这些词的从属成分的角色由量词性形容词 весь, целый 或数词来充当：

(15) Он молчал ⟨болтал⟩ весь ⟨целый⟩ урок ⟨всю дорогу, два урока⟩.

还有一个条件加附在时间长度名词组的格上。如果表示长度的从属成分是由否定词引导的二格形式，譬如：

(16) Он не читал двух часов.

则根据俄语语法的一个通用规则，动词—主人不能再带补语。如果有补语，则在时间长度成分的词组中应该加入限定性语气词 и, ни；这些条件反映出一个事实：(17а)是一个完全正确的句子，而(17б)是不正确的：

(17а) Он не читал книгу и минуты.

(17б) * Он не читал книгу минуты.

可以说，这是时间词汇及其类似的手段能够构成时间长度结构的有利条件。出现一个问题：是否存在某些不利因素，当有它们出现时，即便是典型时间词汇也将丧失构成时间长度结构的这种能力。在语言中发现这样的因素并不费力。

首先，在有量词性形容词 каждый 和指示性形容词 сей 的上下文中，时间长度结构会遭到破坏。

(18а) Каждую минуту ⟨каждые пять минут⟩ на поле садился самолет.

(18б) Сию же минуту проси прощения.

在(18)这类句子中,确定的不是行为持续了特定的时间段,而是强调行为在包括在该时间段内的某一时刻已经发生或应该发生(自然语言中行为时间概念化的第二种语义类型)。因此,这里还是在语义上与类似 летом, зимой 这类状语没有差别的一般性时间状语。

其次,如果时间词汇进入了类似 X за X-ом 句法句位的成分(минута за минутой, час за часом, день за днем, месяц за месяцем),时间长度结构或者被破坏,或者获得了全新的性质。确实如此:

(19а) Неделю за неделей пробиралась она по горным дорогам к родному селению.

(19б) День за днем они рыли траншею.

这类例句具有的不是典型时间长度意义(整个时间段都被该行为所占),而是多次—时间长度意义:"在某一个由许多个 X 构成的时间段(分钟、小时、天等)中,每一个 X 都发生行为 P"。这种意义与多次—时间长度结构意义很接近,也可能是等同,这种结构将在下面讨论。

3.2 可以带时间长度成分的动词的语义和语法性能及其条件

对于表示行为、过程和状态的动词来说,时间长度结构是很自然的(见上文中的例子)。

众所周知,所谓的瞬间动词是一个很大的动词语义类别,这一类别不能有时间长度结构。在俄语中,几乎所有表示物体移动的带前缀 при- 的动词都属于瞬间动词:прибегать, приводить, привозить, приезжать, прилетать, приносить, присылать, приходить 等,(详见[Апресян 1988])。这些动词表示的事件不能沿时间展开。下列句子中(20а)可以说,但(20б)不可以说:

(20а) Судно долго〈целый час〉подходило к порту.

(20б) * Судно долго〈целый час〉подходило в порт.

动词 подходить 表示逐渐接近终点。这个行为的每一个时刻都是均等的,每一个时刻都在发生行为,行为的名称就是该动词。

动词 приходить 在所描述事件中区分出唯一的时刻,在这一时刻抵达终点。Приходить 的全部事件就集中在这一时刻。任何可以导引出该事件和发展成事件的前一个瞬间的准备性背景都不能由动词 приходить 来指称。正因如此,приходить 与其他瞬间动词一样,不能带有时间长度成分。

只有一个因素可以使这一限制不起作用——否定语境(见[Апресян

1978])。完全可以说：

(21а) Отец долго не приходил.

(21б) Вот семеро малолетних детей. Они голодны. Их мать ушла по своим делам и два дня не появляется (Д. Примула).

可以理解，为什么在否定语境中甚至瞬间动词都可以构成时间长度结构。在这种情况下，这种结构表示的不是事件的长度，而是没有发生事件的时间段长度。

动词语义中，可以影响时间长度成分的另一个要素是"体"。时间长度成分通常使用于未完成体动词（见上述例子）。如果动词用完成体形式，且没有要求时间长度名词词组的语义配价（见下文行为的持久性方式动词和某些其他行为方式的动词），则其后面不能有时间长度成分，试比较：

(22а) * Он привязал собаку к дереву пять минут.

(22б) Он привязывал собаку к дереву пять минут.

唯一允许动词完成体形式带时间长度成分的结构是被动态结构，但此时的动词表示的应该不是行为，而是状态，这一点是由动词中没有施事性从属成分来保证的。

(23а) Собака уже пять минут привязана к дереву.

如果完成体被动行动词带有施事性从属成分，则立刻把它从状态名称改变为完成了的行为的名称，但这种意义与时间长度意义相矛盾：

(23б) * Собака уже пять минут привязана хозяином к дереву.

3.3 近似于时间长度的结构

首先我们来研究近似于时间长度的名词词组的结构，然后研究近似于时间长度的动词结构。我们曾提到过例句(5)的结构，在这种结构中，许多具有时间段意义的词汇都用第五格形式。我们把这种结构划归到状语的行列，因为无论是句法方面，还是语义方面，它都明显区别于经典的时间长度结构。

我们继续沿着这一序列来研究含有复数五格形式的时间名词词组的结构。

(24) Он часами 〈целыми днями, неделями, годами〉 работал над полюбившейся ему ролью.

例句(24)中的结构与经典的时间长度结构的不同之处是，虽然行为好像占据了整个时间段，但不能理解为是一直连续的。文献[Всеволодова 1983]中注意到了这种状况。据此，在我们的句法描写中，句子(24)的结构被描写为多次—时间长度结构，也就是借助于另一种句法关系。多次—时间长度结构与纯时间长度结构的不同还在于它对行为时间有评价意义：行为时间非常的长。所以，这种情况下的时间词组永远是述位性的①。

我们来看一下带有复数五格的名词词组的句子所固有的非单一性。

(25) Он сидел над диссертацией ночами.

与(24)不同，句子(25)可以有两种理解。第一种理解与刚刚探讨过的多次一时间长度结构相符。该句表现为 Он сидел над диссертацией целыми ночами 的迂回说法；第二种理解中 ночами 充当的是类似 летом，в понедельник 之类一般时间状语的角色。如果用 по ночам 来表示或将 ночами 移至句首，这种意义就清楚了。这种状语性限定成分的交际功能通常是主位性的②。

上述的差异不可用我们的形式语言手段来捕捉：为此需要了解讲话人的交际意图。而且，这样的情况不是太多。这种意义的非单一性在很少的词汇中显现：вечер，ночь，可能还有季节的名称。

下面来研究近似于时间长度的动词结构。

到目前为止，我们只研究非配价性时间长度成分。确实，类似 работать 这样的动词，在语义中没有要求必须指明对行为持续的时间量。但是，有一些动词后面的含有表示时间段的词汇或类似词汇的四格名词词组可能是配价性的，即动词的词汇意义有预设；试比较：Собрание длилось два часа. 我们把这种动词分为三大组：1) 行为持久性和界限性方式动词；2) 完成和完结方式动词；3) 类似 провести 这类的动词。

(26а) Он проработал〈пробегал，проболтал〉два часа.（持久性方式的行为）

(26б) Он поработал〈побегал，поболтал〉два часа.（界限性方式的行为）

(27а) Он отвоевал войну〈отслужил год в армии，отсидел свой срок，отработал два дня〉.（完成性方式的行为）

(27б) Он доработал две недели〈доспал законные две минуты，догулял свой отпуск〉.（完结性方式的行为）

(28а) Он провел два месяца〈свой отпуск〉в деревне.

---

① 在这一点上，它很像另一项带有复数五格形式量词名词词组的状语和共同述语结构，试比较：Они ели черную икру столовыми ложками〈пили шампанское ведрами〉这样的结构由具有总和、餐具、箱柜意义的名词构成。在这里，具有大量和超量意义的名词词组也是述位性的。

② 意义的类似非单一性是某些带有五格数量词组的句子特有的，试比较：Они ели черную икру столовыми ложками（"大量"、述位，或者"方式"、不一定是述位）。

(28б) Человека арестовывают, годы он проводит за колючей проволокой, а потом высняется, что человек этот ни в чем не виноват — произошла ошибка (《Литературная газета》 1988. No. 17).

在上述的 М.В. 弗谢沃洛多娃的研究中还提到了一些体系性较弱的动词词组,这些词组对我们感兴趣的类型似乎是一个补充,譬如:вздремнуть〈соснуть〉часок, не мог усидеть на месте больше минуты. 然而,此时时间成分的使用要受到如此严格的限制,以至于可以把它看做是某些新的单位,譬如成语。而且还发现,在上述列举的例子中 часок 一词不能用 час 来代替:Он вздремнул〈соснул〉час. 因此,下面我们将主要集中在(26)—(28)列举的三种动词词组。

这些动词与不带题元性时间长度成分的动词在下列三个区别特征上不同:1) 动词的体;2) 支配时间长度副词(долго, недолго)的能力;3) 转换成被动态的能力。

句子(26)的结构与典型的时间长度结构的区别,除了题元性之外,只有体的区别。名词词组可以用 долго, недолго 这类副词替代。(譬如:В крепости гость также пробыл очень недолго — М. Булгаков),实际上不能使用被动态,譬如,不能说:

(29) * Им были проработаны〈поработаны〉два часа.

因此,可以将这种结构与纯时间长度结构合并,但也可以分离成独立的结构。这种性能的形式依据可能是,时间成分此时在完成体动词后面充当题元角色,而这在纯时间长度结构中是不可能的。

句子(27)中的结构位于纯时间长度结构和带有正常直接补语的结构之间:这种结构已经不能用副词 долго, нелолго 代替名词词组,也不能被动化:

(30а) * Он отвоевал〈отслужил, отсидел〉долго.

(30б) * Год был отвоеван〈отслужен, отсижен〉им на Крайнем Севере.

句子(28)中的结构是一种距经典时间长度结构最远的结构。具有时间段意义的名词词组在与 провести 这类动词连用时所起的作用是直接补语性的客体。这样的词组不能用副词 долго, недолго 代替,但这种结构是所有这类结构中唯一很容易被动化的一种:

(31а) * Он провел в деревне долго.

(31б) Два дня было проведено нами впустую.

还有一种从动词方面与时间长度相关的结构,这种结构可以通过下列语句

来解释:

(32) Судно два года исправно〈регулярно неизменно〉приходило в порт назначения, а потом с ним что-то случилось.

这样的句子是正确的,但与纯时间长度意义没有关系,因为这种意义由于动词的瞬间性的存在而不可能出现,而与多次—时间长度意义相关:"船进港这一事件在两年这个时间段中多次发生"。

为了能把在瞬间动词后带有时间长度成分的句子理解为多次—时间长度意义,必须要善于把随其规模而变化的任意情景的正常时间与任意时间段的规模相对比。譬如,下列句子从(33a)到(33б)的正确性逐渐变弱,是因为,"船进港"这一事件可以理解为在"两年"的时间内多次重复,而不能在相对短的时间段内多次重复:

(33a) Судно приходило в порт два года,

(33б) ?Судно приходило в порт месяц,

(33в) ??Судно приходило в порт два дня,

(33г) *Судно приходило в порт два часа.

一般人很容易判断,句子(33a)在语法上是正确的,而句子(33г)在语法上是不正确的。形式模式不能分析这样的句子。

4. 关于时间长度结构模式化范围的结论

不难看出,前面描述的几乎所有的识别时间长度结构和其他近似的时间结构的条件都可以轻易地被形式化。只要做到以下几点就可以:1) 给词典中的词位标注句法(或语义)特征,如"时间"、"计量单位"(секунда, минута, час, день, неделя и т. д.),"月份"(январь, февраль и т. д.),"时间长度"(долго, недолго, урок, лекция, обед),"行为"(урок, лекция, обед, строительство, работа,...),"瞬间性"(приходить, прилетать,...),"延续性"(пролежать, пробыть,...),"限制性"(полежать, побыть,...)等等;2) 给词典中的词位标注支配模式;3) 允许在句法规则中不仅引入语法信息(体、态、数等),而且引入词汇信息(весь, каждый, сей, и, за, дорога и т. п.)。在这一过程中,可以从形式上描写时间长度结构的几乎所有细节,以及它与相近结构在句法,特别重要的是在语义上的所有差异。

只有在两种情况下,我们未能构建出语言持有者的语言能力的形式类比。

对于 Он сидел над диссертацией ночами 这类句子,由于对讲话人的交际意图的不同把握,每个人的理解是不同的("每到晚上"和"一整夜一整夜地")。这些交际意图也许只有讲话人知道,比方说他很了解谈话对方,知道他的脾性,他讲话的风格等。在模式中无法解决这种意义的非单一性,因为讲话人的交际意图模式是无法知晓的,而可供从两种可能的理解中优先选择某一种的任何外部特征都没有。要强调的是,即便是在句法模式中可以考虑音律信息,这一点也是做不到的。无论用任何音调来读这个句子,其意义非单一性都会保留下来。

句子 Судно два года приходило в порт 可能被理解为多次—时间长度意义是正确的,因为人是知道外部世界的构造,他可以把"船进港"这一事件的时间规模与"两年"这一时间段的规模对应起来。在句法模式中,根本无法将所有的这样的对应关系,即"事件"—"时间段"所有的对别添加进去,所以,模式总是把 Судно два года приходило в порт 这类句子判定为不正确句(也就是不能给这类句子构建句法结构)。

如果认为,对某些句子的句法结构的理解需要依赖知晓讲话人的交际意图或了解世界的构造,则必须得承认,这两种因素给模式化划定了范围,因为它们落在了而且不可能不落在纯句法模式所能企及的范围之外。这种状况还不足为奇,更为惊奇的是,在文本中用纯语言手段——词形、词序、词的句法性能和语义性能、单个的词位表达的,进而有可能被完全模式化的信息量有多么巨大。同样令人惊奇的是,有那么多重要的细微的句法现象都有可能成为精确语言学计算的对象[①]。

参 考 文 献

Апресян,1978:*Апресян Ю. Д.* Языковая аномалия и логическое противоречие // Tekst, Jezyk. Poetyka. Wroclaw etc.,1978. C. 129-152.

Апресян,1988:*Апресян Ю. Д.* Глоголы моментального действия и перформативы в русском языке // Русистика сегодня. Язык:ситема и ее функционирование. М.,1988. C. 57-78.

Богуславский,1985:*Богславский И. М.* Исследования по синтаксической семантике. М.,1985.

---

① И. А. Мельчук 曾阅读过该文章的手稿,对他提出的宝贵意见,作者向他表示感谢。

Всеволодова, 1983: *Всеволодова М. В.* Категория именной темпоральности и закономерности ее речевой реализации. М., 1983.

Мельчук, 1974: *Мельчук И. А.* Опыт теории лингвистических моделей 《Смысл ⇔ Текст》. М., 1974.

Mel'čuk, Pertsov, 1987: *Mel'čuk I. A. Pertsov N. V.* Surface Syntax of English. A Formal Model within the Meaning⇔Text Framework. Amsterdam; Philadelphia, 1987.

Mel'čuk, 1979: *Mel'čuk Igor A. Studies in Dependency Syntax*. Ann Arbor, 1979.

第六部分 杂 集

语言悖异与逻辑矛盾[*]

1. 引 论

1.1 本文标题中所指的主题是在进行俄语动词支配模式研究时产生的。在对 узнать — узнавать 不同支配模式的研究中发现，某些受支配形式不能同时从属于动词，这种"非共同从属性"完全是局部的，但却是非常重要的现象，对这种现象的分析使我们提出了更具普遍性的问题：这些形式在其他使用条件下的行为如何。这些形式的行为竟然具有十分惊人的逻辑性——根据语义分析可以预言出，该受支配形式在什么条件下可以得出语言关系正确的句子，在什么条件下得出悖异的句子。

对带有 узнать — узнавать 的悖异句子和其他类似句子的研究表明，所有这些句子在逻辑上都是矛盾的。这里又出现了一个普遍性的问题：在什么情况下逻辑矛盾就能生成语言上的悖异？因为非常显而易见，并非所有的逻辑矛盾都能被语言规避掉。对这个问题的回答就构成了本研究的内容。

研究工作是遵循从局部问题到普遍性问题的渐进原则组织的，即是作者实际走过的道路的写真。作者相信，这种材料组织的明确方法对语言学家—读者将是最理想的方法。

1.2 研究中使用了下列形式化概念：句子体现形式、逻辑矛盾、支配模式。

1.2.1 句子体现形式概念引自于 И.А.梅里丘克制定的语言理论模式《意义⇔文本》[①]。这一模式可以理解为是用自然语言将意义信息转换成文本的有效的多层级转换器。在模式中区分出来的每一个层级上，自然语言的句子（从文

---

[*] 本文第一次发表在文集 "Tekst. Język. Poetyka." Wrocław. Kraków, Gdańk, 1978.

[①] Мельчук И. А. Опыт теории лингвистических моделей 《Смысл⇔Текст》. М., 1974.

本向意义运动)或需要表达的意义(从意义向文本的反向运动)都会得到一定的形式体现：语义体现(СемП — семантическое представление)，深层句法体现(ГСП — глубинно-синтаксическое представление)，表层句法体现(ПСП — поверхностно-синтаксическое представление)等。

句子体现的最深的语言层面是语义层面,在这一层面上一个语义体现形式对应自然语言中的一类同义句子。语义体现形式——是一个连贯的定位图表,上面的每一个节点注明一个意义名称,而带有标号的箭头将意义述体与第一、第二和依此的变项连接起来。语义体现形式还承载有关句子的实义切分、逻辑重音、加强语气、区分预设与推断等一系列信息。

必须强调指出,与自然语言的句子以及句子在其他任何层面的体现形式不同,在语义体现形式上,所有纯语义信息毫无例外都集中在节点上,也就是说只用语义语言的词汇来表示。有标号的箭头承载有关意义的句法(所谓"分子的")组织的信息,但其本身是绝对无语义的,即不表示任何意义上的差异。

深层句法体现形式把关系树作为其基本成分。与关系树上的节点相对应是：自然语言中具有某些语法性能的实义词词干、抽象概念词(例如 * энтузиазмировать)、表示某些表层句法关系的深层句法词和通用词汇函数标记符,而有标号的箭头对应九种通用主从关系中的一种。

表层句法体现形式的基本成分也是关系树,但却有些另类：表层句法体现形式上的节点是带有所有需要的语法性能的词干,对应现实句子中的所有词形,并且只能是这些词形,而有名称的箭头对应于该语言特有的几十种主从关系中的一种。

与语义体现形式不同,在深层和表层句法体现形式上,意义信息不仅由词汇形式(单个的词)表示,还由语法形式——以词干的语法性能组合的形式和借助于某些主从关系表现出来。

除了上述三个层面之外,在《意义⇔文本》模式中还区分出深层—词法层面、表层—词法层面、音位层面和语音(正字)层面,这些层面对于我们意义不大,所以这里不作为研究对象。

1.2.2 如果自然语言的句子意义用语义图表的形式语言记载,那么,逻辑矛盾一般在语义体现形式上以分图的形式反映出来,在这个分图中,某一客体 A 在同一时间 T 和在同一地点 M 从属于彼此相互排斥的两个述体"P"和"不是 P"①。

---

① 地点的同指是矛盾的一个必要条件：类似 Вчера в час дня Иван читал лекцию в Москве 和 Вчера в час дня Иван не читал лекцию в Лондоне 这样的推论并不矛盾。

1.2.3　本研究使用的最后一个形式概念是支配模式概念①。

支配模式描写的是自然语言中述谓词的配价性能。

每一个述谓词都描写一个带有一定数量参与者的情景，这些参与者在该词的语义体现形式中由变元表示，而变元对应的是该述体的变项。

支配模式是可以同时给出两种对应关系的复杂规则。第一，模式要使该述谓词的"语义"变元与其深层句法位置（配价）对应；第二，模式要指出实现深层句法位置的词法（包括前置词-名词格）形式。

从总体上看，支配模式是一个被划分成若干个表格的总表，这些表格通常分别对应于该词的深层句法配价。在每一个表格中都指明，什么样的语义变元对应于该深层句法位置，以及该语义变元是用什么词法手段表现的（见下文）。此外，支配模式还包含有关各种配价或其表达形式在表层句法上的共同从属性/非共同从属性、可分性/不可分性、任意性/必须性等信息。

在下文中，我们只需要配价的共同从属性/非共同从属性概念。共同从属性/非共同从属性可以理解为在正确的表层句法体现形式中（或者更简单地说，在正确的自然语言句子中）同时实现两个（或更多）配价的可能性/不可能性。

1.3　在分析了我们将要使用的理论概念之后，在本章节的结尾我们来简短地界定一下我们对语言不正确或语言悖异的理解。

本文主要篇幅中对于"正确——有疑问——不正确"的评价，是直接依据讲话人的语感，只对自然语言中的现实句子做出的判断。除非有专门的预先说明，所有的这些评价都是指句子在最简单条件下的使用：在中性语义环境中，最大限度符合语法划分（主语和谓语）和功能切分（主位和述位），没有逻辑重音、加强语气、对比、让步等类似因素。这些因素的存在会严重影响句子的正确性（向更正确方向偏移），因此应该用特殊的规则来考量。

不正确性可以是相对的，也可以是绝对的。句子 Преступники угнали несколько государственных и собственных машин 可以作为相对不正确的例子。说这个句子不正确是相对于这样的意义而言："罪犯们偷走了几辆属于国家的汽车和几辆属于个人的汽车"（这种意义应该表示为：Престкпники угнали несколько госудоарственных и частных машин），而说它正确是相对于不太可能的意义："罪犯们偷走了几辆属于国家的汽车和几辆属于他自己的汽车"。句子

---

① 见：Жолковский А. К., Мельчук И. А. О семантическом синтезе.: Проблемы кибернетики. Вып. 19. 1967. Апресян Ю. Д. Лексическая семантика. Синонимические средства языка. М. 1974.

* Он оказал на меня сильное впечатление 可以作为绝对不正确的例子：不管意义如何，俄语都不能这样表达。

所有的语言悖异或者是因为语法或词汇单位选择的不对（至少是有一个所选的单位不能表示所需意义），或者是因为语言单位的组合不正确（虽然其中每一个单位在单独的条件下都可以只有所需意义），或者上述两种情况都有。在第一种情况下，产生相对不正确的句子，在第二和第三种情况下，产生绝对不正确的句子。下面我们将涉及所有这三种悖异现象，不再专门说明，在某种具体情况下讲的是哪一种悖异类型。

正如我们所述，虽然现实句子的正确一不正确的概念对我们而言是主要的，但为了完全性，最好还是讲一讲这一概念对其他层面客体的适用性，特别是对表层句法体现形式、深层句法体现形式和语义体现形式的适用性。

相应层面客体的正确一不正确性可以或者通过该层面自身来判断，或者通过其他某一层面的客体来判断。例如，在表层句法体现形式中违反了句法关系的匹配规则，那它就是绝对不正确（假如，述语关系不仅把顶端 A 与节点 B 连接，而且还与节点 C 连接，这就违反了述语关系绝对不可重复的规则）；另一方面，表层句法体现形式相对于该线型深层词法体现形式而言也可能不正确（例如，无法投射）。

这样的推断原则上对深层句法体现形式也是可行的。句子 * Иван всегда не ездит на такси 的深层句法体现形式绝对不正确，因为这个句子违反了某种搭配禁忌，这种禁忌大致在于：总量词（везде, все, всегда, всякий）不能与否定词 не 搭配，如果这两个词都直接或间接地从属于同一个述谓词①。在俄语中这一意思的正确

---

① 事实上这一禁忌还有更复杂的特性，特别是考虑本文决定放弃的一些因素（见 4.3 节）。像 Всегда он не просыпается во время. 这样（在总量词上带逻辑重音）的句子的可行性要比句子 Он всегда не просыпается во время（不带逻辑重音）的可行性大。在对比的语境中，всегда не 的组合的可能性比在中性语境中的大，譬如：Иван всегда не спит, когда другие давно спят. 有关这类词在语气词 не 的语境中使用的其他一些细微特点在下列研究中讨论过：Seuren P. A. M., Negatives' Travels, в: Semantic Syntax, Edited by Pieter A. V. Seuren, Oxford, 1974. с. 197; Падучева Е. В. О семантике синтаксиса. Материалы к трансформационной грамматике русского языка. М., 1974, с. 108-109. 讲一点不同意见。Е. В. 帕杜切娃认为，在"语法否定的语境"中 всегда 转换成 никогда，说"всегда 一词与 никогда 一词有替换性"（108 页），并将这两个词称作"语境同义词"。我们认为这不够准确：не 在与 всегда 和与 никогда 搭配时扮演完全不同的角色——第一种是意义角色，第二种情况下是纯语法（独特的搭配）角色。因此，不能将否定看做是语境中的同一个元素。всегда 与 никогда 不是同义词，而是反义词。同义关系只发生在词组 всегда не（意义上的 не！）和 никогда 一词之间（см. Апресян Ю. Д. Цит. соч., с. 296, 331）。鉴于所述理由，在形式模式中最好不是一种转换（语法否定语境中的 всегда⇔никогда），而是两种不同的转换：всегда не⇔никогда（在语义体现形式⇔深层句法体现形式层面）和 никогда⇔никогда не（在深层句法体现形式⇔表层句法体现形式层面）。

表达方式是句子 Иван никогда не ездит на такси。另一方面，如果深层句法体现形式中不能从词汇上（以单个节点的形式）反映这种在语义上有内容的表层句法关系，深层句法体现形式相对于表层句法体现形式是不正确的（见注7），如果深层句法体现形式没有表示出所需意义，那么它相对于语义体现形式也是不正确的。

在语义层面上相对不正确的概念仍然保持，而绝对不正确概念需要修正。

上文中我们发现，绝对不正确的发生总是由于违反了搭配规则——句法搭配规则（譬如，表层句法体现形式中重复了根本不能重复的句法关系）或词汇搭配规则（譬如：* оказывать впечатление，* всегда не）。

在语义层面上，原则上只可能出现第一种（句法）类型的绝对不正确（这样的例子是不正确的语义体现形式：没有充填必须的述体位置、违反主位和述位的切分原则、预设部分与判断部分构建不正确等情况）。至于语义体现形式的词汇绝对不正确的概念，看样子好像没有意义：在语义层面任何意义（语义语言词汇）都可以彼此搭配。而且我们发现，虽然在俄语中 всегда 和 не 在特定的条件下彼此是不能搭配的，即会得出不正确的深层句法体现形式，但语义词汇（意义）"经常"和"不"在相应的语义体现形式中可以是理想的搭配。对于这一点，语言关系上没有任何瑕疵的句子 Петр всегда отсутствует 可以证明：отсутствовать（缺席）＝ не присутствовать（没出席），因此，Петр всегда отсутствует（彼得总是缺席）＝ "Петр всегда не присутствует"（彼得总是不出席）。

况且应该承认，含有语义上不匹配的意义组合的许多语义体现形式在语义上是正确的（见下文）。语义体现形式上的矛盾、荒诞、无意义或其他类型的语义不匹配只能借助于参照逻辑规律或现实规律才能确定。

因此，在语义层面上我们要区分的是正确性概念和匹配概念：不参照其他客体而研究的语义体现形式，即使语义上是不匹配的，（在句法上）也可能是正确的。

2. 观察结果

2.1 模式 X узнал Y ⟨об Y-е⟩ 在表示"X 获得与信息来源 Z 的联系，开始了解 Y（关于 Y）"的意义中，具有包括了解的主体、了解的内容和信息来源的三题元支配模式。而且与第一配价不同，第二和第三配价可以用若干个词法学上完全不同的手段来表达：

1=X	2=Y	3=Z
Sим	1. Sвин 2. о Sпр 3. что ПРЕДЛ 4. Conjrel ПРЕДЛ 5. ПРЕДЛ вопр	1. из Sрод 2. от Sрод 3. у Sрод 4. в Sпр

实现第二配价的例子：D 2.1：узнать новости 〈факты, все детали, тайну, историю его падения〉；D 2.2：узнать о приезде делегации 〈о том, что приедет делегация, о назначении преемника, о новых постановках〉；D 2.3：узнал, что поезд пойдет не скоро 〈что брат приедет завтра〉；D 2.4：узнал, когда тронется поезд 〈где стоянка такси, что идет в кино, сколько будет длиться сеанс〉；D 2.5：узнай, будет ли рейс на Севастополь 〈состоится ли премьера, был ли он вчера на концерте〉①。

实现第三配价的例子：D 3.1：узнать (что-л.) из письма 〈из газет, из книг, из надежных источников〉；D 3.2：узнать (что-л.) от случайного знакомого 〈от друзей, от секретарши директора〉；D 3.3：узнай все у диспетчера 〈у начальника вокзала, у отца〉；D 3.4：узнать (все) в дирекции 〈в конторе, в справочном бюро〉。形式 из Sрод 与形式 от Sрод 在意义上很相近（虽然不等同），而形式 в Sпр 与形式 у Sрод 在意义上很相近。因此，为了节省篇幅，在下文中我们将只分析两种具有信息来源意义的形式 от Sрод 和 у Sрод，而且在这两种情况下 S 只表示人。

可能会产生一种想法，认为形式 от Sрод 和形式 у Sрод 分别对应动词 узнать — узнавать 的不同意义。详解词典（БАС，МАС）的材料似乎证明了这一点，这些词典都倾向于认为，动词 узнать 如果不是具有一些独立的意义，那么至少也是一种意义的不同的"细微特征"：(1)"得到关于某人某事的信息"，"成为知晓某人某事情况的人"：Я спешил к тебе, узнав о твоем несчастье. От портнихи она ехала к какой-нибудь знакомой актрисе, чтобы узнать театральные новости. Место мне понравилось, и я захотел узнать, как оно

---

① 如果认为 Я узнал о нем, что он уехал 这类例句是正确的，有必要把第二配价分解为另外两个：了解的题目(о нем)和了解的内容(что он уехал)。这一决定不会对进一步推理造成任何影响。

называется。(2)"询问、打听有关某人某事的情况": Он два раза приходил узнать о здоровье больного. Главнокомандующий беспрестанно присылал адьютантов узнавать о положении графа. Я решил сегодня к вам заехать, поздравить, узнать, как вы тут живете. 如果同意这种划分(虽然好像(1)组的例子可以用(2)组的意义解释或反之),则也不会对进一步推理造成影响。

2.2 值得注意的是,关于 2.1 中所研究的形式的共同从属性/非共同从属性的下列事实。形式 y Spoд 可以与第二配价的其他五种表达手段共同从属于述谓词: Интересующие вас детали 〈об этом〉 вы можете узнать у вышего начальника. Мой попутчик узнал у проводника, что поезд пойдет через десять минут. Он пошел узнать у диспетчера, когда вылетает самолет Моксва — Мурманск 〈будет ли рейс на Свердловск〉. 形式 от Spoд 只可以与第二配价的前三种表达手段共同从属于述谓词: Он узнал от своих знакомых несколько интересных историй 〈о своем новом назначении〉. Мой попутчик узнал от проводника, что поезд пойдет через десять минут. 类似 ?Он узнал от диспетчера, когда вылетает самолет Москва — Мурманск 这样的搭配明显有难度,而类似 * Он узнал от диспетчера, будет ли рейс на Свердловск 这样的搭配显然根本不可能。

产生一个问题: 这些禁忌是纯搭配和词汇上的,还是它们有语义上的理据。可以用语义匹配的更具普遍性规则来解释。我们认为,后者是正确的,并努力通过对形式 от Spoд 和形式 y Spoд 的意义和使用条件更详细的研究来证实这一结论的合理性。

2.3 这些形式表示的是作为信息来源的人,初看起来这些形式像是同义的,而事实上它们是伪同义。形式 y Spoд 表明,行为的主导者,即对信息感兴趣并主动去探询的人是情景的第一参与者,也就是 узнать 行为的主体。譬如: Он не сомневался, что узнает у нее об этом(他不怀疑,他能从她那儿得到所需信息)。形式 от Spoд 表明,信息交换的主导者不是情景的第一参与者,而是第三参与者,即信息的来源,譬如: Он не сомневался, что узнает от нее об этом(他不怀疑,她自己会说出一切的)。

看来,在形式 от Spoд 和形式 y Spoд 之间还有一些其他的差异,包括逻辑重音上的差异(或者,可能是实义切分上的)。譬如: 在句子 Он узнал от секретаря об увольнении Петра 中,在其他条件都相等情况下强调的是,他是第一次听说彼得被开除这一事实的。在句子 Он узнал у секретаря об увольнении Петра 中(如果承认句子是完全正确的),彼得被开除这一事实被认为是已知的,而只是与开除相关的某些细节还不清楚。

下文中我们只关注这里已指出的第一种差异。首先研究语义匹配的三组事实,在这些事实中可以明显表现出差异,并且这些事实本身也相当有意义。

2.3.1 首先从有关动词 узнать 在不同句法、词汇和语义条件下使用形式 от Sрод 和形式 у Sрод 的事实开始。(再说明一次,只研究语义上中性的句子,包括不带逻辑重音的句子)。

(1) 如果 узнать 从属于意义中含有"目的"的情态动词,那么它应支配 у Sрод 形式,而不是形式 от Sрод:Решил〈намерен, спешил〉узнать у вас...(？от вас 不好),Позвольте узнать у вас...(不能用 * от вас),приказываю〈разрешаю〉вам узнать у него...(？от него 不好)。这些情态动词与 у Sрод 形式虽然在句法关系上没有直接的联系,但在语义上是匹配的:两者都要求知晓的主体具有某种目的,是相应行为的主导者。

(2) 如果 узнать 从属于情态动词 мочь,则 у Sрод 形式与这个动词的言语行为(语用)意义和可能性(情态)意义兼容,而 от Sрод 形式只能与可能性意义兼容:Вы можете узнать об этом у своего непосредственного начальника(两种意义)— Он мог узнать об этом от кого угодно(只有"可能性"一种意义)。不难理解,言语行为意义[和(1)中的动词 разрешать 一样]要求有主动了解的主体。

(3) 如果动词 узнать 带有目的状语,则动词应支配 у Sрод 形式,而不是 от Sрод 形式:Он узнал у меня время отправления поезда, чтобы не опоздать на вокзал. 但不能说 * Он узнал от меня время отправления поезда, чтобы не опоздать на вокзал. 这一禁忌最终还是因为,目的要求主动性的主体。

(4) 在使用现实—时间长度意义的未完成体时,支配 у Sрод 形式比 от Sрод 形式更恰当:В этот момент я узнавал у милиционера дорогу на Углич(？В этот момент я узнавал от милиционера дорогу на Углич 不好)。这是因为,与动词的其他体—时形式不同,动词的现实—时间长度意义常常表示目的和意向意义,试

比较：Он разбивает окно（有意的）VS. Он разбил окно（也许是偶然的）①。

（5）узнать 的命令式更应支配 у Sроd 形式，而不是 от Sроd 形式：узнай у него（？от него 不好）новости。命令式与上述的动词 приказывать 一样，具有下列相近的意义："讲话人希望受话人做 P，并试图使受话人做 P"。显然，命令的接受者——在我们的情景中是探询消息的主体——应该是主动的。

2.3.2 下面来研究同样是表示信息来源的 у Sроd 形式和 от Sроd 形式在和其他动词搭配时的使用情况。来分析两组动词，其中第一组具有行为意义，第二组表示状态意义。

（1）类似 научиться, получить 2 这样表示行为的动词，两种形式都可以支配，但在意义上仍然有在动词 узнать 中观察到的差异：Я получил от него приказ（多半是他给我下命令）VS. Я получил у него приказ（多半是我找他请求命令）。Мой сын научился от него всяким пакостям（多半是无意识地模仿）VS. Мой сын научился у него искусству полемики（多半是通过自己的努力）。

（2）类似 знать, слышать 这样的动词表示状态，进而与表示积极主动的活动者不能兼容，因此只能支配 от Sроd 形式：Я знаю⟨слышал⟩ от него, что вы собираетесь в отпуск. 非常典型的是，这些动词在使用命令式时，没有实现第三配价的可能性：像 * Знай(те) от меня, что он никогда на это не согласится 这样的句子是悖异现象。按照现代理解，普希金的下列诗段也是不正常的：Ступайте к Анджело и знайте от меня, Что если девица, колена преклоня, Перед мужчиною и просит и рыдает, Как бог он все дает, чего ни пожелает.

2.3.3 最后研究有关 у Sроd 形式和 от Sроd 形式用于某些其他意义相近，但属于另外语义类别的动词的现象。

（1）词义中含有"获得"意思，并要求有积极的主体、消极或中性契约人的动

---

① 比较莱考夫对英语中持续体形式的观察：см. Lakoff G. Instermental Adverbs and the Concept of Deep Structure// Foundations of Language. International Journal of Language ang Philosophy. 1968. Vol. 4. N. 1. 对这一情景用下列方式描写可能更准确些：按照自然语言中有意/无意这一特征通常可以划分出三组动词：(1) 注释中含有意义"意图"、"目的"的动词（поощрить, наказать, обдумать）；(2) 注释中含有意义"无意"、"偶然"的动词（подвернуться кому-л., повезти кому-л., дернуть — Дернуло его соваться со своими предложениями）；(3) 注释中既不含"有意"，也不含"无意"意义的动词（разбить, узнать, упасть, прострелить）。在最后一种情况下，在其他完全相同的条件下，完成体形式的有意和无意的概率相等，未完成体形式（现实-时间长度）有意的可能性更大。

词支配 у Sрод 形式：арендовать землю у помещика, занимать рубль у приятеля, нанимать〈снимать〉дачу у частников, покупать лошадь у барышника; воровать〈красть, похищать, тащить, уводить〉что-л. у кого-л.; изымать излишки хлеба у кулаков, конфисковать лошадей у крестьян, отнимать игрушки у мальчика, отбирать билеты у пассажиров.

（2）词义中含有"得到"意思，并要求有消极或中性的主体、积极的契约人的动词支配 от Sрод 形式：унаследовать дом от отца, получить 1 наследство от дяди.

2.3.4 当然，对被支配形式 у Sрод 和 от Sрод 的配置并不总是能有语义上的理据；在有些情况下支配在很大程度上是成语性的。在句子 Чего вы требуете〈добиваетесь〉от меня? 中，主体和契约人看上去都是积极的，虽然在不同的层面上。因此，形式 у Sрод 和形式 от Sрод 在语义上一样胜任。但是，事实上在这里提及到的动词意义中只有后一种形式正常使用。

3. 预先说明

从上文 2.3.1—2.3.3 中所述方面来看，在 2.2 中研究的形式的共同从属性／非共同从属性现象看做是语义匹配现象。其中句子 ?Он узнал от диспетчера, когда вылетает самолет Москва — Мурманск 和 * Он узнал от диспетчера, будет ли рейс на Свердловск 在语义上是不匹配的，因为带连接词的补语从句和不带连接词的从句都表示疑问意义：第一句是内涵地表示，第二句是外显地表示，而询问的那个人总是被理解为积极主动的活动者。实际上，最普通类型的问题意义可以注释如下：X спрашивает Y-a о Z-e＝"某人 X 促使某人 Y 向 X 通报有关 Z 的信息，因为（X 不知道 Z 的情况，并且 X 想知道有关 Z 的情况，同时 X 认为，Y 能够告诉 X 有关 Z 的信息）"。这样，从句疑问形式（隐含地）表示出来的积极行为者的概念与被支配的形式 от Sрод 表现出来的非积极行为者的概念发生矛盾。这种矛盾就产生了语言的悖异。

这里产生一个问题。显然，远非所有的逻辑矛盾都能生成被鉴定为"俄语不能这么说"的语言错误。自然语言是包罗万象的，包括适用于表示综合性荒谬的（Река течет в гору. Я могу почувстваовать вашу боль），毫无意义的（Пустынное солнце садится в рассол）或者甚至是逻辑上矛盾的推断

(Холостяки бывают женаты. Петр поднимается с верхнего этажа на нижний. Я ее люблю и не люблю одновременно).

这样的句子并非一定要描写幻想世界或记载逻辑荒诞。它们可以称名更寻常的情景。曾经登过高山的人都很清楚光线的欺骗性：河水沿着道路流淌，在道路的某些区段上，当道路与河床构成不太大的角度时，就会感到好像水是在向上流。这种纯粹的逻辑矛盾被伽利略用来描述阿基米得螺旋(水的螺旋)，伽利略写道，这一发明"不仅仅是伟大，简直就是奇迹，因为我们看到，水在螺旋向上涨高，并不停地往下流"；另一方面，没有意义的和逻辑矛盾的句子广泛用于修辞目的。特定类别的废话可以称作隐喻(Кому жестоких звезд соленые приказы В избушек дымную перенести дано. — О. Мандельштам)，而逻辑矛盾构成另一种修辞手段——逆喻的基础：Блок ждал этой бури и встряски Ее огневые штрихи *Боязнью и жаждой* развязки Легли в его жизнь и стихи (Б. Пастернак).

上面所列举的句子无论如何都不能理解为是语言悖异。判断没有意义的或逻辑矛盾的句子在语言关系上正确的标准是，语言中没有可供选择的、语言持有者认为是更正确的某一意义的表达手段。而且，如果讲话人想开玩笑，他不可能找到悖异性更小的手段来表示 Холостяки бывают женаты 这类句子中包含的意义：迂回说法 Холостяки редко состоят в браке. Холостяки редко имеют жен 等句子同样是悖异的；另一方面，如果讲话人传达他对世界的怪异的理解(譬如精神病人的意识)或描述把房子弄成底朝天的惨祸时，他可能会产生要说 Петр поднимался с верхнего этажа на нижний 这样的话的要求，这时，在讲话人所能支配的语言范围内同样找不到表达这一思想的更正确的手段。

出现一个问题：逻辑矛盾但从语言角度看是正确的文本与语言悖异文本——没有意义或逻辑矛盾且语言不正确的文本的区别是什么？

4. 解决方案

根据我们的观察，以逻辑矛盾为基础的语言悖异发生在以下三种情况中。

4.1 第一种类型的情况可以描述如下：在语义体现形式上有能构成逻辑矛盾的意义"P"和意义"非P"的存在(见1.2.2)。如果在相应的深层句法体现形式或表层句法体现形式层面上，意义"P"和意义"非P"中的每一个都是由词汇手段表达的,则不会出现语言上的不正确,第二种情况除外(见 4.2)。只不过得到的是荒谬的、无意义的或矛盾的,但却是完全符合语言规范的句子(详见第 3 节的例子)。如果在实现该语义体现形式的深层句法体现形式或表层句法体现形式层面上,意义"P"或者意义"非 P"中至少有一个是以语法手段实现的,也就是说,不是由实义词来表达,而是由附着于词干的词形变化信息、深层一句法词汇①、连接词、前置词或者其他语法手段来表达,那么,按照深层句法体现形式或表层句法体现形式综合出来的句子,在大多数情况下是不正确的。如果第二个意义也由语法手段表达,其不正确的概率会增大。在第 2 节中分析过的带有 y Spod 和 от Spod 结构的例句可以证明这一观点。我们再来分析一些补充材料。

4.1.1 在俄语中有很多未完成体动词不具有现实的持续行为的意义(这一现象很早就得到体学界的关注)。很多带前缀 при-的及物和不及物运动动词都属于这类动词,如 прибегать, прилетать, приплывать, приходить, приводить, привозить, приносить 等等。这些动词与其他所有未完成体动词不同,却和完成体动词相似,不能与表示时间长度的副词或副词短语搭配。例如, * Он долго приходит. * Судно два часа приплывает в порт. * Самолет недолго прилетал. * Он два часа приносит мне книгу②。而意义相近的带前缀 под-的动词或对应的不带前缀的动词却可以自由地与表示时间长度的状语搭配。例如,Войска долго подходили к стенам крепости. Судно два часа подплывало к причалу. Он два часа нес мне книгу. 动词 приносить, приходить 等也具有这种特性,但不表示"移动、运动"意义:Он долго приносил мне извинения. Врач два часа приводил его в чувство. Ну, что, все еще приходишь в себя?

这一限制有一个合乎情理的解释:像 приходить 这类动词的未完成体形式仅具有这样一些意义:习惯性意义、一般事实意义、双向意义,如:Он сегодня уже приходил?;历史现在时意义,表示打算或期待行为的现在时意义:Вы приходите сегодня, а мы приходим завтра 等。在这些意义中,动词表示结束的

---

① 可以 ПРИБЛИЗИТЕЛЬНО 一词为例,它是从下列这类句子中体现出来的近似数量关系中提炼出来的:Пришло человек десять.
                        аппрокс-колич

② 这一现象是 Ю. С. 马斯洛夫观察到的。参见:Гловинская М. Я. Семантические типы видовых противопоставлений русского глагола. М., 1982.

行为,是对应的完成体动词的同义词(非精确的)。完结性语义与持续行为意义相矛盾,而意义表达的语法手段生成了语言悖异。

　　有显著特征的是,在否定形式中,特别是在过去时的否定形式中悖异会消失:Он долго не приходил. Самолет долго не прилетал. Он два часа не приносил мне книгу. 这是因为:"否定词＋动词"的整个词组意义落在时间长度状语的作用域中,很显然,未实施行为的状态(例如,неприход)可以持续任意长度的时间①。

　　4.1.2　其实,在俄语中与在许多其他语言中一样,有两种不同的时间补语——不带前置词的(год, десять дней 等等)和带前置词的(в/за год, в/за десять дней 等等)。表示其基本意思——现实—时间长度意义的未完成体与不带前置词的时间补语搭配,而完成体与带前置词的时间补语搭配。例如,Он писал этот роман три недели. Он написал этот роман в/за три недели. 但是却不能说 * Он писал этот роман в/за три недели.　* Он написал этот роман три недели.

　　X год 表示"某一行为 X 持续了一年,并且有可能继续持续",而 X в год 表示"某一行为 X 持续了一年并且已经结束"②。可以列举以下独立补语变项来支持这些解释:(1)在含有带前置词时间补语的无动词句中,如 В час по чайной ложке. По книге в год. Продукция за месяц 等,完结性意义表达得很清楚;(2)在历史现在时形式中,由动词表示的行为既可以理解为结束的行为,也可以理解为是未结束的行为,释义的选择取决于与动词搭配的是不带前置词的还是带前置词的时间补语:Спартак поворачивает на юг и три недели добирается до Сиракуз. 和 Спартак поворачивает на юг и в три недели добирается до Сиракуз.

---

　　①　出现一个问题:如何解释相应的完成体动词与时间长度副词在否定句中的不搭配性,如不能说:* Он долго не пришел. * Судно два часа не приплыло в порт. 看来问题在于:在这种情况下,只有动词本身是时间长度状语的作用域,而不是"否定词＋动词"的整个词组。更形式化表现为:

$$Он\ долго\ не\ приходил = (\ долго \xrightarrow{1} не \xrightarrow{1} приходил \xrightarrow{1} он\ ),$$
　　他　很久　没　来过了　　很久　　没　　　来过　　他

$$* Он\ долго\ не\ пришёл = (\ долго\ \ не \xrightarrow{1} пришёл \xrightarrow{1} он\ ).$$
　　他　很久　没　来到　　　很久　没　　来到　　　他

　　②　见:Гловинская М. Я. Указ. соч.

我们发现,在其他一些语言中,不带和带前置词的时间补语有着同样的用法。试比较:He has been writing the novel three weeks(而不是 * in three weeks)和 He has written the novel in three weeks(而不是 * three weeks),Il ecrivait ce livre une année(而不是 * une année)①。

显而易见,上述的第一组俄语例句中遵守了语义匹配的规则,而第二组例句违反了这一规则:由不带前置词的时间补语表达的未完结意义与未完成体的时间长度意义相一致,而与完成体的意义相矛盾;由带前置词的时间补语表达的完结性意义与完成体的意义相一致,而与未完成体的意义相矛盾。这样,就产生了对这两种不匹配意义的语法表达的禁止,这种禁止非常严厉,就像阶段性动词不能和完成体搭配一样(例如 * начать прочесть)。令人诧异的是,这一问题不久前才被我们意识到。

4.1.3 关于动词的施为用法的一些现象非常重要。我们再重复一下,在奥斯汀的思想中②,施为用法是指动词的一种用法:以动词的现在时单数第一人称陈述式形式说出的话就等于完成由该动词所表示的行为:Я обещаю〈клянусь〉вам, что никогда этого не сделаю. Я прошу у вас прощения. Я вас прощаю 等等。从我们感兴趣的角度看,有一种现象值得注意:动词在用于施为用法时不能具有现实—时间长度意义,因此,言语行为动词很难把言语行为意义与表示时间长度的副词搭配在一起。?Я долго обещаю вам, что никогда этого не сделаю.

这种类型的句子在其他条件下,譬如被用于历史现在时的条件下,也有可能完全是正确的:Я прихожу к нему, извиняюсь и долго обещаю, что никогда больше так не поступлю, но он сохраняет неприступный вид. 当这类句子被用来回答类似 Что вы делаете? 这类问题时也是正确的:Я уже два часа прошу у вас прощения. 在上述这两种情况下,言语行为动词都是用于非施为意义,因为说话人并没有说出承诺或道歉的话语,而是在描述他所完成的行为。在另一些非施为用法中,上述所有动词和短语也同样具有现实—时间长度意义:Он

---

① 在波兰语中关于时间补语的发现非常有意思,但只涉及使用完成体不同意义时的可能的注释,这些结论体现在:Wierzbicka A., On the Semantics of the Verbal Aspect in Polish, [B:] To Honor Roman Jakobson. Essays on the Occasion of his Seventieth Birthday, The Hague-Paris, 1967.

② Austin J. L. *How to Do Things with Words*. N.Y., 1965.

долго обещал〈клялся〉мне, что больше никогда так не поступит. Напрасно вы так долго просите прощения, я слушать вас не хочу.

有趣的是,在英语中,在按照所有传统语法规则应该使用现在的持续时间的条件下,言语行为动词的施为意义却不能使用这种形式。可以说 I promise you〈swear to you, beg your pardon, apologize, pardon you〉,而不能说 * I am promising you〈swearing to you〉等等,尽管所描述的行为发生在说话时刻,而且也符合现在进行时的使用规则。

这些现象只能这样来解释:在其言语行为用法时,言语行为动词从意义上说是完成体;如果某人说"我发誓"(Я клянусь),那么这意味着他已经发完誓了(он поклялся)。

4.1.4 像 Знатоки говорят, что осетровые рыбы утратили свой былой вкус 和 Осетровые рыбы, говорят знатоки, утратили свой былой вкус 这类句子,初看意义是等同的,但是,带补语从句的句子与带插入结构的句子表现完全不同。这主要是,在第一个句子中,可以对主句的谓语进行否定,而在第二种情况下,对插入语结构中的相关动词否定却是不可能的:Знатоки (вовсе) не говорят, что осетровые рыбы утратили свой былой вкус. —— * Осетровые рыбы, (вовсе) не говорят знатоки, утратили свой былой вкус①.

"不可否定性"这一条件适用于带有表示通知、知晓、真实性等意义的述谓词的所有类型的插入语结构:Вселенная, как всем известно, расширяется. 但却不能说 * Вселенная, как никому не известно, расширяется (试比较 Никому не известно, что Вселенная расширяется);Делегация, как здесь считают, имеет широкие полномочия 而不能说 * Делегация, как здесь не считают, имеет широкие полномочия. (试比较 Здесь не считают, что делегация имеет широкие полномочия);Правда, она круглая дура. 而不能说 * Неправда, она круглая дура. (试比较 Неправда, что она круглая дура).

即使在插入结构的成分中没有外显(用否定词 не 来表达)否定的情况下,也会出现不正确的情形:Это, вполне вероятно, Иван. 而不能说 * Это,

---

① В. З. Санников(口头地)关注了在插入结构中不能使用否定词 не 的问题,这一观察在下文的某些关系中会得到进一步确认。

маловероятно, Иван（试比较 Маловероятно, что это — Иван）；По предположению других ученых, Земля продолжает остывать. 而不能说 * По сомнению других ученых, Земля продолжает остывать（试比较 Другие ученые сомневаются, что Земля продолжает остывать）；Вождь повстанцев, утверждают некоторые, уже прибыл в страну. 而不能说 * Вождь повстанцев, отрицают некоторые, уже прибыл в страну（试比较 Некоторые отрицают, что вождь повстанцев уже прибыл в страну）。这是因为 маловероятно, сомневаться, отрицать 这些述谓词都具有隐性的否定,其中,сомневаться в P ≌ "由于没有确切的信息,允许将不是 P 作为诸多可能性之一"；отрицать, что P ≌ "确信不是 P"①。

我们发现,如果给插入结构中 сомневаться 或 отрицать 这类隐性否定述谓词添加否定词 не,就把它们变成了某种意义上的肯定,那么相应的句子重新获得正确性：Земля, не сомневаются другие ученые, продолжает остывать. Вождь повстанцев, не отрицают некоторые, уже прибыл в страну.

插入结构的这样一种特性既可以描写成是它的句法特征,也可以描写成是它的意义特征。

我们用 P(X), R(Y) 来表示带有我们感兴趣的插入结构类型的任意一个句子。式中, P 表示具有通知、知晓、真实性意义的、构成插入结构顶端的述体；X 表示它的主体,在部分情况下与讲话人相重合；R(Y) 表示基本判断。

那么,第一种类型可以描写成：顶端 P 只能由表示非否定判断的述体来充当。

而更能引起我们兴趣的第二种类型则可以有以下的描写形式：P(X), R(Y) ≌ "存在一种毫无疑问的肯定观点 P(X),认为 R(Y)"。当在插入语结构 P(X) 的顶端 P 引入隐性或者尤其是显性否定述体时,(插入结构的) 语法元素的意义与 P 的意义之间就出现了矛盾,这种矛盾生成了语言悖异。

4.1.5 看来,在 4.1 中所表述的禁止并不总是具有同样的效力。例如,可以确定,如果说像 ?Он приехал завтра. ?Он приедет вчера. ?Пришло ровно

---

① 尽管在这种情况下隐性否定句的表现与外显否定相同,但并不意味着这两种否定句在所有方面都可以证同。它们之间的某些重要的差别见：Богуславский И. М. О семантическом описании русских деепричастий: неопределенность и многозначность // Изв. АН СССР. Сер. лит. и яз. 1976. No 2.

человек десять. 这类的句子也是偏离了语言规则的话,那么它们偏离的方式和程度并不等同于 * Он написал роман год. * Он находился там в год. 这一类型的句子。但是毫无疑问,所指出的禁止是存在的。这点仅从以下事实就可以得出：如果相互冲突的意义是用词汇手段表达的,那么 4.1.1—4.1.4 中所列举的所有悖异句子的迂回说都有可能更为正确。例如,На то, чтобы начать и завершить писание романа, он потратил год, но этот год еще не кончился.

4.2 不仅仅语言的语法手段能产生可以被语言规避掉的矛盾。语言悖异的第二来源是逻辑矛盾,这种逻辑矛盾或者产生于一个语言单位的释义核心和另一个语言单位的情态框架之间,或者产生于两个语言单位的情态框架之间,或者最后一种情况,产生于该语言单位的情态框架内部①。换言之,如果在句子的语义体现形式层面具有能形成逻辑矛盾的意义"P"和意义"非P"(见1.2.2),但如果在相应的深层句法体现形式层面上,意义"P"和"非P"都是通过独立的词汇手段(以句法结构单个结点的形式)来表达,那么,在相应的句子中就不会产生语言悖异。如果在实现语义体现形式的深层句法体现形式上,意义"P"或者意义"非P"中至少有一个进入到了某一节点的情态框架中,那么与该深层句法体现形式相对应的句子就是悖异句。在逻辑上矛盾但语言关系上正确的句子的深层句法体现形式上,不同节点的情态框架的内容内部并不矛盾,而且既不在彼此之间发生冲突,也不和句子的其他语义材料相冲突。我们看一些例子。

4.2.1 语气词 вот 和 вон 具有十分重要的特性——"不可否定性"：它们既不允许在由它们引导的名词的前面有否定 не,也不允许在含有这些语气词的句子的前面有否定 неверно, что. 例如,Вот〈вон〉книга（, которую вы искали）. 但不能说 * Вот〈вон〉не книга（, которую вы искали）. 也不能说 * Неверно, что вот〈вон〉книга（, которую вы искали）.

首先,可以认为这一性能是 вот 和 вон 的句法特性,这时,违反搭配限制的结果就是我们眼前的句子绝对不正确（见1.3）。

而另一方面,也可以认为,вот 和 вон 这一类指示语气词和相应的指示代

---

① 情态框架概念是 A. 维日彼茨卡引入的（Wierzbicka A. Dociekania semantyczne. Wrocław etc., 1969）.情态框架是指该语义单位的语义体现形式中那部分用来记述讲话人的行为、讲话人对作为报道客体的情景的评价,或讲话人假设的来自受话人的对这一情景的评价。情态框架不是语言单位必须的组成部分。情态框架对语气词、情态词和量词来说是典型的。

词 это 和 то 的区别不仅仅在句法上，而且在情态框架上（也就是意义上）。Вот X ≌ "讲话人给听话人指出了（所指）客体 X；X 处于讲话人认为和自己直接相邻的空间以内"；Вон X ≌ "讲话人给听话人指出了（所指）客体 X；X 处于讲话人认为和自己直接相邻的空间以外"。当在这样的句子中加入了否定词 не，成为所指客体的性能就被加在非所指客体"非 X"上，而且这样的矛盾直接深入到词汇 вот 和 вон 的语义体现形式的情态框架内。但根据情态框架的（标记性）定义判断，其内容内部应该是不能矛盾的。既然不是这样，就会产生语言悖异。

4.2.2　在很多语言中都有大量的、在某种程度上与语气词 вот 和 вон 对立的词汇，它们更倾向于优先使用在否定句、疑问句、"怀疑"句以及情态句中。动词 понять 的准同义表达结构 взять в толк 可以正常用于下列句子中：Он никак не мог взять в толк, что от него требуется. Ты когда-нибудь возьмешь в толк, что от тебя требуется? Сомневаюсь, что он когда-нибудь возьмет в толк, что от него требуется（"表示怀疑的"）。Он, наконец, взял в толк, что от него требуется（情态的—加强语势的）等。与相对应的带有动词 понять 的句子（Он понял, что от него требуется）不同，类似 * Он взял в толк, что от него требуется 这种非加强语势的肯定句是悖异的。понять 的某些其他准同义词也具有同样或者类似的特性。例如，动词 смыслить：Он ничего не смыслит в технике. Что ты смыслишь в лошадях? Много он в этом смыслит!（"表示怀疑的"）。Он смыслит в собаках достаточно, чтобы дать вам полезный совет（由于可能的怀疑或者问题而不再相信）。而类似 * Он все смыслит 的句子（不同于 Он все понимает）却是不正确的。

受到类似限制的还有一些动词及动词性表达的用法：не преминуть, палец о палец (не) ударить, пальцем (не) шевельнуть, звезды с неба (не) хватать（试比较：А он что, звезды с неба хватает, что ли?），(не) уступить (ни) на йоту（试比较：Ты думаешь, он хоть на йоту уступит?），(не) улыбаться（试比较：Ты думаешь, мне эта перспектива улыбается?）。形容词的用法：малейший（试比较：Нет ни малейших шансов на победу. Скажите, есть хоть малейшая надежда на успех? Сомневаюсь, что есть хоть малейшие шансы на выздоровление.）以及其他很多词语。

这些事实在许多详解字典和同义词字典中早已有记载,近年来生成语义学理论家们对此也给予了关注①。通常人们都是试图把对这些词汇单位在标准的肯定句中使用的限制解释为纯搭配因素,正因如此,否定词经常被直接包含在相关语言单位的成分中,例如,пальцем не шевельнуть. 鉴于以下三个原因这些尝试值得商榷。

第一,仅从我们所举的例子中就能发现,这是大量的、而非偶然的材料,因此有理由认为,其特殊性是有理据的;第二,几乎在所有这样的词汇和短语中都能观察到某些共同的语义性能,把这些性能与观察到的这些词汇及短语的行为特性联系起来似乎合乎逻辑;第三,尽管这些词汇单位趋向于固定在否定形式中,但正如之前已经说过的,它们可以在疑问句、"怀疑"句子以及情态句中使用,在最好的情况下只含隐性否定(例如:Ты хоть пальцем шевельнул, чтобы помочь брату 及下文中的相关例子),如果把否定词直接包含在这些词汇单位的成分中,无法解释这样一种事实。

我们的假设是,在上述我们提及过的大多数词汇及表达方式的语义体现形式层面出现某些特殊的情态框架。其中,пальцем шевельнуть ≌"做得很少;讲话人认为,主体本来是可以做点儿什么的,但是他什么也不去做,因为他不想做"。Budge ≌"动摇,改变主意;讲话人认为,环境因素或者主体本身的性质迫使他不能动摇"。类似 * Петр пальцем шевельнул 或者 * Peter budged 这样的

---

① 例如见:Baker C. L. Double Negation // Liguistic Inquiry. 1970, 1.2; Pieter M. Seuren. The Comparative // Generative Grammar in Europe / Ed. by F. Kiefer and N. Ruwet. Dordrecht, Holland, 1973. 在这些文献中列举了英语中这类词汇单位的代表性清单——副词、形容词、动词和词组:much (He didn't say much VS. * He said much), at all (He wasn't there at all VS. * He was there at all); slightest ⟨least⟩ (There's not the slightest ⟨least⟩ doubt about it VS. * There's the slightest ⟨least⟩ doubt about it); bother (He won't bother leaving the number VS. * He will bother leaving the number), care (He didn't care to look VS. ? He cared to look), stand (I couldn't stand it much longer VS. * I stood it much longer); be all that (He is not all that bright VS. * He is all that bright), lift a finger (He didn't lift a finger VS. * He lift a finger), can possibly (You can't possibly refuse him VS. * You can possibly refuse him), can help (I could't help it VS. * I could help it) 等其他词汇。遗憾的是,没有指出,所列这些词汇单位除这种用法外,还能用于疑问句、"怀疑"句和情态句,譬如: Do you think he said much?, Was he there at all?, Do you think there's the slightest doubt about it?, I am not sure he will bother leaving the number ⟨he will care to go there⟩, He could hardly stand it, Is he all that bright?, Can you possibly refuse him?, How can you help it, I wonder? 其实,所有这些句子毫无例外都有隐性否定意义。

句子不正确,因为句子中在谓语中所含的隐性肯定"做得非常少"与情态框架"什么也没做"之间发生了矛盾。很容易证明,带有 пальцем（не）шевельнуть 表达式的否定句、疑问句、"怀疑"句以及其他类似句子的语义体现形式不会有矛盾。Петр пальцем не шевельнул ≌ "Петр（甚至）连很少也没有做;讲话人认为,Петр本可以做点儿什么,但他什么也没做,是因为他没想做";Ты хоть пальцем шевельнул, чтобы помочь брату? ≌ "说话人促使受话人承认或者驳斥这样一个判断:'受话人在帮助兄弟这件事上做得很少';说话人认为,受话人本可以在帮助兄弟这件事上做点儿什么,但是由于他没想做,结果什么也没做"。

再强调一次,在深层句法体现形式上,如果像 пальцем（не）шевельнуть 这类述体的情态框架内容是由独立的词汇手段来实现的,那么,深层句法体现形式得出的句子虽然是矛盾的,但在语言关系上是正确的。试比较:Петр сделал очень мало, чтобы помочь другу（彼得在帮助朋友的事上做得很少）和 говорящий считает, что Петр, который мог что-то сделать, не сделал ничего, потому что не захотел（"说话人认为,彼得本可以做点儿什么,但他什么也没做,因为他没想做"）。

4.2.3. 在第三类情况中,正如我们所述,语言悖异是由两个情态框架之间的矛盾引起的。* Даже уж Иван(-то) придет 这个句子只有在下列条件下是不正确的:当 даже 和 уж(-то) 具有同一个行为域,也就是同时用于 Иван придет 这一个句子时。而句子 Даже Иван придет 和 Уж Иван(-то) придет 都是完全正确的。

这样的语言悖异是因为词汇 даже 和 уж(-то) 在情态框架上是矛盾的。Даже X сделает P ≌ "讲话人相信,其他人能做出行为 P;X 同样也能做;之前讲话人认为,X 不能做出 P"（我们借用了维日彼茨卡的著名注释,有稍微的改变）。Уж X (-то) сделает P ≌ "讲话人相信,X 能做出行为 P;讲话人认为有可能其他人不能做出行为 P"①。讲话人不可能在同一时间既确认某件事又假设它将不会发生的;不可能在同一时间既认为某人不能做某件事,又确信他能做这件事。

---

① 这样,在所研究的意义中,даже 和 уж(-то) 是准反义词。这一事实从传统的绝对非区分性注释中是无论如何也不能得出的,由于这样的注释,无论 даже,还是 уж 都是加强语气词,或者强调另一个词意义的语气词,也就是说,几乎是同义词。

看来,可以用同样的规则来解释 * Конечно, доктор ли он? * Вероятно, доктор ли он? 这类不正确的句子。Дж. 卡茨和 П. 波斯塔尔察觉到了这种不正确,但是并没有对其做出解释①。插入语 конечно(在自己的情态框架内)更强调讲话人对于某件事态真实性的了解或者绝对相信,而句子的疑问形式强调讲话人在这方面未掌握足够信息(见第 3 节)。与上述例子一样,这里两个不同语言客体的情态框架之间发生了冲突,由此产生语言悖异。不难看出,在带有 вероятно 的句子中出现了相类似的逻辑矛盾。

4.2.4 下面列举一些类似的补充材料,这些材料大多是翻译成俄语的或者是摘自 П. А. М. Сьюрен, С. Л. Бейкер 和 М. Догерть 语义学著作中的例子的改写。由于缺少对这些材料的令人信服的解释,我们只提供不加注解的例子,尽管从直觉上可以很明显地感觉到(至少是作者感到),这些例子和我们前文所分析过的情况有十分密切的关系。

Петр не очень умен — * Петр не весьма 〈не довольно〉 умен.

Я уже съел достаточно много — * Я уже не съел достаточно много.

Он еще не съел достаточно много — * Он еще съел достаточно много.

Петр пришел как раз в пять — ? Петр не пришел как раз в пять.

Я отрицаю, что я говорил что-либо в этом духе — * Я утверждаю, что я говорил что-либо в этом духе.

Неправда, что его кто-либо видел — * Правда, что его кто-либо видел.

Ивану трудно утверждать, что он когда-либо был в Москве — * Ивану легко утверждать, что он когда-либо был в Москве (试比较对应的使用了带-то 的代词的正确句子)。

4.2.5 在 4.2 中指出的规则只研究了情态性与否定、肯定相互作用或者彼此之间相互作用的最简单的情形。可以预先设定,总体情形更为复杂,需要对包括起作用的情态的数量、它们的作用域、它们的相对力度等在内的各种条件做综合描写。特别是,我们认为句子中有语言可以规避的矛盾,但在整体上句子又是不悖异的情景是可能的,因为两个相互矛盾的情态中的一个受到第三个情态的

---

① Katz J. J. and Postal P. M. An Integrated Theory of Linguitic Descriptions. Cambridge (Mass.), 1964. P. 87-89.

支撑，也就是被双重表达①。

4.3 在本节的结尾来分析一下由于违反了语义体现形式中的推断部分和非推断部分建构的纯理规则而产生逻辑矛盾，进而造成语言悖异的情况。

某一个句子的语义体现形式中的推断部分（狭义上的确定），通常是指在否定的情况下语义体现形式中会发生变化的那一部分，也就是说，会进入到否定行为域的那一部分；句子的语义体现形式的非推断部分（或者叫预设）是指在否定情况下不会改变的那一部分，也就是说，不会进入到否定行为域的部分②。比如，句子 Не о́н дал мне книгу Толсто́го（逻辑重音在 он 上）肯定的是"给我托尔斯泰的书的人不是他（Тот, кто дал мне книгу Толсто́го, был не он）"，而这句话的预设是"有人给了我一本托尔斯泰的书（Кто-то дал мне книгу Толсто́го）"，试比较下列句子中的确定和预设：Он не мне́ дал книгу Толсто́го（逻辑重音在 мне 上）；Он дал мне не кни́гу Толсто́го（逻辑重音在 книгу 上）等等。

预设部分会根据句子形式（肯定句、否定句、疑问句）、否定词的位置、逻辑重音的存在与否以及经常共同起作用的其他因素的变化而变化。但是，无论如何划分句子语义体现形式中的推断部分和预设部分，预设部分既不会和推断部分相矛盾，也不会与另一个预设相冲突。如果发生了这种情况，那么相应的语义体现形式不可能实现出正确的自然语言的句子。

尽管不是所有的语义体现形式（更确切地说，不是任何句子的语义体现形式）中都有预设部分，但是在任何一个自然语言中都有这样的手段，在句子中引入这些手段会产生一定的预设。这些手段包括否定词加上逻辑重音（见上文的例子）和含有加强意义的词汇，如，какой 和 как：Каки́м он мне показался чудаком. Как тихо все было кругом.

---

① 这一论断在一定程度上类似于在确定句子的句法同形异义性/非同形异义性时出现的情况：句子中有潜在同形异义词组不能确定整个句子就是句法同形异义句了。譬如：осуждение товарища（二格的主体和客体构成同形异义）— осуждение товарища коллективом（没有同形异义）— Осуждение товарища коллективом не поддерживалось（再一次构成同形异义）— Осуждение товарища коллективом не поддерживалось некоторыми сотрудниками（同形异义再一次消失）。关于句法同形异义的问题见：Иорданская Л. Н. Синтаксическая омонимия в русском языке // Научно-техническая инфомация. 1967. No. 5.

② 在肯定句中，确定部分总是与句子的述位相对应，而预设部分与句子的主位相对应。当然，不能从根据我们在这两对概念至今发现的联系就得出，确定等同于述位，预设等同于主位。确定和预设的概念描写的是语义体现形式的一部分（其中可能有些元素是句子中没有的），而主位和述位的概念是现实句子的一部分。

显然,如果在一个句子中有两个元素都能成生预设和推断,这些预设和推断彼此又互相排斥,那么,句子不可能是正确的。例如:* Каким не он мне показался чудаком. * Каким он не мне показался чудаком. * Каким он мне не показался чудаком. * Как тихо все не было кругом 等就是这样的句子,我们来分析其中的第一个句子。

在 Каким он мне показался чудаком 这个句子中,"我觉得他是个怪人"的看法是预设,而"观察到的品性的程度惊人之大"的结论是判断①。句子 Не он мне показался чудаком 的预设是"我觉得某人是个怪人",而推断是"我觉得是怪人的那个人不是他"。可以看得出来,第一句话的预设与第二句话的推断处于矛盾之中,因此导致了混合句子 * Каким не он мне показался чудаком 不正确。

看来,在我们分析的具体情况中,语言悖异现象也可以用实义切分的术语来解释(这种可能性是 Л. Н. 约尔丹斯卡娅向我建议的)。鉴于主位和述位已经是众所周知的概念,我们重点关注像 какой 和 как 这类加强语势的词和否定词 не,它们是述位标记词②,它们使那些在句法上与其有关系的词或者词组成为句子的述位。另一方面必须指出,句子主位和述位的划分是很严格的:根据(标记)定义,一个句子的主位部分不能与其述位部分相交叉。如果这一条件得不到满足,那么在实义切分中就会出现能导致语言悖异的矛盾。

在句子 * Каким не он мне показался чудаком 中表现出来的正是这种矛盾:句子的第一"分句部分"(Каким он мне показался чудаком)的主位是 он мне показался;第二"分句部分"(Не он мне показался чудаком)的述位是 не он,这样一来,在合成出来的句子 * Каким не он мне показался чудаком 中,代词 он 同时出现在句子的主位和述位中——这与前面给出的定义完全矛盾。

5. 对"意义⇔文本"模式的某些总结

5.1 "意义⇔文本"模式由两种类型的规则来运作:(1)层次间转换和层次内部转换的纯语言(模式)规则;(2)决定各种不同语言学客体正确性条件的

---

① 我们知道,这些结论不是没有争议的,因为这类句子不能用符合逻辑的方式否定(ср. * Неверно, что каким он'мне показался чудаком)。

② 有关否定词与句子述位之间的联系的思想在 Е. В. 帕杜切娃的著作中也有表述,当然,是采用另外的术语(Цит. соч. с. 153-154)。

纯理规则。正如4.3中的分析材料表明，模块(2)中应该添加语义纯理规则，用来从以下角度检验语义体现形式：主位和述位的切分是否正确，语义体现形式中的预设和推断或者两个预设之间是否存在矛盾。

5.2 到目前为止，已众所周知的层次间转换的语义规则，譬如语义体现形式⇔深层句法体现形式，主要具有词典性特点，也就是涉及的是语义语言或深层句法语言的一些单个的词汇。上文中分析的语义匹配的例子表明，除了词典学规则外(见1.3.，2.3.1—2.3.3)，还有语法规则，其对象不是某些单个的词，而是更多个类别的词(4.1—4.2)。

5.3 给"意义⇔文本"模式的主要成分——详解—组合词典和层次间转换及层次内部转换的语法规则设立了各种不同的限制和过滤器，阻断不正确语言客体的合成或分析。但是，应该引起注意的是，在创造性使用语言的过程中，由于修辞的目的这些限制经常被破坏。总体来说，就其内部结构而言，许多修辞手段(包括隐喻和逆喻)与语言错误没有原则区别。对于 М. 布尔加科夫的 К крыльцу подкатила открытая буланая машина (М. Булгаков) 这个句子，根据我们的评价，或者是含有修辞手段，或者含有搭配错误，但我们的这个评价不是对句子本身，而是对作者意图的评价。

当然，"意义⇔文本"模式本身不会辨认出作者意图。但是，可以要求在它工作的终端产品——语义体现形式中和自然语言的句子中保留作为构建修辞格基础的那种材料。

由此可以得出两个重要结论：第一，当由意义向文本运动时，所有的过滤器和限制应该由下列明确的指示来保障：违背该限制原则上能得出什么样的修辞格①。第二，当由文本向意义运动时，在语义体现形式中应保留该意义生成的痕迹，其形式就是表明，该意义是否与词典单位或语法单位、情态框架或该语言单位注释核心相对应，是否与句子的预设部分或推断部分相符。如果这些信息不能被保存下来，我们就不能将逆喻(矛盾修辞法)与依靠获得逻辑上矛盾和语法上错误的句子而产生的修辞效果区分开来，也就不能与普通的语言错误区分开来②。

---

① 有关这一结论的某些假设在作者引证的著作中有所表述(c.64)。
② И. М. Богуславский，М. Я. Гловинская，Л. Л. Иомдин，Л. Н. Иорданская，Л. П. Крысин，И. А. Мельчук，Н. В. Перцов 和 В. З. Санников 阅读了该文章的手稿，作者对他们提出的非常有益的建设性意见表示感谢。

重复性悖异和逻辑矛盾性悖异[*]

　　语言中有两种类型的组合规则。第一种类型的规则反映在语言中经常发生的非理性的成语化过程中。每一个这样的规则都记载某种非理据性搭配的限制,违反了这种限制就会产生纯搭配性的不正确。譬如,句子 * 《Правда》уже выступала о том, что в магазинах трудно купить посуду（Правда, 09.09.70）中的问题就是如此。动词 выступать 后面不能用 о 这一前置词。可以接受的方案是：Газета уже выступала по поводу того〈на тему о том〉, что в магазинах трудно купить посуду.

　　第二种类型的规则反映语言的理性基础,当然,这种规则的数量要多许多。每一个这样的规则都记载一个及两个（或多个）以语言单位内容（语义的、所指的、语用的、交际的）的不兼容性为理据的限制。由于违反这种限制而产生的悖异反映两种逻辑错误——重复和矛盾。

　　我们来分析一个不正确的句子： * Обе стороны шли на компромиссы друг другу（Правда. 10.02.88）. 这种对媒体来说非常典型的错误就是重复。Оба（两个）一词用最近义的表述就是"这个和那个",因此这一意义在句子中被至少表述两次—— Оба 一词和 друг другу 这一组合。较能接受的方案是：Стороны шли на компромиссы друг с другом 和 Обе стороны шли на компромиссы.

　　基于重复的悖异的种类相当多。这里只再提及一种——类似 * очень прекрасный, * очень великий, * очень гениальный 这样的搭配,在这些搭配中无论是形容词还是副词都有"特征性很大"的意思。试比较十分恰当的词组 очень красивый, очень крупный, очень талантливый, 在这些搭配中,"很大程度"的意思只表述一次。

　　鉴于所列举的例子产生一个问题：在什么条件下赘语性搭配是寄生性,并造成语言悖异,而在什么条件下不发生类似的情况。有些情景是众所周知的：赘语的使用起着重要的建构性作用：通过部分的意义重复保证文本的语义紧密

---

[*] 本文首次发表在文集《Логический анализ языка. Проблемы интенсиональных и прагматических контекстов》, М., 1989.

地联系在一起。例如,在句子 Стороны шли на компромиссы друг с другом 和 Обе стороны шли на компромиссы 中的情况就是如此。在这两个句子中,"相互性"的意思在每一个句子中都表达三次。这个意思不仅进入了词汇 оба 和 друг другу 的意义中,还进入了 сторона 和 компромисс 的意义中。

这种逻辑也可以推广到另外一个例子上。为什么带有重复意义"很大程度的特征"的 * очень прекрасный, * очень гениальный——就是错的,而带有重复意义"完整程度的特征"的 совсем полный, совсем пустой——就不是错的?此外,为什么 совсем полный(пустой)——用得好,而 * совсем женатый (незамужняя)——就不好?

要在不大的文章内对这些问题做出全面完整的回答是不可能的。我们只试图按我们理解指出可以找到答案的一条路径。

在类似 совсем полный, совсем пустой 的情况下,没有产生悖异是由于下列原因:看来,在形容词 полный 和 пустой 的注释中,量化语义成分"整个体积都占满"和"体积的任何部分都没有占满"是有定额标准的:"按标准规定的整个体积都被占满","按标准规定的体积中的任何部分都是空的"。实际上,当我们说 полный стакан(满满一杯), полная кружка 时,它们并不一定被填满到边上,而是稍少一些。由于受很多因素的影响,甚至同一个器皿和容器填充(倒空)的标准也会不同。譬如,对于散装物质来说填充标准要比液体的多。卖散装牛奶时,量杯应该装满到最边上,而同样还是这个杯子,还是牛奶,在请人吃饭时就不必装那么满。排空时的标准也是类似的情形。

由于上述原因,给有界限性的形容词 полный 和 пустой 添加有界限性的副词 совсем 并不会显得是空洞的重复。这样的运作是有意义的——它会以某种形式降低标准化的意思。совсем полный ="指这样的水平:标准规定的整个体积都被占满,而且剩余的体积部分也被占满"="整个体积都被占满";совсем пустой="标准规定的体积中的任何部分都没被占用,而且剩余的体积部分也没被占用"="体积中的任何部分都没有被占用"。

与此相反,在类似 * очень прекрасный, * совсем женатый 等情况下,在形容词 прекрасный 和 женатый 的注释中,表示"很大程度"和"已婚状态"的成分不能标准量化。因此出现了纯粹的重复。

有待解决的问题是:为什么重复还是会造成语言悖异。对于这一问题的某些假设将与逻辑矛盾性悖异联系起来一并指出,我们现在来分析这种情况。

如上所述,第二种语言悖异产生的基础是逻辑矛盾和不对应。我们来分析一个句子: * Для многих читателей 《Огонька》 вся эта история может показаться почти маловероятной(Огонек. 1988. No. 12). 这个句子是悖异句,因为在句子中违反了一个语义匹配规则。Почти 一词表示某一性能、状态、过程或行为接近边界,在个别情况下表示接近某一刻度的极限。因此,要求与其搭配的词含有"界限"或"极限"的意义。形容词 маловероятный 明显没有这种意义。信息可靠性概率的刻度两极由形容词 достоверный 和 невероятный 来表示(例如: почти достоверная информация, почти невероятное предположение)。至于形容词 маловероятный, 它含有的不是绝对的"小程度"的意思, 而是相对的"小程度"的意思, 最终是比较"小程度"的意思: маловероятный = "其可能性大大低于(平均统计)标准"。由于同一原因, 像 * почти редкий случай, * почти мало народу, * Цены почти снижаются. 这类的搭配都不太好;从另一方面可以看出, почти 一词不能与含"有很大程度的特征性"意义的词汇搭配: 像词组 * почти частый случай, * почти много народу, * Цены почти возрастают. 也不好。试比较与此相反的正确搭配: почти всегда, почти никогда, Цены почти достигли потолка, 其中的 всегда, никогда 和 достичь потолка 表示极限情景。再比较下列词组在正确性方面的差异: почти нищий (= "什么都没有") 和 ??почти бедный (= "拥有的很少"), почти рядом (= "距离最小") 和 * почти недалеко (= "距离不大"), почти на краю света (= "特别远") 和 * почти далеко (= "比较远") 等。

这里出现一个由重复性悖异引起的问题: 如何解释, 在我们分析的情况中逻辑上的不对应(或矛盾)造成了语言上的错误, 而在另一些情况下, 同样是不对应, 或甚至是更大的不对应只会引起逻辑上的错误, 而不是语言上的错误? 譬如, 为什么类似 восхождение ко дну (Лит. газ. 1988. № 417) 或 Холостяки бывают женаты 这样怪异的句子不看做是语言错误? 我们在文献[1]中研究过这一问题, 这里对我们的结论做简要描述和补充说明。

实质上, 在产生于逻辑矛盾上的悖异后面都有一个简单的规律: 相互排斥的意义在搭配单位的语义结构中蕴藏得越深, 其悖异性越大。

如果逻辑矛盾出现在两个实义词汇单位的对接面上, 且是由于它们意义中的推断部分不兼容造成的, 则通常不会出现语言悖异: Это мой друг-враг. Я его люблю и ненавижу 〈не люблю〉. Серж подошел к своей чужой жене Марише и пригласил ее танцевать (Л. Петрушевская, Свой круг). И месяц алмазной фелукой / К нам выплывет встречей-разлукой (А. Ахматова). 所有这些表面上矛盾的句子都很容易被赋予合理的意义:"在一种关系上是朋友,在另一种关系上是敌人";"喜欢他的一种品行,讨厌(不喜欢)他的另一种品行";"曾经是我的妻子,现在嫁给别人了"等。

根据上文描述的意思,由逻辑矛盾引起的语言悖异应该发生在两种情况下:

(1) 由于被语法化的意义或语法意义彼此之间发生冲突,或与其他意义发生冲突而造成逻辑矛盾。词组 * почти маловероятный 就属于这种情况,在这个词组中,虚词(语气词)的意义与实义形容词的意义发生冲突。

(2) 由于预设之间或情态框架之间的冲突造成的逻辑矛盾,一个意义的预设部分或情态框架与另一个意义的推断部分的冲突造成的逻辑矛盾。

鉴于第二种情况还没有举例说明过,我们详细分析一下这类情况,况且可以为具有普遍性理论意义的结论提供依据。我们以动词和动词性惯用语为例:(не) выносить, (не) задуматься, (не) преминуть, (не) пристало, (не) спускать, (не) терпеться, (не) улыбаться, звезд с неба (не) хватать, (ни) на йоту (не) уступить, не знать удержу, ума не приложить, не переводя дыхания, пальцем (не) шевельнуть, палец о палец (не) ударить, (не) помнить себя 等。这些词语主要或只能用于否定句中。譬如: Филиппинская пресса не преминула напомнить, что инцидент совпал с началом переговоров по размещенным здесь военным базам Пентагона (Правда 09.04.88). Я считаю, что писателям не пристало объединяться в какую бы то ни было организацию (Ю. Буслаев, Шоу как Шоу). Его раздражала манера Гетманова... многословно высказываться на совещаниях по техническим вопросам, в которых он ничего не смыслил (В. Гроссман, Жизнь и судьба). Но сейчас его возбуждение дошло до такой степени, что ему не терпелось пробежать все расстояние разом, не переводя дыхания (Б. Пастернак, Доктор Живаго). Если у фашизма не останется вооруженных врагов на земле, палачи не будут знать удержу (В. Гроссман, Жизнь и судьба). Это у домашних ссор есть свой генезис, и после того, как оттаскают друг друга за волосы и перебьют посуду, ума не приложат, кто начал первый (Б. Пастернак, Доктор Живаго). На этом месте Мятлев пожал плечами, не совсем беря в толк слова юной дамы (Б.

Окуджава, Путешествие дилетантов). Меня поразило, что он говорил с такой страстью, совершенно не помня себя (В. Каверин). Иногда общество томится каким-то смутным желанием, но оно никогда не шевельнет пальцем, чтобы привести его в исполнение (Н. Добролюбов).

除了显性的否定句外,对于绝大多数的上述单位来说,还允许"不太勇敢"的表述的情形——疑问、怀疑、让步、条件、情态句等通常带语气词 хоть 或 и 的语境。事实上,在我们的材料中几乎没有遇到这种情况,但是,可以在实验性的句子中跟踪到这种情况,例如,带短语 на йоту уступить 的句子。这里及下文中,该短语选用的是肯定形式,就是因为它可以用于否定句之外的其他语境。试比较: Ты думаешь, он хоть на йоту уступит? (疑问). Сомневаюсь, что он хоть на йоту уступит 或 Боюсь хоть на йоту уступить (怀疑). Он может быть, и уступит на йоту, но потом все равно по-своему сделает (让步,试比较: Есть в Москве место, где каждый может хоть на йоту, но приблизиться к истине в своем постижении цыганской тайны, — Юность. 1988. No. 4 — о театре «Ромэн»). Если он хоть на йоту уступит, я переменю свое мнение о нем 或 Стоит на йоту уступить — из тебя веревки вить будут (条件). 在所有这样的句子中,成语 на йоту уступить 外表上是可以用于肯定意义的。但是在纯肯定句中是不可以用的。像 * Он на йоту уступил, а потом сожалел об этом 这样的句子明显是悖异的。

如何解释这种悖异? 最好假设它的根源在于相应词汇单位的语义,因此,解释应该从对词汇单位的注释开始。

遗憾的是,一般的词典注释不能提供解决问题的钥匙。在现代俄语标准语词典[6],С. И. 奥热果夫词典[4]和许多其他出版物中,在我们感兴趣的情形下都把 не 直接纳入到相应词汇单位的成分中。这一解决方案显然是不成功的: 这样无法解释它们用于否定语境之外的情况。在语言词典[5] 和 В. П. 茹科夫等人的词典[3]中,好像克服了这一缺欠: 在大多数这类情况下,词典中收录了两个成语(或两个结构变体)——一个否定形式,一个肯定形式。例如: пальцем не шевельнуть = "什么都不做" 和 пальцем шевельнуть = "做得很少"。再如: 选自 В. П. 茹科夫等人的词典 не ко двору 和 ко двору, не по зубам 和 по зубам 等。好像找到了解决方案——所有事实都可以解释。事实上这一解决方案并不令人满意。第一,与所有表面现象相反,它要求在俄语中在词汇体系的相应区段上都要有两个不同单位，而不是一个；第二，它仍然不能解释俄语不能说 * Он пальцем шевельнет, чтобы помочь тебе. 这样一个事实。根据相应的词典注释，这个绝对不正确的句子可以得到完全可以接受的解释："他做得很少，以便帮助你"。

我们提出的对这一悖异的解释如下：用于否定语境之外的这一类别的所有词汇单位都只能用确定形式注释，而且注释成分中除了推断部分外，还应包括某种情态框架。X на йоту уступит 最接近的意思是"X 将让步得很少，讲话人认为 X 根本就不会让步"。如果这个成语用于纯肯定语境时，推断部分与情态框架处于不可调和的矛盾之中：讲话人确信，X 会让步，尽管很少，而事实上认为 X 根本不会让步。在来自讲话人的这种潜在的虚假性道路上语言制造出表现为悖异的障碍。

不难证实，上述注释可以解释所有其他允许使用惯用语 на йоту уступить 的语境。确实，在否定语境中，注释的推断部分与情态框架的矛盾是不会出现的：X ни на йоту не уступит="X 连很少一点也不让步，讲话人认为，X 根本不会让步"。实质上，讲话人把一个意思说了两遍。这样的分析自然可以延展到怀疑句，即隐含否定的句子，因为 Сомневаюсь, что P="我认为，更可能不是 P"。在疑问、让步和条件句中也不会有矛盾。如果问某人：Ты думаешь, он хоть на йоту уступит? 时，在最糟糕的情况下，讲话人最多是冒与受话人意见不一致的风险，但绝不会跟自己过不去。看样子，同样的情况在让步句中存在。最后，在类似 Если X хоть на йоту уступит, будет плохо 这样的条件句中，讲话人什么也没有坚定地确认，而只是做了一个猜测性假设，这种假设可能是伪假的。

从所研究的材料中可以得出两个经验——语言学经验和纯理语言学经验。

首先，提出的分析方法可以表述一个深植于语言属性中的重要的合作原则。我们将其称作"讲话人在说话期间的内部逻辑联系原则"。这一原则表现如下。如果讲话人唤起了受话人某些共同的背景知识（预设），或占据了某种理性立场，这一立场表现在他选中的词汇单位的情态框架中，则句子中的任何成分都不应该替换它们。否则不可能得到正确的句子。因此，语言在它力所能及的范围内迫使讲话人成为有逻辑的人。

第二个经验——纯理语言学经验，属于词典学注释理论。在大多数情况下，注释的对象是以其典型形式出现在文本中的典型词汇单位。本文研究的材料大大拓宽了关于注释对象的某种传统概念。原来，在许多情况下，注释的不应该是现实的哪怕是被典型化了的语言单位，而应该是词典学构件。惯用语 на йоту уступить 和其他类似的单位一样在纯肯定形式中不存在。然而，我们应该给这种形式下个定义，以便一方面保证该惯用语在其不同使用条件下的统一，另一方面建立其简单易懂的语义注释普通规则。这种类型的构件在注释完全是另外一种性质的材料时也是必需的，这一点证明这一决定不具有偶然性[2：72]。补充一点，代表一系列现实存在的单位的虚构单位的想法本身对现代语言学理论没有任何异化，譬如语法中的"表意形素"概念。

作为结束可以表示相信，对重复悖异和（特别是）对逻辑矛盾悖异的研究，将会取得大量既涉及单个语言单位，也涉及贯穿整个语言的普遍性原则的成果。

参 考 文 献

1. *Апресян Ю. Д.* Языковая аномалия и логическое противоречие // Tekst, jezyk, poetyka: Zbiór studiów / Red. M. R. Mayenowa. Wrocław; Warszawa etc., 1978.

2. *Апресян Ю. Д.* Глаголы моментального действия и перформативы в русском языке // Русистика сегодня: Язык: система и ее функционирование. М., 1988.

3. *Жуков В. П.*, *Сидоренко М. И.*, *Шкляров В. Т.* Словарь фразеологических синонимов русского языка. М., 1987.

4. *Ожегов С. И.* Словарь русского языка. М., 1972.

5. Словарь русского языка. М., 1981-1984. Т. 1-4.

6. Словарь современного русскоо литературного языка. М.; Л., 1948-1965. Т. 1-17.

词汇和语法中的指示性标记与世界朴素模式[*]

1. 关于世界朴素模式的引论

简要地说,世界朴素模式的思想在于:在每一种自然语言中都反映出一种必须的理解世界的方法,这种方法强加给该语言所有持有者。在认识世界的方法中体现出每种语言自己的完整的群体性哲学。这种哲学有时被称作朴素现实主义(P. 哈里克和 B. 瓦尔特堡的术语),因为世界形象留在语言中的痕迹在很多重要细节上都与世界的科学图景不同。

这种思想以不同的版本和不同的说法体现在语言学最新历史的所有关键时期。这一思想源于洪堡特关于"语言内部形式"的学说。事实上,索绪尔的意义概念,Э. 萨丕尔—Б. 沃尔夫的"语言学相对论"假说,以及后来的整个美国民族语言学,И. 特里尔的语义场理论,新洪堡特学派的"中间世界"概念,Л. В. 谢尔巴的"庸俗"概念学说,不久前由 A. 维日彼茨卡提出的民族句法概念[1]和 20 世纪许多语言学家的其他思想体系都是"内部形式"命题的变体。我们发现,在文学和诗学理论研究中也与"内部形式"命题有深层的平行现象。当代的文学理论研究已经不满足从作者的生活经验中直接得出的对文学作品所做的直截了当的结论。文学理论在这两者之间加入了第三客体——作者的不变的和不可重复的"诗学世界",这一世界间接表现了他的经验,构成了他的文本(见 P. 雅可布森关于普希金在神话世界中的地位的经典研究,B. 普罗普的"魔幻童话的形态学",M. M. 巴赫金提出的拉勃列诗学世界的重构,以及大量的有关结构诗学的现代研究)。

在当代语言学中,随着语义学、语用学旨在加强与诗学和逻辑学接合的各种语言的对比语言学的快速发展,关于在每一种自然语言中对语义材料进行系统的具有民族特性的组织的思想得到了有力的推动。在全面描写词汇和语法意义的基础上重构世界的朴素模式,开始被看做是语义学和词典学具有特殊价值的

---

[*] 本文首次发表于《符号学与信息学》文集,1986,28 卷。

头等任务；另一方面，重构世界的朴素模式可以改变语言意义描写的策略，把世界模式变得更具普遍性和前瞻性。以前，语言学家把语言意义看做是现实中事实的某种直接反映。相对应的语言意义描写的简化策略是：通过词汇所有比较简单的意义直到基础词汇——通用语义元语言词汇。看来，许多语言意义（可能绝大多数）现在仍应如此描写。但是，在本文的语境下需特别强调，世界的朴素模式概念给语义学提供了新的重要的可能性。语言意义与现实的事实联系可以是非直接的，是借助于世界的朴素模式的某些细节：看朴素模式在该语言中是如何体现出来的。其结果得出了可以厘清自然语言语义中通用的特性和民族独特的特性的依据，找到了语言意义形成的一些基础原则，发现了过去被认为是分散的事实的深层共性。在许多细节上，世界的朴素模式在复杂性方面不逊色于世界的科学图景，甚至可能超过世界的科学图景。

从上述角度看，研究词汇和语法意义基础中的指示性标记是一项十分有益的任务。

2. 指示性标记的基本概念及其对立

当讲到指示性标记时，都会想到下列指示词：ЗДЕСЬ — ТАМ，СЕЙЧАС — ТОГДА，ЭТОТ — ТОТ，ВОТ — ВОН，Я — ТЫ（[2，с．102；3，с．286-288；295-297；4，275；5，с．579，638，646-650，669-700]，以及许多关于指示性标记的专著和分析性概述[6-8]）。这里还应考虑到这些词的众多语义派生词，譬如 СЮДА — ТУДА，ОТСЮДА — ОТТУДА，СЕГОДНЯ — ВЧЕРА — ЗАВТРА，ТЕКУЩИЙ — ПРОШЛЫЙ — СЛЕДУЮЩИЙ，以及第二层级的派生词 ПОЗАВЧЕРА，ПОСЛЕЗАВТРА，ПОЗАПРОШЛЫЙ 等。所有这些词反映了特定的概念体系，这个体系可以称作时空朴素物理学。不同语言中的指示性词汇表现出来的时空朴素物理学，揭示了某些通用的特性和每种自然语言特有的一系列特性。为了表明这两种特性，我们将列举指示词汇的主要性能，并补充和加确说明在上述参考文献中是如何描写这些词汇的。这是十分必要的，因为任何文献中都没有系统阐释过指示性标记的关键概念及其对立。

（1）指示性词汇是自我为中心的。其语义基础是"我"、"讲话人"的概念。讲话人形象构成了句子的语义空间和语言的指示性词汇体系。一方面，讲话人是一个定位,根据这一定位在交际行为中进行时空的定点①;另一方面,参照讲话人形象形成自然语言中两个基本指示词——空间指示词和时间指示词 ЗДЕСЬ 和 СЕЙЧАС 的注释核心,而通过它们注释所有其他的词汇。

(2) "我——非我"的对立是构成指示性词汇——近(侧)指示和远(端)指示对立的基础。在有些语言中还存在中间(中侧)指示性标记,但我们的研究仅限于前两种,因为它们看上去更为通用。

关于这一对立的实质的最初概念,是由经典指示词的词典注释提供的。我们列举文献[10]作为例子。ЭТОТ——"指出处在很近的、就在讲话人眼前与讲话人相距很近的人或物"。ТОТ——"不是指随便一个,而正是讲话人所指的那个或正在谈论的那个,(与 этот 不同)指相距较远的人或物"。ВОТ——"指示语气词。用于指示在当前讲话时刻在附近存在着的人或物"。ВОН——"指示语气词。用于指示在稍远距离的物体"。ЗДЕСЬ——"在这里。与 ТАМ 相对"。ТАМ——"在那里,不在这儿"。СЕЙЧАС "当前,现在"。ТОГДА——"那时候,在过去或将来的那一时刻,不是现在"。Я——"讲话人用来表示自己本人"。ТЫ——"用于称呼亲近的人,或在粗俗、不拘束场合用于称呼某人"。

虽然传统的词典学对"远近指示性标记"的定义不够准确,关于这一点我们还将论述,但还是得到了大部分理论家的支持(特别是见[5, c. 646-650]和[7])。公正地说,在许多研究中都发现了对"远近指示性标记"刻板理解的缺欠。特别是在[5 和 11, c. 138-141]中,列举了描述同一情景却含有完全两极对立指示词的不同句子。一个莫斯科人坐在由莫斯科开往新西伯利亚去的火车上,他可以对同一包厢的人说(特别是当火车开动时):Я родился в Москве и прожил здесь ⟨там⟩ всю свою ижзнь。但是,当问题到了解释这些例句时,对"远近指示"概念没有任何选择,不能以与讲话人的实际远近的概念为条件。

(3) 要区分开一次指示和二次指示。一次指示是指对话指示,正常的交际情景中的指示。讲话人和受话人彼此能看见,周围环境中的每一个片断都能到达他们中的每一个人的意识(接下来我们只研究这种指示)。二次指示,也称叙

---

① 可以追溯到 K. 布勒的研究[2]并几乎得到了公认的这一设想,在前不久又引起争论[9, c. 66-67]。Г. 奥帕尔卡声称,句子不是自我中心论,而是二元中心论,也就是定位坐标不仅在讲话人身上,而且也在受话人身上。我们认为这一修正不是原则性的。问题不在于形成句子坐标轴时有多少其他因素参与,而在于什么是决定性的因素。显然,在这一点上没有人能与讲话人竞争。

述性指示[11，12]或投射指示[5，c．579]，与话语情景没有直接联系。这主要是转述，包括文学描述中的指示。二次指示的结构性能是讲话人的处所与空间着眼点不相符。在这种情况下，指示词用来描绘别人的意识，通常具有首语重复或后指功能。譬如：Перемещение преступника удалось проследить до Киева. Здесь след его потерялся. Он только сейчас понял, какая радость для него этот неожиданный приезд жены. 在许多情况下，一次指示与二次指示可能是同音异义，譬如最后一个例句中的 сейчас 既可以解释为讲话时间，也可以解释为在他讲话之前已经过去的某一时刻，小说主人公袒露出关于他自己本人以及关于妻子的某种真实情况的时刻。

看来，个别情况下，电话交谈的空间指示是二次指示的特例。

（4）要区分开时间指示和空间指示。这两种指示既有相似的特点，也有区分性特点。

从 Г．莱辛巴赫[13]开始，借助于三个概念来描写时间指示：当前话语时间，事件时间和时间基准点①。在句子 Петя читает роман 中，三个时间重合。在句子 Петя читал роман 中，基准点与话语时刻重合，而事件时间早于基准点。最后，在句子 Когда я пришел, Петя уже прочитал роман 中，三个点都是分离的：事件时间（读小说）早于基准点时间（我来到的时间），而基准点早于话语时间。

不久前，В．艾里赫[12，c．49]尝试把这些时间概念用于空间指示。她区分了"讲话人位置"，即他身体所在的位置，"称名位置"，即讲话人用指示性表述表示的空间，和空间基准点，即据此确定称名空间的地点。看来，空间的这三个区段只有在二次指示时彼此不能重合。譬如：Лунин решил вернуться в Петербург. Там были его товарищи. 在这种情况下，讲话人的位置可以在任何地方，如在莫斯科。称名空间是彼得堡，而基准点在华沙，当时鲁宁就是在那里做出的决定。

我们认为，"讲话人位置"是低派生型的（见下文，第 3 节）。但是，即使采纳了 В．艾里赫的整体概括，如果认为时间指示和空间指示的构成是完全一样，那是错误的。在某些实质性关系上它们是有区别的。它们之间的非对称性首先表现在两个主要指示词 ЗДЕСЬ 和 СЕЙЧАС 的不对称上。在自然语言中，实行

---

① 布勒认同两个概念；他认为，基准点总是与讲话人的话语时刻或者与讲话人地点相重合。

"指示同时性"原则[5, c. 685],遵循这一原则,时间基准点——СЕЙЧАС 对讲话人和受话人是同一的。而空间基准点对他们来说是各不相同的。当在莫斯科和彼得堡之间的电话交谈时可以说 Здесь сейчас идет дождь. А у вас сейчас какая погода? 他改换了地点的指示性表示(здесь⇒у вас),而时间指示的表述没有变。

(5) 对于空间指示性标记来说,除了讲话人外,还有一个人物至关重要——观察者。在由经典性指示词 ЗДЕСЬ — ТАМ, СЮДА — ТУДА, ЭТОТ — ТОТ, ВОТ — ВОН 表示的情景中,讲话人与观察者总是重合为一个人。但是,对某些指示词来说,这样的重合不是必须的。正如大家所知,英语动词 COME 就是这样的词。说 John well come home at five (约翰将在五点回家)这句话的人,可能本人并不打算去约翰家。约翰到家的过程可能是相对于另一个人为基准点的,讲话人认为这个人在约翰家,并移情给他。

在这个意义上,属于指示词的首先是表示空间定位的名词、形容词、副词和前置词(关于这些词见[14, c. 167 及后续页;15; 16, c.109-113; 17, c. 16-19; 5, c. 690-691; 18, c. 40-44; 19, c. 24 及后续页;20; 21, c. 319-322; 8, c. 53])。

(6) 相对于物体 B 而言,物体 A 可能借助于像"相对"和"绝对"之类的词具有两种类型的定位[16, c. 110-112]。第一种情况对应的是所谓的理解的指示策略,第二种——非指示性的。

相对定位是假设,讲话人有意识地将某个没有指明的观察者引入到所描述的情景中的非直接观察者之列。譬如,句子 Перед машиной стояла девушка. 句子是对姑娘站在轿车门旁的情景的准确描述。但是此时从侧面描述轿车的是观察者,姑娘位于他与轿车之间。

强调一点,在这种情况下,关键的人物正是观察者,而不是像有些作者认为的那样是讲话者本人[19]。看下面的例子。让某人去找一支笔,按照讲话人提供的信息,这支笔在电话桌上,放在电话机的侧面。讲话人可能背对着电话桌而坐。但是,对于寻找者来说,他给笔与电话机的定位不是相对于自己,而是相对于寻找的人的角度而言。如果他认为寻找者是从侧面走近电话的,他可能说:Ручка лежит перед телефоном;如果他认为寻找者是从电话机拨号盘的方向走近,他可能说:Ручка лежит справа от телефона.

绝对定位假设,在由空间词汇描写的情景中,只有情景的两个直接参与者——物体 A 和物体 B 能够作为定位器。再来看句子 Перед машиной стояла девушка. 这个句子也可以描述姑娘站在轿车的"车鼻子",前灯部分的情景。这时,轿车被理解为是具有自己的内部固有的定位的物体,而句子是非指示性的:因为在这种情景中没有任何旁观者。

物体的相对定位和绝对定位,和与其相对应的对句子理解的指示和非指示策略一样,取决于很多因素。这些因素会因语言的不同而不同,但其中有一些看来是具有普遍性意义的。

对于绝对定位(也就是对于句子的非定位理解)来说,有三个因素最重要。

第一个因素是将物体 B 本身物理地或解剖性地切分成左右、上下、前后。而且将物体 B(人或动物)切分成左右必然会牵扯到对物体的纵向和正反向的切分,而无论是纵向切分还是正反向切分都不会必然牵扯到另外两种切分。树木只能分出上下,宇宙火箭只能分出前后,电话机能分上下和前后,但不能分左右。

如果物体 B 沿着空间轴 X 切分(如分成左右),而物体 A 正是相对于 X 轴定位 i(譬如,借助于词汇"从左"或"从右"),则这种定位永远是绝对定位,相应的,句子理解为是非指示性的。譬如:Турецкий посол сидел справа⟨по правую руку⟩ от царя. 然而,有时也可能是相对定位(指示性的理解):Иван сидит справа от директора.

如果物体 B 不是沿着空间轴 X 切分,而物体 A 却正是相对于 X 轴定位的,则这种定位是相对定位,即指示性定位。譬如:Переулочек, перекл... / Горло петелькой затянул... / Как по левой руке — пустырь, / А по правой руке — манастырь (А. Ахматова). 显然,空地和教堂相对于胡同的位置是由观察者的位置决定的。

在另一种情况下,即当物体 B 没有任何自然的、物理的或解剖性切分时,第二和第三种因素开始起作用。

第二个因素是物体 B 相对于地球中心的位置。根据这一依据,不能纵向切分的物体(立方块、砖、球等)适于用上(离地心远)和下(离地心近)的概念切分。因此,句子 Сверху кубика он положил шарик 理解为非指示性的。

第三个因素是物体 B 的习惯移动方向。根据这一依据,不能正反向切分的物体(火车车厢)适于用前(最先到达的部分)和后(最后到达的部分)的概念切分。因此,句子 Спереди к вагону был прикреплен флаг 理解为非指示性的。有趣的是,当一个物体有解剖学上的前后且有能力运动,但运动方式与其解剖学发生相矛盾时,以解剖学定位为主。我们说 Краб движется боком(螃蟹横着走),因为从解剖学的角度看,前是螃蟹的头部方向[17]。

对于相对定位(也就是对于句子的定位理解)来说,重要的是,除了物体 B 本身的物理或解剖性切分外,还有两个因素——A 和 B 的尺寸,它们的尺寸与相距的距离之间的关系。这些因素的作用将在下文,第 4 节中研究。

在总结关于相对/绝对定位和句子的指示性/非指示性理解的这些说明时,我们发现,定位类型(相应的理解策略)的选择可以用语言的语法手段标记。譬如,在有冠词的语言中,无冠词对应的是指示性策略,定冠词对应于非指示性策略,但不能反向类推[19,c. 29-30,40]。试比较句子 Перед машиной стояла девушка 两种理解的英文翻译:In front of the car(there)stood a girl(可以做指示性理解)VS. At the front of the car(there)stood a girl(只能是非指示性理解)。再如 К. 希尔的法语例子:C'est ma sœur à gauche de Jean(在让的左侧是我妹妹——指示性策略)VS. C'est ma sœur à la gauche de Jean(在让的左手边是我妹妹——非指示性策略)。

(7) 时空的朴素图景具有民族特色。例如,К. 希尔证明,在英语中观察者的静态/动态会影响"前/后"的定位[19,c. 23]。在静态下,如果一棵树距观察者较近,感觉树就在塔的前面(in front of);如果观察者向塔的方向移动,对他来说塔前面还是那棵树,但离他较远。在俄语中按"前后"的定位不依赖观察者移动与否。

时间的朴素模式由指示词和短语给出,这些指示词在任何语言中都有。表示日历时间和昼夜时间的词汇接近科学概念,因此,只有"文明"语言中才有。有趣的是,在语言习得过程中,孩子先掌握的是朴素的时间模式(指示性的),然后才是更科学的(日历的时间)。

就此结束对指示性标记的基本概念及对立的概述。这些基本概念是下文描述的出发点。我们的直接任务是:(1) 表述讲话人的时空概念,并在此基础上明确说明近指和远指的传统对立;(2) 研究另一个指示概念——观察者概念在词汇意义和语法意义的成分中的角色;(3) 表述讲话人个人域概念,这一概念与讲话人的时空概念接近,并与其一起构成世界朴素模式的重要片断。

3. 讲话人的时空

上文列举了主要指示对偶 ЭТОТ — ТОТ,ВОТ — ВОН,ЗДЕСЬ —

ТАМ，СЕЙЧАС — ТОГДА 的传统注释。我们发现，这些对偶内部的差异通常归结为，不同物体在空间或不同事件在时间上的实际物理距离的不同。

我们不打算对指示词意义做新的全面的描写，以与这些传统注释相对（这样的任务可以作为专著研究的课题）。我们的目的很简单——对指示词的注释提出几点补充说明，以便弄清被传统词典学忽略了的这些词汇的语义中的体系性问题。

ЭТОТ ="位于讲话人所处空间的人或物，或者位于讲话人在讲话时刻的思维空间中的人或物"。ТОТ ="与讲话人处于不同空间的人或物，或者处于与讲话人在讲话时刻的思维空间不相同的空间中的人或物"（这两种注释稍做变动就可以推广到语气词 ВОТ 和 ВОН 上）。ЗДЕСЬ="与讲话人所处的地点，或者与讲话人在讲话时刻的思维空间中的地点相同的地点"。ТАМ ="与讲话人所处的地点，或者讲话人在讲话时刻的思维空间中的地点不相同的地点"。СЕЙЧАС="讲话人说话的时刻，或讲话人思维时间中的那个说话时刻"。ТОГДА="与讲话人说话的时刻，或讲话人思维时间中的那个说话时刻不相同的时间"。

在所列举的注释中，使用了两个非传统概念：讲话人在讲话时刻思维的空间概念，和讲话人在讲话时刻思维的时间概念。这样就需要考虑到，实际上重要的与其说是事实上的物理时空，不如说是讲话人感受时空的方法。更准确地说，在世界的朴素图景中感受方法比实际事态具有优先权。当感受与事实发生分离时，分析句子时要优先考虑感受到的。我们来分析几个这样的情景，从空间指示性标记开始，然后是时间指示性标记。

如果一个房间有两个门 A 和 B，其中 A 门距我有五米远，但直接在我的视野之内，而另一个门 B 距我三米远，但在我的背后。那么，我可以说，Выход — в эту дверь(用手指着，或在俗语使用中——用食指指着门 A)，а не в ту (用大拇指朝后指向另一个门 B)。因此，问题在这里不在于从我到门的事实物理距离，而在于门 A 直接在我的视野之内，我可以看见它。因此这个门自然被理解为是属于讲话时刻我意识自我的那个空间。而位于我背后的门 B，因为在我的视线之外，自然被理解为是处于我的空间之外。

在例句 Вон одна звездочка, вон другая, вон третья: как много! (И. А. Гончаров)中，语气词 ВОН 完全可以用语气词 ВОТ 替换。与明星的现实距离都一样，可改变的只是讲话人感受空间的方式。在第一种情况下，明星被理解为是处在讲话人的空间之外,而在第二种情况下,理解为在他的空间之内,即在讲话人意识自我的那个空间内。

因此,许多语言单位意义的描写都要涉及讲话人的空间概念。应该把这一概念添加到其他三个空间指示概念中——事件空间、空间中的基准点和观察者位置。

再来看时间指示性标记。

研究一下下面的两个句子:Я прочитал 《Войну и мир》 в раннем детстве 和 Я читал 《Войну и мир》 в раннем детстве. 通常认为,第一个句子讲的是讲话时刻前不久完成的行为,因此这一行为的结果现在还能感觉到,而第二个句子说的是很久以前完成的行为。我们认为这样的注释有错误。要知道在这两个句子中说的可能就是同一件事,而且两个句子中的"我"可能就是同一个人。这两个句子的区别不在于过去的事件距离讲话时刻的久远程度,而在于讲话人如何理解这一事件的时间。在完成体情况下,讲话人把事件时间看做是与自己的时间,即可以感知自我的时间构成的一个统一整体。这种状况的结果之一就是行为结果保留到现在的效果。在未完成体的一般事实意义情况下(Он читал этот роман. Он уже ходил за хлебом. Кто открывал окно?),讲话人把事件时间看做是与讲话时刻他能感知自我的那个时间不同的时间。这一点可以解释为是一般事实意义故有的"早已过去的效果"。

"讲话人时间"的概念在注释某些词汇意义时也是必需的。以语气词 ЕЩЕ 和 УЖЕ 为例: Еще 〈уже〉 в детстве я интересовался шахматами 〈историей, жизнью птиц〉. 这两个语气词都能有意义地出现在同样的语境中,这一事实给人以错觉,好像它们是同义词(在所有的详解词典中确实是把这两个词作为同义词注释的)。它们的非同义性在最大对立化的语境中明显表现出来,在这种语境中只能使用其中的一个。试比较: Еще вчера я разговаривал с ним, а сегодня его нет в живых (但不能说 * Уже вчера я разговаривал с ним, а сегодня его нет в живых) — Уже сейчас ясно, что он проиграет (但不能说 * Еще сейчас ясно, что он проиграет). "讲话人时间"的概念可以(虽然不能全面地)揭示 ЕЩЕ 和 УЖЕ 之间的细微差别[21, c. 325]。 P еще в T = "事件 P 发生在时间 T;P 或与其相关的事件 P′ 发生的时刻比讲话人预期的早"。T 与该话语时刻不重合,T 不能进入讲话人时间。P уже в T = "事件 P 发生在时间 T;P 或与其相关的事件 P′ 发生的时刻比讲话人预期的早;T 包括在讲话人时间之中"。

在类似 Я прочитал 《Войну и мир》 еще в детстве 这样的用法中，完成体意义与语气词 ЕЩЕ 的意义之间冲突的解决有利于语气词，因为词汇意义要强于语法意义。

因此，我们认为应该对 Γ. 莱辛巴赫的自然语言时间意义描写必须的三个概念——事件时间、时间基准点和当前话语时间再补充一个概念——"讲话人时间"的概念。

我们注意到，这四个概念构成了朴素物理时间概念的初级体系，这一体系与一次交际情景——现实世界事实的直接交流情景相关联。但众所周知，语言并不只是用来交流对现实世界的看法的。用语言还可以表述作为艺术幻想成果的现实，譬如，舞台情景说明、场景戏剧剧本、章节名称等的现在时。对于在上述功能中使用的动词体—时意义的描写来说，时间概念的初级体系明显是不够的。对体—时形式的意义的传统解释，在讨论这类材料时变得非常没有表现力，这并不是偶然的。体—时概念的传统体系是在研究一次交际情景的结果上形成的。对于在带有全新基准点的二次交际情景中产生的语法意义的描写，时间概念体系不仅应该扩展，而且应该补充一整套新的分体系。未来将表明这个体系会如何表现。对我们来说重要的是在这里强调一点：存在时间概念的二级分体系这一事实本身就造成时间的朴素物理与科学物理的又一差别。

对经典指示词的补充说明性的注释，虽然还是草稿性和近似性的，但可以表述所有指示性标记的基本性能。这些性能就是讲话人所理解的被描写事实的时空坐标与讲话人感知自我的时空坐标或者一致（我—指示），或者不一致（指示的其他变体）。

可以看出，时间和空间的朴素物理也是相对物理，虽然与爱因斯坦的相对论意义不同。时间和空间都是相对讲话人对世界的看法而存在的。我们认为，语言的这一性能要比 Б. 沃尔夫思想中关于语言的语法、词汇甚至语义体系的民族独特性的事实更值得称作"语言学相对论"。这一性能可能是迄今为止语言学知道的最深层的语言学共相。

4. 观察者的位置

这种类型的指示性标记的普及程度要比一般想象的广泛。在实际词汇的所有语法类型的词汇意义中都能发现这种指示性标记，但对于空间意义的名词、形容词、副词和前置词是最典型的。

例如,在类似 высота контейнера для мусора 的词组中,观察者从侧面角度来评价集装箱的纵向高度,而词组 глубина контейнера для мусора 是通过观察集装箱的内部来评价的。

Левая тумба стола 表示"当观察者坐在桌子后面工作的正常位置时,桌柜位于他的左侧",而 правая тумба стола "当观察者坐在桌子后面工作的正常位置时,桌柜位于他的右侧"。

有几组空间意义的副词和前置词需要特别注意。

先比较分析空间意义副词的词组 ВДАЛЕКЕ, ВДАЛИ, ВБЛИЗИ, ВДАЛЬ 与意义相近的副词词组 ВВЕРХУ, ВНИЗУ, НАВЕРХУ, ВВЕРХ, ВНИЗ, ВПЕРЕДИ, СЗАДИ, ДАЛЕКО, НЕДАЛЕКО, ИЗДАЛЕКА, ДАЛЬШЕ, БЛИЖЕ, ВЫШЕ, НИЖЕ。

在第一组副词中将只分析 ВДАЛЕКЕ 和 ВДАЛИ,因为其余的副词在语义上都是按这种形式构建的。

可以把这些副词的纯空间意义区分成两种使用类型——带未被实现的第二配价和带被实现了的第二配价。

在第一种用法中总能实现指示策略。可以用例子说明:Сколько я ни старался различить вдалеке что-то наподобие лодки, но безуспешно (М. Ю. Лермонтов). Кучер повернул к видневшейся вдалеке деревне (К. Паустовский). И вдруг, утробным воем воя, / Все море вспыхнуло вдали (Н. Заболоцкий).

显然,在所有这些文本中,ВДАЛЕКЕ 和 ВДАЛИ 表示的不止是"在很远的距离上"。"在很远的距离上"是某种对称性述体。而副词 ВДАЛЕКЕ 和 ВДАЛИ 带未被实现的第二配价时,明显表示两个空间点 X 和 Y 之间的不对称关系。在 X 点上是被观察的客体(在例句中是船、村庄、整个大海)。对到达这一客体的距离的判断是从观察者所在的基准点 Y 上进行的。难怪不能说 *Вдали появился я верхом на лошади. *Вдалеке стояли мы с Володей. 对情景的这种空间定位是不可能改变的。有趣的是,词汇 ДАЛЕКО, НЕДАЛЕКО, ИЗДАДЕКА 的表现行为却完全相反——完全客观地正视两个客体彼此之间处在很远的距离上。譬如,同样都可以说:Я был в Москве, а он был далеко. Он был в Москве, а я был далеко. 还有如:Я был недалеко и все хорошо видел. Я приехал издалека. 这样的句子。

通常，在第二种用法中实现非指示策略。举例说明：Хутор лежал вдалеке от железной дороги. Скоро вдалеке от камней вспыхнуло на черной воде яркое дрожащее пламя(Л. Соболев). Вдали от милого, в неволе / Зачем мне жить на свете боле? (А. С. Пушкин).

在这样的义文本中，ВДАЛЕКЕ 和 ВДАЛИ 表示的主要是"在很远的距离上"，即给出了没有观察者的对称关系。确实，在这些情景中没有一成不变的、一劳永逸的基准点。例如，像 Хутор лежал вдалеке от железной дороги. 这样的句子，对于观察者在庄园、在铁路上还是在其他第三个地方的情景都适用。因而观察者的位置在这种情况下是不相干的。

在所述内容的基础上可能产生一个想法：副词 ВДАЛЕКЕ 和 ВДАЛИ 有两种不同的意义——相对定位意义(第一种)和绝对定位意义(第二种)。我们认为，比较合适的描写是，将副词的两种用法视作同一个词汇意义，但在第二配价未表现的情况下具有某种语义变化。

第二组副词 ВВЕРХУ, ВНИЗУ, НАВЕРХУ, ВВЕРХ, ВНИЗ, ВПЕРЕДИ, СЗАДИ, ДАЛЕКО, НЕДАЛЕКО, ИЗДАЛЕКА, ДАЛЬШЕ, БЛИЖЕ, ВЫШЕ, НИЖЕ 尽管与第一组有明显的语义相近性(特别是成对的 ВДАЛЕКЕ 与 ДАЛЕКО, ВБЛИЗИ 与 НЕДАЛЕКО, ВДАЛЬ 与 ИЗДАЛЕКА)，但与第一组还是有区别的。这些副词不仅在有定位配价的结构中可以表示绝对定位(即非指示性理解)，而且在没有定位配价的结构中也可以表示绝对定位。例如，在谈论攀崖比赛时，像 Володя был наверху 这样的句子既适用于观察者位于山顶与瓦洛佳在一起的情景，也适用于观察者与瓦洛佳在不同地点的情景：瓦洛佳位于山顶，而观察者在山下。所有这些情况相对于句子 Володя был внизу 也是完全正确的。瓦洛佳的空间位置不是相对于观察者确定的，而是相对于某个其他客体，这个客体或者通过前文，或者通过上下文情景在交际双方的意识中已经实现。同样，Володя был впереди ⟨сзади, дальше, выше⟩ 等类型的句子既可以用于观察者与瓦洛佳在一起的情景，也可以用于观察者与瓦洛佳处在不同地点时的情景。因此，观察者在这里也无关紧要。

再来分析空间前置词。

先来分析下列句子：Из-за мыса, рассекая волны, выплыл громадный пароход(М. Горький). Солнце чуть показалось из-за темно-синей горы (М. Ю. Лермонтов). Из-за облака опять выплыла луна. Однообразное тиканье часов по-прежнему раздавалось из-за стены. 毫无疑问,在这里所描写的情景中,除了直接参与者外,还有某一个没有指明的观察者,他所处的位置相对于空间障碍——海角、山崖、云、墙——有着非常严格地限定:他位于这些障碍物的这一边,而在文本中实际提及到的客体或者已经位于或正位于障碍物的那一边。由此而来,在前置词 ИЗ-ЗА 的这一意义中含有我们感兴趣的指示元素。

现在来看前置词 ИЗ,它与前置词 ИЗ-ЗА 在语义上同族,但指示的构建不同。例如,句子 Иван вышел из дому и медленно побрел по улице. 在这种情况下,观察者的位置完全没有意义。他可以是在家里从窗子观察到伊万离开的事实,或在街上遇到了伊万的出现。分析这个和类似的其他文本自然可以做出结论:前置词 ИЗ 的意义中不含有任何指示元素。

句子 Из комнаты вышел мальчик 好像与这一结论相矛盾。如果这类句子用中性语调,即用平静地确认看到的事态的词序说出,则观察者的位置看来不是无所谓的。特别是在所举的例子中,他是隐形地存在着,而且还是处在男孩离开的那个房间之外。

但是,在该句中观察者存在的因素不是与前置词 ИЗ 的词汇意义有关,而是与句子的交际组织有关。可以注意这一点:在句子 Из комнаты вышел мальчик 中,мальчик(男孩)一词占据的是通常添加句子中的不确定客体,新信息和述位的位置。显然,其中的客体"男孩"是第一次被关注到。然而,如果观察者就在男孩要离开的那个房间里,男孩就不可能成为引起他第一次注意的客体。因此,不能排除在这种情况下观察者是位于被观察客体所处空间之外这一因素,是与确定/不确定或已知/新知的范畴有联系。

对另外两个指示性空间前置词 ЗА 和 ПЕРЕД 的分析表明,物体的空间定位会由观察者的感受来修正。因为这些前置词的语义结构相似,因此只研究其中一个就足够了。

句子 Перед горой лежало озеро 表示什么意思?首先是:湖泊位于山与观察者之间。但仅此一点还不够,重要的是,在观察者(或讲话人)的感觉中,湖与山在大小上是可比的。不能满足这一条件的句子至少是可怀疑的: ?? Перед корпусом завода лежала горошина. 强调一点,这里重要的不是湖与山的事实尺寸,而是观察者或讲话人对它们的感受。事实上,湖可能很小,而山很大,这时重要的是要使山看上去不太大,譬如,由于自己离得较远。另一个重要条件是:从山到湖的距离应该感觉上与湖的大小可比。事实上,从湖到山可能有一天的路,但由于能见度不好,由于光学的欺骗或其他现象,可能感觉山好像就直接在湖的后面。这时,句子 Перед горой лежало озеро 就是完全正确的。

到目前为止,指示元素被看做是空间名词、形容词、副词和前置词词汇意义的组成部分。在一系列欧洲语言中,类似的或者准确相同的这些指示元素却是表示空间移动意义动词特有的。譬如:英语的 COME 和 GO,德语的 KOMMEN 和 GEHEN,法语的 VENIR 和 ALLER 等。在俄语中这种类型的鲜明例子我们还不知道。试图把 ПРИЙТИ — УЙТИ,ПРИЕХАТЬ — УЕХАТЬ,ПРИНЕСТИ — УНЕСТИ 等几组动词视作与它们相近的尝试,我们认为并不能令人信服。的确,像 Они уже две недели путешествуют по Кавказу и вчера пришли 〈приехали〉в Терскол 这样的句子完全适用于讲话人不在 Терскол 和根本谈不上观察者的情景。

但是,在俄语中,有不少动词的词汇意义中还有另一种类型的指示性标记——讲话人与被观察客体不一致的意义。在这一点上,动词 ПОКАЗЫВАТЬСЯ 很有意思。它很像英语中引入学科常用词的动词 LURK[22]。这个词的意思只在刚刚描写的那个意义上有指示功能。句子 На дороге показался отряд всадников 完全正确,但讲话人未必能这么说自己 * Я показался на дороге。当然,如果他不是用别人的眼睛看到他出现在路上的事实。试比较:Иван сказал, что я показался на дороге совершенно неожиданно。可以看出,动词 ПОКАЗЫВАТЬСЯ 的行为与副词 ВДАЛЕКЕ 和 ВДАЛИ 完全相同。

现在可以给意义中明显含有指示元素的 ПОКАЗЫВАТЬСЯ 补充具有相同类型指示的动词 МАЯЧИТЬ, ВИДНЕТЬСЯ, ИСЧЕЗАТЬ ИЗ ВИДУ, КАК СКВОЗЬ ЗЕМЛЮ ПРОВАЛИТЬСЯ(譬如: * Я исчез из виду 〈маячил невдалеке〉),以及表示对色感客体感觉的静态动词:БЕЛЕТЬ, ЖЕЛТЕТЬ, ЗЕЛЕНЕТЬ, КРАСНЕТЬ, ТЕМНЕТЬ, ЧЕРНЕТЬ 等。这一组动词有一个共同的搭配特性:相应状态的主体不能是人;有一个共同的指示性能:讲话人与被观察客体不能重合。句子 Только тело Ивана белело в темноте 完全正确,而类似 Только мое тело белело в темноте 这样的句子只能在引用别人的描述的情况下才可以:Иван сказал, что только мое тело белело в темноте。

现在简要研究一下语法指示意义。

传统上承认指示意义的最不具争议的语法范畴之一是动词的时间范畴[23-26]。我们认为,应该再加上通常不认为有指示意义的动词的体范畴——[5, с.

687；26，с.14］。

在文献[21，с.329-330]中曾注意到下列未完成体和完成体对偶动词：ДОХОДИТЬ — ДОЙТИ，КОНЧАТЬСЯ — КОНЧИТЬСЯ，НАЧИНАТЬСЯ — НАЧАТЬСЯ，ОБРЫВАТЬСЯ — ОБОРВАТЬСЯ，ПОВОРАЧИВАТЬ — ПОВЕРНУТЬ，ПРОХОДИТЬ — ПРОЙТИ 等在描述类似道路、河流、渠道、边界等很长的空间客体时的非常规的语义差别。使用未完成体形式时，句子 Тропа кончается〈обрывается〉у реки．Дорога поворачивает на юг на десятом километре 是简单判定客观事态：小路的尽头是与河流交界的地方，转弯发生在九至十公里的区段上等，而同样句子的完成体形式的意义要多得多。在这些意义中有观察者存在的因素，这个观察者或者与讲话人重合，或者是讲话人想象的。句子 Тропа кончилась〈оборвалась〉у реки 不仅仅是判定客观事态，而且传达了"这种事态被在路上行走的观察者记载在头脑中"这样一种信息。因此，所研究的这组动词词位完成体法位的意义也隐含指示意义。

5．讲话人的个人域

讲话人的个人域概念最好用指示代词 ты（你）的例子来说明。部分观察材料转引自文献[27]。

先从对 ты 公认的注释开始："用于招呼亲近的人、或者对某人粗鲁的称呼，无拘束的称呼"[10]，这样的注释没有对该代词在俄语中使用的标准给出足够说明。

事实上，可以对孩子称 ты，但并不与他很亲近，也不是对他粗鲁，更不是无拘束。在这种情景中使用 вы 反而显得装腔作势。

有意识地用 ты 去称呼任何一个人（种属地位意义上的人），招呼他做某事以便完成自己的义务，警告他在某种情形中所面临的危险等，ты 的这种有意识用法被看做是俄语中排除了任何粗俗意味和随意的色彩的一种标准规范。譬如：Но ты，художник，твердо веруй / В начала и концы（А．Блок）；Не спи，не спи，художник，/ Не предавайся сну．/ Ты вечности заложник / У времени в плену（Б．Пастернак）．再如，还有启事和公告：Что ты сделал для фронта？Берегись автомобиля！

称呼上帝、天使、神灵等时应该用 ты：Морфей，до утра дай отраду / Моей

мучительной любви... / Когда ж умчится ночи мгла / И ты мои покинешь очи (А. С. Пушкин). Поместья мирного незримый покровитель, / Тебя молю, мой добрый домовой, / Храни селенье, лес и дикий садик мой(А. С. Пушкин). О, господи мой боже, / Зеленоглазый мой... / Дай же ты всем понемногу / И не забудь про меня(Б. Окуджава).

用 ты 称呼自然界和其他宇宙客体甚至是任何拟人化了的自然客体,称呼国家、城市等等,同样是有意识的称呼,具有同样的修辞功效:Природа, мир тайник вселенной, / Я службу долгую твою, / Объятый дрожью сокровенной, / В слезах от счастья отстою(Б. Пастернак). Ты, солнце святое, гори! (А. С. Пушкин). Он был, о море, твой певец! (А. С. Пушкин). Прощай, немытая Россия... / Быть может, на горах Кавказа / Сокроюсь от твоих пашей (М. Ю. Лермонтов).

拟人效果使有意识使用 ты 来称呼与讲话人有关的任何东西成为可能。这首先是人的所有特征标志,身体的各部位,自己私人物品等。对物体拟人化是为了与其交流,这样就使这一物品变成了与讲话人亲近的（人）了:Дар напрасный, дар случайный, / Жизнь, зачем ты мне дана? (А. С. Пушкин). Утро дышит в окошко твое, / Вдохновенное сердце мое (А. Блок). Зачем ты просишь новых впечатлений / И новых бурь, пытливая душа? (Н. Заболоцкий). Подруга думы праздной / Чернильница моя; / Мой век разнообразный / Тобой украсил я (А. С. Пушкин). Рифма — звучная подруга / Вдохновенного досуга... / Ты умолкла, онемела; / Ах, ужель ты улетела (А. С. Пушкин).

代词 ты 是在非做作的话语中对动物唯一可能的称呼:Теперь отдыхай! Уж не ступит нога / В твое позлащенное стремя(А. С. Пушкин). Кобылица молодая, / Честь кавказкого тавра, / Что ты мчишься, удалая? (А. С. Пушкин). Ты по-собачьи дьявольски красив (С. Есенин). А ты, соловей, пригвожденный к искусству, / В свое Клеопатру влюбленный Антоний (Н. Заболоцкий).

对于代词 ТЫ 的公认定义中被完全忽略的这些事实,可以用两个方法来组织词典学描写。

第一,可以逐字列举出一些情景,在这些情景中词典学警戒使用 ТЫ 的粗俗性和随意性,俄语规范却要求使用这一代词。至少能列举出六种这样的情景,不能保证还不会有未被列举到的第七种。譬如,对逝去的人可以用 ты 称呼,即便在生前用 вы 与其交往或者根本不认识他们。例如,诗人 Н. 扎博洛茨基在"贝多芬"诗中的句子:И понял ты живую прелесть мира / и отделил добро его от зла. 这一规范也适用于悼词。这表明,在社会概念中,在死人面前所有人都是平等的,死亡打破人与人之间人为的障碍。再添加 Л. Л. 伊奥姆金(口头)指出的第八种情景——想象中的用 ты 称呼。这种用法可以对任何人:Ах ты, хитрец, — подумал я.

第二,可以使用讲话人个人域的概念,个人域应该只描写一次,而且独立于词典注释——作为世界朴素模式中相对独立的片断。在个人域中包括讲话人自己和所有与他在物质上、精神上、情感上和理性上有紧密关系的某些人;人类劳动产物、人的不可替代的特征、经常环绕在他周围的物体;自然界——因为人与自然界构成一个整体;孩子和动物——因为他们需要他的爱护和保护;上帝——因为他需要上帝的保护;以及在讲话时刻在他的意识中存在的一切。讲话人个人域是动态的,它可以根据情景的不同调整包含客体的数量。特别是在有些情景下,个人域会极度地扩展,以致于连讲话人不认识的"自己人"都进入了这个域。俄语用自己的语音单位和语言规则编码出这样的道德真谛:所有人皆兄弟,并为讲话人提供了可以忘却人与人之间社会的和其他的隔阂而实现这一真谛的可能性。在与具体人交往时,我们必须记住把我们划分开来的社会距离。但当我们称呼整体的人(人的种群概念)或逝世后的人时,我们就不再考虑社会的隔阂而把他纳入自己的世界中。

在讲话人个人域的概念形成以后,在对代词 ты 进行注释时,只要指明,对进入个人域的任何客体都有权使用这样的称呼就够了。相比之下 вы(礼貌的)成了用来称呼讲话人个人域之外的那些客体(主要是人)。也许,粗俗—随意的 ты 在这种情况下不得不区分为独立的意义或子意义。

个人域概念在解释初看彼此之间没有任何关系的语言事实时,表现出超乎意料的功效。譬如,在现代俄语中,呼格(Маш, Коль, пап, мам)是把受话人纳入讲话人个人域的手段[①]。补充一点,对同一个人的称呼在使用呼格形式与使用 ты 之间有明显的相关性。再提及复数第一人称的伪包括式动词形式(譬如:

[①] 这一发现应归功于作者与伊列娜·杜列维奇和艾丽日别塔·亚奴斯的谈话。

在医疗检查时的情景：Ляжем, перевернемся на живот, встанем 和售票员在阻止上电车时的口语 Давайте останемся），这样的用法只适用于讲话人把听话人纳入自己的个人域的情况。准确地说，这种称呼（与一般的命令式不同）是用"共同经受"的意义把听话人并入讲话人个人域的行为。譬如：Пришла палатный врач... Она разговаривала с ним на "мы"：《Ну, как мы себя чувствуем? Давление у нас нормальное, разве чуточку повышено, но ведь нам не двадцать лет?》(И. Грековая, Пороги).

当然，自然语言也拥有从讲话人个人域排除客体的手段。属于这种手段的有：譬如使用未完成体过去时形式描述人或其他动物 X 的任何行为和性能，包括一次性言语行为。譬如，可以说 Володя любил гулять в Летнем саду，即便瓦洛佳还活着，即便讲话人没有理由怀疑瓦洛佳直到现在仍保持这一习惯，仍然可以这么说。过去时形式的这种使用的依据是，由于变更了住址、工作等原因，X 离开了讲话人的个人域。用于这一目的可以改用 вы，以及借助于代词 он 和 она 表示谈话的第三方替代使用名词表示。

在结束对讲话人个人域的思考时，有必要关注一下与之接近、但不具指示意义的概念——主人公个人域，即成为句子客体的任何人的个人域。

利用主人公个人域这一概念，首先简化了某些词——情态的称名的注释。这类词主要有 ГОРДИТЬСЯ, СТЫДИТЬСЯ 和由它们派生出来的名词和形容词。这里再一次遇到了必择其一的选择：或者是盲目地凭借经验列举能引起自豪和羞愧感受的所有类型的客体；或者指明，能进入个人域的都可以成为自豪和羞愧的客体（当然，人本身就包含在自己的个人域之内）。后一种描写要节省得多，而且实质上要更可信。对主人公个人域的引用还应该包含在 КОМПЛИМЕНТ, ОБИДА 和其他类似的词汇的注释中。

主人公个人域概念可以从容地解释俄语中由类似 женщина ослепительной красоты，человек большого ума 这样的词组表现出来的一种句法结构的特性。这种修饰结构的顶端通常是表示人的、且具有相对共性意义的名词。可以说 За столом у окна сидела женщина ослепительной красоты，但未必能说 ?За столом у окна сидела стюардесса ослепительной красоты. 在后一个句子中，只有主人翁进入自己的个人域时，句子才是正确的。试比较正确的句子 В салон авиалайнера вошла стюардесса ослепительной красоты. 另一方面，这些句子的正确性/不正确性与它们的交际组织相关联。句子 ?За столом у окна сидела стюардесса ослепительной красоты 不完全正确是因为在这个句子中有同级别的述位（或两个新信息）——стюардесса（空姐）和 ослепительной красоты（惊人的美）。句子 В салон авиалайнера вошла стюардесса ослепительной красоты 就完全正确了，因为句子中的第一个述位（第一个新信息）被消除了：总体来说，飞机客舱当然进入空姐的个人域，在飞机客舱中出现航空服务员这一事实是十分平常的事，所以注意力很容易滑过这一信息去关注更重要的亮眼的信息：空姐的惊人的漂亮上。

6. 结　论

在结束对词汇意义和语法意义中的指示性元素的概述时，最好对下列状况予以关注。在语言学中不止一次地提出了语言"人文中心论"的思想：对于很多语言意义来说，有关人的概念是自然的基准点。譬如，我们会参照人体的标准规格来评价动物的尺寸。大象、犀牛、河马是大动物，因为它们都比人大，而兔子、猫和仓鼠都是小动物，因为它们都比人小。

应该说，自然语言中"人文中心"的意义的数量要比一般想象的多得多。好像，Ч. 皮尔斯在思考如"重"、"硬"、"坚固"等似乎纯物理概念时就曾假设，这些概念中含有人的映象。事实上，什么是重（重量）？在我们看来，在朴素的意识中，与"重"这个词的意思相关的与其说是物体的质量，不如说是力气的数量，即一个正常人操纵相应物体——移动、抬起、搬走等动作应该消耗的力气。"硬"的最近义是表示某物表面不易变形，"坚固"是某物很难被破坏。于是出现一个问题：在这种情况下，欲使物体发生变形和破坏的潜在始作俑者的力是多大？当然，可以认为这种力的本质是没有意义的，因为由龙卷风卷起的一块石头就可能使一个物体的表面变形或彻底被破坏掉。这样一来，就得从所研究的词汇的注释中去掉"很难"的意思，用"很少"的意思替换（变形和破坏）。如果认为在形容词"重"和"坚固"的注释中有"很难"的意思不是偶然的——而实质上看不出如何可以避开这个意思，那么就不得不承认，人被理解为是物体变形和破坏的最终的潜在始作俑者。很遗憾，这里不便更详细地论证这一假设。

显然，除此之外，"人的因素"还包含在所有的评价词和大多数与标准有关的词汇的意义中，因为标准体系——这是人类的法规。

研究词汇意义和语法意义中的指示性元素可以使我们做出一个结论：语言

不仅是人文中心的,而且在更大程度上是自我中心的,这个程度比我们目前承认的大得多,还有待于整体的语言学,包括局部的词典学基于这一事实作出更进一步的结论①。

参 考 文 献

1. *Wierzbicka Anna*. Ethno-syntax and the Philosophy of Grammar // Studies in Language. 1979. Vol. 3. N. 3. P. 313-389.

2. *Bühler K*. Sprachtheorie. Stuttgart, 1965.

3. *Бенвенист Э*. Общая лингвистика. М., 1974.

4. *Lyons J*. Introduction to Theoretical Linguistics. Cambridge, 1968.

5. *Lyons J*. Semantics. Cambridge, 1977. Vol. 2.

6. Speech, Place and Action / Ed. R. T. Jarvella, W. Klein. N. Y., 1982.

7. Here and There. Cross-linguistic Studies on Deixis and Demonstration / Ed. T. Weissenborn, W. Klein. Amsterdam; Philadelphia, 1982.

8. *Падучева Е. В.*, *Крылов С. А.* Дейксис: общетеоретические и прагматические аспекты// Языковая деятельность в аспекте лингвистической прагматики. М., 1984. С. 25-96.

9. *Opalka Hubertus*. Representations of Local Ni-Deixis in Swahili in Relation to Buhler's "Origo des Zeigfelds"// Here and There, 1982. P. 65-79.

10. Словарь современного русского литературного языка. М.; Л., 1948 — 1965. Т. 1-17.

11. *Ehlich K*. Anaphora and Deixis: Same, Similar or Different// Speech, Place and Action, 1982. P. 43-63.

12. *Ehrich V*. Da and the System of Spatial Deixis in German// Here and There, 1982. P. 43-63.

13. *Reichenbach H*. Elements of Symbolic Logic. N. Y., 1947.

14. *Leech G. H*. Towards a Semantic Description of English. London, 1969.

15. *Clark H*. Space, Time, Semantics and the Child // Cognitive Development and the Acquisition of Language / Ed. T. Moore. N. Y., 1973. P. 147-168.

16. *Апресян Ю. Д.* Лексическая семантика. Синонимические средства языка. М., 1974.

---

① 借此机会,向 И. М. Богуславский, А. В. Гладкий, М. Я. Гловинская, Л. Л. Иомдин, С. А. Крылов, Н. В. Перцов, В. З. Санников, А. С. Чехов 致以谢意,感谢他们阅读了本文的第一稿,提出了一系列对作者非常宝贵的批评性意见。

17. *Fillmore Ch.* Santa Cruz Lectures on Deixis. Bloomington, 1975.

18. *Апресян Ю. Д.* Нетривиальные семантические признаки и правила выбора значений // Восприятие языкового значения; Межвузовский сборник. Калининград, 1980.

19. *Hill Clifford.* Up/Down, Front/Back, Left/Right. A Contrastive Study of Hausa and English // Here and There. 1982. P. 13-42.

20. *Hottenroth Priska-Monika.* The System of Local Deixis in Spanish// Here and There. 1982. P. 133-153.

21. *Апресян Ю. Д.* О структуре значений языковых единиц // Tekst i zdanie. Warszawa, 1983. S. 313-339.

22. *Fillmore Ch.* Lexical Entries for Verbs. Foundations of Language // International Journal of Language and Philosophy. 1968. Vol. 4. N. 4.

23. *Jakobson Roman O.* Shifters, Verbal Categories and the Russian Verb // Selected Writings. Vol. II, Word and Language. The Hague, 1971. P. 130-147.

24. *Brecht Richard D.* Deixis in imbedded Structures. Foundations of Language // International J. of Language and Philosophy. 1968. Vol. 11, N. 4. P. 489-518.

25. *Rappoport Gilbert.* Deixis and Detachment on the Adverbial Participles of Russian // Morphosyntax in Slavic / Ed. Catherine V. Chvany, Richard D. Brecht. Chelseca, 1980. P. 273-300.

26. *Comrie Bernard.* Tense. Cambridge; London, etc;, 1985.

27. *Мельчук И. А., Жолковский А. К.* Толково-комбинаторный словарь современного русского языка. Опыты семантико-синтаксического описания русской лексики. Вена, 1984.

人名索引

Абаев В. И.	阿巴耶夫	Гумилев Н.	古米廖夫
Апресян В. Ю.	阿普列相	Дулевич И.	杜列维奇
Апресян Ю. Д.	阿普列相	Евгеньева А. П.	叶甫盖尼耶娃
Арутюнова Н. Д.	阿鲁玖诺娃	Есперсен О.	叶斯帕森
Ахматова Анна	阿赫玛托娃·安娜	Жолковский	若尔科夫斯基
Бабель	巴别利	Жуков В. П.	茹科夫
Баранов А. Н.	巴拉诺夫	Заболоцкий Н.	扎博洛茨基
Бартминский Е.	巴尔特明斯基	Зализняк А. А.	扎利兹尼亚克
Бенвенист Э.	本维尼斯特	Зощенко М.	左琴科
Богуславская О. Ю.	博古斯拉夫斯卡娅	Иванов	伊万诺夫
Богуславский И. М.	博古斯拉夫斯基	Иомдин Л. Л.	伊奥姆金
Бондарко А. В.	邦达尔科	Иорданская Л. Н.	约尔丹斯卡娅
Брызгунова Е. А.	勃雷兹古诺娃	Исаченко А. В.	伊萨琴科
Булгаков М.	布尔加科夫	Катц Дж.	卡茨
Булыгина Т. В.	布雷金娜	Карловская А.	卡尔洛芙斯卡娅
Бюлер К.	布勒	Карцевский С. Н.	卡尔采夫斯基
Вартбург В.	瓦尔特堡	Кобозева И. М.	科博泽娃
Вежбицка А.	维日彼茨卡	Комри Б.	考姆雷
Вендлер Дз.	万德勒	Кошмидер Э.	克什米德
Виноградов В. В.	维诺格拉多夫	Крылова Т.	克雷洛娃
Волконский С.	沃尔贡斯基	Кук У.	库克
Всеволодский В. Н.	弗谢沃洛茨基	Кулагина О. С.	库拉金娜
Всеволодова М. В.	弗谢沃洛多娃	Кучера Г.	库切拉
Галич А.	加里奇	Лайонс Дж.	莱昂斯
Гловинская М. Я.	格洛温斯卡娅	Левонтина И. Б.	列翁金娜
Грайс	格赖斯	Лерер К.	莱勒
Грот Я. К.	戈罗特	Мартемьянов Ю. С.	马尔捷米亚诺夫

Маслов Ю. С.	马斯洛夫	Тимберлейк	基姆别尔列克
Мелиг Х. Р.	梅里克	Толстой	托尔斯泰
Мельчук И. А.	梅里丘克	Топоров	托波罗夫
Милле Дж. С.	米勒	Трира	特里尔
Николаева Т. М.	尼古拉耶娃	Трубецкой Н. С.	特鲁别茨科伊
Ожегов С. И.	奥热果夫	Ульман	乌里曼
Опалка Г.	奥帕尔卡	Уотли	沃特里
Остин Дж.	奥斯汀	Уорф	沃尔夫
Павлова А. В.	帕夫洛娃	Урысон Е. В.	乌雷松
Падучева Е. В.	帕杜切娃	Успенский В. А.	乌斯宾斯基
Палл Э.	帕尔	Ушаков Д. Н.	乌沙科夫
Пастернак Б.	帕斯捷尔纳克	Халлиг Р.	哈里克
Перцов Н. В.	彼尔佐夫	Хилл К.	希尔
Пешковский А. М.	彼什科夫斯基	Хлебников В.	赫列勃尼科夫
Пирс Ч.	皮尔斯	Холодович А. А.	霍洛多维奇
Плетнев П. А.	普列特涅夫	Чисхолм Р.	奇斯霍姆
Постал П.	波斯塔尔	Шайкевич	沙伊凯维奇
Причард	普利查德	Шеффлер Г.	谢夫勒
Рейхенбах Г.	莱辛巴赫	Шмелев А. Д.	什梅廖夫
Розенцвейг В. Ю.	罗杰茨威格	Штельцнер В.	施泰利茨涅尔
Санников	桑尼科夫	Щерба Л. В.	谢尔巴
Светозарова	斯维托扎罗娃	Эрих В.	艾里赫
Серезнев	谢列兹尼奥夫	Якобсон Р. О.	雅可布森
Спиноза	斯宾诺莎	Янус	亚努斯
Стамп	斯塔姆普	Webster	韦伯斯特
Солженицын	索尔仁尼琴	Barnhart	邦赫哈特
Сэпир	萨丕尔